「知識人」の誕生

1880-1900

クリストフ・シャルル

白鳥義彦訳

藤原書店

Christophe CHARLE

NAISSANCE DES "INTELLECTUELS"

「知識人」の誕生　◇目次

父（一九一四年──一九六八年）の思い出に。
母とマルティーヌに。

「知識人」の誕生

1880–1900

凡　例

一　原文でイタリック体になっている箇所は、作品名・論文名・強調表現の場合は「　」で括り、単行本・定期刊行物の場合は『　』で括った。但し、強調表現の場合は傍点で示した箇所もある。

一　原文の（　）は（　）のままである。

一　原文の《　》は《　》のままである。

一　原語を補う場合は、該当する語の後ろに小活字にて補った。

一　訳者注は〔　〕で示し、小活字とした。但し、長い場合は該当する語の右に＊を付し、段落末に挿入した。

序論

「私の中で頭を持ち上げてきたもの、それは知識人としての自負だった。社会的なものが自分より強いことは知っている、しかし社会的なものに対し、お前は知的なものではないと宣告してやった知識人としての自負である。」

——ジュリアン・バンダ

『一知識人の青年期』新版、パリ、ガリマール社、一九六八年、一一六頁。

社会集団及び概念としての「知識人※〔原注〕」には、あまり指摘されることはないが、歴史的なパラドックスが隠されている。この語が普通に使われるようになったのはたかだか一世紀足らずのことであるが、しかしこの語は政治学、イデオロギー論、社会学、歴史学、さらには心理学の言説に不可欠の語となっている。相矛盾する意味で濫用されたため摩耗して陳腐な語になってしまったが、それでもまだ、学問的な論争や流行りの論評の主題になり、論壇が活気を失い沈滞しているときは周期的に脚光を浴びている。こうして概念としての「知識人」は、ある社会集団を指す語が通常たどる運命、つまり次第にごく普通の名詞になってしまうか、あるいは逆に、歴史的にはっきりと限定された語になるかという運命を免れている。

「知識人」が誕生した時期を研究することは、いま指摘したパラドックスの起源と理由を理解しようとすることである。ドレフュス事件の時期の意味での「知識人」が、共和政と民主政が定着しつつあったこの時期（一八八〇—一九〇〇年）に、集団として、社会認識の枠組みとして、また、政治的カテゴリーとして出現したのは、何故か？

これが本書の主題である。

「知識人」は自己を「マニフェストする」

通俗的な知識人論はどれも抽象的な定義、あるいは規範論的な定義から始まるが、こうした果てしない堂々巡りを断ち切るための、唯一適切な歴史学的方法は、知識人の公的な存在の基礎をなす文書、いわゆる「知識人」の宣言《マニフェスト》と言われている文書を分析することである。この宣言には二つの特徴がある。まず、これは政治的主張の開陳ではなく、もともとの表題から明らかなように、憲法で保障された請願権にもとづく抗議文《プロテスタシオン》であったということである。第二に、この文書は対立陣営がこれに与えた「知識人の」宣言という別の名のもとに後世に伝えられたということである。

この文書の中で「知識人」が、どのようにして自己を「マニフェスト」しているかを検討する作業に対し、それは政治的な視点のみを採用することになるとか、当事者たちの主張を鵜呑みにすることになるとかいった非難を加えるのは的外れである。この作業の目的は、この文書およびその発表様式が、当時の読者にとって、どんなに突飛なものであったかを再現することにある。マニフェストという行動様式が陳腐化したのはその成功の結果でもあるわけだが、その反面、この行動様式が公的な戦いのルールのうちにもたらした断絶を見えにくいものにする原因と今日ではなっている。

この請願書には実は三つの権利が含意されていた。第一はスキャンダルを惹き起こす権利（真実を世に知らしめようとする法的な手続きのすべてが挫折した後、ゾラが発表した「われ弾劾す」という、名誉毀損に問われた論文を支持するというスキャンダル）。第二は抗議行為にいっそうの力を持たせるために共同する権利（「知識人」は単独の個人ではない。ひとりひとりの象徴資本がいかに大きかろうと、個々の著名性は背景に引き、政治的社会的共同体全体の主張が前面に出てくる)。そして第三に、大部分の署名者は自分の名の後に肩書きを付け加えていたのだが、この肩書きの集積から引き出される象徴権力を要求する権利である。これら三つの権利はいずれも大革命以来すでに利用されてきたものである。意図的であれ無意図的であれ、スキャンダルは知識界あるいは政治界で世評を獲得するための古典的手段であった。知識人の共同もまた先例があるが、スキャンダルよりは稀で、小集団か、特定の職業集団に限られていた。知的な肩書きから得られる象徴権力を求める権利も同様に昔からの要求であるが、しかしこれは一般に、真に著名な人物にしか認められていなかった。したがって「知識人」宣言の場合、二つの点で、連続性よりは断続性の要素の方が勝っていた。一つは、古くからの行動形態に付与された新しい意味であり、さらに重要なもう一つの点は、いま挙げた三つの権利が同時に利用されていることで、これは前例がない。ドレフュス派のこうした権利の要求は、反ドレフュス派からすれば、通常の社会的規則に対する違反であった。スキャンダルの権利は無政府状態の誘因であり、共同する権利は「自然集団」の否定、象徴的権力の権利は「まちがった学説」から導き出された病的な傲慢の表れである。このようにして、裁判の過程での立証手段の一つであったこの抗議文は、いくつかの断絶的要素を合わせ持つことによって、政治的分裂の原因、また世界観の対立の原因となった。はじめは孤立した出来事であり、ある立場を支持する文書であった「知識人」宣言は、「知識人」という集団の社会的正統性についての、またこの集団が社会に認めさせようとする社会的政治的な視点についての果てしない論争の出発点となったのである。(1)

「知識人」の誕生の根底的な新しさを復元しても、あまりにもよく知られすぎた主題に付きものの落し穴を回避させてくれはしない。というのも「知識人」を扱った書物は実にきっちりした伝統に服従しているからである。一方には、英雄物語式の知識人の歴史がある。手放しの礼賛がその極端な形だが、この種の知識人論は文化面での偉大な人物を社会的歴史的帰属の文脈から切り離したり、そうした文脈を二義的な付帯物に還元してしまう。他方には、嘲笑的な知識人論がある。これは前者とは逆に知識人をいっそう効果的に貶下するために科学的理論的体裁をとることが多い。(2)この二種類の知識人論は敵対しているように見えながら、実は馴れ合いの関係にある。そのことをよく示す逆転現象がある。それは、理論的装いの知識人論の方が知的活動の一時期の歴史に関して多くを教えてくれるのに対し、知識人礼賛の歴史書の方が知識人相互の対立のもとになった様々なテーゼに関して多くを教えてくれるという事実である。(3)いずれにせよ、こうした評論的知識人論が長い間はびこったために、歴史学者はこの種の主題に取り組むことができなかった。むしろ思想史や哲学史、社会学、文学史といった他の学問の方がこれを自分の領分としてきたのである。しかしながらこれらの学問は重要な著作者や、支配的な思想潮流、権威の確立したいくつかの知的領域だけを対象にしてきた。厳密な意味での歴史学者はまず、知識人という言葉が概括的で類推的な意味を持っていた最も古い時代について、諸学問のあいだのこうした分業に異議を唱えることから始めた。(4)近・現代が、こうした旧来のタブーを乗り越える歴史的研究の中心に据えられるようになったのは、ここ一〇年来のことである。「知識人」という主題は政治的あるいは流行であるがゆえに危険と見做されてきたのである。しかしながら最近の研究成果は、より重大な危険にさらされている。社会の限られた一領域を自立化させすぎるという危険、あるいは、政治史の角度からしかとらえないという危険である。(5)

ある一時期の「知識人」の社会学的歴史学的研究は、その時期の権力界の全体的空間の中に知識人を置きなおしてはじめて、もっと一般的に言えば、支配階級の諸分派の社会的徴募《リクルートメント》の様態の変化と関連づけてはじめて、十分な意義を持つ。「知識人」というのは――本書はそのことを実証するだろうが――しばしば、特定の社会集団と同一視されることを拒否し、他のエリート集団との差異によって、ときには自分たちだけが唯一、真のエリートであるとまで主張して、自己を規定しようとする人種である。あるいはまた、彼らの内部で、真の「知識人」/偽の「知識人」、半‐知識人/大知識人、作家/大学人、老/若、前衛/売文屋または講壇派、ジャーナリスト/詩人、左翼

／右翼などといった区別を立てて張り合う人種なのである。

「知識人」と「エリート」

私は先に行った研究で、他の社会的エリートに対する知識人のこの最初の差異化や距離の確保について探究したが、その結論をここで簡単に要約しておこう。(6) 第三共和政下の諸エリートは、当時のイデオロギーのなかで、また部分的には現実のなかで、二重のパラドックスによって定義される。政治的民主政が到来し、名士の時代と比較してメリトクラシーが明らかな進展をとげたことにより、あらゆる人が、彼らの出身階層や彼らが受け継いだ社会的遺産がどのようなものであれ、エリートに達することが可能になるはずである。人民が主権を有し、才能《メリット》が社会的な成功をもたらすのならば、すべての市民が最も高い職務を望むことが可能なはずである。ところが、当時のエリートに関する社会学的研究は、十九世紀の最初の四分の三世紀と比べて生じた変化と、その変化の限界とを同時に明らかにする。カードは確かに再配分されたが、しかしそれは支配階級の限られた範囲のなか、すなわちブルジョワと、中産階級の上層部とのなかにおいてであった。さらに、知識界から経済界に移ると、エリートの社会的基盤の拡大は鈍化する。行政および政治エリートは、両者の中間に位置する。一八八〇年代初頭の政治的な変化は、一時的で限定された効果しかもたらさなかった。それは共和派の人々が、上級公務職に任ずるための完全なメリトクラシーを強く主張していた、彼らの先駆者たる一八四八年の指導者たちの公約を尊重することを拒否したためである。さらに重大なのは、初等教育が自己閉鎖的に整備されたことによって、複線型の教育制度が維持されたばかりでなく、強化されたことである。初等教育は、それに固有の昇進コース（高等小学校、師範学校、サン・クルーおよびフォントネーの高等師範学校）を持つことになった。この複線型教育制度の選択は、リセ、選抜試験、グランド・ゼコールを通じて支配的地位へと導く王道の徴募《リクルートメント》の基盤の拡大を永続的に妨げたのである。(7)

第三共和政のエリートを規定するパラドックスの第二の側面は、諸エリート層およびこれらの層の間の社会的交流に固有の力学が、他の二つの極、すなわち経済界および政治－行政界と比べて、大学人および、ある程度までは作家あるいは芸術家によって代表される知識界の孤立を増大させる方向に作用している、ということである。大学においては、増大する競争によって、教授たちの戦略は次第に硬直化し、専門職化され、学校資本への依存を深めていった。文学界および芸術界、とりわけ前衛派においては、アカデミスムに対抗する独創性への信仰が、他の領域から引き出されうる社会的利益を併せ持つことに反対する方向に作用した。それは、被支配的な地位を受け容れなければならなくなること、あるいは知識界とは無関係な論理を受け容れなければならなくなることを嫌ったためである。(8) 実業界、行政界あるいは政治界では状況は逆である。最上位の高級官僚たちは、有力政治家の参謀としての役割のおかげで人脈を増やし、その後しばしば天下ったり経済的圧力団体の代弁者となった。同様に政治家も、選挙で落選した場合には、留保してあった行政ポストにつくこともできたし、実業界に高収入のポストが用意されたりしていた。そして実業界は、国家エンジニアや国家官僚のなかから様々な経験を積んだ人物を採用することによって、実業界を集団として代表させたり、他のエリート層との関係を容易にしたり、あるいは技術的な問題に取り組ませたりするようになった。(9)

諸エリート層、より広く言えばブルジョワジーのなかにおける知識エリートの被支配的状況は、長期持続性をもった構造的な定常状態である。しかしこの構造的な状態は次の三つの要因のために当事者たちにいっそうはっきりと知覚されるようになった。第一の要因は客観的な格差の増大である。第二の要因は、かつては諸エリート層間の交流がより小さかったのに対して、今や支配的エリートが様々な社会的利益をあわせ持つようになったことである。そしてとりわけ第三の要因は、この知識エリートが信奉していたメリトクラシーのイデオロギーと社会的現実との間に明白な乖離が認められたことである。とはいえそこから生じる不満は、各人が知識界に占める位置にしたがって異なった形をとって現れた。伝統的な大学エリートの一部あるいはもっと専門化したエリート（法律家、医師、著名な科学者や文学者）の一部は、専門家や顧問やイデオローグの役を担うことによって支配的エリートに仲間入りしたり、同盟関係を結ぶことに成功した。しかしそれは、彼ら自身の自律性の放棄と引き換えであったり、彼らの仲間からの真の卓越性という評価を喪失することによってであった。大学のポスト数の増大（とりわけ文科ファキュルテ、理科ファキュルテにおける、また大学の有力者からは最も遠い下層レベルにおける増大）は、他の社会的切札を有していない限り、社会的エリート層へのこの到達の道が幻想であることを明らかにした。(10)

文学界、芸術界においては、国家の庇護の消滅、潜在的な生産者数の無統制な増大、そして芸術市場および出版業界の経済メカニズムへの依存度の増大が、芸術家と作家の状態をさらに悪化させた。これらの変化の結果、個々人の自律的生き残りの様々な可能性にしたがって、市場への従属に甘んじるか、面従腹背をとるか、あるいは仲間内の認知以外に評価されることのない美的な価値に後退するか、のいずれかを選択するほかなくなったのである。(11)

第三共和政によって誇示された諸価値（メリトクラシー、国民の精髄を体現する偉大な人物の崇拝）と現実のエリート再生産の法則との間のこの矛盾は、「知識人」の誕生の客観的な基礎のひとつ、またドレフュス事件以後のフランス史における様々な危機を通じて権力界において彼らが果たした持続的な役割の客観的な基礎のひとつである。共和政の価値の擁護者である「知識人」たちは、全体として、民主政の権力作用のなかに介入する具体的な手段を次第に失っていった。象徴的に敬意が表されれば表されるほど、実際に彼らに耳を傾ける人は減っていった。彼らが自分たちの特殊性を顕示すればするほど、他のエリートとの距離は大きくなっていった。しかし、目的論や運命論に陥らないためには、この最初の概観の試みはここでいったん止めなければならない。社会史、政治史において普通に見受けられることであるが、抽象的で客観的な基準によって定義された集団の潜在的な動員力と、個々の状況下での具体的な動員との間には著しい差異が存在する。それぞれ単独の個人において、社会学者、歴史学者あるいは政治指導者の抽象的な合理性に対して、時に個人を純粋な社会的な論理から逸脱させる、別の内面的な連帯意識という「間違った」理由が対立するが、こうしたことは、この概観の段階では深く立ち入っては論じられない。

概観

本書の主題の様々な局面を探究するために、私は二つの段階に分けて論を進めていきたい。第一部では、「知識人」の出現の全体的な条件を分析する。いわば「知識人」以前の知識人の分析である。第二部では、「知識人」という表象を核として潜在的集団が結集していく過程と、「知識人」をめぐる政治的な論争や闘争を分析する。知識人という社会的な人物像には、十八世紀の哲学者、ロマン派の詩人、芸術のための芸術派の芸術家、その後では科学者といった、古くからの伝統をそのモデルとして挙げることができる。「知識人」はこの歴史的遺産の一部を継承しているが、しかしこの遺産はもはや十九世紀の最後の二〇年間の知識界の新たな状態には適応していない。知識界の変容は、知的な職業のまったく新しい状況を考察するための新しい語の必要性を示している。知識界の拡大、文化的生産における経済的依存関係の比重の増大、また別の見地から言えば大学改革、こうした変容は古典的な自由業に対して知的職業の重要性を高めたが、そればかりでなく知的職業内部での分化を推進しもした。この矛盾を孕んだ過程は、知識界の各部分で程度の差はあるが、知識界の自律性と他律性を同時に強めた。したがって、後に「知識人」の語の下に一括りにされる諸範疇（作家、芸術家、大学人）は、社会階層としては、見かけ上の職業間の区分に従って対立的に分極化する傾向がある。この分化はしたがって、彼ら「知識人」が他の職業集団のような一つの職業集団を形成することを妨げる。

知識界はこのように、支配階級を様々な分派に分ける対立と同類の、政治的次元の対立によって貫かれており、主要な知的潮流はこの対立を反映している。これらの対立は、社会の支配的な諸表象の正当性の危機から生じている。これらの表象は、民主主義体制の確立と結合したイデオロギーによって、次いで政治的極左からの異議申し立てによって、批判された。この時代に出現し、ドレフュス事件の政治的、社会的争点を要約している、「知識人」／「エリート」というイデオロギー的な組み合わせは、実際はすでに一八九〇年代のはじめに現れており、また二重の意味で曖昧である。論者によって、「知識人」は「エリート」の対立物にもなるし、逆に、エリートが真に現実化されたものにもなる。しかしながら、これらの社会的進化あるいはこれらのイデオロギー的論争は、権力界への知識人の介入の増大と共に、はじめて真の意味を持った。これが第二部の主題である。この介入は、まず、一八九〇年代に、部分的に極左的思想に影響された前衛的知識人たちが新しい集団的な意思表示の方法を編み出した際に、小規模な形で行われた。これはドレフュス事件のいわば総稽古であったと見ることができる。

ドレフュス事件は最後の二章の中心テーマとなるであろう。ドレフュス派「知識人」と反ドレフュス派「知識人」を対立させた様々な請願書や論争の読解を通じて、それ以前の各章から引き出される解釈仮説が、対立する両陣営についての社会学の次元で、また両陣営が擁護するイデオロギーや社会的表象の次元で検証されることになるであろう。

「知識人」の誕生のこの複雑な過程は、二十世紀のフランス文化および歴史におけるこの知識人という鍵概念が、歴史的また理論的になぜ持続してきたかを説明する。この鍵概念に多様な様相をあたえる構造的条件は、政治的状況と同様に大きく変わったが、この鍵概念に真に影響を及ぼすことはなかった。これは、知的職業についてのそれ以前の諸表象について起こったこととは異なっている。実際、それぞれの時代の知識界の各部分は、この鍵概念がもともと有する多様な意味によって正当化することによってある語義を一方的に強調しながら、この概念を再利用してきた。知識人の消滅とか衰退といった、周期的に繰り返されるテーマですら、この鍵概念の持続性を立証する結果になっている。けれども、歴史的に見ると、すでに一九〇〇年代に、ドレフュス事件の際の意味での「知識人」

はもはや存在しなくなっていたと言うこともできる(12)。彼らが関わりをもった政治的諸事件が、それほどまでに、彼らを分裂させてしまっていたのである。それゆえ、知識人の各世代がそれぞれ、ペギーの『我々の青春時代』を改めて書き直しているように思われる。

本体はとっくの昔に死んでしまっているのに、その光はまだ我々のところまで届く星がある。人間の歴史には、こういう星のような出来事は他にもまだ数多く存在する。

第一章　「知識人」――歴史的社会的系譜

「そうです、私が主張するのは（そしてこれは私にとって芸術家生活における一つの実践的教義となるべきものなのですが）、芸術家生活の中に二つの部分を作り出さなければならないということです。つまり、ブルジョワジーとして生活することと、そして、半神として思考することとを。」
――ギュスターヴ・フローベール
「一八五三年八月二一日ルイーズ・コレへの手紙」、『書簡』J・ブリュノー編、パリ、ガリマール社、プレイアード版、一九八〇年、第二巻、四〇二頁。

一八九〇年代における「知識人」という人物像のような、新たな社会的かつ文化的人物像の出現を理解するためには、この十九世紀末における歴史的社会的文脈の中に、この事象を置き直してみることが必要である。まず第一に、この「知識人」の内容と機能は、それ以前の時代に現れた、文化における一連の主要な人物像によって決定されるものである。少なくとも十八世紀以来、各時代はそれに対応する文化的生産者の社会的理想像を持っていた。文化的生産者の理想像はそれぞれの時代において知的闘争の争点であったし、その結果として知識界において一時的な正統性を獲得したのであるが(1)、ここでは論述の都合上、それらの理想像を家系図のように、整然とした系列的な連続の帰結として分析することにする。こうした図式的な見方で済ますのは、ここで大切なのが、知識界の継起的諸状態を再構成することではなく、十九世紀末の「知識人」はどの程度そうした伝統に連なりうるものか、また「知識人」が最後の例である理想的人物像の交代を引き起こす歴史的状況はいかなるものかを究明することだからである。この表面上の連続性は、実は、十九世紀の最後の三〇年間に起こった知識界の変容を覆い隠しており、そしてこの変容こそがこのイデオロギー的変化の本質的な原因なのである。

「知識人」は確かに、文化生活の新たな段階における終局に出現した。「知識人」が姿を見せた時期、それは、それ以前の人物像が互いに入れ代わった時のように、単にイデオロギー的あるいは政治的危機によって特徴づけられる時期であるばかりではなく、知識界の規模そのもの、知識界の構造、および知識界の機能法則が問い直された時期でもあった。以前の知的人物像がエリート主義を帯びていたのは、当時の知識界というものが狭くて、社会の特権者と緊密に結び付いていたからであった。「知識人」という人物像は、知的諸職業が拡大期に入り、対象となる受容者層が拡大し、古い文化的ヒエラルキー（特に伝統的な学界システム）が批判されるようになって後、社会的に認知された。しかしながら、この「知識人」という新語は、社会的語彙の中にこっそりと滑り込んだ。それに対して、科学者という人物像は、大変広範な正統性を獲得していたが、「知識人」と同じ役割を演じることは不可能であった。というのは、科学者はそのエリート主義によって、知的生活の新たな「民主主義的」状態とは相容れなかったからである。

第一節　先祖たちの肖像

「文人」から「詩人」まで

中世にまで遡ることはせず、(2) またドレフュス派知識人が主張したフランスに限られた系譜のみを採り上げるならば、「知識人」の直系の祖先は、十八世紀の哲学者あるいは「文人」である。とりわけヴォルテールは、一七六五年に『哲学辞典』の「文人」の項の中で、「文人」の肖像を妙に悲観的な語調で描いている。ヴォルテールによると、文人とは殉教者である(「どんな哲学者も、ユダヤ人の間では、預言者として扱われている」)。また彼が十七世紀から引用している事例を見ると、「文人」は、今日よりもずっと広範な意味を持っており、「文学的」作家だけでなく、哲学者や科学者(デカルト、ガッサンディ、アルノーの名が挙げられている)をそこに包含していることがわかる。しかし、何よりもこの「文人」という語は、仲間内だけの言葉を弄して退廃している大学や、「中途半端なことしか話されない」アカデミーに対立するものとして定義されている。[3] ヴォルテールによれば、支配的な文化的諸制度から排除された存在である文人はまた、社会の周辺部に位置する存在でもあった。

「文人の最大の不幸とは、概して、なにものともつながりを持たないことである。ブルジョワが小さな職を買えば、同業者の支持を得られる。もし誰かが彼に不正を行ったとしても、彼はすぐに味方を見つける。それに対して、文人には援助してくれるものがいない。彼は飛び魚のようなものである。つまり、水から少しでも飛び上がれば鳥に食われてしまうし、水の中に身を沈めていれば魚に食われてしまう。」(ヴォルテール、同書)

この文章は、語をいくつか置き換えさえすれば、十九世紀末の「知識人」の定義に役立ちうるだろう。またこの文章は、つながりを持たない知識人が、己れの自由と独立を求めて、どれほど高い代償を払うことになるかを予感している。十八世紀的な意味における「文人」概念の中に現れており、また最近の歴史学的研究が立証したこのような構造的与件[4]から、「文人」は、「知識人」にある種の、少なくともイデオロギー的な血縁関係を持つという結論を下すことが可能であるとしても、視点の変化、加えて、これは自明のことであるが、大革命以後における知的生産の新たな社会的諸条件を無視するわけにはいかない。「哲学者」による自律性への要求は、旧社会の中で、乗り越え難い障害にぶつかった。幾人かの哲学者が「社交界」において成功したとしても、特権領域や正統的な文化の外側にいる大部分の文人たちが排斥されていた事実を覆い隠すことはできない。この除外された人たちは、ロバート・ダーントンによれば、大革命の際にアカデミックな文学に対して復讐をしたとされる「文学的ボヘミアン」を形成した。革命思想の先駆者であり、そしてその最後の世代においては大革命の当事者であった「文人」たちは、テルミドール以後、革命のイメージの浮沈の余波を蒙ることになった。

ここで、ポール・ベニシューが『作家の聖別』[5]の中で行った論証に従うこともできる。彼はそこで、「知識人」の象徴的な属性のすべてを『カンディッド』の著者ヴォルテールによって与えられている「文人」が、十九世紀初頭においてなぜこの機能を保つことができなかったか、ということを説明している。文人は、文芸の専門家（「文芸家協会」なる名称の中で存続している意味において）という凡俗な地位に引きずり降ろされてしまったのである。[6]例えば、セナンクールのようなリベラルな評論家は、今や、作家を文人から区別している。

「私は学者や大作家が『文人』と呼ばれるのを好まない。『文人』というのはビラ書きやもの書きにふさわしい。あるいはせいぜいのところ、正確にあるいはただ単に文人であるという人たちにふさわしい呼称である。[7]」

文人はまた、政治的な信用失墜にも苦しめられることになった。[8]フランス革命に敵対的な意見を持つ人々から、文人は、哲学者が政治問題に影響を及ぼす役割を担ったために、恐怖政治の行き過ぎの責任を負わされた。[9]ロバート・ダーントンが示したように、文人は、大革命の自由主義的な時期に新聞が多数発行されたことや、出版事業を締めつけていた同業組合の拘束がなくなったことによって、オピニオン・リーダーとしての活動の中に新たな就職口を見出すことができた。[10]それ故、ブリュメールのクーデタに続いて設置された独裁的な諸制度は、このスポークスマン――おそらく彼らの政治的影響力は誇大視されていたが――を監視することをやめようとはしなかった。そして、文人が党派的なジャーナリストへとあまりに急激に変貌していくことから生じた危惧に、体制の様々な変化に変節を重ねて追従しようとする年長者たちの目に余る小狡さに対して一八二〇年代の若い世代が抱いた道徳的蔑視が付け加わった(11)。

ロマン主義者たちは、ロマン主義運動の初期の反革命的な時期にすでに、歴史の流れの上に合理的真理を与えるという哲学者の野心を拒絶していた。というのも、こうした野心こそが、それまでの数十年間にフランスが被ってきた災難の源であったからである。しかし、ロマン主義的「詩人」は、宗教的感情と、理性ならびにドグマ批判に抵抗する感性とを復権したけれども、一八二〇年代の世代全体がそうであったように、王政復古の厳格な反動政治にすぐさま対立することになった。ロマン派の詩人の社会的理想を完全に満たすために、セナンクールの言う意味での作家、ロマン主義者たちの言う詩人、そしてミシュレあるいはサン＝シモンの言う意味での学者が、完全無欠の自由を要求するようになり、そして哲学者の政治的機能という遺産を間接的に取り戻すことになったのである。しかし、これらの人物像が多様であり、提唱者たちによって内容も様々であったため、これらの人物像の象徴的生命は短いものに終わった。彼らのエリート主義とすべての人たちに語ろうとする預言者的願望との間の矛盾もあった。「民衆」が文化にアクセスすることをあらゆる種類の障害が妨げているだけに尚更そうである。こうした作家たちは、一般に、そうした問題を自覚していた。ある者は、詩人が生き続けていくことを不可能にする経済の桎梏を告発し（ヴィニーのチャタートンを参照）、またある者は、ミシュレのように、学者とのコミュニケーションを不可能にする民衆の文化的疎外を弾劾し、また他の者は、サン＝シモンのように、貴族階級と聖職者とに寄生している人間たちに対抗する学者と産業人との結合のユートピアを夢見たのである。このような古い知的理想は、変容の真っ只中にある知識界の状態に直面したときたちまちその亀裂をあらわにする。ラマルティーヌからミシュレや空想的社会主義者たちに至るまでのこれら大部分の人々が共有していた一八四八年流の幻想が破綻したとき、この古い知的理想はそうした亀裂によって決定的に崩壊する。新たな知的理想は、別な領域からやってきた。それは、「商業文学」の時代における知的職業の新たな社会的諸条件に対する反動によって定義された、芸術家というよりいっそうエリート主義的な人物像であった。(12)

「芸術家」

ジョルジュ・マトレが示したように、十九世紀のほぼ全期間を通じて「芸術のための芸術」の擁護者たちが主張することになるような意味での、芸術ならびに芸術家についての近代的な概念は、ほぼ王政復古の時代、ロマン主義の初期に、これまでに述べてきた芸術観および芸術家観と共存し競争するような形で現れた。(13)ゴーティエから象徴派に至る人々による、芸術や芸術家という語の用法の特徴は、これらの言葉が、美学の領域から文学の領域に移行したことにある。これらの言葉はまた、文人の象徴的な地位低下に対する反論の現れでもあったが、しかしそれにもましてこれらの語の出現は、職業的な区分(常識的な意味での芸術家、作家、音楽家など)に対抗して、より広範な象徴的共同体を創設するための抽象化という努力の現れである。その頃存在していた、絵筆の人とペンの人との間の親密な人間関係が、この努力を促進したのである。「若き」ロマン派の芸術家たちにとって、新しい意味での芸術家であるということは、単に作家や詩人や画家や音楽家であるということではなく、低俗な文人(つまり、ブルジョワ的な芸術、あるいはその世紀の中葉の良識派〔七月王政末期にロマン主義に対抗してポンサールなどの擬古典主義演劇を擁護した文芸運動〕)や、集団としてのブルジョワから区別された、また同時に政治的な極左によって称揚された社会的芸術の諸理論からも区別された、ある種の秘教的なセクトに所属することであった。(14)

逆説的なことだが、この「脱社会的」な立場の信奉者は、文学界においていっそう容易に存在することができた。なぜなら、文学というものは、この理想が含意する、そしてこの章の冒頭に引用したフローベールの有名な言葉に要約されている、社会的な面従腹背を演じることを正当化するからである。通常の意味での芸術家は、たとえ芸術派作家と同じ美学的な立場を採用していたとしても、アカデミーのシステムの拘束や顧客の要求ということからして、社会的にまた経済的に自由である程度は、ずっと少ない。作家の場合は、金利収入があるとか（フローベールやゴンクール兄弟の場合）、閑職についているとか（テオフィル・ゴーティエあるいは、何人かの高踏派）、純粋な文学作品の他に、生活のために稼げる文学を書くという二足の草鞋を履くといったこと（例えばゴーティエやネルヴァル）によって、この「芸術のための芸術」という美学的かつ社会的なプログラムを実現することができる。反対に芸術家は、アカデミーのシステムが根強く残っていたため、またその社会的な徴募《リクルートメント》の基盤がより広範であるために、青春の短い期間しか、社会の周辺でボヘミアン的に生きることはできなかった。(15) この芸術家の像は、やはり職業的な境界を侵犯する「知識人」と共通する点もあるが、別の観点から見ると大きな違いもある。というのは、芸術家の人物像は、ロマン主義といった神秘的な公理のうえに成り立っているからである。芸術家というのは、その天賦の才によって、精神的な彼岸――ボードレールや高踏派においては美、フローベールやゴンクール兄弟においては文体の完成――と対話し、そして政治的、社会的ないかなる関与も拒否するのである。ユゴーにおける「詩人」や、ミシュレあるいはサン＝シモンにとっての預言者としての学者は、「神」や「歴史」と対話しようという野心を持っていることから、社会に向かう野望を保持していた。天からのインスピレーションを受けた彼らは、この世での使命を果たすべきであり、「芸術家」のように個人的な救済を得ることに甘んじることはできないと言うのである。ミシュレは、一八四八年のコレージュ・ド・フランスの講義において、芸術至上主義文学のこのような偏向を告発している。

「いかなる共通の文化も、いかなる共通の文学も、そしてそれらを持とうといういかなる意志もない。教養ある者たちが、教養ある者たちのために書いている。労働者＝作家たちの何人かは文壇の仲間入りをしたが、彼らは教養人の決まりきった作法のなかで書いていて、民衆に向けて書いているのではまったくない。[16]」

この文中の「労働者＝作家」という言葉は、一八四〇年代にもてはやされていた労働者＝詩人を指している。何人かの有名な作家の後援によって詩人の仲間入りをしたこれらの労働者は、文学と民衆の間の断絶を証し立てている。というのは、彼らは、社会的承認を、ブルジョワジーから、また自らが正統文化の作法にしたがって表現を行うということから、得ていたからである。芸術至上主義の作家は自分自身のためだけに書くのであり、同輩による評価しか認めない。これは、文学界の自律性が増大しつつあることのしるしであると同時に[17]、外界に象徴権力を行使することを断念したことのしるしでもある。スタンダールのように少数の特権者に期待を寄せるということや、フローベールのように死後の文学的救いを求めるということ、それは同時に、のちに見るように芸術のための芸術に忠実な前衛の一部分との対立によって自らを定義することになる「知識人」の新たなる理念とは、背反するものでもあった。正統的な文学、学校教育の伝統によって承認された文学について述べるのは、別に「知識人」の概念の長い歴史における否定的な時期や新たな行き詰まりの時期を指摘するということではない。芸術家の概念にも積極的な側面があり、これは「知識人」のイメージのなかに受け継がれた。「芸術家」は、芸術や文学を、普通の自由業や職業として行うことを拒否した。そんな芸術や文学は、商業芸術、ブルジョワ芸術、つまりブルジョワ的になされたブルジョワのための芸術なのである。[18]「芸術家」はまた、支配的な社会的規範を侵犯し（ボヘミアン的生活によって、あるいはフローベールや、ゴンクール兄弟、ボードレールのように独身生活を選ぶことによって）、支配階級に対して内側から象徴的断絶の姿勢をとり、そして、他の社会的ヒエラルキーと対立する、知的かつ美的な基礎の上に存する精神的ヒエラルキーにもとづいて社会的世界を判断する。[19]その後に登場する「知識人」と同様に「芸術家」は、世間一般の格付けを認めるのではなく、社会を自分たちの価値に従わせようとした。この姿勢は敵対者たちによって「狂気の沙汰」と形容されたが、「芸術家」の方は、『紋切型辞典』のフローベールのように、ブルジョワの「愚劣さ」を告発しているつもりだったのである[20]。

この新しいタイプのエリート主義は、そのままの形で世紀末の「知識人」の主題の一部に再び見出される。しかし、二つの概念の間の連続性は、後に見るように主要なカテゴリーの表象が変容したために、その意味を変じている。「ブルジョワ」が美学的な観点から言及されるカテゴリーから、社会的あるいは社会主義的なカテゴリーへと変移するにつれて、芸術家はその象徴的な力を失っていった。「教養階級」が拡大し、民衆が教育を受け、ブルジョワの教育水準が上昇するにつれて、芸術家の概念は、卓越的に差別化するその威力を失う。十九世紀中葉の知識界において、ブルジョワ芸術と社会的芸術との間で中心的な位置を占めていた芸術家という理念は、世紀の終わりには周辺的な位置に追いやられた。第二帝政の下で、独裁権力の庇護によって護られ、また帝国貴族のサロンに出入りを許されていた、芸術のための芸術の信奉者は、第三共和政の下ではこうした保護を奪われ、師匠が弟子を迎えるというくつかの閉鎖的空間に閉じ込もっていった[21]。十九世紀の前半に作り上げられたイデオロギー的な諸主題がこのように象徴的社会的な力を失ったことは、一般的な社会的政治的な条件の変化にも原因がある。すなわち、一八四八年の知的なユートピアが挫折したこと、社会についてのヒエラルキー的権威主義的な諸概念（そして、まず第一に、教会についてのそれ）が没落したこと、科学を背景にした楽観主義的実証主義的な進歩主義の台頭などである。これらの事実はよく知られているので詳しく触れる必要はない。かつて支配的な地位にあった、十八世紀の広い意味における「文学」は、十九世紀の中葉以降は、イデオロギーの霊感の唯一の源泉であるとはもはや主張することはできなくなった。「文人」、「詩人」、「芸術家」は自ら、啓示された宗教の聖職者のモデルの代理人たろうとした。一八五〇年代―六〇年代以降は、科学が宗教に代わるものとして登場する。しかしながら、思想史においてよく知られたこの現象の蔭には、社会的表象の変化の歴史の中でそれが果たした役割の重大さに比べてこれまで十分に分析されていない一つの事実、そして「知識人」の誕生において中心的な環を構成する事実が隠されている。それまでの諸表象にとってかわる象徴的な人物理念としての科学者の出現である。

「科学者」

「科学者」というテーマはもっと詳細に分析することにしよう。なぜならこのテーマはこれまで、先に見た「文人」、「詩人」、「芸術家」といった人物像のように体系的研究の対象にならなかったからであり、またこの人物像は「知識人」という人物像により直接的に結び付いているからである。科学のイデオロギー、その哲学的表現、実証主義、ドイツ思想に直面したフランス思想の危機、およびドイツ科学に対してフランス人が持つイメージ、これらのテーマについては様々な個別研究が生み出されてきた[22]。しかし、社会的表象としての科学者は、前節までに言及した文芸批評や文学史の研究主題になった作家よりも、認知度はずっと低い。科学者はいつも正面からは取り上げられず、他の領域の包括的なパースペクティヴ、つまり大学史、科学史、科学とその応用の関係史といったパースペクティヴのもとでしか扱われない[23]。科学者自身の書いたものの中でも、科学は、科学者を正当化したり、あるいは科学者の社会的地位向上の戦略として用いられたりすることによって、科学者を隠蔽しているのである。科学信仰というこの地位向上の戦略がもたらした副次的効果を忘れてしまうと、「知識人」の最初の萌芽としての科学者という社会的人物像が持つ重要性を理解できない。科学信仰は、科学者信仰を、エリート間においてだけでなく、社会全体の中にも生み出した。これは十八世紀の教養ある人々の間に見られた、哲学者や文人に対する崇拝のみが匹敵する新たな現象である[24]。

すでにフランス革命期に、——そしてパストゥールも、科学研究の地位向上を擁護した著作の中で、この先例を利用している——科学者たちは愛国的で革命的な国防活動に寄与した[25]。しかし、権力からの承認は民衆からの承認を伴うわけではなかった。科学者は、一般の見方では、未だ専門家であり技術者であって、すべての人々の関心を引きうるような社会的類型ではなかった[26]。作家あるいは芸術家は科学者に対して、エリートと大衆の双方の心を動かし、国民そのものの精髄を受肉化しうるという、二重の優越性を保っていた。一八八五年のヴィクトル・ユゴーの国葬は、おそらくこの優越性の絶頂であり、かつその最後の現れ＝示威行動であったのである。しかしながら、この栄誉ある儀式は、思想的変化に対してすでに遅れをとっていた。

第二帝政の終わり（一八七〇年）からパストゥールの死（一八九五年）に至る期間、あるいはより象徴的な、そしてより近接した日付を採ることにすると、クロード・ベルナールの死（一八七八年）からソルボンヌで行われたパストゥールの在職五〇年の祝典（一八九二年）に至る期間において、科学者の社会的イメージは決定的に逆転した。それは自然諸科学についてだけでなく、大文字の「科学」、つまり歴史学や文献学といった新たな学問のモデルとなる、ドイツにおいてこの語が有する一般的な意味での「科学」に依拠する諸学の全体についても、そうであった。たとえ大科学者たちが、社会史が復元するような「平均的な科学者」あるいは普通の大学人から遠くかけはなれているとしても、ここでは一般的な社会的諸表象の結晶化を促した象徴を問題としているのであるから、話をこの大科学者たちに限ることも許されるだろう。大衆、また支配階級の他の部分が関心を持つのは、大人物に対してだけである。こうした大科学者たちが神話の素材となり、社会の想像力を捕えるのである。しかしだからといって、象徴的なエピソードに執着して、本書の他の部分で採用した方針と矛盾することになるような社会文化史の摂理的で出来事史的な観点に戻ってしまってはならない。「科学者」というテーマの具体例として取り上げた文化的な出来事は、ここでは、知識界ならびに社会全体に流布した新たなコンセンサスの形成のしるしとしてにほかならない。国葬、叙勲、在職五〇年祝典、アカデミー新会員の入会演説を通じて、国民またはその代表者たちによって盛大に称えられたクロード・ベルナール、パストゥール、ベルトロ、テーヌ、ルナン、といった人たちは、フランスの標章として、また新たな文化的正統性の標章として祝われたのであった。
科学者へのこうした崇拝は次第に増大していった。測定可能な第一の指標は、多くの偉大な人物を輩出した共和政時代に、国葬という栄誉を受けた科学者がどれほどの割合で存在したかということであろう。A・ベン・アモスが作成したリストによれば、科学者は作家を追い抜いて首位にあった。一八七八年から一九〇七年の間で見ると、文学者が二人であるのに対し、科学者は六人ないし七人（政治家でもあったポール・ベール〔一八三三―一八八六年、生理学者〕を含めれば）であった。同じくA・ベン・アモスが示したように、文筆家の場合は、ユゴーについてでさえ、その戦闘的な社会参加のせいで、世論は分裂した。[27] 科学者は、政治的な態度を鮮明にした者でも、少なくともその仕事においては、真理の探究、理性、および無私無欲を体現しているので、政治的対立を掻き立てることはなかった。国葬で送られた最初の科学者であるクロード・ベルナールは、こうした観点から見ればその典型的な人物である。クロード・ベルナールは、皇帝から厚遇された（彼は上院議員に推挙された）人物であるが、彼の弟子であり、その後大臣にもなったポール・ベールを通じて、また、ガンベッタとフェリーが彼の『臨床医学序説』の実証主義的発想に共鳴していたこともあって、共和政に取り込まれていったのである。この生理学者の国葬を票決するために行われたフランス下院での討論の際に用いられた言葉が、それ以後の論調を決定する。公教育大臣アジェノール・バルドゥーの演説の次の箇所は科学者賛美の主要テーマを示している。

「彼は今世紀の最も偉大な生理学者であっただけでなく、無私無欲という美徳の鑑でもありました。彼は決して通俗に引き寄せられることなく、真理を追い求め、真理のあらゆる深部を探究することで一生を過ごしました。彼の仕事は我々の栄光の一つであります。彼の天才に恩恵を受けたヨーロッパ中の学者は、我々と共に喪に服しています。偉大な人物を崇敬することは、一国の誉れであります。[28]」

一連の伝記的偶然が重なって、それら自体が以上のような科学者イメージを長期間にわたって固定させるのに寄与したのだが、アカデミー・フランセーズでのクロード・ベルナールの後任となったのはエルネスト・ルナンであった。同じ年、知識界におけるもう一人の主要人物であったテーヌがアカデミー・フランセーズの会員に選出された。テーヌは、当時の人々の考えでは、しばしばルナンに結び付けられていた。彼はその仕事において、科学者の厳密さと、思想の自由のための戦いと、同時代の諸問題への関心とを統一させていたからである。ルナンやテーヌのアカデミー入りの際に迎える側迎えられる側が行った演説は、それから四年後、リトレの後継者として選ばれたパストゥールとルナンが交わした演説とまったく同様に、ジャーナリズムを舞台にしてこの式典が博した大きな反響のせいで、科学者という新たな人物像の輪郭を決定的に定着させることになった。一八八〇年代はすべてが、社会の想像力におけるこの科学者イメージの文化的支配という方向へと進んでいった。文人はその当時、ユゴーを最後に主要な代表者を失い、アカデミー・フランセーズで文学を代表する者はもはや、まさに「アカデミック」な文学者たちか、あるいは高踏派のように時代と絶縁した芸術家の理想を選んだ文学者たちだけとなった。こうして当時の人々の目にとって文化的正統性を保持していたアカデミー・フランセーズは、今やこの新たな知的理想を体現している人たちによって支配されていた。ルナンの後任のシャルメル=ラクールは、そのルナン追悼演説の中で、『幼年期と青年期の思い出』の著者ルナンの、知的な、いや主知主義的なとさえ言える独創性に注目している。

「独創的かつ大胆な文筆家という名に結び付けられた科学者のこうした名声が、彼の発言にどれほど権威を付与することになるかということにどうして気付かずにいられるだろうか。この科学者としての名声はルナン氏に、初めから特別な場所を用意したのである。[29]」

A・バルドゥーによるクロード・ベルナールの肖像と比べて、これは一歩進んでいる。科学者というこうした人物たちは真理に身を捧げていたが、それに加えて、その真理への献身によって彼らが保持している象徴資本が、彼らの厳密な専門領域以外の問題にも効力を発揮しうる道徳的さらには政治的権威を彼らに与えることになった。この新しいタイプの知識人は、知識人の間でなされている分業を過去のものとした。クロード・ベルナール、ルイ・パストゥール、イポリット・テーヌ、エルネスト・ルナンは、文学的教養と科学的教養との間、あるいは大衆と教養人たちとの間にある伝統的境界を、反対の方向に侵犯した。クロード・ベルナールは『臨床医学序説』を、ルナンは『イエスの生涯』を出版した。テーヌは、学術論文も書けば文芸評論も書いた。パストゥールとベルトロはそのときどきの社会的要求に応え、また自らの政治的立場を公にした。シャルメル＝ラクールが挙げるルナンの遵守した四つの原則（「主張における誠実さ」、「細心すぎるまでの慎重さ」、「性急な一般化の忌避」、「知らないということは知らないという勇気」[30]）は、パストゥールの書いたものの中にも見出される。

「重要な科学的事実を発見したと信じること、それを発表しようという熱意に燃えること、幾日も幾週も時には幾年にもわたって自分自身と戦い、自分の経験を突き崩そうと努めること、そして反する仮説をすべて覆してから初めて自分の発見を公表すること、そう、これはまったく困難な仕事である。[31]」

科学者が自らに課したこうした原則は、明らかにロマン主義時代の預言者たちの態度とは反対のものである。そのうえ、科学と文学との間、科学者の社会的機能と文人のイデオロギー的機能との間での役割分配の中に見られるこの変化は、彼らの個人的軌跡と当時の文化の反応との双方の中に同時に現れている。最年長のクロード・ベルナールは、ナポレオン三世によって上院議員に任命されたが、妥協への警戒心と、科学の純粋さへの配慮から、政治的あるいは社会的な行動に対する距離を保っていた[32]。パストゥール、テーヌ、ルナン、ベルトロは、一八六九年に立法院に立候補し、逆に、一八七〇年の危機の以前ならびに以後に、行動する義務を感じていた。ルナンは、一八六九年に立法院に立候補し、『知的道徳的改革』を著して政治的議論に加わった。パストゥールは、第二帝政が終わる少し前に、科学のためのキャンペーンを開始し、セダンの敗北の直前にあと一歩で上院議員に任命されるところまで行き、一八七六年には成功しなかったが上院に立候補した。テーヌは、間接的な社会行動を選び、政治学院《シアンス・ポー》の設立を支援し、『現代フランスの起源』の執筆にとりかかった。そして、ベルトロは、直接行動を選び、一八七一年に政治家の道を歩み始めた[33]。

このような社会参加は、科学者の新たな権威が――当時ゲー＝リュサック〔一七七八―一八五〇年、物理学―科学者〕やジャン＝バティスト・デュマがそうでありえたように――名士としてだけでなく、科学の代表者としても認知されるようになったことを示している。同時にまた、科学者の専門領域の固有な方法を用いて政治的社会的諸問題に取り組む別のやり方があるということをも示している。政治への進出は、こうした事実からして、曖昧なものであって、政治運営の新たな諸条件のせいで、たいした成功を収めはしなかった。しかしながら、ある意味でこのような政治進出は、ドレフュス事件の際に、議会主義の古典的形態の外部で十全に実現することとなる「知識人」的な社会参加の新たな形態を先取りしている。ベルトロは一八八六年に書かれた『科学と哲学』の序文ですでに、科学者の新たな社会的役割という政治的論理を承認している。

「今日、科学者の生活は多様であり、その活動は非常に多岐にわたっている。といっても科学者は、扇動や人気取りといったくだらない願望に動かされているのではない。おそらく彼らは、実験室にこもり、自分の時間のすべてを好きな研究のために打ち込むことのほうを好んでいるだろう。しかし、何に対しても自発的に口出しせず、実験室に閉じこもることは、彼らに許されていないのだ。人が実験室に彼らを呼びに来て、極めて多種多様な領域、つまり産業あるいは国防への専門的な応用、公教育、さらには政治全般といった諸領域における公共利益の名のもとに、彼らの奉仕を要求し、しばしば強制的なやり方で要請しさえするのである。[34]」

現実政治に最も深くかかわり、そして十九世紀末の科学者の象徴資本の組成において重要な部分を占めていた無私無欲の美徳に忠実であることを示すためにそのことの言い訳をする科学者ベルトロの自己弁護的側面は脇に置いておくとしても、終身上院議員にまでなったベルトロがここで挙げている科学者の社会的役割の多くは、象牙の塔にしっかりと閉じこもっていた学者たちもそのキャリアにおいて受け入れていたものである。パストゥールやその弟子たち、また応用科学を専門にしていたパリや地方の化学者たちもそうだったし、公式あるいは非公式に立法機関の顧問を務めた有力医師たちも言うまでもない[35]。

パストゥールとベルトロの在職五〇年祝典があり、テーヌ、ルナン、パストゥールが他界した、一八九二年から一八九五年は、反科学主義的反動が始まってはいたが、科学者という社会的人物像が決定的に定着した時期だった。十八世紀以来大作家が伝統的に占めていた地位が、この科学者イメージによって取って代わられることになるための、すべての状況が整っていた。狂犬病を克服したパストゥールの在職五〇年祝典が行われた一八九二年、高等師範学校の「新入生《コンスクリ》」（第一学年の生徒）であったエドゥアール・エリオの回想は、当時の若い知識人の間で、科学者の理念像がいかに優位を占めていたかを振り返って記録している。

「どんな哲学体系よりもずっと我々を魅了したもの、それは科学者というこの職業の統一性であり整合性であった。そこでは、発見は他の発見とつながっており、最も内容豊かな証明も、基本的推論に立脚している。

実験室での実験は、無限の経済的結果に具現して、産業全体を、ビール産業、絹産業、ワイン産業を救うことにつながる。このような成功全体の内に、不断の創造の内に、精神の力が如実に啓示されていた。若い知識人はそれに心を奪われたのだ[36]（…）。」

文学に夢中になり、それによって人格形成をした若者の精神状態を再現しているエリオの分析は、パストゥールが体現していた科学者が、すなわち人類の進歩に役立つ知性の力が、数年後「知識人」と呼ばれるようになる人々の社会的機能を考えるための母体となったことを示している。こうした事態は、パストゥール自身が、自分の果たす役割に比べて、実際の社会的言動では極めて控え目であっただけに、ますます意義深いものがある。パストゥールは、祝賀式典に参加するたびに、自分が科学崇拝の新たな象徴的場面の中心にいることに恐縮している。彼は、文学（魂の表現）の優越性という古い通念に忠実であったので、アカデミー・フランセーズ会員に選出されたとき、自分はそんな名誉に値しないと述べている。また更に、彼の在職五〇年祝典に際してや、彼を主賓とする国際学会の折には、彼は、抽象概念あるいは象徴（「科学」、「祖国」）以外のことを語ることを避けた。また、実証主義の帰結を問われた時も、彼は自らのキリスト教信仰の名のもとに、それを忌避した。こうして、パストゥールは、いわば自らの意に反して「科学者」であったわけだが、そのことでかえって、自分がその生きた化身であった科学者イメージを強化することになった。このイメージをベルトロのように、とりわけ哲学的な帰結において擁護したり、あるいはテーヌやルナンのように、科学以外の領域で防衛したりするよりもおそらくずっと効果的に。というのも、この科学者イメージは、彼を超越するものであると思われたからである[37]。

科学者と作家

知識人のこの新たな象徴的モデルの出現についての最もよい証拠は、おそらく、作家たち自身が、あるいは少なくとも、この二〇年間対立関係にあった自然主義者と「心理」小説家という主要な文学潮流の代表者たちが、このモデルをそれぞれの仕方で採用したことである。[38] ゾラを論じた文学批評、ましてブールジェやバレスを取り上げた研究は、彼らの科学への言及の信頼性にしばしば疑義を表明している。ゾラはテーヌとクロード・ベルナールの名を押し立てて出された本である『実験小説論』や『テレーズ・ラカン』の「序文」のなかで、またブールジェは『現代心理論集』(ここで彼はテーヌとルナンを引き合いに出している)[39] のなかで科学に言及し、さらにバレスは人種主義理論家や心理－生理学研究者に自らの民族主義的主張を基礎づけるための根拠を求めている。文学における科学のこうした利用は、単なる知的流行を超えた現象である。これらの作家たちは、知的活動の古いモデルはもはや通用しないと悟ったのである。文学界あるいは知識界において支配的地位を獲得するために必要な「権威」――セナンクールの言葉を用いれば――は、今や、科学が表象する正統性の新たな源泉、従って科学を体現している科学者から汲み出されねばならない。ゾラに見られる慎重な調査や、主導的思想家の提起した諸概念や分析のバレスやブールジェによる再利用は、彼らの先人による純粋に文学的な態度に対する反動である。事はそれにとどまらない。一八八〇年代の終わりと一八九〇年代の初頭において、科学者は、これらの作家たちの作品の中心人物となっている。例えば、『ルーゴン＝マッカール叢書』の最終巻を成す、一八九二年のゾラの小説のタイトルともなっているパスカル博士。一八九八年の『パリ』の、明らかにベルトロを模写したベルトゥロワ。一八八九年のポール・ブールジェの『弟子』に出て来る、テーヌがそのモデルとなっているシクスト。バレスの青年時代の作品の中の想像上のテーヌとルナン。そして、科学者を超えて、「知識人」にまで干からび果てた大学人を糾弾したバレスの『根こぎにされた人々』におけるブーテイエである。[40] 実験室あるいは書斎の人間という姿をとった科学者は、文学界における正統性を争っていた二つの流派、つまり自然主義派と反科学主義的な心理主義派との間の対立の争点となった。こうして、この闘争とその対象は、ドレフュス事件の論争の諸論点を予示している。しかし、最も意義深いことは、以前は作家たちは、まったく粉飾を施されていない社会的あるいは文学的諸概念をめぐって対立していたにもかかわらず、今はこの科学という新たな標章を保持する欲求を感じるようになったということである。

しかしながら、この争いを、いつもそうされるように、科学主義/反科学主義、大学/文学、あるいは給費学生/富裕階級の子弟、という対立に還元すると、対峙している両主張の持つ含意の一部や、より長い射程を持つその社会的意味を無視してしまうことになる。見かけの内容（科学の限界の有無、宗教あるいは観念論への必然的回帰といった[41]）または形式（哲学的ディレッタンティスム、テーヌとカント哲学によって吹き込まれた大学の干からびた厳密さ、これらは青年の精神形成にとって危険なことではないだろうか、といった）の向こう側に、「知識人」の社会的機能についての論議、科学信仰と科学者信仰と、若い学生たちのその信仰への支持のおかげで「知識人」が手にしている新たな権力についての論議がすでに出てきている。この対決の重要性は、知識界の諸準拠モデルの象徴的再編成を行ったことにある。対立はもはや職業的な区分（一方の、常に革新を追究する自由な知識人ないし作家、他方の、かつてのように保守の担い手としての官僚知識人ないし大学人）によるのではなく、純粋に知的な地平で、同業者的な連帯関係と重なるようになった。この変化は知識界の今日の形態的変化と照応する変化である。

こうして見ると、様々な時代の知的職業が掲げた理想を代表する概念を構成しているテーマが多様であるにもかかわらず、一本の線が貫かれていることがわかる。つまり、既成の宗教に対して（哲学者の場合）、支配階級に対して（詩人と芸術家の場合）、他の知的職業や大衆に対して（科学者、芸術家の場合）、より多くの自律性を要求するという一本の線である。常に厳しさを増していくこの理想に応えることのできる文化生産者は、だんだん少なくなった。「哲学者」あるいは「文人」の場合は、これらの呼称がスローガンでもあれば、また現実の「身分」でもあるという意味上の曖昧さの故に、学校制度の伝統の制約を受けた大著作家たちだけでない、より広範な人々の看板となりえたし、新たな知的スノビスムや「ベストセラー」狙いの企画を生み出すまでになったのである。(42) 逆に、詩人や芸術家という理念的人物像の場合は、彼らの理想は、詩とか絵画といったジャンルあるいは小グループに限られ、すでに見たように、自己を曲げずに文学的領域で生き残るためには社会的切札を持っているか、あるいは面従腹背の生き方をすることが前提となった。そして、科学者という人物像の場合は、無理なこじつけをするのなら別だが、文学的領域にはほとんど適用しえない。この人物像は、いっそうの禁欲的精進を要求するし、それと共に知識人志望者の大部分が取得することのできない学位を持つことも要求するのである。

このようなエリート主義の増大はある意味で、知識界の形態的進化に対するイデオロギー的反応である。他から自らを区別することの必要性は、知識界の中の地位を志願する人間が増えるにつれて、不可欠なものになる。しかし、文学史や思想史が世代、学派、亜流等のあやふやな概念を通して記述しようとするこの恒常的傾向は、十九世紀の最後の二〇年ないし三〇年間において、別の意味を持つようになった。知識界が獲得した新たな広がりは、知識界の内部の知覚図式を、また、統計学者のより中立的で外在的な知覚図式をも変容させることになる。

第二節　知識界の拡張と危機

自由業と知的職業

ここまで諸文学者集団の社会的理念を分析してきたが、統計学者というのはこれら文学者集団の野心とは対立する野心を持っている。統計学者たちは、その時代の社会的判断の諸カテゴリーをもとに、母集団の、可能な限り最も包括的な下位区分、つまり最も区分数が少なく、内部に目立った異質性を含まない最も網羅的な下位区分を得ようとする。部分的には常識の上に基礎を置くこれらの区分は、ある時期の社会的区分の認識の状態を、ある一定の遅れを伴って記録する。ただし、隣接集団に含めたままでは区分が首尾一貫しないほどにある集団が大きくなったような場合、部分集合を構成する人数の変化によって、定期的に区分を細かくすることが必要になる。自由業・知的職業についての諸調査において相次いで現れる下位区分は、この規則を立証している。またこの下位区分の増加は、当時の自由業・知的職業に現れた根底的な変容を示している。

例えば一八七二年の調査では、知的労働に属するすべてのカテゴリーは、「自由業」という名の同一の集合の中にひとまとめにされている。そのようにひとまとめにされ、しかも二十世紀においては雑多な要素（聖職者、官僚、教授、科学者、文人、法曹、医師、医療補助業等々）から成るもののように思われる、これらの諸職種の唯一の共通点は、これらの業務を行うために要求される教育水準である。これは、自由業についての当時の定義、そして、『二十世紀ラルース』やアラン・デロジエールの引用にもまだ見出される定義、すなわち、「その遂行において、手よりも知性が重要である職業」(43)という自由業の定義を想起させる。またこの非常に大雑把なまとめ方は、一八一五年から一八四八年の制限選挙王政の時代にも対応している。当時は中等・高等教育を受けた者は「能力による選挙人」になりえたのであるが、彼らは所有している学歴資本を根拠に納税額の規則に対する特例措置を要求したのである。彼らの代表者によれば、学歴資本は有産者の社会的資格に勝るとも劣らない社会的資格の保証なのであった。

拡張の第一段階であった一四年間を経た後の一八八六年には、社会の変化によって拡大した地位の違いを、新しい下位区分がより適切に記録している。芸術家の二つのカテゴリーが区別され、法曹、医業の様々な下位区分が独立した。これらはまさに、人数が最も多い三つの職種、また地位の不均質性が際立ってきた三つの職種なのである。

医師と、数の減りつつある、学位を持たない補助医《オフィシエ・ド・サンテ》が区別された。自由主義政治体制において弁護士が新たな重要性を有するようになった。参入しようとする人数の膨張によって芸術家の評価が下落した。逆に、文筆業の中では、文人とジャーナリストは、しばしばこの二つの役割が兼ねられていたという事実から、区別して取り扱われてはいない。同様に、教員は、初等・中等・高等教育の間に見られる資格および収入の著しい格差にもかかわらず、担当する教育レベルに従ってではなく、私立/公立という勤務先の設置形態に従って区別されている。初等・中等・高等教育の区別が立てられなかったことは、当時の人々の関心を垂直的なヒエラルキーにではなく、水平的な区分(私立/公立)に集めていた、学校法の制定と非宗教化政策という、この時期の政治情勢によって説明される。加えて、これらの三つのレベルの間の極端な不均衡(小学校教員は一五万人以上、リセの教員は数千人、高等教育の教員は千人弱)のため、統計学者にとって、このような区分を設けることはあまり意味を持たなかった。また、この時代には「学者」という概念が文人とジャーナリストに結びつけられていたから、高等教育を他のレベルの教育と区別するには、それで十分であったのかもしれない。

さらに一〇年を経た一八九六年の調査は、分析をさらにいっそう推し進めるよう指示している。「自由業として、公立学校教員、私立学校教員、画家、オペラ歌手等々を明記すること。[44]」この明確化への配慮は、世紀末のイデオロギー上の雰囲気(これについては後に再び立ち戻って考察しよう)と関連がある。まず知的職業が過剰生産されたという意識がある。また、この一〇年間に自由業が蒙ったさらなる変容が関わっている。例えば、医師は一八九二年の法律によって再組織化された。芸術界は国家の後見から最終的に解放され、競合する下位集団に分裂した。高等教育は、まさにこの同じ年一八九六年に、総合大学《ユニヴェルシテ》の創設によって改革の完成を見た。さらに、一八八四年の法律によって奨励された職業別組合が、自由業の中で数多く結成された。再組織化のこの文脈の中では、統計学者たちが、かつてひとまとめにしていたものをより明確に区別しようとしたのは驚くにあたらない。少し前まで商事裁判所弁護士《アグレエ》とひとまとめにされていた弁護士《アヴォカ》は、今では独立し、公証人《ノテール》は代訴人《アヴーエ》から区別され、同様に建築家が技師から区別された。芸術家は八つの下位集団に分けられ、そしてとりわけ文筆業は「新聞記者」と「ジャーナリスト（文人）」とに二分された。もっとも、こうした用語にもかかわらず、これら二つの集団の人数から判断すれば、真のジャーナリストはむしろ「新聞記者」（リトレの従来からの定義に従って）であり、一方「ジャーナリスト・文人」は、名声を博し著書を公刊してもいる、最も高い評価を受けた作家やジャーナリストを包含している。「文人」の方が「ジャーナリスト」よりもより威信が高いにもかかわらず、このカテゴリーを命名するために文人ではなくジャーナリストを前に出した理由は、しばしば見られた役割の混同（当時、大部分の作家が新聞に寄稿していた）や、文人の曖昧な地位（彼らは他の職業を持っていて他の職種に数え入れられることもあった）から生来している。(45) 分類についての新しい基本方針の全体が、職種の厳格な定義にもとづいており、例えば文人というような、職業というよりも自ら称する「身分」である、曖昧な呼称に反対している。一八九六年以後の調査はこの区分をこれ以上推し進めることはしていない。このことは、この時期が自由業に関する社会的認識の図式が打ち立てられた時期であることを示している。

　主要な自由業（文人、芸術家、教職、法曹および医業）の、様々な調査の数字を集めた**表I－1**※〔原注〕は、これらのカテゴリーすべてに見られる全体的な増大、ただし分野や時期によって非常に不均衡な増大を示している。ジャーナリストと文人が一八七二年から一九〇六年の間にその数をほとんど三倍にし、また一八七二年から一九〇一年の間には倍増させているのに対して、芸術家と法曹の合計では五〇％の増加しか認められない。これは教員に関してもまったく同様である。但し教員の場合にはそのレベルに従って、重要な相違が認められる。高等教育教員では増加が非常に著しく、初等教育教員では中間的な増加で、中等教育教員ではほとんど増加が見られない。医師の数の増加（一八七二年から一九〇一年の間に約一万六千人から一万八四六五人へ）は、学位を持たない補助医《オフィシエ・ド・サンテ》の数の減少によって、鈍化させられている（一八四七年に、すでに一万八千人の医師および学位を持たない補助医《オフィシエ・ド・サンテ》がいた[46]）。増加のこれらの多様なリズムは、諸職種の変容を示している。文筆業の急速な発展は、あらゆる形態の印刷物の急速な発展、新聞や雑誌の増加、さらに公務員数の増大によってもたらされた第二の仕事の新しい可能性、といったものと相関している[47]。それに対して、芸術家の、よりゆるやかでより不確かな増大は、第二帝政末期以来の、制度面における芸術界の分裂や自律的な芸術市場の出現が最初の徴候であった、市場のある種の飽和状態（これは経済的な不況によって悪化した）を反映している。教員に見られる中程度の増大は、初等・中等レベルにおける私立教育との競争および地方での高等教育の充実として展開された、第三共和政の文教政策の産物である[48]。それに対して、法曹や医業のように最も威信がありまた参入への障壁が高い自由業では、増加率はずっと小さい。この不均等な増加のリズムは、自由業の社会的イメージ、より正確に言えば知的職業の社会的イメージに影響を及ぼしている。稀少性の指標として絶対数を取るならば、拡大する分極化の過程が認められる。今や、文学および芸術の極が、法律および医学の極にほとんど均衡している。十九世紀末には、約一万七千人の文人、ジャーナリスト、創造的芸術家、約二万三千人の弁護士、医者がいた。この人数のバランスは、これらの人々が主要な地位を占めたり最も注目されたりするパリでは、この二つの極の地理的に不平等な集中のために、逆の方向に傾いてもいた。全体の人数には世紀末との重要な相違が認められず、また調査において地理的な区分がなされていた一八八六年には、パリの文人および芸術家は一万〇一一一人だったのに対し、弁護士および医者は四六五二人だった。

　自由業諸職種間の人数のこの不均等な増大の結果、かつての「能力による選挙人」はその等質性を失ってしまった。取得した卒業証書の種類によって定義づけられ、全国に散らばっていた法律家や医者によってかつては占められていた「能力による選挙人」は、世紀末には二分されていた。一方には、人数のわずかな増大と地方に基盤を置くことに特徴づけられる、高い地位の集団があり、他方には、職務遂行のための資格の法的な定義を欠いていた参入者が増加したためにその地位が衰退しつつあり、またパリへの集中によって困難さをいっそう増大させていた一連の職種があった。均衡のこの最初の変化から、歴史的に初めてのこの状況を説明するために、「知識人」という新しい語が必要であった理由が理解される。「知識人」によって担われた、人口統計上の先例のない重要性を持ったこれらの知的職業は、民主政が機能するために不可欠の当時のメディアへのアクセスが可能であったことから、伝統的な「能力による選挙人」が担っていた地域的人格的指導力に拮抗する社会的役割を主張することができたのである。

しかし、この社会的影響は、**表I―1**が明らかにしているように、否定的な代償と引き換えに得られたものである。古典的な自由業とは異なり、知的職業と芸術職業は、短期間のうちにその人数が急激に変化した。おそらくこの相違の一部分は、区分コードの変更や、知識界にしばしば見られたようにいくつかの職業を兼任している個人の社会的な肩書きの変更に起因したものであろう。しかしながら、この現象が持続していることと、この現象が文化的状況の他の変化と照応していることとを考え合わせると、様々な領域の周辺部において地位の低下あるいは再分類の過程が進行したことが想定される。経済全体の大いなる発展によって特徴づけられ、また出版の自由化がなされた時期でもある、一八七六年から八一年の繁栄期の後には、一八八二年の株価の暴落と基盤の安定していない諸新聞の廃刊に連なる後退局面が続いた。続く五年間は、一八八一年の絶頂を回復することはなかったが、新規参入者の新たな殺到を見た。これは、新しい文学の世代の市場への登場や、「新階層」の中等教育への就学に対応している。これらの新規参入者たちもまた、一八九〇年代初頭の出版業の瓦落の犠牲者、また集中化や廉価な大衆紙の登場という出版革命に苦しめられた新聞の困難な状況の犠牲者となった。経済的な再出発の時期であり、また新聞の発行部数を増大せしめた激しい政争の時期でもあった世紀の転換期は、一八八〇年代の最高点を乗り越える、新たな増加によって特徴づけられている。

経済的かつ／または政治的循環と、知的生産者の人数の短期間における変化との間に見られる、全体的なレベルでの対応関係は、ジャーナリズム―文学界が、新聞業を媒介として、また二次的には出版社と劇場の隆盛を媒介として、景気の一般的な変動に、どれほど依存しているのかを示している。普通の職業では、その職業に従事する人々の数の著しい減少という形をとって危機が明らかになることはめったにないのに対して、知識界の自由な部門では、最も不安定なメンバーに対して、他の部門への配置転換や様々な降格を強いることになる。逆に、繁栄期には、参入への公的障壁が存在していないことから、他の職種や下級の職業からの新規参入者の、やはり突然の増加を記録する。芸術界は、かなり似通った種類の動きに従っている。ただしその変動には時期的なずれが見られ、中期の変化はあまりはっきりしてはいない。成長はより早く始まり（一八七二年から一八七五年にプラス一八・二%、対して文筆業はプラス九%）、より早く緩やかになった（一八七六年から一八八一年の間にプラス五〇・四%、対して文筆業はプラス七六・六%）。最初の危機はより小さかったが（一八八一年から一八八六年にマイナス二・三%、対して文筆業はマイナス一三・五%）、しかし衰退が一八八六年から一八九六年まで持続したのだから、危機はより長く続いたことになる。さらにまた、回復はより微弱だった（一八九六年から一九〇一年の間にプラス一%、対して新聞界および文学界ではプラス一五・五%）。文人たちは、何とか食いつないでいきまた困難を緩和するために、いくつかの職を掛け持つことができたが、職業上の専門性を有していた芸術家たちは、転業したり補完的な収入の算段をつけることはより困難だった（芸術家の中核部分のおだやかな変動は、ここから生じている）。その上、新聞や出版の繁栄は、技術的変化や、程度の差はあるが拘束的な法律や、ずっと広範で、しかもますます多様化する大衆の購買力に結びついているのに対して、芸術の市場は、独占的な顧客であるブルジョワ層や貴族層の流動資産を左右する経済に、何よりもまず依存している。そのために、人数の増大には、これらの要因のいくつかが同時に作用することが必要なのである。

反対に、文筆業と芸術家以外の自由業は、その前提となる学生数のわずかな増大という要因に制約され、またいくつかの職種では員数制限もあって、その人数は微弱な変動しか記録していない。ただし一八九六年に増加が見られるが、これは統計上の区分の変更から生じたものと思われる。高等教育教員（そしてより程度は小さいが中等教育教員）の人数の増加は、政府の施策の結果である。他の知識界での後退期に生じているところから明らかなように、この増加は景気とは関係がなく、また景気の流れに逆らってさえいるのだが、文科ファキュルテ*や理科ファキュルテのような「知的」ファキュルテの教員と学生の数を増大させた。その結果、「知的」ファキュルテと「職業」ファキュルテの二種類の諸ファキュルテの間には、かつては極端な不均衡が存在していたのに、「知的」ファキュルテの人員が法科ファキュルテや医科ファキュルテのような「職業」ファキュルテに拮抗するものになった。[49] 一八七〇年代末の諸改革以前には、諸ファキュルテは、（地方からパリへと移るごく稀な幾人かの選ばれた人を除いて）相互間にほとんど移動のない、地理的な集団に分割されていた。教授たちは、地方では、地方エリートと関係を持つことを通じてしか、社会的役割を果たすことを望むことはできなかったし、パリでは、新聞や雑誌への寄稿に頼るほかなかったが、この可能性も、当然のことながら、少数の教授たちや、あるいは特定の専門分野に限られていた。[50]一八八〇年以後、高等教育のヒエラルキー的な構造化が始まり、法科ファキュルテおよび医科ファキュルテでは類似の自由業に対してより大きな専門性を獲得し始め、一方文科ファキュルテおよび理科ファキュルテでは中等教育や有閑階級への依存関係を断ち切り始めた。その員数によって高等教育は社会的に可視的な存在となった。また、改革の過程で、とりわけ高等教育問題研究会とその機関誌である『国際教育評論』を介して、圧力団体として自己組織化することに成功した。[51] 今や、ファキュルテ内での若い教員のためのポストの創設（例えば、文科ファキュルテおよび理科ファキュルテでは一八七七年に助教授《メトル・ド・コンフェランス》職が創設され、法科ファキュルテおよび医科ファキュルテでは教授資格《アグレジェ》が設けられ、また講師《シャルジェ・ド・クール》、復習教師《レペティトゥール》等々も設けられた）とともに、非常に異なった世代が、文学界の場合と同様に共存することになった。

＊ファキュルテ（faculté）は英語の faculty に相当する語。「学部」とも訳せるが、フランスではファキュルテの独立した機関としての性格が強く、むしろ「単科大学」としてとらえられるべき存在であった。一八九六年の「総合大学設置法」により、制度的には総合大学としてのユニヴェルシテ（université）が創設されるが、実質的にはこれ以降もファキュルテが第一義的な重要性を有する状態が続き、真のユニヴェルシテの設立ということが、今日に至るまでのフランスの大学改革の主要なテーマの一つとなる。こうした状況を踏まえ、本書では「学部」ではなく「ファキュルテ」という語を用いて訳出している。

プロとアマチュア

公式の統計から引き出される指標は知識界の規模の変化の近似的なイメージを与えてはくれる。しかし、この公式統計からの指標は、これらの職種内部の変化を事後に遅れて把握するため、正確さを増していくにもかかわらず、地位や文化的生産への関わり方に関して異質な諸個人を混同する、という欠点を持っている。文学界においては新聞記者と文人と評論家が混同されており、芸術界においては演奏家と作曲家と製作関係者が混同されている。これらが区別されたのは、やっと世紀末のことであった。ただ教員、特に高等教育教員だけが、公教育省からのそのものずばりのデータが存在していることにより、このような曖昧さを免れているのみである。したがって、知識界の形態学的なこの分析を、書誌学的なアプローチによって精緻化する必要がある。この書誌学的なアプローチは、研究対象として選ばれた期間における著作や翻訳の出版、という具体的な最低限の規準のおかげで、知識界の微細な構造の変化と、この変化が知的職業についての社会的イメージに与えた影響とを再構成することを可能にするに違いない。※〔原注〕

表I―2に示されるように、職業の観点から見れば、書物の生産は、当時の広い意味で理解される自由業の人々によって担われていた。**表I―1**には含まれていない官僚と聖職者を加えるならば、八〇％以上の書物はこれらのグループに属する個人によって出版されている。出版における各グループの割合を見ると、職業集団間の増加のリズムには際立った違いがあるにもかかわらず、一八七六年―八五年と一八九一年―九九年の間で、これらの多様な職業の間の均衡はほとんど変化していない。この明白な変則性は、知的職業に従事する人数と古典的な自由業の人数との間に見られる初期の不均衡に起因している。出版という知的生産に対する、これら二つのグループの不均等な貢献度を測るためには、この生のデータを**表I―1**のデータによって加重しなければならない。[52] 一八七六年―八五年について見ると、法曹の三・一％、医業に属する人々の一二・七％が書物を出版している。それに対し、文人あるいはジャーナリストの三九・二％、中等あるいは高等教育の教員の三三・三％が著作者になっている。もし、アマチュア（調査期間中にただ一冊の著作のみを出版した者と定義）と、専門家《プロフェッショネル》（四冊以上の著作を出版した者と定義）との、非常に異なったパーセンテージをさらに考慮に入れるならば、知識界における専門家とアマチュアとの間の最初の区別がくっきりと現れてくる。アマチュアの極には、すでに、その人数に比較して相対的に少ない著作者しか提供していない諸職業、つまり医師、経済家、自由業、様々な芸術的職業、官僚、聖職者が位置している。一八九一年―九九年の統計では法曹もその一部をなしているのだが、この教養のあるブルジョワ層は、啓蒙の世紀である十八世紀と比べて、（たとえ人数は増加しているとしても）その構成はほとんど変わらない読者層である。[53] このブルジョワ層は出版社の平均的な販売部数（三万冊から五万冊の出版）を保証し、論説紙を読み、そのメンバーの一部分は機会があれば文化を消費する側から生産する側へと移るが、とは言ってもその大部分は、後に見るように、各々の職業的専門の分野においてである。専門家の極はと言えば、逆に出版が自らの社会的地位の直接的な延長である著作者、つまり文人、ジャーナリスト、新聞記者はもちろんのこと、またそればかりでなく政治家、そして程度はより小さいが大学教員、碩学（一八七六年―八五年の時期）によって占められている。

この二つの調査対象の期間の間に、アマチュアの極の構成はほとんど変化がないのに対して、最も専門的なカテゴリーの枠内では、広範囲の読者を対象とする著作者と、次第に著書を出すことが困難になっていく、限定された読者を対象とする著作者との間での内的な分断が現れてきた。こうして、調査対象の各一〇年間に、一冊の著書しか出版しなかった大学教員の割合は、一八七六年―八五年から一八九一年―九九年の間に三四・八%から三九・二%となったのに対して、四冊以上出版した多産な著作者の割合は二六・三%から一九・三%へと減少した。これは、大学教員に見られる若返り（若い大学人は、自己の研究の成果を出版するに関して、評価の定まった教授たちほどの可能性を持ち合わせていない）や、最も専門的な分野における、本から学術誌へという発表の場の転換を指し示している。碩学や、諸学会の成員の出版も、同じような理由によって、同様の減少を見た（多産な著作者の割合は、二一%から一九・一%へ減少している）。逆に、この期間に、中等・初等教育教員は、著作が一冊の著作者と四冊以上の著作者という二つの著作者のグループの間の、目に見えない境界を越えて、前者のグループから後者のグループへと移っている。生徒数の増加と、共和政府による改革に続く教材充実の努力が、教科書や参考書の著作者に、新しい糊口の道を開いた。

同様に、詩人たちは、知識界のこの拡張期を通じて、その勢力を伸ばした集団である。一八七六年―八五年の一〇年間に、彼ら詩人たちのうちの五〇%は一巻の詩集しか刊行しなかった（二六・六%は四巻以上）のに対して、一八九一年―九九年の第二期では、彼ら詩人は専門的な著作者たちのうちの第二位に位置している（彼ら詩人たちのうち、三分の一は著作の少ない者、三分の一は著作の豊富な者、三分の一は中間的な著作数を持つ者である）。この発展は二つの過程と重なっている。第一には、つい最近まで小雑誌の中に閉じこもっていた、文学上の新しい世代（つまり文学史上の象徴派）の出現である。これらの詩人たちのうちの、最も裕福な者たちや最も辛抱強い者たちは、主として彼らの文学上の同業者によって構成されている最低限の購読者を今では持っているので、出版社を見つけることができるようになった。後に再び触れるが、前衛のこの自律化は、学校教科書の発展とも結びついているのだが、平行して、「大衆」詩人の出現をもたらした。彼らの作品は、美しくかつ偉大な感情を謳い、選集に収録されたり、終業式の表彰用の書物として使われたりすることなどを通じて、教育、とりわけ初等教育による影響を受けた広範な読者を獲得した。(54)

知識界における一時的な著作者と定期的な著作者との間の分化、また定期的な著作者たちのなかでの、広範な読者を対象とする著作者と限定された読者を対象とする著作者との間の分化は、知的職業ないし自由業の成員数が増大するにつれて、いっそう進行する。こうして、**表I—3**を見れば、アマチュアの極に示される職業のなかで、時たま著作を出す著作者の割合が、時期の移行につれて増大していることがわかるが、これは専門家の極に位置づけられた著作者についてもまったく同様である。専門的な著作者では、名声をかち得ようとする人数が増大したこと、そこから生じる競争の激化、出版や新聞の当時の不況によって、著書の定期的な刊行を確保することがより困難になった。すでに名声を博している著作者や、保護市場の恩恵を受けている著作者(教科書という制度的な需要を保証された者たち、またすでに触れた詩人たちのように、自費出版、予約申し込みによる販売等々といった形で書物の経済的な流通の外に位置している者たち)は別としてであるが。

知的ヒエラルキーの強化

人数の調査や文献数をもとに定めた、著作者の様々なカテゴリー間の発展の比較によって、今や、知識界の形態学的力学を明らかにすることが可能になる。先に確認した全体的な膨張は、知識界内部の不均衡とヒエラルキーを拡大する。そのことが、著作者たちの間に保持される観念的な悲観的気分を通じて、これらの職業の社会的イメージを変更することに作用する。最初の一〇年間(一八七六年—八五年)に見られる増加は、そのリズムや分布からして、繁栄する文化的生産の標徴であった。すべての種類の著作者全体をとれば、増加は相対的にゆるやかなもの(一一%)であった。文学著作者では増加はいくらか大きく(一四・八%)、専門的な作家では増加は目覚ましく(三二・六%)、「文人—ジャーナリスト」つまり何らかの形で自らのペンをもって生活することを欲する人々全体では増加は著しかった[55](七一・八%)。アマチュアの極から専門家の極へ移るならば、これらの比率の規則正しいヒエラルキーは、新しい仕事が文学市場や新聞市場に接近するにつれて次第に増大することを示している。実際この時期は、出版点数の拡張期、印刷部数の上昇期、新しい誌紙の創刊期であった。一八九一年―九九年の第二期は、文学界の危機によって、またより一般的に言うならば知識界の危機によって特徴づけられる。[56] 文学生産は減少あるいは停滞の傾向を有していたにもかかわらず、著作者たろうと志望する者の数の方は、増加することを止めなかった。著作者全体については、増加率は三七・八％（先に見た一八七六年―八五年の期間では一一％だったのに対して）、文人についてはいくらかゆるやか（二一・〇％）であったが、増加の始まった時期の増加率よりも常に高いところにあり、専門的な作家が相対的に小さくなったのみで、他はすべて高い位置にとどまっていた。飽和状態にある仕事の口（これは出版点数よりも出版部数によってより良く示されるのであろう）と、常に増加する著作者数との間の鋏状現象は、対応するカテゴリーの人数と比較すると、より明白に現れる。先行する時期の数字に照らしてみれば増加しているはずなのに、公式に文人―ジャーナリスト―新聞記者と申告する者の数は、動かずにいる（〇・九六％の増加）。十九世紀の終わりには、著作権料を補う定期的な収入を与えうるポストはすべて、実質的に占有されてしまっていた。ペンから得られる収入によって生計を立てているのではない場合、これらの数千の新しい著作者たちは、必然的に、著書や新聞によってもたらされる所得以外の収入に頼らねばならず、またもし彼らが作家たることを欲するならば、出版や新聞といった領域から離れた第二の仕事に依存しなければならない状況であった。

この最初の不均衡は、著作者たちの願望と現実の職業との間の乖離を引き起こす。この恒常的な状況は、当時の景気とイデオロギー上の時流から、世紀末にはおそらくより痛切に感じ取られたことであろう。一八八〇年代の膨張の速さがまさに、最も若い人々に持続的な幻想を抱かしめた。彼らは、すぐ前を行く年長者の成功例を頼りにして、状況が不利になっているまさにこの時期に自らの成功の可能性を試してみようとしたのである。その上、競争が最も激しく、危機が最も深刻な領域に飛び込んでみようという者は、社会的に最も無防備な人々、つまり多くの場合最低限の資格や家産を備えていない人々だった。こうして、彼らは、すでに評価を確立した著作者との競争、および、生計を立てるために別の職業を持っているアマチュアとの競争という、二つの競争に直面することになる。この不平等な状況に対しては、三つの戦略が可能であった。第一に、無条件の撤退という戦略。これは継続的な調査の分析が示していたように、周期的な現象である。第二に、密集度がより小さかったり、収益がより確かな領域への転向という戦略。最後に、それ自体とはまったく無関係な生活様式と結びついている、著作者という高貴な地位を根気強く標榜するという戦略。これら三つの戦略は、社会的な悲観主義や様々な形のルサンチマンを持続させるだけだった。そして後に見るように、「知識人」のテーマ体系は直接にここから育ってくるのである。

様々なジャンルの著作者の職業構成と、著作者グループによって変化する新規参入者の数は、知識界の危機についてのこの一般的図式をより正確にするのに役立つであろう。医学書や宗教書だけは、またそれ程ではなくとも法律書や科学書についても、それらの著者たちの職業的出自は狭く限定されている。他のあらゆる知的ジャンルでは、様々な職業を持つ作家たちが競合している。しかも、職業的出自の多様性というこの拡散状態は、データの情報処理上近接するカテゴリーをひとまとめにすることが求められるために、現実と比べて小さくなっている。一八七六年―八五年と一八九一年―九九年の二つの期間を通じて持続するこの状態は、すでに言及したマイナスの変化が加わって、緊張を激化するばかりであった。最も包括的で、そして自らのペンによって生計を立てていると見做されているために社会的に最も脆弱な集団、すなわち文人は、少なくとも一一の異なるジャンルに見出される。文人は、小説、戯曲、詩、評論といった文学のジャンルを牛耳ってはいるが、歴史、政治、社会科学の著作でも重要な位置を占めている。

この多方面への投資という対応は、十八世紀以来の、表現というものの多形性という性格に由来するばかりではなく、同様にまた、先に言及した三つの戦略のうちの一つの結果でもある。最も文学的な著作者について別のところで詳細に立証したが、複数のジャンルを兼ねることは、おそらく、仕事口の危機への一つの対応であろう。[57]この分析は、表I―4をもとに一般化することができる。文学のジャンルでは、文人は困難な一〇年の間に市場の一部を失った。一八七六年―八五年から一八九一年―九九年の間に、小説の著作者のうち、文人に属する者のパーセンテージは六五・七％から四七・四％に減少している。この減少は、他の公式の職業を有する人々に利益をもたらした。他の職業を有する人々はこうして、最も密集度の高い小説というジャンルで、より容易に生き延びることができるからである。金になる商売であり、パリの限定された階層によって掌握されていた演劇の領域では、減少はいくらかゆるやかだった（七三・一％から六四・二％へ）。アマチュアは、寸劇や独白劇といった控え目な形でしか、また上演される可能性のないままに、あるいはすぐに収入を得ることを断念してしか、芝居を書くことはできなかった（前衛劇場は、まさにこれら数年間に現れている）。[58] 評論の領域では、文人の割合が、相対的にも（二九・六％から一七％へ）、絶対的にも減少した。一八九一年―九九年の間に優位に立ったのは他の著作者のグループであった。彼らが抜きん出ている領域、しかも利益が最も大きい領域で苦境に立った文人は、著作権料の少ない他の領域でその地歩を守った。例えば詩の領域で、彼らの割合は二七・五％から四三・九％に伸びた。詩は、新参者の多い領域で、その著作者の三六・五％は職業が不明である。アマチュアや他の職業の者で、この詩の領域に身を投じる者は以前よりも少なくなっている（詩の領域に現れる職業数は、一一から六へと減少している）。その一方で、文人は、時局的なテーマや問題への関心のゆえに文学と同じほどの発行部数が期待できる、歴史書や実用書や政治や社会科学の著作といった、最も一般的なジャンルにも進出した。

最も職業的な作家の戦略を理解することは、より容易である。職業作家という彼らの社会的地位からして、彼らの出版戦略は、他の著作者のそれに比べて、出版界の沈滞に直接左右されるからである。ここに、ゾラ、ドーデ、ジュール・ヴェルヌといった常に「ベストセラー」を生み出す著作者たちに加えて、ポール・アダン、マルグリット兄弟、ロニー兄弟といった、彼らの乱高下する売行きを桁外れの量の著作によって埋め合わせている、次世代の小説家たちの名を挙げることができる。しかしながら、著作者間の競争は、小説と限らずすべてのジャンルにおいて彼らの成功戦略に大きな圧力を及ぼしている。金銭的な収益性は二の次である。彼らが目ざしていたのは、本という形で出版してもらうということであり、これがより目につくことにつながり、また書評と広い評判を保証するのである。こうして、科学的正当性が未だ確立していない領域（例えば社会科学）、あるいは政治的含意のために科学的正当性が常に問題にされる領域（例えば歴史学）では、学派の論争は大半の場合、出身職業の境界（アマチュアでかつ／または富裕な学者、対、大学人）と重なっていた。[59] このようにして、知識界の形態的な変化は、学問の領域の実践の定義についても、知的な効果をもたらした。アマチュアの学者や自由な知識人たちは、伝統によって、また、彼らの出身集団であり、かつ彼らの読者集団である最も広い教養層との関係を保つために、最も一般向けで最も総合的なスタイルを守った。逆に教授たちは、こうした疑似科学とは区別されることを望み、またもはや自らの同業者、さらには外国の同業の科学者の評価しか受けつけようとせず、一般向けのスタイルとの断絶を示す、あらゆる標徴を強調した。こうして彼ら教授たちは、不純な関心に衝き動かされたアマチュアという競争相手は排除したが、その代わりに、最も閉鎖的な諸学問について見たように、一巻の本として出版される可能性を時として失うことにもなった。この矛盾は、大学と最も緊密に結びついていた二つのジャンル（一方は法学、経済学、社会科学、他方は哲学、教養、言語学）の著者たちの、職業的な構成の変化のなかに現れている。これら二つの領域いずれにおいても、アカデミックな規準が次第に主導権を握るようになるにつれて、著者の職種の数が減少した（二つの領域各々について、一一から八、一三から一一へ）。同時に主要なグループが次第に優勢になっていった。第一の領域では、アマチュアを押しのけて法学者や官僚が次第に優位に立ち、第二の領域では高等・中等教育教員が次第に優勢になったのである。

知的闘争のこれらの戦略は、知識界の危機によってより先鋭化した。文学生産の場合には生き残ることを、読者層が限定された生産の場合には正統な権威を保持することを、賭していた。これらの戦略は、それぞれの著作者グループへの新規参入者の不均等な比率によって、なおいっそう強化された。ある領域の発展の過程はすべて、その成員の若返りをもたらすが、しかし、発展に続いて危機が生起する場合、その若返りは、対峙する世代間のいっそうの緊張の原因となる。知識界においては年功が相対的な成功のしるしであり、未来を保証するものだからである。我々が考察の対象としている期間は、二つの現象によって特徴づけられる（**表I—5**を参照）。一八七六年—八五年の期間、政治家を除けば、著作者の様々なカテゴリーにおいて、新規参入者の割合はすでに高かった。この割合の高さは、それ以前に知識界が拡大しはじめていたこと、またあらゆる社会階層で文化水準が上昇していった当時のフランスにおいて新たな仕事の口が開かれたことの結果である。ところで、この若返りが継続したことは、著作者数が増加を続けたのだから当然であるが、それればかりか、高等教育教員というほとんど唯一の例外を除くほぼすべての著作者グループにおいて、むしろその程度を強めていった。この困難な数年の間に、ほとんどあらゆる領域で、無名者、初心者の大群が、知識界にもぐり込もうと試みた。職業上の戦略において、出版する本の運命は二次的な問題にしかすぎないアマチュアたちにとっては、世代交代のスピードアップは、ほとんど影響はなかった。せいぜい、世評をかちえることが社会的上昇の唯一のチャンスである者たちの作品の普及の邪魔になるだけである。職業的著作者への志願者、とりわけ文人（新規参入者の割合は四一・九％から四四・五％になる）や詩人（八三・三％から一〇〇％へ）、さらには『自然主義の時代における文学の危機』（私はそこで、この観察対象の二期間について、それぞれ、二二二人と二九〇人の新規参入者を数えている）において分析の対象とした、すでにプロとなった作家たちにとって、旧世代とほとんど数的に変わらないという事実は、不当なものと感じ取られる社会的断絶の条件を生み出した。というのも、いつ生まれたかという偶然のみが、スタートのための良い条件を得るか否かを左右していたからである。年長者たちは、幾年か余計に年を取っているというただそれだけの理由で、知的市場の状況が悪くなる前に、名声や、出版界での地位を獲得することができたわけである。

作家間の関係を損なうこのとげとげしさには、より優れた社会的切札を持ち、また、やはり新規参入者によって構成されてはいるが、生き残るということについて同じ心配を持つことなしに時に同じ分野で活動を広げる、隣接する集団に対する社会的な嫉妬心も付け加わる。この嫉妬心の対象になるのは、貴族や政治家である。副収入を得るために、あるいは社会的地位の標徴として著作に手を出す者が、これらの集団のなかで続出したのである。高等教育の教員という例外は、知識界のこの領域が全体的な危機を免れていると思わせるかもしれない。しかしそれは大部分、測定手段に起因する幻想である。高等教育においては、すでに見たように著作者数自体が少ないために、新たに参入する著作者が少ないのである。大学人の著作の大部分は、もはや本という形をとっては現れない。未来の大学人たちは、彼らの仕事を開始する時、とりわけ文科においては、多くの場合未だ中等教育の教授である。さらに、次第に強まっていく専門化によってもたらされる、学位論文への取り組みの長期化は、結局彼らの出版を遅らせ、そのコストを高くすることになる。第三共和政の高等教育改革によって新たに創設された低いポストを占める若い大学人たちは、したがって、一巻の本の形にまとめられた出版によって社会的な認知を得るには、彼らの年長者たちよりも長い期間待たねばならなかった。まず最初に、彼らは、ここで用いたような種類の統計からはこぼれ落ちてしまう学術誌において、仲間からの評価を獲得しなければならない。より優れた地位への社会的要求の対価としての、研究という、職業上の新しい理念の圧力は、こうして、自ら望んだものであれ強いられたものであれ、知識界全体のうちの孤立した一領域に閉じこもるという形で現れた。この専門化の戦略は、文学界における多様化の戦略の裏返しであるが、しかし同じ形態学的変成への応答でもある。

第三節　新たなアイデンティティを求めて——一八九〇年代の「知識人」

これまで述べてきたような様々な変容を経て、知識界は、知的職業に関するそれまでのイデオロギー的な理念像では説明しえないような、かつてない状況を迎えた。なるほど「芸術家」と言う理念は未だ、自閉的な詩的前衛が掲げる理念であったが、しかし、年金や楽な収入の道のない何千という新進作家あるいは作家志望者にとっては詩的前衛など無意味だった。フローベールのように、ブルジョワとして生活し神であるかのごとく思考するためには、やはりブルジョワの富を持つことが必要なのである。美化された学者イメージは、多くの大学人にとって、また一部の作家にとっても、職業的理想となる傾向にあったが、共和国から敬われる大人物たちと、ますます世間と絶縁していった専門家あるいは学識者たちの現実の状況との間の隔たりは増大しつづけていた。学者という理念は、高等教育改革の諸目標に賛同していた大部分の若い大学人にとっては、そうした隔たりの帰結であったのである。当時未だ支配的であった知識人についての古い理念像と、知識界の拡張によって生み出された新たな状況との間のこうした乖離こそが、職業的理想（つまり、個別的示差的な標章）であると同時にまた、社会的集団的結集の旗印にもなりうるような、包括的な新語を作り出さねばならなかったことの理由だったのである。「知識人」という新語が次第に普及していく過程、矛盾を孕んだその内実、さらにこの語の出現した文脈を検討すると、この語がそれ以前の古い語に取って代わるための二つの条件、つまり職業的理想であると同時に社会的集団的結集の旗印でもあるという二つの条件を満たしていたことが明らかになる。

個人から集団へ

新たな社会集団の集団的アイデンティティ、つまり新たな社会集団が命名される（すなわち「人々」が新たな社会集団を命名する）仕方は、その社会集団に属しておらず、その社会集団に対立して自らを定義する人たちが、その社会集団に送り返すイメージがある程度起源となっている。アンドレ＝ジャン・テュデスクがそのことを立証した、いわゆる「名望家」たちは、一八四八年の社会主義の挑戦に直面して初めて真の階級意識を獲得したのであった。また、リュック・ボルタンスキーも「管理職」に関して、それと類似した過程を見出した。一九三六年の社会危機の後、管理職者たちは自律的な地位を要求した。というのも、敗北した雇用者と（一時的に）勝利した労働者とは、雇用者のように本当の経営者でもないし、また労働者のように賃金労働者でもないとして、管理職層を交渉から除外したからである[60]。「知識人」にとっても事情は若干似ている。「知識人」というこの新たな集団は、他の知識人たちによって定義されたのであるが、彼らはこの新たな集団を、別の概念と関連づけて、つまり、伝統的な形では物知り《クレール》という概念と、あるいは革命的な形では党派的イデオローグという概念と結び付けて拒絶したのである。「アンテレクチュエル」という語を複数形でそして名詞化して用いる例は、一八九〇年代の二種類の文献の中に見出される。一つは、知識界の両極から発せられる政治的含意を強く持った言説である。もう一つは、社会学的装いをこらした一般向けの、どちらかと言えば保守的な文献である。

「知識人」という語の使用の起源についてのジョゼフ・レナックによる簡潔な叙述は、いくつかの点を除くと、語彙論的研究に照らして、大筋で妥当なものである。

「この『知識人』という語は、しばらく前から小さな文芸雑誌に散見されるようになったもので、政治にケチをつける若い連中が他の人々に対する自己の優越性を示すために自称として用いたのであった。(61)」

ここで、「知識人」という語が、これを使った当事者に対して持っていた意味内容の中で、注目しなければならないのは三つの要素、すなわち「小雑誌」、「若い」、「政治にケチをつける連中」、という三つの要素である。事実、「知識人」という語の初期の用例を探した語彙学者たちがこの語に出会ったのは、主として知識界の周辺部においてだった。この語が集団的意味において用いられた初めての用例は、レオン・ブロワ〔一八四六―一九一七年、小説家〕の『絶望した男』に見出される。(62) ブロワはこの本の中で、自分がやっとのことで文壇に入ることができた経緯を描き、実際にはそれが誰だかはっきり分かる偽名を使って、ほとんど明らさまなやり方で他の作家たちに仕返しをした。このことによって、彼はスキャンダル的な成功を手にしたのである。

「ほんのわずかでも論文を世に問うことに成功したら、大きな影響力を持つ新聞を媒介にして、かつて彼の大胆さに引き寄せ集められてきたが、何カ月もの彼の沈黙のためにばらばらになってしまった知識人集団を彼はまた取り戻すであろう。(63)」

「知識人」という語はまだ現れていないが、それに近い初めての表現である「知識人集団」という語を用いて、レオン・ブロワはここで、一人の著者が提唱するスローガンあるいは美的原則によって結集する前衛的読者層というイデオロギー的共同体を指している。

「知識人」という新語を用いる他の評論家たちもまた、政治的あるいは文学的前衛の中から出てきた。ジャン・グラーヴやジュール・レルミナといった無政府主義者たち、『コカルド』に寄稿していたブーランジェ派のジャーナリストであった頃のバレスや、『ルヴュ・ブランシュ』の寄稿者のポール・アダン〔一八六二―一九二〇年、小説家〕や、『政治的文学的対話《アントルティアン・ポリティック・エ・リテレール》』の寄稿者のベルナール＝ラザールのような、半－社会主義で半－無政府主義の者たちである。そして、ユーグ・レベルのような反動的保守主義に移っていったかつての象徴主義者たち、また教会の社会理論家たち、そしてアンリ・ベランジェのような駆け出しの若い作家たちである。[64]

　このように「知識人」という言葉が知識界の周辺部でしか用いられなかったことの理由としては、この語を使用した執筆者たちが若かったということ（前衛たらんとする出版物は進んで新語を用いるものである）、その読者も若かったということ（主要な読者層は学生たちや若い文学世代であった）、およびそれらの著作が予防的機能を持っていたこと、以上が挙げられる。「知識人」に割り当てられた役割は、現実の記録ということよりも、一つの当為－存在であることだった。そこから派生してくる「知識人」の集団的イメージが妙に曖昧なのはそのためである。

　文学的テクストの中で、「知識人」という語が指し示すものは、ディレッタンティスム、理知的性格、前衛性、大衆を蔑視する貴族意識の信奉者、要するに、ルナンの精神的継承者だということである。この「知識人」という語は、フローベールが用いた意味での「芸術家」の最上級のようなものである。「知識人」という語がこの意味で用いられた最も良い例は、若きバレスの『自我礼讃』を取り上げたアンリ・ベランジェの論文のなかに見られる。

「『野蛮人たち』、それは『民主主義』のことだ。それは、民衆、動き回っている人間たち、取るに足りない仕事の労働者でしかないすべての人々、こうした無数にいる人間たちのことだ。知識人たち、それは、エリート、稀にしかいない思想の貴族、精神的か物質的かを問わず『宇宙』というものに優雅で美的な快楽の機会しか求めないごく少数の人たちのことだ。モーリス・バレス氏が『知識人』であるということは言うまでもない。[65]」

「知識人」という語は、こうしたエリート主義的な意味合いから、ごく少しずつ政治的な用法へと移行していった。というのは、このようなエリート主義的な社会的姿勢は民衆に対する、従って民主主義に対する一種の蔑視を前提としていたからである。「知識人」という語の持つ政治的意味合い、つまり、公の政治を軽蔑し新たな潮流に魅せられるという傾向が支配的となる。実際、このような政治的意味合いを持った用法によって、「知識人」には、一八九八年に彼らが演じることになる役割を先取りしている、政治的で主意主義的な役割が与えられたのである。

こうして極左が、組織し指導する対象とした民衆階層の側に立とうとする者たちを指すために「知識人」という新語を用いたのは、「知識人たち」の特殊性を認めるためであるのと同時に、「知識人たち」に対して自らの距離を保つためでもあった。無政府主義者たちや一部の社会主義者たちに見られる労働者主義（ラファルグやゲードのように、もともとは知識人だった人たちのなかに時に見られる労働者主義）は、彼ら自身は労働者ではないということを自分の指導する労働者集団に忘れさせる一つのやり方である。従って、「知識人たち」という語の政治的な用法の大部分は、この労働者主義によって説明される。「知識人」という語は、十九世紀前半において「有識選挙人〔十九世紀前半の制限選挙で納税額が基準以下でも個人の教養（職業）によって選挙権を特に認められた有識者〕」と経営者を包括していた往時の「ブルジョワ」という語に取って代わったのである。十九世紀の終わりには、「ブルジョワ」という語はもはや、慎ましく貧しい出身ではあっても高水準の教育を受けている人間を指すのには適さない。「ブルジョワ」という語は、マルクス主義の流布によって、第一義的には、経営者や資本家を指し示すために用いられた。こうして、ジュール・レルミナは、一八九四年に自著の一つのなかで、「知識人たち」を民衆階級の支配という仕事に寄与することをその機能として持つ一集団とすることによって、「知識人」という語のイデオロギー的な意味から社会学的な意味へと移っていったのである。

「知識人たちの役割、それは社会の安定を図ることだったのだが、やがてそれとは反対のものとして現れることとなった。非知識人の間に思想に対する尊敬の念を広め拡大することに努めるあまり、知識人は、この敬意を物質的なものの蔑視によって裏打ちし、彼らより体力はあるが知力に劣る者たちを、下等な存在に、やがては駄獣の位置にまで格下げしたのである。知識人たちは、ますます卑しいものとされていったこの野蛮な者たちに新しい囮を投げ与えた。それが憐憫、慈愛、慈悲という宗教だったのである。[66]」

啓蒙主義の反教権的な古いテーゼを再び掲げて、聖職者と同じく知識人も民衆をだますために宗教を利用するのだと主張する、擬似マルクス主義的図式がここにはあるが、それよりも重要なのは、この引用文の中では、「知識人」という新語に集団的かつ社会的な意味内容が与えられているということである。こうして「知識人」という語は、知識人の個別集団に適用されうる、論争の種となる名称から、すべての知識人が同一の社会集団に所属しているということを明示する、より社会学的な概念へと移行した。しかしながら、この新たなイメージが広まるためには、人々が、あまり普及していない書物のなかだけでなく、より広範な読者層を持っているテクストのなかで、この新たなイメージに出会うことが必要であったし、また、この新たなイメージが、ある時局的問題によって明るみに出されることが必要であった。「知的プロレタリア」というテーマがその機能を果たすことになるだろう。

新たなプロレタリアたち

先に見たような、「知識人」という総合的新語が現れるいきさつとは違い、こうした「知的プロレタリア」に関するイデオロギー的諸テーゼが述べられている論文や著作は広く普及する出版物だったので、そのイデオロギー的諸テーゼは立場の違いを越えて世論全体に共有された「ドクサ」となった。そのイデオロギー的諸テーゼは、小説（例えば、アンリ・ベランジェの『餌食』、J・H・ロニー兄〔一八五六―一九四〇年、小説家〕の『白蟻』、ポール・ブリュラの『記者』の中に、ベストセラー小説（バレスの『根こぎにされた人々』、ポール・ブールジェの『弟子』）の中に、そして、発行部数の多い雑誌に掲載され、後に一巻本としてまとめられた諸論文の中に見られる。[67] 書評や、ジョレス〔一八五九―一九一四年、社会主義者〕の編年史の一節や、『中等教育に関するアンケート』の中に見られる証言などを通じて、教養ある人々の間で、こうしたイデオロギー的諸テーゼがどの程度まで幅をきかせていたかを知ることができる。というのも、このイデオロギー的諸テーゼは、支配的な先入見に沿った内容のものであるか、あるいは古くからある考えを繰り返しているかだったからである。[68] ロジェ・シャルティエは、大学卒業者の過剰生産というテーマが保守思想と不可分だということを証明した。[69] しかし、このお決まりのテーマは、いかにも学問的な形を取ったこと（客観的だとされた統計資料が立証のために用いられ、様々な事例が例証として示される）から、またほぼすべての傾向を合わせた世論から支持されたことから、新たな広がりを持つことになった。

その結果、知識人たちの社会集団としてのイメージは強固なものになった。というのも、知的プロレタリアについての言説は、対峙している諸陣営に応じて、三つの補完的機能を果たしたからである。右派においては、「知的プロレタリア」は社会的恐怖の対象にされた。「知的プロレタリア」の存在は労働プロレタリアがなぜ反乱するのかを説明する。というのは「知的プロレタリア」という落伍者がまたとない「主導者」になり、「破壊」思想を広めるからである。右派から見れば、「知的プロレタリア」はまた、教育を過度に普及し、それによって自然なヒエラルキーを脅かす、病んだ社会の産物である。一方、左派、とりわけ極左においては、例えばジョレスに見られるように、「知的プロレタリア」は、社会主義政党の社会的存立基盤の拡大を約束する存在であり、人々にその能力に見合った地位を保証しない資本主義の不公正を体現する存在である。[70] そして中道においては、保守派の見方に賛同するか、あるいは嘆かわしい状況を改善するためのいくつかの改革が要求された。例えばアンリ・ベランジェにおいては、

「知的プロレタリア」の問題は、「知識人たち」の知的不安と新たな欲求不満とを描写する契機となった。「知識人たち」に関するこうした悲観的社会学によって、「知識人たち」は、労働プロレタリアと同じく、守るべき共通の利害を有する自立的集団を形成しているという考えが広まった。要するに、この悲観的社会学は、教育との関係によって定義される社会的アイデンティティの一形態、つまり新たな階級と、社会を階級化する新たなやり方とを同時に容認するよう世論を準備する機能を果たしたのである。

こうした文言の全体的な内容は、新しいものではない。レオノール・オーボイルが「知識人」に関するこれと同じタイプの考えや議論がのっているテクストを十九世紀前半について調査している[71]。新しさは別のところにある。一八五〇年以前には、自由業従事者の過剰生産が語られるだけであったが、世紀末には、特にアンリ・ベランジェにおいて見られるように、解釈に客観的証明の外観を与えるために状況を数字で記述することが試みられている。論証の全体的枠組みは次のようなものである。すなわち、これまではブルジョワ出身の人間に確保されていた自由業が、低い身分の出の人間にも門戸を開いたというのである。

「貧しい生まれの人間たちがいる。農民の、労働者の、安月給取りの、あるいは財産のない高級官僚の息子たちだ。また、勤勉で真面目で、勉学と節制によってかなりの知識を蓄えた人間たち、また、学位を楯に社会的に高い地位を要求する人間たち、そして、ボヘミアンでも徴兵拒否者でも落伍者でもなく、その反対に、入隊者や組織に従順な者やブルジョワ志願者である人間たちがいるのだが、——その彼らが最後には空腹のために困窮する破目に追いやられるのだ（…）。彼らは自由業従事者となることによって解放されたいと望んだが、自由業は彼らを隷属的な仕事の鎖につないだ。大学入学資格取得者《バシュリエ》、大学卒業者《リサンシエ》、教授資格取得者《アグレジエ》であるにもかかわらず、プロレタリアの子弟である彼らは、農民や労働者や事務員であった父親と同様に、依然としてプロレタリアートにとどめられたのだ。違いといえば、彼らは自由人になれると信じていたので、よりいっそう自分を奴隷のように感じている、ということだけだ。[72]」

すべてのイデオロギー的言説がそうであるように、この文章の中でも、外見上は客観的な確認事項、つまり自由業従事者の増加という事実と、新参入者はみんな低い身分の出であり、それ故、学歴を除いて、自由業で地位を得るために必要な社会資本を所有していないために、脱落するか失敗するに決まっているという度を越した仮説とがまぜこぜになっている。したがって、この言説は、落伍者という月並みなテーマを扱っているのではなく、より社会学的な見方へと移行しているのである。新たな知識人たちは、彼らの能力や熱意がどのようなものであろうと、社会の法則、つまり希少性や、競争や、恵まれた者との不平等な闘争によって敗北させられる、というのである。ここにプロレタリアという語の使用の根拠があるわけだが、プロレタリア的知識人は被支配者である、なぜならば被支配階級の出身だからである。こうした言い方は、バレスに見られるように軽蔑のニュアンスを帯びることもあるし（『根こぎにされた人々』の「バカロレアの合格者および女子のプロレタリアート」の章を参照）、あるいは現存する社会を断罪するために革命家によって用いられもするのである。[73]

このテーゼを支えるために使用された統計学的な諸証明は、ルイ・パントのようにでっちあげだとは言わないまでも、[74]極端な例にのみ着目したり、いくつかのカテゴリーを状況の異なる別のカテゴリーと一緒にしてしまってむやみに一般化したりすることに基づいている。伝統的な自由業（医者と弁護士）に関して引き合いに出される数字は、まったくベランジェの思惑通りの方向へは行っていない。それも当然である。なぜなら、ジャック・レオナールが医者について示したように、伝統的な自由業従事者の状況は良くなっていたからである。アンリ・ベランジェは例えば、当時の人々の情報（従ってすでに疑わしいものだが）をもとにして、パリの二千五百人の医者たちのうち千二百人は年収が八千フラン以下しかないことを述べ、これら低収入の医者を知的プロレタリアと見做している。[75]しかし、八千フランという数字は高級官僚の月給に匹敵することがわかっている以上、低収入の基準をそこまで高いところに置くことには何の意味もないのだ。そのうえベランジェは、高収入の医者の間には詳細な区分を設けているのに、この年収八千フラン以下のカテゴリーの中にはまったく下位区分を設定していない。こうしたことこそピラミッドの裾野を広くするための統計操作である。この統計操作は地方の医者の調査でも繰り返されている。なぜなら、ベランジェは「プロレタリア的」医者の数を、同じく半数（二千五百人中の千二百人と同様、一万人中の五千人）と見積もっているからである。ところが、収入格差は首都においていっそう顕著になる（専門医の都市集中と競争の激化によって）ということはよく知られている。弁護士については、事実はよりいっそう歪曲されている。一方で、弁護士のうち生活するのに必要なだけの収入を得ているのは一二人に一人の割合に過ぎないと言っているが、これは公式統計によればいささか意外である。公式統計は、大部分の弁護士は家庭内使用人を雇用していると語っているのだから。さらに矛盾する文が次に続く。「大部分の弁護士は金持ちで裕福な家庭の出である。[76]」この指摘が意味するのは、大部分の弁護士は知的プロレタリアに属してはいないということである。なぜなら、知的プロレタリアはまずその低い出自によって定義されていたのであるから。要するに、ここで古典的な自由業がうんぬんされているのは、「知的プロレタリア」に符合させるためであり、また「知的プロレタリア」という概念に大規模で一般的な現象だという印象を与えるためにほかならない。

ベランジェの主張の中で、事実と証明の面に関して信頼することができるのは、ただ、かつての自由業とははっきり異なった形で変化した職業、つまり教師、文人、新聞記者、すなわち、まさに将来の「知識人たち」に関する部分だけである。ベランジェの研究が示しているように、知的プロレタリアとはまさしく、やがて「知識人」と呼ばれるようになる人々の底辺であり社会的悲惨の層である。というのは、教師、文人、新聞記者の集団は、その志願者数は空いているポストの数に応じて調整されることはなく、当時この集団が膨張したことによってアンバランスが助長されていたからである。「それを生活の糧としない少しばかりの人たちを除いて、余剰人員は自営教師や家庭教師、あるいは記者やジャーナリストの大群を形成している。(77)」

ベランジェのこの本によれば、知識界の一部では、自らの社会的地位の客観的失墜が意識されていた。この種の文献に付き物の客観的論調にもかかわらず、ベランジェの説は知識界に広く行きわたっていた気分を反映している。(78)十九世紀の中頃には、芸術家がブルジョワに対する軽蔑をおおっぴらに示していたが、ドレフュス事件が公になる直前の頃には、ブルジョワに対する知識人の被支配の状況が主要なイデオロギー的テーマとなろうとしていた。(79)

新しい語の下に結集すること、それは、その新しい語をスローガンとするということ、つまりそれに伴う新たな社会的政治的態度を採用するということである。「先祖たちの肖像」の節で定義した意味における「科学者」、「芸術家」、「文人」として自己を規定することは、明確な一連の社会的かつ／または政治的な行動原理に従うということであった。「知識人たち」にとっても事情は同じである。それ以前の用語と比べて、ここには二つの変容が内包されている。つまり単数から複数へ、すなわち個人から集団へという変容と、他の領域の人間による認知から自らによる存在の宣言へという変容である。道徳的権威は、科学者や芸術家の場合、その人がどれだけ傑出しているかという度合いに応じて個人的にしか認められていなかった。大学者、著名な芸術家、名高い著述家だけが権威を持つことができたのである。集団としての科学者や芸術家は、その大部分が凡庸かつ無名であったため、象徴的権威の一部を喪失した。「知識人」については逆である。「知識人」は複数で初めて重要性を獲得したのである。集団でなければ、彼らの態度は、根拠のない気まぐれ、個人的な意見、個人的な非常識、と見做されただろう。「知識人」という概念においては、数の多さは力になる。それによって不自由が生じることはない。だからこそ、彼らはいざとなれば、自らの象徴権力を基礎づけるための他からの認知を必要としないのである。彼らはすでに結集しており、自分たちの間で知識人と認知し合っているが故に、自分たち内部の社会的判断は、他の諸集団による外部からの社会的判断を考慮せず、さらにそれと対立することさえできるのである。だからこそ、「知的プロレタリア」と「知的貴族」という一見矛盾しているように見える二つの表現が、時には同じ人の書いたもののなかにおいてさえ、同時に現れることも可能となったのである。またそれ故にこそ、これら二つの表現は、ドレフュス事件の危機の時に現実となったこと、つまり、社会闘争におけるプロレタリアに見られるように対立する陣営への結集、他の制度に対する自立の要求、権力を持つすべてのエリートがそうするような他の正統エリートとの客観的競争といった現実を思考のなかで予示していたのである。

結語

「知識人」という語が誕生した以後の知識人論は、ほとんどすべてが「知識人」を超歴史的な理念としようとしてきたが、これまで述べてきた「知識人」の社会的系譜は、この新語が、いかにその時代の産物であるかを物語っている。「知識人」という語の中には、この新語によって取って代わられたそれ以前の知識人に関する諸表象の長い時間の痕跡が書き込まれているだけでなく、一八九〇年代という困難な状況の短い時間の痕跡もまた書き込まれている。表象の危機の産物であるこの新語は、知識人が自ら置かれている危機の状況を考えることを可能にした。この危機が示しているのは、それ以前の世代の成功モデルから派生した、自由で知的な職業という美化された社会的イメージと、この社会的イメージに魅せられて押し寄せた新参入者の大群によって引き起こされた社会的な価値低落との間の矛盾である。

このように、一八九〇年代に、「知識人」どいう集団的な社会的アイデンティティが旧来のモデルに取って代わった。イデオロギー的政治的な界《シャン》の様々な部分において用いられたことに由来するこの語の多義性ゆえに、このアイデンティティは同時に、結集のスローガンとも、告発とも、また警告ともなりえたからである。知識界の新たな状況に直面していかなる戦略を選択する場合でも、この「知識人」という新語は使用可能であった。生活を二つの部分に分け、仲間のためにのみ仕事をし、市場の論理や雑多な仕事による堕落を拒否する人たちにとっては、新たなエリート主義の象徴となったし、また、古典的な職業上のキャリアのしきたりに従って行動し、仕事に対するごく普通の報酬を期待する人たちにとっては、公正を要求する拠りどころとなったし、さらにまた、外部における別の生き残り戦略を用いて知的プロレタリアの境遇を告発する人たちにとっては、そのような社会的な袋小路を生み出した社会状態を全体として批判する手段となったのである。

第二章　「知識人」か「エリート」か？

「民主政には、民主政の認める唯一の優越性、すなわち精神の優越性をその民主政のなかで体現するエリートが必要である。」
――ジョルジュ・ペロ
『高等師範学校百年誌』、パリ、アシェット社、一八九五年、XLV頁。

一八九〇年代を通じて増大し、ドレフュス事件の際に頂点に達する「知識人」の動員が、そもそもその初発において何を政治的争点としていたのかということを理解するためには、支配層における正当化の様式の問題という広い文脈の中で、知識人の間の対立を再検討しなければならない。すでに見たように、知識界の変容は「知識人」に先行する様々な社会的人物像に危機をもたらしたが、第三共和政の発足と民主政の成立によって支配層は、それと同じような危機に直面することになった。この危機に対応して求められた解答は、三つの点で「知識人」の誕生にかかわっている。まず第一に、知識界内部の分化を踏まえて新しい人物像を準備したのは、まさに知識層の人々であった。第二に、この新しい人物像は、知識人が従来とは異なる政治的役割や象徴的な権力を担うべきことを含意している。そして第三に、ここでなされた論争は、ドレフュス事件の際に「知識人」の介入が引き起こした論争のいわば予行演習であった。したがってこの論争は、その後現れた様々な集団のイデオロギー的な系譜と、それぞれの特質を理解する助けになる。

当時のイデオロギー的な論争には、二つの特徴がある。第一に、これらの論争は、急速に変化する、明確な状況に対応したものであったが、政治的な語彙を欠いていることから、同じ言葉が、歴史的状況や知識界内部における理論家の位置に応じて、異なった意味を付与して用いられている。しかしながら第二に、別の語の代わりに同じひとつの語を用いるというのは、決して意味もなくなされることではないし、また、同じ語を用いているという事実は、その語を用いた著作者の社会思想を、論証のための長々とした分析よりも、よりいっそう明らかにすることが多いのである。こうして、「知識人」という語が普及したのとほとんど同じ時期に、「指導層」という新しい意味を付与されて「エリート」という語が普及したことは注目に値する。イデオローグたちは、「エリート」という語のもともとの意味の曖昧さ（「最良の人々」という意味、本章の冒頭に置いたジョルジュ・ペロからの引用を参照）や、次第に政治的な極左によって独占されていった従来からの表現（指導階級、ブルジョワジー、有力者、開明階級等）[1]に含まれる階級的な含意から自由な、「エリート」という語の派生的な意味の曖昧さを好んでこの語を用いたのである。しかしながら、この概念の抽象性はまた、その弱点でもある。「エリート」への帰属を正当化する能力《メリット》の根拠を一体誰が決定するのか、という点をめぐって議論が始まった。一方のオルレアン派の人々にとっては、純粋な「エリート」とは知的エリートそのものであって、したがって抽象的な権力を要求しうる人々のことである。逆に、共和主義者たちの公式の見解によれば、民主政とはすべての人々の自由と平等を基礎づけるものであるがゆえに、最良の人々が統治を行うことを可能にするということになる。つまり、共和派においては「エリート」とは、要するに、現存の秩序の支配者を意味する。しかしながら、一八八〇年代末から一八九〇年代初頭にかけての一連のスキャンダル事件*によって、この最初の公準が疑われるようになった時、「エリート」概念の社会的基礎が再び問い直されることになった。この新たな状況の中で、早くも現れた共和政への信頼の危機に直面して、「知識人」もまた、政治的・イデオロギー的役割を担わされることになる。

＊ブーランジェ事件（将軍、政治家、陸軍大臣となり、軍制改革や対独強硬策で人気を高めたブーランジェを中心に右翼によるクーデターが企てられた）、ドレフュス事件（陸軍将校ドレフュスが、ユダヤ人であるために、ドイツに対する不当なスパイの嫌疑を受けて投獄され、世論を二分する問題となった）、パナマ事件（十九世紀末の、フランス・パナマ運河会社の再建を巡る疑獄事件。ユダヤ系金融資本家による議員の買収が発覚し、第三共和政は深刻な危機に陥った）などは、その代表例。

第一節　共和主義「エリート」と、「指導階級」の危機

支配層についての諸理念像が短期間で次々に批判の対象にされたのは、公開討論の自由が存在したためであり、またその討論が周期的に行われたためである。二〇年間の間に（一八七〇年代中頃と一八九〇年代中頃）、政治的正当性の保有者（当時の人々は、彼らのことを、誤って支配諸階層の総体と混同していた）は、彼らの権力が同じやり方で次々に批判の槍玉に挙げられる経験をした。一八七〇年代半ばの場合は、「指導階級」をつくろうという旧有力者層のほとんど遺伝的な野望を、共和派の人々がガンベッタの「新階層」論を拠りどころにして攻撃した。一八九〇年代半ばの場合は、かつて共和主義者たちが野にあった時に用いていたのとほとんど同じ論拠をもって、今度は彼ら共和主義者たちが、能力主義への楽観主義を、極左によって、またアナーキズムを信奉するようになった一部の知識人たちによって批判されたのである。

「指導階級」

一八七七年の五月十六日事件＊によって政治的な力を失ったオルレアン派の人々にとって、「指導階級」とは、知性と富によって定義される人々のことであった。(2) したがって、その権力の正当化は、完全に循環論法的になされる。

未だ農村的な社会においては、一定程度生活にゆとりのある人でなければ、学問を修めることはできない。その生活のゆとりが、「指導階級」の人々に、政治に関わる余暇を与え、高等教育が彼らの支配能力を正当化する。一見非の打ちどころのないように思われるこの三段論法は、十九世紀後半の政治およびイデオロギーの歴史が顕在化させた様々な矛盾を被い隠すことができない。オルレアン派の時代には、庇護関係に基づく政治システムのために、最も富裕な人々や遺産相続者たちが権力を独占し、最も知識のある者たちが排除されることがあまりに多すぎた(3)。彼らの相次ぐ失政は、彼らが主張するほどの統治能力を持ち合わせているのかについて疑問を抱かせた。さらには、世紀の終わりに近づくにつれて、初等教育から高等教育まであらゆる段階で教育を受ける人数が増大したこと、またほとんどの職業で能力主義による登用が広まったことにより、富と知と権力行使との間の結合関係は弱くなっていった。一八七〇年代以降、オルレアン派に近いイデオローグたちは、「指導階級」論の支持者たちに対して、以前よりもなおいっそう、知識を論拠にして「指導階級」の権力を正当化することの必要性を力説した。『知的・道徳的改革』におけるルナンの主張や、自ら創設した政治学院《シアンス・ポー》の紹介パンフレットにおけるブトミーの主張（彼はテーヌとルナンの支持を前面に押し出している(4)）は、まさにその例である。支配階級の改革を主張するルナンとブトミー両人の不安げな語り口には、普仏戦争の敗北や、パリ・コミューンを予告する、パリにおける革命といった、国内外の政治情勢が反映している。

＊一八七六年の総選挙で共和派が下院で多数を占めたため、一八七七年五月一六日、大統領マク＝マオン元帥は王党派が多数を占める上院の力をたのみブロイ公爵を首相に据えたが、下院がこれを不信任、そのために国会解散を断行した。しかし選挙の結果再び共和派が多数を制し、これを通じて第三共和政の基礎が確立され、王党派であるオルレアン派の力は後退した。

「合法的な抵抗によって、自分のとどまっている陣地を保持し続けることができるだろう、また、一旦失った陣地を取り戻すことができるだろうと、危機に瀕した支配階級が考えるのは、正気の沙汰ではない（…）。もはや特権は存在しないのだ。民主政は、もはや一歩も後退しないだろう、最大多数の人々の権利を尊重するという制約のために、自ら上流階級と称する階級は、最も有能な人々の権利を拠りどころにするのでなければ、自らの政治的ヘゲモニーを保持することはできない。今や、特権や伝統といった崩壊寸前の城壁に頼るのではなく、輝かしくまた有益な功績《メリット》や、誰もが認めざるをえないような栄えある優越性や、必要不可欠の能力によってつくられた新しい城砦をもって、民主政の浪をしっかりと受け止めなければならない。[5]」

この政治的プログラムは、包囲戦における作戦計画そっくりである（「陣地」、「城壁」、「城砦」という言葉を見よ）。周知の通り、このプログラムは実現されなかった。指導階級の人々は、三〇年前ギゾーのもとでかつて彼らがとった壊滅的な戦略と同じ戦略を再びとることを選んだからである。ブトミー自身はと言えば、新たなタイプの学校をつくるという点では部分的に成功したが、しかし彼が期待していたような意味では不調に終わった。[6] 旧来の指導階級の根本的な弱点は、指導階級を定義する二つの項（知識と富）の間の内部矛盾がうまく解消されえなかった点にある。様々な保守的党派は、いわばこの矛盾の政治的表現であった。オルレアン派のエリート主義は、民主主義者たちにとってはあまりに貴族主義的であり、啓蒙を大革命と、したがって宗教的な罪と同一視し続けていたカトリック保守派にとってはあまりに開明的とみなされた。そのためにこの型のエリート主義は、社会的な対決状況のなかで、ルナンやテーヌやブトミーが望んだように統合や調停の中心となる代わりに、二つの傾向に分裂するしかなかった。共和派の社会観は、オルレアン派エリート主義の知識と富というこの組み合わせを排するところの総合として現れえた点で二重に優越していた。そのことを次に、リトレやフェリー、あるいは彼らの同志であるオポルチュニストたちの有名なテクストによって明らかにしていこう。

共和主義「エリート」

リトレやフェリーらは、旧来の指導階級を批判した。旧来の指導階級には、民主政と相容れない特権の萌芽が含まれているからである。リトレによれば、それどころか、指導階級というのは有害でさえある。というのも、あらゆる重大局面において指導階級は、この階級を代表する党派の行動を通じて、統治能力の欠如をあらわにしたからである。一八三〇年のクーデタ未遂という政治的な自殺行為、一八四八年の選挙権拡大の拒否、一八七〇年の普仏戦争の開戦を阻止しえなかったこと、近代社会への全般的な敵意ゆえに聖職者至上主義に与するようになったこと、そして和解不可能な三つの分派へ分裂したこと、これらすべてが彼らの統治能力の欠如を証明しているというのである。(7) しかしながら、指導層の交代を図るという共和派イデオローグたちは、新しい指導階級の到来ということは述べずに、ただ「エリート」、つまり開かれた貴族階級の到来を告げるだけであった。

「この国は、工業、商業、文学、芸術、科学に長けているが、政治についても同様に長ずることが必要である。そのためには、指導階級を新たに作り直さなければならない。指導階級のこの再創出は、すでに共和政が開始しているが、共和政によってしか達成されえない。というのは、共和政とは、上流階級のトップ層によってばかりでなく、労働者階級のトップ層をも含めて、新しい指導階級が形成されることを意味しているからである。いずれの国においても必要であるこのような融合は、わが国ではいかなる君主政とも両立しえないものであり、共和政こそが漸次的に実現する事業となろう。(8)」

こうして「指導階級」という表現からは、様々な階級の融合ということにより、党派的な内容が取り除かれ、社会的に排他的な色彩も払拭された。「指導階級」は、「労働者階級」を含む様々な階級のエリートによって構成される。民主的社会にもやはりヒエラルキーは必要であるが、そのヒエラルキーは、頂点に達する可能性がすべての人に対して開かれている、変化しうるヒエラルキーである。オルレアン派と同様、共和派においてもしたがってエリートの存在は確かに考えられてはいるが、しかしそのエリートはただ能力《メリット》にのみ基礎を置くエリートであって、オルレアン派のルナンやブトミーに見られたような、出自と知識の結合に基礎を置くエリートではない。後に共和政府の大臣となるアントナン・デュボは、このエリートという概念を、次のように説明している。

「大学の学位を持っていないことや貧しさのために指導階級から離れたところにいるが、しかし社会的に見れば公爵や天文学者やアカデミー会員や詩人に引けを取らない、小ブルジョワ、いやそれどころかしがない職人を私は知っている。それはつまり、政治的な能力を獲得するためには、社会大衆のなかに飛び込み、大衆の願望や欲求を把握し、そうしてその願望や欲求を満足させるに最もふさわしい政策を見つけ出さなければならないということがあるからである。(9)」

オルレアン派のエリート主義とは反対に、民主派の信条は、政治的能力は、たとえ枢要なポストの場合であっても、あまねく共有されているものであり、したがって、出身の社会的階級が何であれ、あらゆる人にとって到達可能なものであるはずだ、という点にある。この信条から、「政治学院《シアンス・ポー》」というかたちでブトミーにも見られたが、しかしそれとは規模の違う教育計画、万人のための教育という計画が生まれてくる。だが、ジュール・フェリーの教育改革や、高等教育の改革は、この計画をごく部分的にしか実現しなかった。

ルイ・リアールが、改革の当事者の証言であり総括でもある彼の古典的な著作『フランスの高等教育』(一八九四年）のなかで要約しているように、高等教育改革の具体的施策の背後には、改革の基礎にある野心として、いかにして新しいエリートを形成するか、という配慮が十分に働いていた。

「新しい体制の、最も見識のある人々の多くが、科学によってまずエリートが確立され、次いで、大衆への科学の浸透によって、共和政および民主政に必要不可欠な、自覚的で確固とした、また調和のとれた公共心が確立されるだろう、と語り合っていた。(10)」

この言葉には、すでに一八七一年にルナンが説いていた考えが認められる。ただそれが実証主義の影響で拡充されている。科学は革新された大学によって普及されて、エリートを再編成するだろう。また、エリート養成の場の社会的基盤を拡大すること、職業教育と非実利的な課程の教育との間の溝を小さくすることを通じて、イデオロギー的な断絶を埋めていくだろう、という考えである。

「それなしでは各人がそれぞれ選んだ職業が曖昧で経験のみに基づくものとなってしまう、科学的な知識をすべての者に与えること、同時に、民衆のなかからエリートを選抜すること、そして、こうして選抜されたエリートのために科学的な仕事を組織すること。(11)」

ブトミーと共和派に共通する、「エリート」を形成するための科学の有効性への信頼にもかかわらず、この文章は、二つの社会観の対立をも明示している。共和派はいかなる人も先験的に排除しないのに対して、ブトミーは最初から、社会的に特権を賦与され、知的に選抜された人々を対象にしている。

共和派の計画の矛盾は、その基礎になっている能力主義的な理想主義という点によりも、この新しいシステムを従来からすでに存在していたエリート主義的な諸機関に単純に並置した点に認められる。高等師範学校卒業生のルイ・リアールは、この困難さに気づいていた。

「グランド・ゼコールは、若きエリートを引き寄せ引き止め続けるのではないだろうか。そして未来の大学には、一段劣った学生、グランド・ゼコールに合格しなかった人しか残らないのではないだろうか。[12]」

こうした警告や、グランド・ゼコールを改革しようというくつかの試みにもかかわらず、事実としては、エリートの社会的な徴募を開くための方途として、共和派の人々は、高等教育の奨学制度を創設することで満足してしまった。だがこの恩恵に浴したのは、エリート形成システムにおいて周縁に位置する文科ファキュルテおよび理科ファキュルテの学生が主だった。[13] 改革が中途半端に終わったことの理由は、共和派の改良主義を規定する自由主義哲学に求められる。リトレ、ガンベッタ、リアール、および彼らの同志たちにとって、エリートの形成は、自由な過程であるべきであって、一八四八年のサン＝シモン主義の共和主義者たちのように計画的な（彼らは、例えばはじめて行政学院を構想した）過程ではなかった。[14] 最低限の知識はすべての人々に対して義務的なものであるが、最高の知識への到達可能性は各人の自主性に委ねられるべきものとされた。[15] ギゾーの有名な格言をもじって言うならば、共和主義のエリートの仲間入りをするためのプログラムは、「努力によって、倹約によって、知識を積め」といったところだろう。この信条は、第二帝政下に家族が豊かになったおかげで、あるいは彼ら自身の努力のおかげで、中等・高等教育を受けることができた「新階層」出身の彼らにとっては、ごく当然のものであった。彼らの個人的な成功は、彼らをして普遍的な楽観主義に向かわしめたし、また一方、彼らの成功例や、神話にまで仕立て上げられた他の著名人の成功例は、私が『共和政のエリートたち』のなかで明らかにしたような昇進システムの客観的な限界を隠蔽することになった。社会的理想が引き起こす幻想を自分自身が被っている限り、社会的理想の実効性を他人に信じさせるばかりである。「新階層」のテーマは、実際のところ、ガンベッタの基本的テクストに明らかなように、エリートの見方についての政治的な幻想に基づいている。権力全体が政治システムのなかに存すること、そしてすべての知が大学のなかに存することを心底から信じていた、ガンベッタと彼の同志たちは、政治と大学にアクセスする道をよりいっそう多くの人々に対して開くことによって、自らの民主政の綱領を実現したと本気で主張できたのである。

共和派の人々の実証主義的なエリート観の基礎には、進化論的な社会観が存在している。社会的上昇は段階を追って実現される。また中等教育の主要な享受者であるブルジョワジーは特別な階級ではなく、農民や労働者といったフランス国民の根っこを形成する層に接して、開かれた国民エリートをなしている、と考えられている。こうした考え方は、一八八〇年に、ジュール・フェリーが公教育高等評議会で述べた次の言葉にも示されている。

「しかしながら、わが国のブルジョワジーは、無為に時を過ごすような階級ではまったくない。ブルジョワジーは時間の貴重さを知っており、一日一日の重さを肩に担っている。一言で言えば、ブルジョワジーとはまさに、すべての階級の労働者のエリートなのだ。(16)」

五年後、彼は、改革の遅滞に苛立つ強硬な共和主義者たちからの批判に答えるなかで、同じことを述べている。

「農村の住民というのは、まさにフランス社会の基盤をなしている。彼らは、労働や貯蓄の巨大な貯蔵庫であるばかりではない。彼らはまた、人材の貯蔵庫でもある。ブルジョワジーや都市労働者や、さらにはかつて指導階級と名乗っていた人々でさえ、絶えず新しく再生することができるのも、農民というこの厚い層に根を下ろしているからである。農民層の中からこそ兵隊が生まれ、教師が生まれ、商人が生まれ、企業家が生まれるのだ。農民を含めた普通選挙は、フランス社会に安定した基礎を与えるものであり、共和政にとっては堅固な礎石を築くものであるのだ。(17)」

しかしながら、一八八〇年代の終わりには、このような福音や公式の楽観主義では、もはや、反対派の批判を抑えることはできなくなっていた。しかも反対派は、もはや政権を握っていた共和派の右ではなく、左に位置する人々と次第になっていった。一〇年前の指導階級と同様に、共和派「エリート」もまた危機に直面することとなった。

第二節　共和主義「エリート」の危機

共和主義「エリート」は反エリートか？

一八八〇年代の終わりにイデオロギー界の中心的位置にあったのは、権力の座を占めていた共和派の理念であった。それ故、この共和派の理念は左右双方から異議を申し立てられたが（ブーランジェ事件の時のように、右派と左派は時に政治的に同盟することがある）、それは、共和派の新しい政治的ヴィジョンが関係しているというよりは、むしろ、共和派が様々な社会的不公正に妥協してしまっていると反対派が非難したからである。その結果、論争の用語は変化した。なぜなら、新しい諸イデオロギーは、古典的な政治的言説とは部分的に異質な理論の枠組を使用しているからである。つまり、この新しい諸イデオロギーは、社会的ダーウィン主義あるいは通俗マルクス主義的経済主義をふまえた新しい科学であると自負したのである。かつて、みずから指導階級たる資格ありとするオルレアン派の名士たちの思い上がりを共和派が告発したのと同様に、今度は、共和派に対する反対派が、挫折に向かいつつある指導階級の新たな言説として共和派の公式イデオロギーの欠陥を批判したのである。

当時の社会の成り行きに関するこうした悲観的な見方はいろいろな文献に読み取れる。例えば、比較的穏健ないくつかのアカデミックな著作、オーギュスト・シラクやエドゥアール・ドリュモンが出した反ユダヤ主義的パンフレット、ギュスターヴ・ル＝ボンの成功を博した著作、社会的ダーウィン主義の何人かの理論家たち（ジュール・スーリ、ヴァシエ・ド・ラプージュ）の著作（影響範囲は限られていたが）、さらに、共和派の政治家たちの生態を厳しく批判しているいくつかのモデル小説などにである。[18] 当時の度重なるスキャンダルに直接触れたこれらの多様な文献が引き起こした反響と、こうした情報の伝播経路が数多く存在していたことが原因となって、共和派の政治家の公的イメージは急速に輝きを失い、彼らの正統性に疑念が持たれ始めた。こうして、一八八三年にはすでに、オーギュスト・シラクの最初のパンフレット『共和国の王たち』が出版され、これが同じ趣旨の一連の数多い著作の端緒となった。このパンフレットの中では、共和派の政治家集団は、金儲け主義に蝕まれた「反‐エリート」とされている。その二年後に出たドリュモンの「ベストセラー」、『ユダヤ的フランス』は、近代的反ユダヤ主義の座右の書と普通考えられているが、これが多くの部数売れた理由の一端は、権力の座にあるエリートのスキャンダル的な逸話の数々が喜ばれたためであって、それら逸話を相互に関連づけている粗雑な反ユダヤ主義的理論によるものではなかったと思われる。

こうして一八八〇年代の終わりには、共和派の楽観論は、いくつかの出来事（金融スキャンダル、社会的対立の増大、共和派の中での穏健派と急進派の不和に起因する政治的不安定、経済不況）が原因となって問い直され、また同時に、進化論的な新たな諸イデオロギーによっても問い直されることになった。しかもこれら新しいイデオロギーは二つの相反する結論を引き出している。社会的ダーウィン主義においては、進化は最強者の勝利に帰着するものであり、他方、社会主義においては、弱者は既成の秩序に対して集団的に立ち向かうことによってのみ勝利を奪取しうる、ということになる。従って、両者いずれにとっても、共和派エリート主義というのは虚偽だということになり、共和派エリートは、反ユダヤ主義者や社会主義者によって（度重なるスキャンダルゆえに）金融財閥と同一視され、オルレアン派とほとんど変わらない縁故優先主義を新たに展開しているとみなされたのであった（共和政初期の大量粛清が引き合いに出された）。

共和派エリートはおそらく、彼らの標榜する偉人崇拝・科学崇拝が「アテネ的」な共和国の到来という幻想を助長したために、これら二つの知的潮流からいっそう批判されたのであろう。しかしまた、ゾラのような十分に社会的地位の確立していたかつての共和派作家たちも、政治家たちに対するそのような批判的意見を共有し流布している。[19]

ヴァシェ・ド・ラプージュは、共和的民主政に対する大小知識人たちの不満を次のように要約している。

「人々は、民主政という言葉を棄てたくないので、その名前以外には民主政と何も共通なものを持たない体制に民主政という名を与えている。この言葉をもって人々はしばしば、権力が下層民によって、あるいは下層民のために行使されていると見做される体制であると理解している。実際には、教育のある階級と同様、下層民も代表者の選出において積極的な役割を果たしてはいない、代表者たちは、実際には、指名する権限を持たない少数の権力者によって指名され、党派の利害、とりわけ自分の党派の利害に従って統治する。[20]」

ゼーヴ・ステルネルはこのテキストを引用して、正当にも、フランスの議会制民主主義に対するこの否定的見解を、イタリアとフランスの政治的変化を目にしてモスカとパレートが同時代に練り上げたエリートの衰退の理論に関連づけている。しかし、失望した自由主義者でありローザンヌ大学教授であるパレートと、ゲード派の社会主義者でモンペリエ大学の講師であり図書館司書であるヴァシェ・ド・ラプージュとの間のこの偶然の一致——というのは二人はお互いの仕事を知らなかったから——よりもさらに重要なことは、共和派の能力主義の嫡出子であり、当初はこの能力主義の信奉者でありながら、新たに社会主義に転向したジョレスと、彼らの見解が部分的にではあれ共通性を持っていることである。[21]

カルモー選出の代議士であるジョレスの諸論文のイデオロギー的衝撃力は、先に触れたマージナルな人々の限られた読者しかいない諸論文とは比べものにならない。というのも、ジョレスが寄稿したのは地方の大新聞『ラ・デペッシュ』であったし、また彼は極めつきの大学人であり、ラファルグやゲードのような機械的なやり方ではなくマルクス主義をフランス社会に適応させたからである。同紙の諸論文の中でジョレスもまた、高い地位は同じ人間によって独占されているという考え、すなわち、新たな封建勢力が中産勤労階級を人民の側に押しやっているという考えを展開した。彼は、フランス革命百周年のこの時期によく使われたアナロジーを用いて、一七八九年に旧体制に対抗して第三身分と民衆が同盟したように、権力の分配から排除された中産階級とプロレタリアとの同盟がありうることを予言した。[22]四年後、彼は、体制が社会主義の台頭や無政府主義的テロに直面して反動的な方向へ転換したことに目を開かされて、さらに意見を先に進め、共和派と金融寡頭制とを同一視するまでになった。

「私はその後、特権と社会的不正の抵抗力が巨大であることに気づいた。自称共和派の多くの人々にとって、共和政とは、土地寡頭制の代わりに金融寡頭制を、田舎地主の代わりに大実業家を、教会のヒエラルキーの代わりに資本主義のヒエラルキーを、司祭の代わりに銀行家を、教義の代わりに金銭を、置き換えたものでしかないことに気づいたのである。[23]」

およそ一〇年のあいだに、共和派に対する評価は正反対のところにまで行き着いたことがわかる。共和派エリートは「指導階級」に対する告発者から逆に新たな被告発者となり、また、かつて最も急進的な共和派によって大実業家との関係を告発された名士たちが浴びせられたのとまったく同じ言葉で描かれることになったのである。こうして、議会制民主主義へ異議を申し立てているこうした言説に反駁しようと努めるイデオローグたちは守勢になり、次第にその内実を失ってしまっていた階級的語彙を再び用いることによって、反対派の土俵に身を置かざるをえなくなった。「エリート」という言葉はもはやその規範的意味では理解されず、そのものずばりではなくて「大衆」とか「群集」とかいう暗示的な名で呼ばれた真の敵と対立する語となった。「エリート」という語は、マルクス主義者と極左とが論争的な意味を与えて独占してしまった「ブルジョワジー」という語の代替物として用いられることになった。「エリート」という語のこうした弁明的・否認的な役割は、政権の周囲にいる人々の著作によって証明することができる。例えば、エドゥアール・マヌーヴリエが一八八八年に出版した『共和政下のブルジョワ教育』、アルフレッド・フイエの一八九〇年の論文「教育と選別」、J・イズーレが一八九四年に著わした『近代社会と、社会学の形而上学』である。(24)

開かれたエリートか閉じたエリートか?

これらの著作に見られるエリート擁護論には、二つの重要な特色がある。一つは、こうしたイデオローグたちが共和政の嫡出子たる大学から輩出しているということであり、いま一つは、初等教育や高等教育と違って本質的には共和政によって改革されなかった中等教育へと彼らの議論が次第に集中していったということである。ところで、共和派が公約したエリート刷新の可否は、その前段階にある中等教育によって規定される。しかし悲観論者たちから見れば、中等教育の門戸をあまりに大きく開放しすぎると卒業生の過剰生産を招来し、これは民主政の社会的混乱の元になる恐れがある。こうして、共和派がかつての指導階級の防衛反応を受け継ぐ結果になったばかりでなく、語彙は変わったが、かつての議論の構造が再現されることになった。数年のあいだにエリートについての開かれたイメージは閉ざされたイメージへと変化したが、それは、以下で分析する著作者たちが社会的に異なった特質を持っていたということよりも、新たな政治勢力が共和政に異議申し立てをしたことと、より深く関係している。というのも、これら三人はいずれも共和派のメリトクラシーの申し子だからである。[25]

エドゥアール・マヌーヴリエの本が出版されたのは、ブーランジスムが一部の民衆階級の共和政離れを明らかにする数カ月前だった。彼はガンベッタの権威に依拠して、ガンベッタが掲げた「新階層」という政治スローガンに社会的土台を提供するはずの教育改革を奨励した。彼によれば、リセの改革が中途半端なものであったために、政府は、中等教育のブルジョワ的性格と、労働者を中等教育から排除する社会的障壁とを維持した。職業中等学校を作ることによって中等教育の門戸を拡大することと、リセの初等クラスを廃止することを提案することによって、マヌーヴリエは、オポルチュニストたちが社会的保守主義の立場から拒否した開かれたエリートの論理を推し進めようと望んだのである。マヌーヴリエによれば、エリートの開放のみが、確固たる民主政の確立と社会的諸対立の軽減とを保証するのである。

「ムッシューと呼び合い市民である共和主義者たちから成るあまりに少数な隊列を、絶えず大きなものにする労働者のエリートというのは、政治的観点から見れば、我が国の民主政への何と素晴らしい加勢であり、また秩序の、安定性の、安全の何と素晴らしい要因であろうか。[26]」

この一節では社会的語調から政治的語調に移行しているが、このことは、最も進歩的な共和派のあいだにも、かっては権力を勝ち取るために同盟していた共和派と労働者との間の溝が次第に大きくなりつつあることへの懸念が顕著になってきたことを示している。彼らによれば、大切なのは、穏健な労働者エリートの再創造である。これによって労働者の社会的な地位向上の展望が開かれ、彼らエリートは「怒りと恨み」を和らげる緩衝階級となるであろう、というのである。[27] しかし、このマヌーヴリエの焼き直し的な保守的改良主義は、度重なる社会危機を経て変転してゆき、リトレの場合と同じように「民主政の貴族」と題される最後の章で終わっている。しかもその口調はもはや、『フランス語語源辞典』の著者である一〇年前のリトレの場合ほど自信に満ちたものではなかった。能力主義的諸テーゼを改めて力説しているのは、権力の座にある共和派に彼らの義務を思い起こさせ、彼らに徳に基づいて行動させようとしているからである。またそれは、危険を前にした警告であって、ブトミーが一八七一年に指導階級に投げかけた警告に似ている。

「現在に至るまでブルジョワジーはなんとか貧しい者たちを支配してきたが、彼らの威信は日々失墜しており、彼らの周りをうろついている飢えた人間たちが大胆さの度を増すにつれて彼らは恐怖を抱き始めている。ブルジョワジーが最悪の前途を免れ勇気を取り戻すための方法は一つしかない。それは教育によって自己改革をし、尊敬に値する能力を持つことによって権威に値することだ[28](…)。」「民主政が生み落とした大衆という軍隊に、尊敬されまた尊敬されるべき指導者を与えよう。その称号を、縁故からでも生まれのよさからでも財産からでもなく、能力から引き出す指導者を。また、自由に人々を自分に従わせることができ、自分の軍隊を略奪にではなく、栄誉に導くような指導者を。[29]」

引用文の最後の部分の軍隊の比喩はナポレオンの時代を想起させるが、これはおそらく、総裁政府時代の衰退したブルジョワ共和政に対する、また同時に現代の金融スキャンダルに対する皮肉な当てこすりであろう。いずれにせよ、このガンベッタの後継者は当時のエリートの価値に対する疑いを隠していない。

二年後に出たフイエの論文は、近代的中等教育を目指すレオン・ブルジョワの改革計画に触発されたものであったが、体制派的な思想家の中に悲観論が増大したことを示している。「観念《イデ》＝力《フォルス》」の哲学者フイエにとっては、古典的教育だけがエリートの育成に適しているということになる。フイエは科学中心の教育を告発する。それは、社会的にあまりに広く門戸を開くことによって、「社会全体の格下げにつながる」[30]と言うのである。こうして、共和派の中での開かれたエリートの支持者と閉じられたエリートの信奉者との間の亀裂は大きくなった。今やエリートは、フイエによって大衆から明確に区別される。

「高くをそして遠くを見ること、盲目的な平準化を妨げること、大衆を低いところに向かわせる自然のなりゆきに抵抗すること、これは指導階級と政府の役目である。正しい意味での民主政は、当然存在しうる優越性を排除することは決してなく、逆にそれを尊重する。[31]」

ここで注目すべきは、はじめは「エリート」という語が用いられていたのに、この引用箇所では「指導階級」という語が再び現れているということであるが、こうした移行は「エリート」という語が無意識的に排他性を意味し始めたことを証言している。拡張された中等教育の格下げは、マヌーヴリエが告発する貴族主義よりも危険であると見做されている。フイエは論文の最後で、フランスとドイツで社会主義の影響力が増大していることを指摘しているが、フイエの論文にエリート主義の色彩が濃いことは、こうした社会主義の台頭に象徴される大衆のあり方を目のあたりにして、ますます顕著になってきた社会的不安と明らかに相関関係にある。[32]

頻発する無政府主義的テロと一八九三年の選挙における社会主義政党の勝利の後で出版されたイズーレの著書では、脅威にすぎなかったものが目前に迫った破局となっている。エリート／大衆という二項対立はすでにフイエが提示してはいたが、それは今や根本的な社会的対立となった。共和派理論家の開かれたエリートという調和的な進化論は、相手の陣営が掲げる優れた諸テーゼを反転することによって、硬直した有機体説に、あるいは対決の戦略に変質した。

当時、大学における社会学の真の創始者であるデュルケームが民主政に適合した社会の理論を練り上げ始めていたというのに[33]、忘れ去られた「社会学者」を長々と論じるのは奇異に思われるかもしれない。しかし、デュルケームとイズーレの理論的価値にどれほどの差があるにせよ、歴史学者たる者は社会学史に冠たる学者によりは、忘れられた者イズーレの方に注目しなければならない。というのも、イズーレは体制を代表する地位を獲得した人物だからである。一八九七年、コレージュ・ド・フランスに「社会哲学」という新講座が創設されたとき、公教育大臣はデュルケームを含むすべての候補者の中から、当時の権力の諸要請と、社会主義に対する闘争というこの講座に割り当てられた目的とに最も適合的な人物としてイズーレを選んだのである[34]。イズーレはすでに博士論文のなかで、支配的な政治家たちや著名な大学人たちに露骨に言及して、既成秩序を擁護するという自ら定めた役割の見本を見せており、またまさにそのことによって、体制的共和派が異議申し立てに対してどんな回答をしようとしていたのかを代弁してくれるのである。

イズーレの著書はフイエの論文の結論から始まっている。

「私は展望を妨げ始めているこの不安な存在から目を離すことができない。ほかでもない、それはエリートを根こぎにし文明を藁くずのように吹き飛ばしてしまいかねない群集の台頭である[35]。」

「社会哲学者」イズーレは、一八八〇年代の弁明的口調と一八九〇年代初頭の慨嘆の口調をやめ、問題の諸与件を再定義することによって反撃の口調をとることになった。有機体論的な比喩というのは、少し前は反動思想家の占有物であったが、今や既成の民主主義的秩序を擁護するために用いられている。「エリート」はブトミーにおけるように社会の頭脳にたとえられている（同書 p. 52）。生物学は社会分裂を記述する根拠として、また同時に社会分裂を否定する根拠としても用いられた。というのも、社会分裂は細胞の自然的でもあり機能的でもある分化にたとえられるからである。様々のエリートたちは一つの有機的全体を形成する精神的諸能力にたとえられている（p. 86）。こうして群集とエリートとの連帯が主張される（「エ、、、リートは少しずつ群集を理性化する。おそらく頭脳が身体を感化するように」）[36]。だからこそ、イズーレは開かれたエリートという古典的なテーマを再び取り上げることができたし、それと同時にまた、選別と、エリートと群衆の分化との必要性を説くことができたのである（p. 193）。彼によれば、エリートは二つの機能（精神的な力と現世的な力）によって専門分化する。前者は、詩人と学者が担当し、理念を練り上げる、そして後者（立法官と行政官）がそれを現実化する、ということになる。新コント主義的な無邪気さと言うべきだが、政府の行動に奉仕する社会科学という見地に絶えず範を取っているこの楽天主義のうちには、おそらく、その地歩を固めつつあったエリートの中心集団のイデオローグとしての役割を演じようという彼の意図が顔をのぞかせているのだろう[37]。

こういうわけで、イズーレの本は、左右両極からの攻撃に直面した穏健共和派に社会綱領と正当化の根拠を取り戻させようとしていた、権力層に近い知識人や政治家の試みの大学的なヴァージョンだと言える。イズーレはより一般的な文脈の中に位置づけられる。つまり、共和政支持に転換したカトリックや王党派を取り込もうとする漸進的な開放政策の文脈、古い区分（宗教／反教権主義）ではなく社会防衛の立場から政党の再分類をしようとしたメリーヌ〔一八三八―一九二五年、政治家〕に見られる懐柔政策の文脈である。このような政策のすべては、エリートに関する様々な論説の中で主張されたイデオロギー的諸テーマの実践的なヴァージョンである。(38) 言ってみれば、パレートが言うように、権力を占める貴族階級が脅かされたとき力が狡知にとって代わられるという、エリートの歴史の果てしのない回帰である。エリート、それはガンベッタやフェリーにおいては、民主政全体に提示された理想、上昇しつつある社会勢力にとっての到達目標であったが、彼らの亜流たちにおいては、秩序の不可侵の土台へと、社会的ヒエラルキーの上部の飾りへと化してしまった。「中産階級」、このオルレアン派がもてはやした階級も、かつて、エリートと同じく、外からの異議申し立てに直面して変容していったのだった。

さらに、一八七〇年代の「指導階級」擁護論と一八九〇年代の「エリート」擁護論の間にはもう一つのアナロジーが存在する。異議申し立てを受けて論証が精緻化したことによって、征服期の政治家に代わって、大学人、すなわち知識人が第一線に立つことになったのである。支配階級の諸分派の中での支配のこうした新たな分業は、二つの理由によって説明される。大学人は、その社会的経歴によって、エリート参入が能力主義に基づくものであることを例証する人物である。体制の受益者であり、体制の正当性の生き証人である彼らは、当然のことながら、体制の擁護者となる。さらに、中等および高等教育の開放度は、他のいずれのエリート層よりも、彼らにとって切実な問題である。というのも、教育の開放の度合いこそが彼らの潜在的な聴衆を増減させるからであり、さらにまた、彼らが保持していた学歴の価値を下落させる可能性もあるからである、このようにして次第に論点が逸れていくなかで、エリートの正統性についての包括的な論争は、同時に、知識人あるいはエリートという二つの潜在的概念が対立する知識界内部の論争となっていった。そしてこの二概念の対立はドレフュス事件の際の対立を予示しているのである。

第三節　「知識人」か「エリート」か——正統主義から前衛主義へ

共和政エリートのイデオローグたちは、一八八〇年代と九〇年代との間に認められるイデオロギー的な雰囲気の変化を反映しているばかりではない。彼らはまた、大学人の間に広くゆき渡っていた不安に対して答えてもいる。一八九〇年代初頭までは、大学人の間で、体制に対する正統主義が優勢であったが、その後これに代わって、自立性を求める要求が増大し、さらに、若い世代の間では、前衛的な批判的立場さえも現れた。この変容は、大学と政界との間に距離が生じてきたことを示すものであり、しかも、共和派は大学に対する厚遇を惜しまなかっただけに、この点はいっそう重要なのである。

以下、大学と共和派との間のこの乖離がどのような過程を経て進行したか、その理由は何か、またそれがどのような結果をもたらしたかを検討し、かつてイズーレがその存在を強く否定した、「知識人」と「エリート」との間のこの断絶において、一体何が政治的争点となっていたのかを明らかにしていこう。

学生——正統主義から自立へ

歴史学者にとっては、国家に従属している集団内部の反体制的な動向を知ることの方が、体制に対して受身的に順応した者たちの動向を知ることよりも容易である。全体的な統計データがなくとも、自らをこの集団のエリートと目していた大学人、高等師範学校生《ノルマリアン》について、あるいはより広く、その人数が増大したことによって様々な思想流派からの働きかけを受ける政治勢力の一つとなった学生についての、多様な情報を利用することが可能である。積極的な財政支出、新しいポストや奨学金の創設、結社の自由の奨励、さらには共和政の公式のイデオロギーによる科学や大学の称揚、これらすべてが、初めは、大学エリートやグランド・ゼコールの学生たちを第三共和政の堅固な支持者とするのに役立った。先行する世代は第二帝政や教会からの政治的拘束を経験していたのに対して、これらの恩恵的施策によって他のいかなるグループよりも利益を得たノルマリアン〔高等師範学校の学生・卒業生〕たちは、当然のこと、共和政に対して好意的な者が多かった。一八八〇年代には、程度の差はあれ急進的で、程度の差はあれ顕示的な彼らの共和主義は、信仰を実践しているカトリックを中心とする少数の右派や、危機の時期を除いては政治に無関心な中道派の学生たちの存在を許容していた。高等師範学校に一八七八年に入学したジャン・ジョレス、一八七九年入学のエミール・デュルケーム、一八八三年入学のジョセフ・ベディエやリュシアン・エール、一八八四年入学のシャルル・アンドレールらは、後に職業の上でも政治的にも対照的な運命をたどることになるのだが、当時は皆、共和主義へのこの全面的な信頼を共有していた。(39)

ブーランジスムに対する若き大学人たちの態度は、この共和主義的な正統主義が確固たるものであったことを立証している。反共和主義の手段として右派も利用しようとした、ブーランジスムという、左派に立つ反体制派の発生に直面してなすすべを見失った政府を眼前にして、ただグランド・ゼコールの学生たちのみが、ブーランジスムを新たなボナパルティスムと位置づけ、これと戦うために行動し、次いで自らの組織化を図った。こうして、一八八八年四月二三日、二四日に、すべてのファキュルテおよび高等師範学校からの代表者を集めて、反ブーランジスト学生委員会がパリに設立された。この委員会への高等師範学校の加盟は、賛成八三票、反対二〇票、棄権二四票という票数をもって承認されたのだが、これは「ユルム街の僧院」すなわち高等師範学校における、共和政支持の圧倒的な力関係を示している。(40)この委員会は一年以上存続し、新聞の刊行や、支援募金の訴えや、共和派の候補者への支持集会の開催などを通じて、反ブーランジスムのプロパガンダを積極的に行った。この闘争に最も深く関与した者たちは、一八五一年一二月二日のルイ・ボナパルトによるクーデタに対する共和政防衛を追体験しているような気持ちであった。指導的な学生たちは、人民の政治的教育を行うことは、まさに若き知識人の社会的任務であると説いてさえいる。要するに、これら学生たちは、当時、まだ「知識人」ではなかったが、民主的エリートという共和主義の哲学に全面的に帰依し、そして例えば、ブーランジェ派の反徒に対して立ち上がるようにと、小学教師たちを促したのである。

「反旗をひるがえす将軍は命令に従わない兵士たちと等しく、あるいはそれ以上に咎められるべきであること、またそのような将軍には軍服を着る資格などないということを至るところで繰り返し述べるよう、『真理』の名において我々は諸君に要請する。その資格もないのにはばかるところなく権力の座を目指す者の野心の前に、わが国の『政府』や『憲法』を犠牲として捧げようとする人々に対して、抗議を起こすこと、少なくとも心の中で抗議することを、『法』の名において我々は諸君に懇請する。諸君は、祖国の名において、自由への愛と隷従への憎悪を生徒たちの心に鼓吹しなければならない。[41]」

グランド・ゼコールの学生たちのこの共和主義的な正統主義は、フランスを指導する開かれたエリートの一員であるという彼らの確信に、その基盤を置いている。またこの正統主義は、昔のファキュルテの伝統的な個人主義に対して、教授と学生との間の精神的な一体感をもとに新しい大学を創設しようとする、改革派大学人たちのイデオロギーを反映している。改革の中心人物の一人であるエルネスト・ラヴィスは、このテーマを、パリ大学文科ファキュルテの一連の新学年開講の辞（これらは一八九〇年に『研究と学生』として一巻にまとめられている）のなかで明らかにしている。古い諸ファキュルテを見習った、開講の際のこの新しい慣習は、学生登録の行われていない文科ファキュルテには以前は存在していなかった。ラヴィスは、若き学生たちに、彼らを結びつけているものが何であるかを教え、また教授たちに、彼らの集団としての存在の重要性を明らかにした。こうして、かつては単なる学位試験受験者という位置づけにしかすぎなかった学生は、真の学生として位置づけられるようになり、かつては学位試験の試験官にすぎなかった教官は研究指導者として位置づけられるようになり、またばらばらな講座占有者ではなく教授集団という一つのまとまりとして認識されるようになり、さらに授業形態も、受動的な聴衆に対する講義から互いに議論をたたかわせ合うゼミナールへと変わった。さらにこの新しい教育組織には、反ブーランジストの学生たちの宣言に示された愛国的な共和主義につながる、道徳的・市民的な側面も存在している。

「中学生は教わったことをそのまま受け入れる信者でなければならないかもしれないが、大学生は、その本性からして、懐疑者でなければならない。つまり、証明された真実のみを真として受け入れるのでなければならない。我々は学生たちに、活動を、エネルギーを、奨励する。我々は彼らに、自由の教育を施すのだ。[42]」

この新しい大学共同体は、民主主義を学習する場としての役割を果たし、また、教授も参加した学生組合がはじめは地方で、次いでパリでも創設されたことと相まって、持続的な形をとることになった。[43] こうして、教師の指導のもと、青年層の最も教化された部分は、ドイツに抗して立ち直るために祖国が必要としていた新たなエリートの一員となろうとしていたのである。新しい共和主義的な大学の、この楽観的イメージは、政府与党の公式的言説のテーマにすぎなかったわけではない。一八八〇年代の、集団的活動の発展と反ブーランジスム運動の成功が、若き学生たちの、この新しい目標への支持の現実性を裏付けている。

しかしながら、反ブーランジスム運動がひとたび終了するや、一八九〇年代の雰囲気はまったく違ってしまった。我々がすでに見たように、共和主義エリートのイメージが陰りを見せ始めたまさにその頃、若き学生たちはもはや、体制を擁護し称揚するという公式の役割には満足しなくなっていた。彼らは次第に自立性を要求するようになっていく。大学外の諸政党のプロパガンダの影響で、過激主義的思想を掲げるようになった小グループがカルティエ・ラタンに出現したことは、これを証明している。こうして、「国際主義革命的社会主義学生同盟」が一八九一年末に設立され、また宗教的、政治的な起源を持つ様々な運動も巻き起こった。[44] 小さな少数集団で、しかも絶えず穏健派と急進派に分裂していたが、この少数派の象徴的な重要性は、彼らが、新しい大学についての合意されたイメージと、現存の権力への忠誠というその新しい大学の理想とを、揺るがせたという点にある。これらの少数派はまた、カルティエ・ラタンに擾乱的雰囲気をつくり出し、革命的な方向で「知的プロレタリアート」の問題を広く普及させることに貢献した。またその結果、講義の平穏を脅かす「群集」的学生に対峙して、秩序およびエリートを守る必要性を、穏健な大学人にますます強く確信させることになった。[45]

しかしながら、若い学生のこの新しい政治化には、明らかに限界が存在している。まず第一に、これらのグループは常に、プロレタリアートに対していかなる自立性も持たない活動家として学生をとらえる、ゲード派のような手段的学生観と、知識人としての自立性を学生に認める、よりアナーキスト的、あるいはよりフランス社会主義の伝統にのっとった見解との間で、絶えず揺れ動いていた。後者の学生観は、通俗マルクス主義よりも幅広い基盤に立って、学生層に浸透し新しい活動家を獲得しようと狙ったものだが、社会主義学生国際会議の議論が示すように、この傾向が優位を占めることとなった。この成功は、一八九〇年代を通じて新しい社会集団および政治的理想に対する名称として徐々に認められつつあった、「知識人」のイメージの普及を傍証するものでもある(「知識人」というこの新語は、なかんずくこの会議の討論の動議や条項に現れている)。[46] 一八八〇年代から九〇年代にかけてのこの政治的な雰囲気の変化の第二の限界は、知識人という理念型(当為存在)が、一年ごとにメンバーの入れ替わる学生という不定型な集団、各ファキュルテ間のつながりの低さとブルジョワ層からの新入生の多さのために社会的に確固たる地位を確保しえない学生層に提起された点にある。社会主義思想を受け入れた学生たちは、そうすることによって「ブルジョワジー」との距離を画そうとした。つまり、かつて学生の地位が意味していたように社会的エリートの連帯者や運命共同体ないし予備軍として自らをとらえることを、拒否していたのである。

こうして、一八九〇年代半ばの学生社会は、前衛的な少数派と、受動的で体制順応的な大多数の者とに分裂していた。ただし、後者のうちの一部分は、カルティエ・ラタンのいくつかのデモが示すように、「知識人」の民主的理想を支持する可能性のある者たちであり、これが、ドレフュス事件の際の「知識人」の動員の成功を準備するのである。また同時期、ノルマリアンの間でも、一般学生の場合と同様の分裂が生じてきている。そこで次節では、リュシアン・エールや彼の影響を受けたノルマリアンたちの政治的道程を検討することによって、この点を明らかにしていこう。

社会参加をした知識人、理論と実践（L・エールと社会主義ノルマリアンたち）

リュシアン・エール、および一八九三年—九四年以降政治的にも知的にも彼に近い立場をとったノルマリアンたちの事例の分析を重視する理由は二つある。まず第一に、最初のドレフュス派の動員において彼らが重要な役割を果たしたこと、第二に、最も古典的な地点から出発した彼らの前衛的立場が、社会参加をする知識人というこの新しい理想像を、実践的にも理論的にも、具体化するものであったことである。また彼らの伝記の比較検討を通じて、歴史的に新たな当時のこの状況のなかで彼らが示した理論的反応のうち、どの部分が外在的な知的・政治的環境によるもので、どの部分が個人的特性によるものであるかを、明らかにすることができる。

リュシアン・エールが一八八九年に高等師範学校の司書となった時、彼の政治的立場は、在学時のクレマンソー的な急進主義から、偽名を用いての戦闘的な社会主義へと変わっていた。[47] 彼は学生を社会主義に勧誘することはなかったが（事実、当時の教え子であったエリー・アレヴィはこの点を明言している）[48]、自分自身のために、そしてまた一八九三年の入学生以後、社会主義に共鳴した少数のノルマリアンたちのために、新しい大学知識人像の構想をひそかに練っていた。これがノルマリアンたちのドレフュス主義の基礎となったのである。リュシアン・エールは、ドイツおよびロシアに留学していたために、反ブーランジスムの運動に参加することはできなかった。エールの伝記を書いたアンドレールは、おそらくエールとの間に交わされた手紙をもとに、ブーランジェ事件当時のエールの精神状態を、間接的な形で描写している。

「共和政それ自体が危険にさらされているように思われた。そこでグランド・ゼコールの学生たちが目覚めたわけだが、それには、希望を持つべき重大な理由があった。パリは政治的右岸と左岸とに分かれた。右岸の方は、黒馬に跨ったブーランジェ将軍を歓呼して迎えた。左岸のほうは、熱心な共和主義で、反ブーランジスムの立場であった。一八九七年のドレフュス事件時の闘争の前奏をなす、熱狂的な数年間であった。[49]」

これとは対照的に、リュシアン・エールは、ドイツの学生の保守主義にはがっかりさせられた。「今日のドイツは、全体として、あまり満足できる状況にはない。我々がいかに彼らに先んじているか、それはまことに印象的である。[50]」

かくして知識人としての自らの役割を知るため、新たな着想を得ようと、数年前のデュルケームに続いて、ヘーゲルの祖国ドイツに留学した、若き奨学生エールはまた、ただ共和政のみが、真の「知識人」市民を生み出すことができるということに気づいた。ロシアからの帰国後、エールは、後にドレフュス擁護のための戦いのなかで共に具体化される、彼自身の政治的行動の基礎づけと、新しい「知識人」像をあわせもった理論（ただし、その内容が知られるようになるのは、彼の死後のことである）を作りあげた。反ブーランジスムの立場の学生たちが体現していた、確立された秩序の単なる擁護者という従来の知識人像に対置して、エールは、進歩を早め、必要な革命を準備する批判的知識人という、新しい理想像を呈示した。

「現代政治は、世襲の否定、世代間の連帯の否定を前提としている（…）。進歩の条件は、新しい各世代の独立を高めることである。普通の人間は中年になると、自らの思想や自らの利益にこり固まってしまう。進歩のためには、社会的現実を自らの新しい欲求や自らの意志や自らの思想により完全に適応させることを求める、より若い世代のイニシアティヴが不可欠である（…）。蜂起、反乱、つまり単純な言葉で言うならば検証と批判とは、例外的で重大な局面における義務であるばかりでなく、日々の日常的な義務でもある。[51]」

この言葉の興味深いところは、その思想の独自性という点によりも、これが、先行する世代の急進的知識人のように大学の拘束と縁を切ろうとした人物によって述べられたのではなく、エールという、大学人としてのある種の卓越性を体現し続けようとした人物によって述べられた、という点にある。しかし、とりわけ、これらの言葉には、当時の政治的状況が刻印されている。ブーランジスムと反ブーランジスムとの対立は、共和政や民主主義が、未だに決して根づいていないことを示していた。

「覇権に対する批判や否定によってもたらされた混乱は、個人の解放をもたらし、個人を唯一の主体とした。現在見られる変化は、何らの限界も持たずにあらゆるものに及んでいるし、また及びうる。これがまさに、革命の激しさと頻繁さを説明するのである。[52]」

あらゆる権威や社会的ヒエラルキーに対立するこのラディカルな個人主義は、我々が次章で考察するように当時の文学界の雰囲気の中に現れていた、アナーキスト的傾向の伸張を予示していると言えるかもしれない。しかしながら、ある思想の草稿がすべてそうであるように、必然的に曖昧なところを含んでいるこの文章を十分に理解するためには、当時エールが受けた知的影響についての伝記的な手がかりと関連づけて、これを考察することが必要であるように思われる。

これらの伝記的手がかりのなかで最も重要なもので、当時の知的環境のなかでエールに独自の位置を与える事実は、エールが研究旅行を通じて得たロシアの現実についての体験と、パリに亡命していたロシア人社会主義者ピエール・ラヴロフとの交友関係である。これらの関係によって、先の文章のなかに最初のスケッチが描かれていた、ドレフュス派大学人の来たるべき理想像と、ロシアのインテリゲンツィアが自らに与えていた革命的役割とが、出会うこととなった。ピエール・ラヴロフの著書においては、知識人の数の少ない専制的な国において必要不可欠なものとして、知識人党という考え方がはっきりと示されているが、しかし、個人主義の支配しているフランスにおいては、この知識人党の必要性はほとんど感じられていなかった。[53] フランスの「知識人」のように恵まれた人々にとってさえも集団的行動が必要であるとする観点は、リュシアン・エールの思想および実践において、ロシアへの典拠がおそらく最も明白な点である。

当時、他の社会主義的知識人たちが、事実上ほとんど全員、政党に組織されない社会主義諸潮流につながる、自由な知識人にとどまっていた状況（例えば、ジャン・ジョレスその人の経歴を見よ）のなかで、大学人エールのとった、労働者政党への入党というまったく突飛な社会参加は、この観点によって説明される。労働者政党に公式に登録し、したがって一方では彼らを雇っていた国家の基礎に異議を唱えることとなった最初の二人のノルマリアンであるリュシアン・エールと彼の友人シャルル・アンドレールは、次のような論理で、この明白な矛盾を解決しようとした。

「双務的契約によって国家に雇用され、この契約を誠実に守らなければならない新任の公務員である我々には、まさにこの同じ国家に対して、偽名で破壊的なプロパガンダを行う権利があるのだろうか？（…）我々は、この詭弁にひるむことはなかった。我々は自らを、共和政の官吏と感じていたのであって、その時その時の指導者の官吏としてでもなければ、一八七七年の五月一六日事件によって権力の座を追われていった反動的な王党派政党に取って代わった、半‐保守的な政党の官吏としてでもなかった。さらにまた、勢いを増しつつある金権政治の官吏としてでもなければ、労働者の投票によって権力の座に着きながら、労働者にへつらった後に彼らの大義を裏切った「新階層」の官吏としてでもない。我々は自らを、今日の共和政の誇りであり、帝政のもとでも共和主義者であり続けた、偉大な大学人たちを受け継ぐものであると感じていたのである。我々は、我々に可能なあらゆる職業的献身を、共和政に捧げることを誓った。我々は、学問の面において、我々が不可欠の人間となること、我々に与えられたポストに不可欠の人間となることを、自らに強く誓ってきた。しかし、職務を離れたところでは、たとえコンスタン氏やメリーヌ氏の意見とは違ったものであっても、我々には、我々が正しいと考える政治的・社会的意見を表明する権利があると考えてきた。逆に我々は、コンスタン氏やメリーヌ氏ら当時の支配層の人々が、特権階級をマキャベリスム的に擁護するだけの立場に固執していることを知っていた。我々は、彼ら支配層の人々とのつながりは感じなかった。不正であったもの、それは彼らの方だったのだ。(54)」

このテクストが書かれたのは、記述されている事実よりおよそ四〇年あとのことであるが、高等師範学校のドイツ学の助教授であったアンドレールおよび司書であったエールの、当時の精神状態を、かなり忠実に記していると言えるであろう。というのは、共和主義的な能力主義の純粋な産物であるこの二人、道徳的な面でとりわけ厳格な環境のなかで育ち、哲学を専攻したこの二人は、自らの精神的転向を完全に成し遂げるために、彼らの新しい確信によって行わざるをえなくなった、共和政に対するつらい違背（これが精神的につらいものであったことは、入党が偽名でなされたこと、機関紙誌への寄稿が仮名でなされたことによって示されている[55]）を、おそらく他人に対してよりも自分自身に対して説明し、正当化しなければならないと感じていただろうからである。これは、この文章の第一に興味深い点である。第二に興味深い点は、共和政府からの人心の離反が明らかにされている点である。共和政府に対する不信は高まる一方で、ドレフュス事件の際にはかつて最も忠実であった支持層のあいだでも頂点に達したのである。社会主義や、集団的な異議申し立ては、パナマ事件（一八九二年に発覚した、パナマ運河建設をめぐる疑獄事件）によって明らかになった破廉恥な汚職行為や、常軌を逸した議会政治や、ブーランジスムに対して合法性すれすれの手段を使って権力の地位にとどまったオポルチュニストの権謀術数がひきおこした、共和政への嫌悪のはけ口でもあった（メリーヌやコンスタンへの言及を参照）。第三にこの文章は、社会参加した大学人が引き受けようとした新しい責任を述べている点、また自らの選択を、十九世紀半ばの共和主義者たちの世代を継承するものとしている点で興味深い。社会主義政党への入党という形でエールが労働者階級と交わした盟約は、第二共和政以来、共和主義左派が共和政の最初の戦士であったパリの労働者に対して与えた約束、しかし未だ果たされていない、繰り返しなされてきた約束を実行しようとする意味合いを持っていたのである。こうして、大学人に伝統的な控え目な態度を捨てて、あえて先人の範を挙げる姿勢が前面に出ている。しばらく後のジョレスにおけると同じように、社会主義は共和政を真に実現するものであり、したがって大学人的伝統との表面的な断絶の奥には、深い連続性が隠されている。

しかしながら、エールとアンドレールという二人の先駆者による、社会主義的な社会参加の論理は、単に政治的なものではなかった。「我々は、学問の面において、我々が不可欠の人間となることを、自らに強く誓ってきた」という言葉に示されているように、彼らの社会参加の論理には、職業的・知的な他の選択も含まれている。社会参加を行う新しい知識人は、かつてしばしば見られたような、落伍した知識人、したがって彼らの遺恨や欲求不満を社会に償わせようとする知識人（これは、知識人プロレタリアの議論によく見られたテーマである）ではない。新しい知識人は反対に、彼らの学問的な象徴資本が、彼らの擁護する主張に影響を及ぼすような、優れた知識人、学者でなければならない。活動家であると同時に優れた大学人であること、これは両立しがたい理想である。リュシアン・エールとシャルル・アンドレールにしても、その一方においてしか達成しえなかった。エールは研究を犠牲にして、社会主義の普及と活動に自分の道を見出し、逆にアンドレールは、彼の専門であるドイツ研究における学問上の名声を求めて、次第に、積極的な政治活動からは身を遠ざけるようになっていった。

一八九三年以後、少数ではあるが有名なノルマリアンたちが、エールとアンドレールを先駆者とする、同じような道を歩んでいった。この出会いは、社会主義の敵対者や裏切り者が主張したように、二人の先輩の熱心な勧誘によるものではなく（これは、彼ら二人の理想に相反する行為である）、独立した一連の原因が収斂した結果である。第一の原因は、共和政府のあり方に次第に幻滅を感じるようになっていった、共和政しか知らない最初の世代である若き知識人が、社会主義の理想のなかに、共和政の欠陥に対する打開策を求めていったことである。第二の原因として、彼ら若き世代が、彼らが教育されてきた古典的教養と、彼らが好む新しい社会科学、歴史学、哲学といった学問の最先端との間のずれに敏感であったことが挙げられる。社会主義的な社会参加は、これらのノルマリアンたちに対して、政治的選択と学問的選択とを一致させることを可能にした。これらの新しい学問を研究することによって、彼らは、政治的行動の基礎となる、現代を対象とする諸科学を練り上げていったのである。第三の原因は、高等師範学校の新しい首脳陣が自由主義的な政治的傾向を奨励したことや、高等師範学校の教授陣の若返りやカルティエ・ラタンの学生全体の政治化が相まって、「ユルム街の僧院」が外の社会に開かれることを最後まで妨げていた諸障害が取り除かれたことである。ただし、一線を越えて社会主義的な社会参加を行った少数派には、他のノルマリアン全体とは異なる、彼らに特有の社会的特徴が認められる。その文学的才能のためもあって、これらの独自な特徴すべてを典型的に体現しているペギーにのみ目が向けられるが、ペギーばかりでなく社会主義的立場に立つ彼の同窓生たちもまた、この独自の特徴を備えていたことを見落としてはならない。大部分のノルマリアンたちと同様、彼らは社会的に上昇移動しつつある家族の一員であったが、彼らの上昇過程は、平均的な過程よりもいっそう急速であったように思われる。社会主義的立場に立つ少数派の場合には、例えばペギーやマティエの場合のように両親の世代か、あるいはさかのぼっても祖父母の世代というように、庶民のルーツは近かった(56)。彼らの社会的地位は上昇したが、彼らは社会主義のなかに、両親や祖父母ら彼らの家族への忠誠を示すある種の方法を見出したのである。社会科学あるいは道徳的行動を選びとるという、彼らの前衛的知的選択は、社会主義的社会参加によって可能となった道であるが、これは、エールとアンドレールが示した方針に従い、大学人としての卓越性を目指しつつ、同時に自分の出自との絆をも保持しようとする補完的な方法であった。他のノルマリアンたちと比べて逸脱しているこの政治的文化は、それでもやはり、古典的な左翼のイデオロギー的伝統に由来している。社会主義的なノルマリアンたちの多くは、進歩的な脱キリスト教化された共和主義の支持層の出身であったり、あるいはしばしば、プロテスタントやユダヤ教といった宗教的な少数派に属していた。これらの特徴はまた、大学という環境への不完全な同化（それは彼らの「ハビトゥス」から来るものであるかもしれないし、あるいは学校での不幸な経験の後に、彼らが学校システムの限界や欠陥を感じたためであるかもしれない）を証拠づけるものである。社会主義者としての強い仲間意識や、デュルケーム学派に見られるような集団的研究活動への学問的参加は、こうした精神的あるいは社会的な故郷喪失感を癒すものであった。これらの共通した特徴は、ドレフュス事件の直前の高等師範学校の同期生たち、例えば一八九三年入学のC・バオンやF・シミアン、九四年入学のE・ビュルネ、F・シャレー、A・レヴィ、R・リタリアン、A・マティエ、Ch・ペギー、M・ロック、G・ヴレルス、九五年入学のH・ブルガンらに、様々な程度で認められる。

グランド・ゼコールの学生やまさに大学の学生のあいだに現れた、これらの反体制的な少数派は、ドレフュス事件のなかでのちに彼らが果たした役割との関連のみで考察の対象とされるべきではない。当時の人々が正しく見定めていたように、まさに彼ら自身が、権力の座にあったエリートたちの正統性の危機の一つの兆候だったのである。そしてこの危機によって、「知識人」が政治的に認知される道が開かれることになったのである。

結語

このように、ドレフュス逮捕によってドレフュス事件が司法上始まった一八九四年に先立つ二〇年（一八七四年から九四年）の間に、指導階級の正統性のあり方および知識人の社会的機能についての、イデオロギー的な論争が完全な循環を描いて展開された。二〇年の間隔をおいて、批判、あるいは擁護のためのまったく同じ戦術が再び現れている。ただそれぞれの陣営の顔ぶれが代わっただけである。ただし、二〇年前の出発点へのこの表面的な回帰に目を奪われて、「知識人党」の誕生に決定的な意味を持った、新しい事実を見落としてはならない。本章で論じられた知識人たちは、権力の座にあるエリートの側についた者であれ、あるいは社会主義に帰依した者たちのように権力に対立した者であれ、次第に彼ら自身の名で発言するようになったという事実であり、権力にある共和主義者の社会的イメージはそれほど失墜していたのである。閉ざされたエリートを擁護するのであれ、あるいは能力《メリット》に基づいた、開かれた民主的エリートを目標とし続けるのであれ、そのような立場の違いを越えて知識人たちは、二つの陣営のなかでの自らの役割についてのまったく同一のエリート主義的な見解をもっていた。前者の場合彼らは、極左や極右からの政治的な異議申し立てに対して社会の秩序を維持することを権力の任務としようとした。後者の場合には、自己を模索しつつある社会運動の自立的な前衛として、既存の権力に異議を唱えた。こうして、ドレフュス事件、あるいは十九世紀末の中等教育改革の論争の際に、白日の下で対立することになる諸テーゼが醸成されていったのである。しかしながらこれらのテーゼが、本章で論じてきたように個人的なもの、あるいは少数派にとどまるものという限界を越えて広く受け入れられるようになるためには、つまり、これらのテーゼが、知識界を、次いで政治界を分断する軸線となるためには、新聞で論陣を張れる知識人の介入という、肝心な要件がまだ欠けていいる。そこで第二部では、文学的な前衛の動員、次いで、大学人や、メディアとの関係を持った人々といったほぼ知識人たちに重なる人々の動員の過程を分析の対象として、論を進めていくこととしよう。

第II部

「知識人」と権力界

第三章　「知識人党」の誕生

「政治は思想家や哲学者によって指導されなければならないと私が考えているかどうかというあなたの質問に対しては、私はそのとおりと答えておきましょう。私は国会にはそのような人々はほとんどいないということを認めます（…）。しかし私はそれなりの均衡感覚をそなえていますから、自分が国会に議席を占めているということが、政界のすさまじい低劣さを多少なりとも軽減しているなどとは毛頭考えておりません。」

――モーリス・バレス

ジュール・ユレへの回答、『フィガロ』、一八九三年七月三一日。

「王、皇帝、大地主など権力者たちの言うことは人々の耳に届かなくとも、自由な精神、知識人すなわち判断し語るという使命を持った者たちの声は聞き入れられるだろう。新聞は世界の女王であると言われているが、新聞とは知性であり権力である。そしておそらく、新聞が権力を持つためには、欲するだけでよいのである。」

――エミール・ゾラ

ロンドン・ジャーナリスト協会での講演、『フィガロ』、一八九三年九月二二日。

ドレフュス事件に先立つ二〇年間（もっと正確には、共和派が権力を決定的に掌握した一八七七―七九年から、一八九七―九八年まで）に、知識人と権力あるいは政治の関係は根本的に変化した。作家と大学人は、政治への介入のための公的な仕方やイデオロギー的な仕方を捨て去り、彼らの信念を表現するために新たな手段に訴えるようになった。彼ら、とりわけその若い世代においては、選挙を通じて議席を得るとか世論に向けてキャンペーンを張るとかいった先行する世代の古典的な社会参加よりも、特定の事件をきっかけとしたり、あるいは同輩が企画したアンケートへの回答といった形による、単発的な介入を選ぶ者が多くなっていった。前衛は、議会活動や一般大衆向けのジャーナリズムに次第に背を向け、固有の知的活動形態を採ることによって自らの自律性を維持し公式の論争の正統性に異議申し立てをしようとしたのである。この変化は、部分的には政治界や社会全体の外的な変化と結びついていた。

政治の世界では、共和派の勝利の時点に生まれた均衡に挑戦する新たな勢力が、左右両翼に現れるにつれて、論点は国家体制あるいは宗教に関わる問題（教権主義に対する闘争）から社会問題に移っていった。これらの新しい論点は、「エリート」の表象を分析するなかですでに姿を見せている。そしてそこに、公的な議会政治の衰退が徐々に付け加わっていった。一八八〇年代末以降頻発したスキャンダルや度重なる内閣の交代は、議会政治の疲労を同時代の人々の目に最もはっきりと示すものであった。「知識人」たちは、この新たな状況から彼らの主張に有利になるような論拠を引き出すことになる。さらに、これらの背後には、より射程の長い社会的な変化が生じつつあった。すなわち、経済不況を背景とする社会運動の増大、ある種の政治運動による民主政治の拒否（ナショナリズムと反ユダヤ主義の伸張）、権力を持ったエリートが行う閥族主義や情実主義などである。とりわけこの最後のものは、新しい世代に対して、既存のエリートの価値を失墜させることとなった。というのも、これらの新しい世代は共和政の初発の改革から利益を得ることはなく、新しい体制の否定的な面しか知らなかったからである。

しかしながら、「知識人」は、このような全面的な変化の単なる受動的な観客ではなかった。「知識人」と「エリート」の生起しつつある新たな表象にしたがって、知識界の様々なグループや支配的な位置にある個人が、ゲームの規則を修正しようとした。それは、新たな介入の手段を創出することや、新たな聴衆を求めることや、古典的な政治的分断を改めて問題にする新たなイデオロギーの準備や普及に自ら貢献することを通じてなされたのである。したがって、一九三〇年代について語られるような意味で知識界の「政治化」ということを述べるのは、単純にすぎることになろう。たしかに、一八八〇年代末とくらべて一八九〇年代末には、知識界と政治界はより多くのまたより広い領域で重なり合っていた。「知識人」はいっそう政治に携わるようになり、政治家は新しいイデオロギー的な武器を知識人に負うようになった。しかしそれ以上に、知的な論争――すなわち「知識人」の間での論争――そのものが、広く政治的な側面を持つことになった。というのも、「知識人」をめぐる問題（彼らは何者なのか、いかなる働きをするのか、彼らは何を欲しまた何をなしうるのか）は、支配的な政治的論争の中心課題になっていたからである。実際、現在のそして未来の社会についての問いは、そのなかで知識人に割り当てられたり知識人の側が主張したりする地位の問題と本質的な結びつきを有していた。社会的な問題が加わることによって政治的な論争の次元が変化したのと同様に、「知識人」が社会的な問いかけの中心に置かれるようになって「知識人」の問題は政治的となったのである。

しかしながら、前章で分析した政治参加を行う大学知識人の出現の経緯と比べて、一八九〇年代を特徴づける文学的な前衛と政治的前衛との間の接近は、前もって約束されていたものではなかった。大学人が、国家との結びつきからして、自らの社会的役割における政治的な次元について自覚しうるのに対して、自由な知識人たち、そしてとりわけ前衛という立場を選択したものは、政治的な問題との関わりから距離を取ろうとした。それはまさに、彼らにとって通俗さと経済的従属の同義語であった新聞と関係を持つことを意味していたからである。共和政に批判的な大学人と共和政の公式のイデオローグとの間の亀裂は、「エリート」と、知識人の自律とに関する彼らの対立する考え方にもとづいていた。それに対して、文学的前衛が次第に政治的に急進化していったことは、文学界の危機に由来している。マージナルなコミュニケーションのネットワークのなかにまさに閉塞していたがゆえに、若い文学世代は、大新聞に依存することなしに集団的な表現が可能な、別の手段を探求したのである。

第一節　文学的前衛と政治的前衛

一八八〇年代半ばの文学界の状況の特徴を示す二つの事実がある。一つは、アカデミックな文学と自然主義とに強烈に反対する前衛的な詩人グループが増加したことであり、もう一つは、彼らが芸術のための芸術の名のもとに政治的な社会参加を拒否していたことである。このような態度は、第二帝政下の支配的な作家たちの姿勢につながるものであるから、それ自体としてはまったく新しいものはないけれども、しかし政治体制の変化ともからんで、正当化の仕方は同じものではありえなかった。政治への敵意——それは実際には議会主義と政治家への敵意なのだが——は、文壇に大いに広まり、前衛の狭い枠を大きく越えていた。[1] 構造的要因が、この政治蔑視の起源に存在している。政治界と文学界は、社会空間におけるその機能と位置によって、互いに競合していたのである。作家も、政治家も、名声を獲得したり、彼らの主張を広めたりするために、新聞と雑誌を必要とする。また、民主政は芸術家への庇護や助成に不利だということがある。君主制や帝政のもとでは、最も金にならないジャンルの作品を書いていた文学者たちは伝統的に、これらの援助にまさに依存していたのである。ごく新参のブルジョワ出身で伝統的な文学観を持った新しい支配層は、前衛が次々に生み出す大胆な作品からは、ますます離れていった。さらに、重要なポストの入れ替えは、共和派の権力獲得に参加した行動的なジャーナリストにとりわけ利益をもたらした。このような成り上がり者たちの文学的な選択もまた、新しい世代の文学的な選択とは、まったく反対のものであった。

アナトール・バジュの「デカダン派」宣言は、こうした文学的辺境の考え方を見事に代弁しており、政治に対する拒絶反応の強さをよく示している。

「政治のデカダンスに我々は不感症である。こうした末期的なときに必ずのさばる政治屋どもの手を借りて、政治のデカダンスは勝手にどんどん進行している。我々は、この上もなく不潔かつ下劣なものである政治との、一切の関わりを拒否する。芸術は党派を持たない。この点は、あらゆる見解の唯一の一致点である。[2]」

前衛が自ら標榜した周縁性は、大衆に向けられたあらゆる活動を拒否することを含意する。すなわち、ジャーナリズム、政治的な立場の表明、通俗的な言語、要するに当時支配的であった潮流である自然主義のすべての属性を拒否したのである。一八九一年にジュール・ユレが行った『文学の動向』についてのアンケートは、多様な人々の回答を通じて、この主要な対立と文学世代における政治や社会参加に対する根強い拒否を、浮き彫りにしている。しかしながら、そこにはある種の政治化の先駆的な兆候を、見て取ることができるのである。

芸術のための芸術の衰退――J・ユレのアンケート調査をもとに

このアンケートでは六四人の作家が対象になったが、まともに回答を寄せてきたのは、五九人だけである。そのうち二九人が、直接的あるいは間接的に政治に言及しているが、これは少ないとも言えるし、多いとも言える。というのも政治への関心の分布を検討すると、そのような関心を示しているのはほとんどが、すでに地位を確立しているか、あるいは直接には前衛に属さない文学者であることがわかるからである。小さな雑誌というゲットーから脱出する機会を得た若い作家は、この時とばかり、いい気になって自らの理論を開陳したり、あるいは文学的な闘争における自分たちの仲間の長所を褒めそやすためにこれを利用した。それに対して、若い作家によって被告の立場におかれた、あるいは彼らの革新に眉をひそめた有名作家たちは、若い連中をおとしめるために、政治的な論争から引き出した手法をかなりしばしば用いている。例えばゾラは、象徴主義者を、決して何事も起こりはしないのに、明日の朝にも革命が起きるかのように言うジュール・ゲードにたとえている。

「彼らの体系のすべてが反動である（…）。象徴主義はその安ピカの難解さで、いったいどんな社会運動を代弁しているというのか？　それどころか、彼らはすべてのものを敵にまわしている。進歩がそうだ。彼らは後向きに進むといっているのだから。ブルジョワジーや民主主義も彼らの敵である。彼らは難解さを売り物にしているのだから。(3)」

最も旧い文学世代を代表する高踏派は、象徴主義者とある種の価値を共有してはいたけれども、象徴主義者のうちに時代の没落とアナーキーの兆候を見ていた。エレディア〔一八四二―一九〇五年、キューバ生まれの詩人、高踏派の代表者の一人〕は、象徴派に多くの外国人がいることを理由に、この文学流派をいわば労働者インターナショナルの再現とみなしてさえいる。「象徴派は、ブリュッセルやリエージュやジュネーヴから指令を得ている(4)」とまで述べるのである。こうして文学的前衛は隠喩として、過激な政治運動や外国の侵略と同一視され、攻撃はベルギーの詩人たちやギリシア生まれのモレアスに集中した。

自然主義者たちによって反動として排除されたり、高踏派によって無秩序を醸成しているとか外国人の集団であるといって排除された象徴主義者は、こうした政治的な性格の批判に対しあまり弁明していないし、弁明の仕方も下手だった。ヴェルレーヌは、当時の支配的な排外主義に追随して自ら「愛国主義派」を名乗り、象徴派の若い連中との違いを強調して自分の文学戦略の手の内をシニカルに明かしている。

「デカダンという語は、実際のところは、まったく何も意味しない。それは一つの叫び、そして一つの旗印それだけのものだったのである。闘うために多くの言葉を弄する必要があるだろうか。黒鷲に対抗する三色旗、これで十分だ。闘うのだ。(5)」

マラルメは、流派のリーダーとしての役割を十分に受け止めており、詩人の状況をめぐる社会的な診断によって新しい傾向を正当化している。

「現代のように、社会に対して詩人がストライキを行っているという時代のなかでは、詩人のとるべき態度は、目の前にある汚れたあらゆる手段を脇に置くということである。(6)」

これは、きわめて巧妙な戦略である。直近の時事動向(一八九〇年は、メーデーがかなりの規模で行われた最初の年である)から借用したストライキというラディカルなイメージと、時代状況との一切の関わりを拒否する姿勢とを両立させ、文学に至高の価値を保持せしめているのである(「世界は、一冊の美しい書物に到達するために作られている」)。これら二人のリーダーの若い亜流は、文壇での彼らの立場はそれほど確立していなかったのだが、支配的な作家の攻撃に対峙するなかで三つの傾向に分かれていた。多数派は、文学的な論争のなかに閉じこもり、自己を審美的な差異によって定義しようとした。それに対して第二のグループは、流行文学の低俗さ――その精髄が自然主義であるといえよう――を拒否することによってマラルメにしたがい、ヴェルレーヌのように愛国主義を名乗ったり、著名な作家から浴びせられた排外主義的な嘲笑に対して、あえて反動と自己規定している。(7) 最後のグループは少数派だが、反対に、反順応主義の論理を政治の領域にまで押し進め、極左に近い社会的な主張を行っている。

政治的な反動の色彩の明白な、理想主義的な芸術のための芸術の立場をとる者たちのうちには、最も預言者的な「サー」・ペラダン、(8) アルベール・オリエ、レミ・ド・グールモン、公然たる反共和派のシャルル・ヴィニエ、あるいは社会主義と一線を画する目的で社会主義の指導者と社会的な芸術について論争しているメーテルリンクなどの名を挙げることができる。反対に、社会的な芸術を支持する主張を明確に行ったのは、サン＝ポル＝ルー、ルネ・ギルや、かつての象徴派でブーランジェ派であったポール・アダン(9) 等である。こうして、前衛の政治的な諸傾向についての部分的なイメージしか与えないとはいえ、このアンケートは、デカダン派宣言や象徴派宣言の五年後に、非政治主義が若き文学者においてもより年長の世代においても後退していることを示している。政治的なレッテルが文学的な闘争において敵対者を分類する手段として用いられ、またそれらのグループ自体が、新しい政治的なイデオロギーのなかに、自らを際立たせたり、美的な霊感の源泉を見出すためのテーマを汲み取りはじめている。

中堅世代の作家たちは、文学界におけるこのような新しい政治的諸傾向を最もよく示した人々であった。彼らはより年下の世代と同様に、純粋に文学的な論争からは解放されていた。また、新聞や時事問題と最も接触があり、競争が最も激しい大量消費部門で働いていたが、すでに安定した地位を得ている最も旧い世代のように、最終的な判断を下すことができるほど十分に認知されているわけではなかった。こうした状況ゆえに、彼らは最も含みがあり最も現実に近い主張を行っているのである。リアリズムは、この語のあらゆる意味において、流行を味方にし平均的な人々の好意を得るための、不可欠の美徳である。例えば、J・H・ロニー兄は、理論家の姿勢を取ることによって、ゾラのライバルでまた後継者たることを自任した人物であるが、ごく自然に当時の文学界を政治界になぞらえている。

「文学者は、かなり以前から、政治的な勢力として固まる傾向を示している。集団や下位集団があり、文学における中道、左派、右派が存在する。そして、現実の権力となるためには、少なくともある点については合意する必要を結局は感じることになり、ある日、全員が賛成して『モレアスは、依然として我々を分裂させることの最も少ない体制である。』という命題を承認するにいたる。文学者は自分たちのカルノーを見出したことを自画自賛するわけである。[10]」

皮肉な言葉遣い（流派のリーダーのモレアスを共和政の確立やサディ・カルノーの選出と同一視している）にもかかわらず、文学界のこの政治的見取り図は対立する差異化諸戦略に重要な結果をもたらした。このような見方は、同盟関係と将来についての予測を可能にしたのである。それはまた、なぜ芸術のための芸術という伝統的な立場が徐々にその信奉者を失っていったのかを説明してくれる。芸術のための芸術という立場は、その支持者たちをますますゲットーのなかに閉じ込めていった。政治的な分類用語を採用することはまったく類推的なものであり、厳密な政治的信条を示すものでは必ずしもないとしても、ますます混んでいく文学界にあってきわめて有用なものになった。こうして芸術のための芸術の擁護者のなかのある者は、中堅作家たちによって示された道にしたがって、何年かの後に、政治的な見方を採用するようになったのである。

中堅作家たちは、新たな傾向についての二つの診断を行っている。この二つの診断はいまから見ると矛盾しているように思われるかもしれないが、その時代にあってはずっと容易に両立可能であった。アンケートに答えた作家のうち四人がブーランジスムに言及し、前衛をブーランジスムと同一視しているのに対して、他の五人が社会主義を引き合いに出しているのである。最初の見方は、ブーランジェ派の代議士であり最も政治的なモーリス・バレス、ジョセフ・カラギュエル、エドモン・アロクール、そしてジャン・アジャルベールによって主張されている。社会主義との関わりを主張しているのは、最も積極的に社会参加を行い最も預言者的なオクターヴ・ミルボー、ギュスターヴ・ジェフロワ、ポール・ボヌタン、ジャン・ジュリアン、そして再びアジャルベールである。バレスは、ユーモラスにそしてユレの示唆に応えて、文学における世代間の闘争とブーランジェ派のキャンペーンとの間のアナロジーを展開している。アロクールは、もっと真剣にそして敵意のある調子でそのアナロジーを再び取り上げている。「象徴派なるものは存在しない。不平者の党派、抑圧された人々の党派が存在するのである。それは文学的なブーランジスムである！　生き抜かなければならない。」

アジャルベールは、さらに誇張して次のように語る。

「象徴派とはブーランジスムの突破口である！　弩砲である！　しかし今日、彼らはもはやブーランジェ派ではない。王党派であり、帝国主義者である（…）。彼らはもはや象徴派ではない。」カラギュエルはいっそう激しい。「それでもこうした道化どもが重要性を持つとするならば、ある種の戦闘が嫌悪をもよおすとしても、本家本元のブーランジスムと闘うことが必要だったのと同様に、このブーランジスムと闘うことが必要になるだろう。(11)」

前衛に向かって文学におけるブーランジスムだと非難することは、かつて文壇の大御所たちが前衛を反動だ、アナーキーだと攻撃したのとまったく同様に、事実に基づいた分析であるというよりも論敵を攻撃する手段である。公然たるブーランジェ主義者であると同時に、その当時象徴主義の「同調者」とみなすことができるのは、ポール・アダンとモーリス・バレスのみである。彼らの伝記の著者たちは、彼らがブーランジスムの中に名声への跳躍台を求めていたと述べているが、ユレの『アンケート』への彼らの回答は、自らの政治的な立場と文学的な立場とをはっきりと切り離している。そのうえ、一八九一年にはブーランジスムはすでに失敗に帰していたから、文学上の戦略にとってブーランジスムは将来への期待を寄せる価値ではあるべくもなかったのである。(12)

それに対して、社会主義の状況はまったく異なっていた。十人に一人の作家が、社会主義には政治的な未来はなくとも文学的な未来はあると答えている。しかしながら、社会主義という言葉は、最も曖昧で、最もイデオロギー的で、しかも最も非政治的な意味で用いられている。社会主義という語は、厳密な意味での社会主義でもあればアナーキズムでもあり、庶民的な詩でもあれば正義の感覚でもあり、社会についての科学でもあれば反逆を意味してもいた。[13]厳密に定義されていない概念がもたらす誤解によって、不確実な時代の曖昧さは、流行の誕生を生み出し、文学的な前衛と政治的な前衛との間の同盟を容易にした。しかし、前衛は全体としては社会主義に対してなお大変慎重であった。社会主義的傾向の美学に公然と加担したのは、サン゠ポル゠ルーとルネ・ギルのみであった。ルネ・ギルは例えば次の様に書いている。

「もはや芸術のための芸術ではない。知的、道徳的に最善なもののための人道主義的な目的を持った愛他的な芸術である。[14]」（強調は原著者による）

サン゠ポル゠ルーやルネ・ギルが直観したように社会主義的な傾向が文学界において次第に影響力を増しつつあることを示す当時の証拠が、ユレの『アンケート』の他にもある。例えば、雑誌『ラ・プリュム』の一八九一年五月一日号は、「社会主義文学」を特集している。目次には、アナーキズムと社会主義の理論家や指導者たち（ジュール・ゲード、ルイーズ・ミッシェル、ジャン・アルマヌ、シャルル・マラトー）とともに、ときに前衛とつながりを持った作家たちが並んでいる。オクターヴ・ミルボー、レオン・クラデル、ピエール゠ナポレオン・ロワナール、エドゥアール・ルジャンティ、ガブリエル・ド・ラ・サールなどである。しかし、より重要なことは、一八九〇年代の初頭において、一八八〇年代の小雑誌とは異なり、審美的観点において前衛主義を掲げると同時に、イデオロギー的また政治的な論争にますます多くのページを割くようになった雑誌が誕生したことである。『ルヴュー・ブランシュ』、『政治的文学的対話《アントルティアン・ポリティック・エ・リテレール》』、あるいはもっと短命な、一八九一年十一月から一八九四年二月まで刊行された『社会的芸術』などがこれにあたる。

文学的前衛内部の政治論争

これらの新しい雑誌は二つの点で独自性を示している。これらの雑誌は、あらゆる領域（芸術、文学、哲学、政治）で「進歩的」なものをすべて受け入れ、そうすることによって支配的な大雑誌と同様、総合的な雑誌であることを主張している。著名な雑誌は若い執筆者には門戸を閉じ、知的な進歩に遅れてしまうのに対して、これらの雑誌は、文化の新しい傾向の表現の場たらんことをめざしているのである。かくしてそれらの雑誌において、以前の閉鎖的な小雑誌では排除されていた人々――散文家と詩人、批評家と創作者、エッセイストと芸術家、若い世代と年長の世代、文学と政治――の出会いが起こった。政治的には最も穏健な『メルキュール・ド・フランス』でさえ、かなり類似した道をたどっている。「知識人」という新語とそれに伴う社会的な表象が幅を利かせるようになっていたこれらの雑誌では、個人主義に対して集団的な運動が、芸術のための芸術に対して社会参加が、従属に対して自律が説かれていた。したがってこれらの新しいタイプの雑誌の主題群とそれらの実践的機能の間には、完全な対応関係が存在していることがわかる。これらの雑誌が果たした実践的な役割とは、支配されている様々な少数派を同盟させたということであり、これらの少数派は、政治界において新しい運動が支持者を増大させようとする際に常用される戦術を知識界に応用したのである。政治的な主張が、美学的な統一については不可能な合意の代わりとなった。しかし、前衛のこのような変容は漸次的なものであり、様々な作家たちの占める位置にしたがって異なっていた。この変化は、脇役、つまり散文家、批評家あるいは最も若い者たちにおいてより早く現れている。彼らはそれをすぐ上のより小心な世代との差異を訴えるための手段にしようとしたのである。[15] しかし、とりわけ最も多くの賛同者を獲得したイデオロギーはアナーキズムであった。なぜなら、それは個人主義と反抗という、非順応主義的な文学に中心的な二つの価値に根ざしていたからである。しかし、戦闘的な信条告白と、「社会的芸術」や「民衆」に対して距離を取ろうとする、同様に無政府主義的な他の信条告白との間には、相当な違いが存在する。例えば、『ラ・プリュム』の一八九三年二月一日号において、アドルフ・ルテは「芸術とアナーキー」と題された論文のなかで最新の文学について次のような時代診断を行っている。

「現在、文学において奇妙な傾向、社会主義とアナーキズム、とりわけアナーキズムに向かう傾向が、顕著になっている（…）。文学のアナーキストたちは、我々とまったく同様に次のことをよく知っている。現代のブルジョワが、皮肉な好意という外見のもとにしばしば隠れているけれども、しかし根底的な憎悪を込めて芸術家を嫌っているということを（…）。詩人たちは未だかつて誰一人としてブルジョワジーの社会的利益を気遣うことはなかった。しかし詩人は人民に奉仕するという名目で身を汚すことはもっと注意深く避けるべきである（…）。詩人の義務は、唯一の正統性である『観念』の貴族主義を宣言することである。芸術家は芸術家なのだから。(16)」

アナーキズムの流行のただ中で芸術のための芸術という主題をこのように改めて主張するというのは、その著者が、後に逮捕されたということに明らかなようにかなり戦闘的なアナーキストとして有名であっただけに逆説的であった。しかし、彼はブルジョワ的な社会に敵意を持つ詩人としての反抗に基礎をおいて自らの政治的選択を行ったが、かといって自分の芸術をアナーキズムの大義に奉仕させることはしなかった。彼からすれば、それはある種の従属を別の従属に代えることにほかならなかったのである。バレスは、一八九三年三月一五日号で反論し、このように芸術のための芸術と社会的な芸術を切り離すことを拒否した。[17] あまり戦闘的ではなく、金利生活者という特権的な身分ゆえに社会的な怨恨をまぬがれていたフランシス・ヴィエレ＝グリファンは、ドレフュス派のイデオロギーを予告するような、妥協的な立場を取っている。彼は、芸術のための芸術を次のような言葉で批判している。

「芸術家は、『美』への崇拝を告白するというまさにその事実によって、『正義』と『真理』を高らかに唱えている（…）。芸術家諸君、君たちの責務は芸術家であり続けること、芸術家としての存在を矮小な日常性から守ること、自己の存在を『絶対性』に向けて高めることにある。そうすることによって、人類のエリートである君たち芸術家はまさしく人類の栄光を高めているのであり、そしてそのことによって人類に奉仕しているのである。しかし、全力を尽くし、己れの努力のあらゆる高貴さを自覚したまえ。君たち芸術家を包む苦しみの広大な連帯のなかから、よりよく、そしてより深く苦しむ力を汲みとり、あの究極の苦悩、崇高な悦びの境地を得たまえ。そして、隠れた『神』からのメッセージ、神の『美』の反映、すなわち芸術作品を遠い将来に贈りたまえ。[18]」

そしてベルナール＝ラザールは、同じ雑誌『政治的文学的対話《アントルティアン・ポリティック・エ・リテレール》』の一八九三年五月二五日号において、新しい論理を徹底させている。詩人と「知識人」はおしなべて社会的政治的な職能を担わなければならず、新たな「真理」の教育者たらねばならないというのである。この社会参加は、象徴派特有のジャーゴンに従って、神秘主義めかした表現で語られているけれども。

「作家、真にその名に値する芸術家は、自分の才能を自分だけの満足のために用いてはならない。彼は、かつての古代ギリシア秘教の指導祭司や秘儀祭司のように教育者でなければならず、我々に、道徳的、宗教的、社会的、形而上学的、科学的、その他あらゆる真理を教えなければならない。しかも、学校教師のようにではなく、高尚なやり方で教えなければならないのである。[19]」

こうして、ジュール・ユレの『アンケート』のわずか二年後に、作家の政治的役割についての前衛の内部での論争は再び美学的な論争の中心に立ち戻り、芸術のための芸術を越えて、ロマン派の作家たちを分断させていた論争と再び連結することになった。文学的な前衛と政治的な前衛とのこの再接近をもたらした純粋に文学界内部にかかわる理由については先に検討したが、この新しい事態が作家の政治的行動に対してもたらした現実的な結果を記述する前に、この再接近の外的な起源を検討しなければならない。

政治的急進化の諸原因

この政治的な急進化は、一般には、フランスにおいて同時期に高まりつつあったアナーキズムと社会主義の影響によるものであると考えられている。したがってこうした見方によればこの政治的な急進化は、当時の一部のジャーナリストが示唆しているように、前衛が自らを区別立てしブルジョワを挑発するためにひけらかした他の様々な奇矯な言動と同じような、単なる流行だということになろう。[20] 他方、文学史においては、作家自身の言説を鵜呑みにして、彼らの政治的な急進化は人民に接近する、あるいは人民の善良で寛大な心を表現する仕方だったのだ、と説明される（F・ヴィエレ゠グリファンの論文からの引用を参照）。これら二つの解釈は、たとえ公的には社会参加の度合いが時に最も強かったとしても、社会参加が最も表面的であったり、あるいは後にその政治的立場を変えてしまう一部の作家たち（例えば、バレス）については、部分的には正しい。しかしながら、これらの解釈は、作家たちの政治的な急進化というこの現象の最も重要な側面を見落としており、そしてこれこそがこの章の中心なのである。その側面とは第一に、ある時期の党派の名や現われては消えていった集団を越えて、前衛の急進性というこの新しい態度が持続性を持つにいたったという点である。そして第二に、それが共同の行動であるという側面であり、この点もまたドレフュス事件を予告する決定的な転機をなしている。これら二つの新しい特徴は、一時的な熱狂や革命的なイデオロギーの魅惑といった説明よりももっと深い理由を探すことを促している。

二つの要因が最も重要である。一つは、文学界の危機と再編であり、もう一つは、当時の政権と文学者の間の闘いが、「冷たい戦争」から「熱い戦争」へと変化したことである。文学界の危機によってとりわけ影響を受けたのは、極左に一番近い作家たちすなわち前衛、あるいは若い作家や文学界の支配的なルールを拒否する作家たちである。あらゆる危機と同様に、文学界の危機も、ヒエラルキーを固定し、最も支配されている者たちが象徴資本を奪取するための戦略を妨げ、悲観主義を助長し、各人が自分のためにのみ行動するように仕向け、社会的に最も恵まれた者と最も恵まれていない者との間の乖離を浮かび上がらせた。芸術のための芸術という、金利生活者あるいは永遠の名声を求めて書く作家のイデオロギーは、方向転換するための手段や意志もなく伝統的な戦略にしたがっている、いっそうその数を増しつつあった作家たちには、ますます適さなくなった。これらの新しい作家たちの天性の性向、彼らが擁護した文学的イデオロギー、そしてそのプログラムを実現する現実的可能性の間の不整合は、彼らを前衛的な立場のうちに永続的に閉じ込めることになった。前衛は、固有のヒエラルキーと独自の宣伝媒体とアクロバット的な生き残り手段（小金稼ぎの仕事、小官吏職、様々な臨時の仕事）を持つことによって、それ自身文学界の自律的なセクターとなった。エミール・ベルジュラは、ジュール・ユレの『アンケート』の中で、前衛をめぐる新しい状況をほとんど戯画的な描写で素描している。

「今日のような民主主義、電信、社会主義の時代に、彼らが確固たる地位を得ることがあるとは思わない。彼らが、六スー〔一七九三年、十進法度量衡採用以後、新フラン以前の貨幣単位。一スーが五サンチーム、二〇スーが一フランに当たる〕の教育とオネ氏、デルピ氏、リッシュブール氏、シー氏といった連中の文体に対抗しようとするだけなら話は別だが。彼らは、小さなサークル、僧院の状態にとどまるだろう。彼らは、『金払いのよい』裕福な友人の家に集まっている特権層になるだろう。そこでは、彼らは仲間内で称賛しあい、奇怪で、複雑な文体で、一〇部しか発行されない作品を仲間内で配り合うことだろう。[21]」

成り上がりの作家についてのこの皮肉な視点は、実際は、前衛をめぐる状況について新しい雑誌が示した分析と似ている。これらの分析は、前衛の状況を文学全体に敷衍する傾向があった。例えば、リュシアン・ミュルフェルドは、『ルヴュー・ブランシュ』一八九二年一月号の文学時評で、流行作家に関連する「書店の失墜」と、「文学」の危機とを対置して論じている。

「以前は（いつの時代も繁栄していた模造品製造業者のことは除外すれば）、芸術的文学者の作品は読まれていた。読まれていた本は文体のうえでも見事に書かれていた。――しかしこれからは、芸術的な著作が読者大衆に届くということはまったく不可能になってしまうだろう。大衆が読む本はまともに書かれたものではなくなるだろう。[22]」さらに続けてミュルフェルドは、芸術のための芸術は拒否しつつ、大衆のための文学と少数派の教養人のための文学との間のこの分裂を肯定する。「我々は、我々なりの方法で、我々のわずかな権威にふさわしい仕方で、我々に似ている未知の知識人、周囲の騒然たる雰囲気に怯えている知識人たちに我々の共感を伝えるために書くのである。[23]」

このように考えられた知識人のための文学は、文学界の支配的な雰囲気に対する反権力として、自己を定位する。したがって、あらゆる権威を認めず、多数者に対してあらゆる少数者の自律を要求するアナーキズムのみが、政治的社会的に自らについて考え、また自らを正当化しようとする作家たちにとって、理論的にも構造的にもふさわしいものとなった(24)。

文学的前衛とアナーキズムの間のこのイデオロギー的収斂は、より具体的な要因によって促進された。類似した周縁的な生活様式と、同じ場所や同じ地区にしばしば足を運ぶということによって時に親密になったいくつかのアナーキストグループといくつかの文学的なサークルは、次第に互いの便宜を図るようになった。共同で開催する会合、書評、序文、戦闘的な出版物に作品を転載することの承認、新しい文学雑誌へのアナーキズムの理論家の参加などである。しかし、もしこれらの事態に先立つ何年かの間に、文学的な冒険に対して政府が次第に抑圧的な政策を取るようになっていなかったならば、このような出会いは、これほど早くは起こらなかったであろう。政府による抑圧は作家たちに、文学は政治の影響から無縁の位置にいるのではないということ、そして自由主義的な共和政のもとにおいてさえすべてが可能なわけではないことを、間接的に教えたのである。さらにまた、議会主義と政体の腐敗に対する作家たちの軽蔑の念は、表現の自由を阻害し、文人の自律を制限し、作品を発禁にすることによって作家たちの生活を脅かす国家に対する憎悪と反抗へと変化した。一八八〇年代の半ばからすでに始まった一連の文学裁判や発禁処分は、検閲を免れることのできる者は誰もいないということを作家たちに自覚させた。自然主義の小説家、若い作家あるいはより名声を得た作家、そして演劇に対する事前の検閲が残存していたために一番狙われることになった劇作家、さらには前衛的な作家たちも、アナーキストによるテロの後の弾圧の波の時期には、職業上のある種の禁止処分の対象となった。主要な事件の争点は、道徳的な領域——例えば、L・デプレとH・フェーヴルの小説『尖塔のまわりで』や、ポール・ボヌタンの小説『シャルロットは遊ぶ』が、ポルノグラフィーであるとして、法廷に引き出された[25]――から、政治問題そのものに移っていった。アベル・エルマンの『騎兵ミズレ』やリュシアン・デカーヴの『下士官』といった一連の反軍小説、社会闘争を取り上げた戯曲（ゾラの『ジェルミナル』を劇化したドラマは検閲された）、政治家を扱った戯曲（バレスの『議会の一日』、ジュール・ルメートルの『ルヴォー代議士』）あるいはまた、フランス革命を題材にした戯曲（ヴィクトリアン・サルドゥの『テルミドール』をめぐる事件を参照）がそれを示している。[26]

これらの裁判や事件はその度に発禁処分やそのおそれを伴ったが、こうした裁判や事件が頻発したこと、対象とされた作家たちが著名であったこと（一般に訴追以前から有名であったが、裁判騒ぎで有名になった作家もいた）、弾圧の動機が次第に恣意的になっていったこと、これらの要因があいまって、作家たちは個人的な異議申し立て（新聞での論文の発表や、同業者との働きかけ）から、より広範な集団的な動員に訴えるようになった。こうして作家たちは、権力に対して、著書の表現の自由を制限する権利を拒否する、対抗勢力として自らを定位しようと試みた。

文学者の伝統的な個人主義と断絶した集団的な異議申し立ての、最初でまた最も重要なものは、リュシアン・デカーヴの小説『下士官』に降りかかった弾圧を契機としている。それは、『フィガロ』一八八九年一二月二四日号に五四人の作家の署名とともに発表された。

> 著作の自由についての審議が議会で始まろうとしている直前に、国防大臣の要求によって、ある書物に対する訴追が行われた。
> 二〇年間、我々は自由に慣れてきた。我々は、表現の自由を獲得した。作家の独立の名において、思想の自由な表現を侵害するあらゆる訴追に対して我々は全力で反対する。芸術が危機に瀕している今、我々は連帯して、政府に対し反省を求める。

アルフォンス・ドーデ、ジョルジュ・オネ、エミール・ゾラ、エドモン・ド・ゴンクール、ジャン・リシュパン、アンリ・ベック、アレクシス・ブーヴィエ、ポール・ブールジェ、ポール・ボヌタン、レオン・クラデル、テオドール・ド・バンヴィル、G・ド・ポルト・リッシュ、ロドルフ・ダルザン、オスカー・メテニエ、エミール・ミシュレ、アンリ・セアール、ルイ・ミュラン、エミール・ベルジュラ、ルネ・ギル、エルネスト・ドーデ、ジャン・アジャルベール、J・H・ロニー、アベル・エルマン、ギュスターヴ・ギッシュ、ジョルジュ・ボワ、ジャン・ロラン、M・ビュロズ、ジャック・マドレーヌ、ギュスターヴ・ジェフロワ、ルイ・ド・グラモン、ジャン・ジュリアン、ガストン・サランドリ、アンリ・ラポーズ、フランソワ・ド・ニオン、G・クルトリーヌ、ロジェ・H・ミレス、ボワイエ・ダジャン、スュッテ・ローマン、エドモン・バジール、フランツ・ジュールダン、ポール・アレクシス、ジャン・ラモー、ジョルジュ・デュヴァル、ジョルジュ・アンセイ、ポール・マルグリット、クロヴィス・ユーグ、セヴリーヌ、モーリス・バレス、アンリ・ボエール、アドルフ・タバラン、ウジェーヌ・モレル、ロベール・ベルニエ、アンリ・フェーヴル。

この異議申し立ては、三つの点で、文人と権力との間の関係を律してきた伝統と断絶している。このテクストは、「作家の独立」という原理を唱え、もはや取り消すことのできない事態（「我々は自由に慣れてきた」）を拠りどころとし、職業集団の請願書という形で、議会制度に特有なロビイングという戦術を用いている。そして、作家たちは、その書物が反軍的であるのかどうかという、根本にある問題を棚上げにすることで、敵の土俵に上がることを拒否している。この宣言は、大所高所からの発言という姿勢をとり、署名者の名の持つ象徴権力に期待をかけている。これらの名の多くは知名度が高いが、署名が集まった順とか相対的な知名度の高さの順とかいったこと以外のはっきりした順序なしに並べられている。ほとんどすべての世代が動員されているが、とはいえ、最も多いのは、四〇歳以下の作家（一八五〇年あるいはそれ以降の生まれの者）で、一八六一年生まれのデカーヴに連帯している。しかし、老大家も支援している。例えば、一八二三年生まれのバンヴィル、一八二二年生まれのE・ド・ゴンクールなどであり、またやや年長の者たち、一八四〇年生まれのゾラとドーデ、ジャン・リシュパン（一八四九年生まれ）、あるいは、その三年後輩のブールジェもいる。最も若い者も参加している。例えば、バレスとアジャルベール（一八六二年生まれ）である。

署名者たちが代表する政治的な意見の広がりには、同様に望まれる多様性が認められる。ゴンクールのように最も反動的なものから、ジュール・ヴァレスの友人セヴリーヌや、かつてのパリ・コミューン参加者アンリ・ボーエル、あるいは社会党の代議士クロヴィス・ユーグのように最も進歩的な者まで含まれているのである。小説家が主流ではあるが、他の分野の人々も連帯を示している。例えば、ポルト・リッシュやアンリ・ベックのような劇作家、リシュパン、ルネ・ギルやバンヴィルのような詩人、ギュスターヴ・ジェフロワ、セヴリーヌやスュッテ・ローマンのような批評家やジャーナリストがいる。自然主義や写実主義の流れに属する作家の数が最も多かったが、それは彼らのメンバーのうちの一人が槍玉に挙げられているということで、彼らが動員グループの役割を果たしたからである。このグループに連なるほとんどすべての者が署名している（ドーデ、ゴンクール、ゾラ、ボヌタン、セアール、ロニー、アレクシス、マルグリット、アンリ・フェーヴル）。ただし、四人の重要な人物が欠けていることが注目される。三人については理解できる。ユイスマンスは、内務省の官僚であり、『さかしま』の出版以来、ゾラを中心としてメダンの地に集まっていた自然主義の文学者たちとは距離をとっていた。レオン・エニックとモーパッサンは、公的あるいは政治的ないかなる意見表明を行うことにも反対であった。最後の一人はミルボーであるが、彼については理解はそう容易ではない。彼のあらゆる考えが、この宣言と同じ方向へと向かっていたからである。(27) 世間的な成功を最も収めている勢力の人数が最も多いのに対して、権力とつながっていて、また自然主義に敵対的なアカデミックな極は、バンヴィルを除いて、まったく誰も署名していない。消費のための文学と正反対のものとして自らを定義する前衛もまた、ジュール・ユレの『アンケート』のなかに引用された人名索引の署名者リストと較べると、アカデミックな極と同様に身を引いている。この対照的な動員は、論争の争点に立ち戻らせる。最も動員されている者は、これまでのところ、それ以前の事件の際に最もつけ狙われており、同時に文学市場に最も統合されていて、自由主義の名において国家による保護を拒否していた人々である。この最初の動員は従って不完全なのである。文人たちは、この請願によって、出版の自由の実施に対する集団的な監査権を主張したが、彼らはこれを、軍隊を批判する権利の有無という事件の核心が明白な政治的次元を有していたにもかかわらず、彼らの職業の同業組合的かつ非政治的な概念の名において行ったのである。この異議申し立ての成功の大きな部分は、厳密な意味での政治をこのように括弧に入れたということによって説明される。この宣言の一年後になされたジュール・ユレの『アンケート』と同様、[28]文学界の政治化が現われている。この政治化は、権力によって正面から攻撃された中間的な文学者たちによっても始められたが、前衛の政治化をも準備したのであり、前衛の代表的人物の何人かはリストに名を連ねている。さらには、若い文学者たちに次第に頻繁に見られるようになった、国家に対する敵対的な態度の表明は、極左からの体制批判の伸長に懸念を増大し、秩序をしっかりと防衛するために一八八〇年代の自由主義を部分的に放棄していた政府にとって、恰好の標的を提供することとなった。

それほど有名ではない他の事件や、マイナーあるいはマージナルな作家しか関心を寄せなかった他の事件もまた同様に、前衛に対して、美学の枠を越えて広義の政治へと広がっている自らの試みによって、今度は自らが抑圧的な措置の第一線に立たされているということを自覚させる結果をもたらした。最もよく知られているものは、有名な象徴主義者レミ・ド・グルモンが、一八九一年に『メルキュール・ド・フランス』に発表した「愛国主義のおもちゃ」という論説のために、国立図書館の職を罷免された事件である。[29]再び、若き高等教育修了者の反軍国主義が、国家との対決の原因となったのである。

権力の強硬化とアナーキズムに共感していた前衛の急進化という、この二つの過程の到達点において、事柄の本性上当然の相違点は別として、若き大学人の政治的変化とのある種の平行関係が見出される。第一の事例では、芸術のための芸術から、文学的活動に新しい次元を与える政治的参加へという変化が見られ、また第二の事例では、非政治主義あるいは共和主義的な正統主義から、社会的参加の要求へという変化が見られるのである。前衛のなかでベルナール＝ラザールは、大学人のなかでリュシアン・エールが担った理論家の役割を果たした。テロ行為が頻発する以前から、ポール・アダンは、「知識人」の反抗とアナーキストの反抗とが収斂することを、次のように説明していた。

「無政府主義が暴力によって証明しようとすること、それは、知的で大胆な少数派が、愚劣で冷酷な多数派に対抗する勢力となるということである。(30)」

文学界の活動的な少数派（「知的で大胆な少数派」という言葉を参照）として、あらゆる権力からと同様に文学界の権力からも排除されていた前衛は、それでもアナーキストたちと同様に、世界を動かすことを望んでいた。前衛は、思想の未来を代表していると考えていたからである。このドレフュス主義の前兆は、ベルナール＝ラザールにおいて、テロ行為ならびに「極悪法」〔一八九四年にアナーキストの陰謀事件を機に制定された社会主義者弾圧法〕の採決の開始の後に『レヴォルト』誌に発表された論説のなかで、完成されたドレフュス主義となっている。その論説のなかで彼は、アナーキストの引き起こした危機に際しての「知識人」の責任を告発する人々に反論している。彼はまず、作家のアナーキズムに対して向けられたディレッタンティズムという非難を拒絶し、反対に中傷者たちを槍玉に挙げている。商売の元手として政治を利用しているのは、実際は成功した作家たちなのである。

「我々を告発する者の大部分は、充実した経歴の終わりに近づいていたり、その年長者たちを手本にしようという野心をもって論戦に加わっているが、彼らはこれまでずっと自らの意見によって生を営んできたのであり、さらには生を営むための意見しか持ってこなかったとさえ言える。彼らは、自らの意見に値段をつけ、価格を定めており、利潤以外の観念を持ちえず、そして無私無欲であったり信念を持ったりすることが可能であるとはまず考え難いのである。[31]」

こうした障害を取り除いたのち、ベルナール＝ラザールは今度は、啓蒙の伝統に結びつけながら「知識人」の新たな機能を描写する。

「行動するとは、銃や短刀やダイナマイトを扱うというような、物理的に行動することのみを言うのではない。知的な活動というものが存在し、人々はその存在を知っているからこそ、我々が我々を包囲している者に対してこれを行使したと非難するのである。したがって、活動していないという非難には根拠がなく、せいぜいのところ、我々がオルシーニ〔一八一九—五八年。イタリアの陰謀家。ナポレオン三世の暗殺に失敗し、パリで処刑された〕やフィエスキ〔一七九〇—一八三六年。コルシカ出身の無政府主義者。一八三五年、時限爆弾によりルイ＝フィリップの暗殺を謀るが未遂に終わる〕のようにというよりも、むしろディドロやルソー、あるいは百科全書派のような仕方で活動というものを理解していると非難できる程度なのである（…）。このことは否定できず、このようなものとして我々は知識人——無署名のゴシップが侮辱として我々に対して投げつけるこの名詞を、私はあえて用いる——としての我々の役割を果たす、と私は考える（…）。私としては、ささいなものではあるが、それ（私の責任）を十分にそして大胆に引き受ける。なぜならそれは、詩人、哲学者、小説家、劇作家、思想家、そしてあらゆる時代、あらゆる時期の独立した作家が引き受けてきた責任に、ごくわずか付け加えられたものにしか過ぎないからである。諸君が我々を非難する以上、我々の先人をも非難したまえ、ラブレーを非難し、ヴォルテールを非難し、ハイネを、ユゴーを、バイロンを、シェリーを、すべての反徒を、すべての絶対自由主義者を非難したまえ。我々は確かに、諸君と同様の一団体を形成するだろう。彼らと諸君とのあいだで、我々の選択はずっと以前からなされているのである。」

ベルナール＝ラザールは、政治化された知的前衛を指し示すために「知識人」という軽蔑的な新語をここで積極的に用いているばかりでなく、これをルネッサンス以来進められてきた、解放を希求する文学的、哲学的潮流の到達点として位置づけている。これに対して、穏健あるいは保守的な出版紙誌は、これを誤った観念によって道を踏み外し堕落した個人の、退廃の表れとしか見ないのである。ドレフュス事件の四年前に、対峙する二つの陣営の宣伝文書はすでに、アナーキストによる一連のテロ行為の原因に焦点を合わせていた。双方の局面におけるベルナール＝ラザールの中心的な役割は、二つの論争の連続性を際立たせている。とはいえ、文学の前衛と政治とのあいだの関係についてのこの新しい状態には、こうした社会参加の集団的な表現の試みという、最後の要素が欠けている。一八九三年から九四年におけるアナーキズムの問題は、次に見ていくように、ここでさらに試金石の役割を果たすのである。

第二節　政治の誘惑（アンケート調査とマニフェスト）

ドレフュス事件に先立つ一〇年の間に、二つの新たな活動形態が定着し、それが作家たちの、もっと一般的に言えば、「知識人」たちの動員を促進する役割を果たした。アンケート調査とマニフェストである。前節の分析においてすでに、その二つの例――一八九一年の『文学の変化についてのアンケート』と一八八九年十二月のリュシアン・デカーヴ支援の署名運動――を見たが、そこではただその情報提供的内容についてのみ検討したにすぎなかった。確かに、アンケート調査や署名運動は一八八〇年代末にすでに出現していたわけだが、それらがその真の意味、すなわちドレフュス事件における意味を持つに至ったのは、一八九三年―九四年の雑誌『エルミタージュ』のレフェランドムとジャン・グラーヴ支援の署名運動を通じてである。これら二つの発表はいずれも前衛作家のアナーキズムの問題に関係した出来事であった。この二つの出来事の長期的射程を見て取るためには、先に分析した『文学の変化についてのアンケート』およびリュシアン・デカーヴ支援の署名運動と比べて、これら二つにおいて何が変化したのかを検討するのがよい。

「知識人議会」

アンケート調査とマニフェストというこの二つの集団的介入の様式は、二つのジャンルの拡大にその起源を負っている。すなわち、アンケート調査は近代的ジャーナリズムの発展と連関したインタヴューというジャンルの延長であり、(32) マニフェストは政治における民主主義と連関した請願というジャンルの延長である。しかし、アンケート調査とマニフェストは、それ以後「知識人」と呼ばれることになった人たちに用いられることによって、二つの変容を被ることになった。インタヴューでは、インタヴューされる人物に対して、その人物が中心的な役割を果たした事件や出来事に関して網羅的に質問する。それに対し、アンケート調査は二つの点で貧弱である。時事的な問題についての一、二あるいは三つ程度の標準的な質問が、一つの特色（それは一般に、問題に直接かかわっているという特色であるか、あるいはその問題の専門家であるという特色、あるいはまた、公式のアンケート調査の場合は何がしかの決定権を持っているという特色である）を共有する集団に一斉になされるわけである。非公式のアンケート調査を始めることをジャーナリストたちが思いついたのはおそらく議会をモデルにしてのことだが、この議会との対比を推し進めてみると、アンケートの対象者たちには議会外の審議会のメンバーの地位、あるいは圧力集団ないし専門議会のメンバーの地位、要するに、最広義における政治集団のメンバーの地位が与えられていることになるだろう。[33] 回答が発表されるに応じてアンケートが公刊されていくことは、現実に、標本集団の内部の論争を引き起こすことになる。後の方でインタヴューされた者は、同じ見解を繰り返して言うまいというこの種のジャーナリスティックな調査では不可避的な傾向のために、質問に答えるよりは、前にインタヴューされた者の回答に反応しつつ答えようとする。実際には、可能な意見の数はインタヴューされる者の数よりも少ない。そこで、アンケートの対象者たちは、違った見解を述べようとすることによって、この種の調査につきもののマス化と標準化（これは社会学的な無記名のアンケート調査の閉鎖的な質問表に通じる）に抵抗しようとする。彼らは、こうして、インタヴューにおけるように、第三者や制度によって操作される客体ではなく、主体の位置に移ろうと努力するのである。

署名運動はこれとは逆の変化をたどった。民主主義の卓越した道具であり、大革命以来憲法によって認められている請願は、政治的参加の度合いとしては、投票行動に次ぐ第二の段階にある。請願は、第三共和政期におけるものだけでも、例えば、国立古文書館の一部門の何百という保管箱を占めている。[34] 請願は、アンケート調査と同じく意見の表明手段であるわけだが、社会的正統性の点ではアンケート調査とは対極にある。請願は一般に、マス効果に根拠を置いているのである。請願の署名人の名前は、架空の署名かもしれないという常にありうる疑いに対して、本人であることを証明するための手段としてのみ機能する。また、おのれの身分を明記するのも、係争中の問題（それは多くの場合、実際的な、同業組合的な、あるいは地方的な範囲に限られた問題だったが）に関する自分の利害を説明するためである。しかし、「知識人」は、この転換期の象徴的な雰囲気を利用して、請願から、もともとそれにつきまとっていた通俗性を取り除き、純化したのである。かつては謙虚な嘆願や陳情だった請願行動が、権力と対等に渡り合う手段に、またステータスを持った人たちへの呼びかけになり、それがドレフュス事件の際には、次章で見るように、新しい党派の創設者リストにまでなるのである。[35] こうして、署名運動が成功すると、それはアンケート調査に準ずるものとなった。というのも、同じ集団の中で署名しなかった者は、少なくとも署名を拒否したことや意思表示しなかったことを正当化するために、個人的に意見を表明しないわけにはいかないこともあったからである。そのおかげで、その署名運動は広く議論の中心となり、支持者の拡大にも間接的ながら寄与することになった。結局のところ、一方ではアンケートの通俗化、他方では抗議署名の芝居化という反対の経過をたどった挙句、集団的な表現様式であるアンケート調査と抗議署名は知識界に定着し、互いに似通ったものになっていった。アンケート調査の方は、どちらかといえば、イデオロギー的には無風状態であるような時期に、論争のテーマを提起するために利用され、[36] 署名運動の方は、どちらかといえば、危機の時期に、特定の緊迫した出来事を機縁に行われている。

議会との類比を再び用いれば、「知識人」はこうして、代議制を機能させる二つの手段を手に入れたことになる。一つは、議院の委員会（アンケート調査）であり、いま一つは、釈明要求権あるいは不信任案（署名運動）である。この類比は単なるレトリックではなく、この二つの集団的表現手段の隠れた機能をも明らかにしている。ロマン主義の時代が依然としてそうであったように、公式の政治の舞台では未だに権力が主役を演じていたわけだが、その権力がなくとも文人たちは、知識人の増加、読者層の大衆化および政治活動の職業化の時代において、彼ら自身のために、彼らの仲間のために、あるいは教養ある読者層のために、自立した政治活動を行うやり方をここに見出したのであった。アンケート調査や署名運動の内容や署名者層の変化は、ただ文学界と権力界との関係の変化にのみ帰せられるものではないし、また新たな歴史的情勢にのみ帰せられるものでもない。この変化は、部分的には、「知識人」のこうした社会的介入様式が当初果たした役割の中に書き込まれていたのである。

アンケート調査は、もはやよく知られた文学者のみに限られてはおらず、若手作家たちにも発言の機会が与えられ（ジュール・ユレのアンケート調査の場合）、いっそう社会的な広がりを持つことになった。アンケート調査を行うジャーナリストたちやアンケートの対象者たちの馴れ合いもあって、アンケート調査は、お互いの名前を引用し合うという手口や、何人かが同じ回答をするという戦術を用いることによって、相対的な名声を獲得する場になった。このように自己宣伝に利用すること（ジュール・ユレのアンケート調査へのいくつかの戯画的回答に顕著である[37]）は、しかしながら、肯定的な結果を生んだ。作家、というよりはむしろ作家の卵は、文学がもはや知識界の一要素にすぎないようなこの新たな対話空間に参入するために、大所高所からの意見を述べ、時局的諸問題（社会的、政治的、哲学的な）に関心を持たざるをえなくなったからである。要するに、アンケート調査は、作家を主知主義的な意味における「知識人」として、つまり政治家と同様、全体的なものの専門家として認知することによって、作家の政治への関係と、また作家の自分の仕事への関係とを同時に変化させたのである。

一八九三年の「レフェランドム」

この新しい論理から、一八九三年三月に実施され七月に出版された雑誌『エルミタージュ』のアンケート調査が、いかなる意味で一つの到達点であったのかを理解することができる。このアンケート調査の実施者は、このアンケートに「芸術的社会的レフェランドム」という意味深い題を与え、次のようにその計画を説明している。

「このレフェランドムの計画は今日の社会の関心事から生まれた。三人の発案者はあらゆる点において互いに意見を異にしているが、いずれも、同世代の主要な作家たちに、最も一般的な問題、自由と規律のいずれを選択するかという問題について尋ねてみるのは興味深いことだと思った。(38)」

これはまさに、今日行われているような、社会的問題に関する世論調査だと言ってよい。しかし、この前書きの抽象的な陳述の中には、発案者たちが認めているところによれば、実際には、ずっと時事的な三つの問題が隠されていた。一つ目は、アナーキズムと社会主義の問題。二つ目は、一八九一年以来若手作家たちの間で議論されていた社会的参加の問題。そして三つ目は、文学の若い世代が過激主義へ傾斜しているのは事実かどうかという問題である。『エルミタージュ』は、その左側には、この過激な傾向が支配している『ルヴュ・ブランシュ』や『政治的文学的対話《アントルティアン・ポリティック・エ・リテレール》』、右側には、社会参加を控え折衷的な立場をとる『メルキュール・ド・フランス』という競合誌を持った雑誌であるが、誰も排除することなくすべての人に発言の場を提供することによって、中道の新しい結集の場としての態度をとることができた。アンケート発案者はこの企画の難しさを述べながら、設問を婉曲なものにするに至った事情を明らかにしている。

「この計画にはいくつかの困難があった。問題の提示には微妙なところがあり、すべての人に分かり易いものにはならなかった。純文学の作家たちは、社会学には二次的にしか関心を示さないものだから、我々は質問の中で、曖昧さの生じる社会主義という語やあまりに感じの悪い強制という語は避けた。そこで、遠回しだがより明確な表現である規律があり体系だった組織という言い方をしたのである。しかし、そのために、規律を警察と同一視したり、あるいは体系をいかなる共同行動からも独立したものとして神聖視した回答者がいた。逆にまた、自由な組織という表現に矛盾を感じ、組織とは結果ではなく原因でしかありえないと考える者もいた。(39)」(強調は原文)

アンケート調査という新しいジャンルにうっかり手を出してしまった雑誌編集者たちが、今日の世論調査の実施者たちがぶつかる困難を身をもって体験していることがこの証言から読み取れる。彼らは、無回答や逃げ口上的回答が多くなることを避けるために、あまりに専門的な用語、またあまりに政治的な用語は使わないようにした。しかしそのためにかえって、一般論、あるいは混同という逆の罠にかかってしまっている。その原因としては、社会に関する用語の意味の曖昧さや、社会科学が未成熟であった時代のイデオロギー的な不確かさといったことばかりでなく、回答を読めば明らかなように、回答者のペダンティックな贅語の羅列ということも挙げられる。このアンケート調査は「新しい世代の作家たち、すなわち三五歳未満の作家たち」を優先的に対象とすることによって確固たるもう一つの新味を出していたが、このことは、一般に予測可能ではあるがアンケート実施者には思いもかけなかった社会的結果を生み出した。普通であれば、責任のある安定した地位にある熟年者に問うべき問題を、社会的に、あるいは文学的に一人前になっていない人間に対して提起すれば結果は知れている。これは少数ではあろうが、自分は答える資格がない(40)とか関係がないとか思う者は沈黙を守るだろう。自分の意見に度外れな重さを置いたりしないディレッタントは皮肉っぽくはぐらかすだろう。にわかに理論家を気取る者は難解な言説を展開するだろう。あるいはまた、このアンケートで多かった例だが、被支配の立場にいる多くの者たちはこの機会を利用して、ユートピア的預言を弄して自分たちの社会的幻想を表現しようとした。(41)

混乱を助長していたのは、アンケートの実施者が外国人作家にも回答を求めたことにもある。身分上のみの外国人あるいは帰化フランス人はよいとして、本当の外国人作家にも、外国の雑誌の通信員を通じて回答を求めたのだが、この人たちはまったく異なったイデオロギー的・社会的文脈を背景に回答を寄せてきた。ジュール・ユレの『アンケート』の中で、既成の作家たちは概して、前衛に対して、それが外国の、あるいはコスモポリタンな運動だと非難したことはすでに見たが、『エルミタージュ』誌のこのレフェランドムが掲げた国際主義は、こうした排外主義に対する一つの反応であり、ナショナリズムの台頭に対決する国際的な知識人の共同体が存在するという主張であった。また、国境を乗り越えたことは、日常的な政治に対して大局的な立場をとること（それがレフェランドムの一番の狙いだった）を可能にした。

部分的に相矛盾しているこれらの目的は、あたかもアンケート実施者が自分たちの計画とその結果に関して二つの可能な読み方を提示したがっていたかのように、この調査の仕方に影を落としている。設問は、結局、二つの項目になった。回答は、二種の一覧表に沿って提示された。また、アンケートは二つのはっきり区別された時期に分けて実施された。何度も修正された挙句送られたのが、次のような複合的な設問である。

「社会的善を実現するための最良の条件は、自然発生的で自由な組織と、規律があり体系だった組織のいずれであろうか？　芸術家の選択は、この二つの考え方のいずれに向かうべきなのだろうか(42)？」

最初の質問は、雑誌編集者の考えでは、若手作家たちが、自由主義、アナーキズム、集産主義的社会主義、あるいは強権的体制のいずれに傾いているかを判定しうるものになるはずだったのだが、アカデミーの懸賞論文試験の題目に類似したものになってしまっている。二番目の質問は、社会にとって良いものと芸術家にとって好ましいものとの間の区別を導入しているが、これは政治と社会に対し距離を置いた関係を持つ、あるいは社会的・政治的問題を知的な形で提起する一つの仕方となっている。

二つの一覧表はもう一つの新手法であり、このレフェランドムの二つの可能な使用法を示している。ジュール・ユレが用いた方法とは異なって、注釈も媒介的な設問もなく提示された一連の回答は、政見発表の集成、知的な選挙公約要旨集に似たものとなっている。そこでは回答を寄せた作家のそれぞれが、あたかも将来のために法律を制定することを目指して票を獲得しなければならないかのように、自らの社会的・政治的綱領を開陳しているのである。このように作家たちが綱領の表明という模擬行為をしたことによって、アンケート調査はその根底に秘められていた政治的目的を達成した。つまり、公的な政治家たちに若手文学者を代置すること、芸術家の視点から社会を見ること、そして前衛の被支配的地位を象徴的に逆転させることに成功したのである。しかしながら、アンケート実施者は、個々人の回答を並べた末尾に回答者全体に関する集計表を載せることによって、第二の、客観主義的・数量的・政治的な一覧表を付け加えている。これは本物のレフェランドムの場合のように、諸々の固定した立場のリストを使って回答の曖昧さを除去する選挙の開票結果の分析の仕方とある意味で同じである。しかし、このアンケートでは、政治的分類は抽象的価値に従って組み立てられており、そのために、こうして構築された「知識人議会」は世間一般の諸区分に比べるとずれている。それによって、お決まりの分類から逃れるという、政治において知識人が長年抱いてきた夢が実現したのである。その結果として、次のような表が載っている。

強制の支持者　二三人……	貴族政治主義者	六人
	社会主義者	一〇人
	独裁主義者	七人

中間意見の者	二四人……	両者許容	四人
		どっちつかず	三人
		場合によりけり	六人
		無関心	一一人
自由の支持者	五二人……	穏健な自由主義者	一四人
		強固な自由主義者	二七人
		アナーキズム的自由主義者	一一人(43)

集団、下位集団、両翼と中道という構造を備えたこの前衛の議会は、いろいろな理由で注目に値する。質問と結果とを操作した結果として、一般世論から見れば、公式の分類では近縁関係にある人たち（例えば「社会主義者」と「アナーキズム的自由主義者」）が区別されている。逆に、すべての点で異なっている人たち（一方では「貴族政治主義者」と「社会主義者」、他方では自由主義者とアナーキスト）が同じ陣営に入れられている。あらゆる政治的・社会的問題が自由という中心的価値に基づいて再評価されている。それによって、五二人の自由派という広範な多数派が浮上したのであるし、この多数派は社会をどう組織するかではなく芸術家の状況が問題になると、全員一致にもなる。

「芸術家の選択はいかにあるべきかという問いであるが、全員一致で自由の方に向いていた。社会主義的あるいは独裁主義的な強制の支持者である、デスパルベ、クランソール、メリル、ミシュレ、ルドネル、ヴァランといった人たちでさえも、芸術の自由を要求している。ベスヌス、ジェラルディ、ド・グールモン、ルマクル、ストリアンスキーといった悲観論者たちは、芸術家の不幸を不可避のものとして予言し、他方、ガション、オリヴァ、サバティエ、ヴォリンスキーといった楽観論者たちは、逆に、芸術家の勝利をはやり不可避のものとして予言している。アヴァンチーニ、ジョルジュ・ゴッス、ジェルマン、ミンスキー、モケル、ミュルフェルド、シモン、ヴァレットといった人たちは、芸術家たる者は外界の一切に対し絶対的に無関心たるべしと答えている。(44)」

こうした分析の仕方によって、アンケート実施者は、前衛の少数派は、アナーキズムに(標本集団の、外国人を含めた九九人中、一一人しかいない)、あるいは社会主義に(表によれば一〇人)共感を寄せているが、多数派は、本質的には、社会的・政治的領域において穏健的である(六五人が中間的意見を表明している)ということを、華々しいマニフェストや声明のために偏見を抱いている世論に対して証明しようとしているのである。いずれにせよ、アンケートの対象者たちは、何をおいてもまず、作家の自由を要求しており、そのせいで、全体の中での何人かの強権主義的主張も相対化されている。一八九四年初頭以来、政府はテロ行為の間接的責任者として知識人理論家たちを糾弾するキャンペーンを組織していたが、そのようなテロ行為頻発の時代において、社会的偏見と戦うために実施されたこのアンケートの実践的射程の全容がこうして見えてくる。『エルミタージュ』は、ライバル雑誌が悦に入って競って煽りたてていたこうした誤解から、前衛を救おうとしたのである。

二回目のアンケート調査は、社会的により認められている作家や理論家に対してなされたが、アンケートのこのような隠された意図を裏付けるものとなっている。この二回目の調査は一回目の回答の発表の六カ月後に発表されたが、潜在的にはずっと多くの対象者がいるにもかかわらず、回答を寄せたのは外国人九人を含む僅か二五人にすぎず、やっつけ仕事であったように思われる。また、この二回目の調査は、一回目と同じような分析を行っていないし、この雑誌での呼び方に従って言うと、「詩人」だけでなく「科学者」にも回答を求めるという新たな異質性を導入した。この半ば失敗したアンケート調査について、補足的な二つの説明が考えられる。一つは、社会的に認知されている作家たちは、若手作家と違って、自分の考えを表明するのにこうした種類のアンケート調査を必要としてはおらず、おそらくそのために、知的活動の分野では二流の地位しか占めていなかった雑誌に対する回答拒否が多かったのだ、という説明。そしてもう一つは、アンケートの対象者たち、あるいはそのなかで回答拒否をした者たちは、後輩たちよりも理論的にずっと武装していたので、アンケートの質問の仕方がまずかったのが理由なのか、あるいはアンケートが操作の対象となりうるということが理由なのか、ともかくこうしたアンケート調査の趣旨そのものを認めなかったのかもしれない、という説明である。例えば、ル・プレーの後継者、エドモン・ドゥモランは次のように書いている。

「貴誌は人間に意見を尋ねたが、それでは大したことは明らかにならない。それよりも事実に意見を尋ねた方がよかろう。事実は間違うことは決してないし、間違わせることも決してないのだから。(45)」

この二回目の調査の対象者たちは、すでにある程度の知的権威を保持していたので、アンケートという小さな扉から知識界へ入る道を探る必要はなかった。このアンケートの主題は、社会科学の分野でその当時出版されたいくつかの著作の主題に近いものだったのに、厳密な意味での大学人は、誰もこのアンケート調査には答えなかったことはこの点で興味深い。(46)

このレフェランドムは、新しい工夫を試みている一方、他のアンケートに比べて欠落している部分もあったが、まさにそうした特徴ゆえに、文学的前衛と最も広い意味での政治との関係の転機を画している。それは、若い文学世代のかなりの者たちに対して、政治的に自らを位置づけかつマニフェストすることを課し、好むと好まざるとにかかわらず、ユレのアンケートが行われた二年前には彼らの大部分がまだしがみついていた芸術のための芸術という都合のよい逃げ口上と縁を切らせたことである。しかし、とりわけこのアンケート調査は当時の全体的な歴史的文脈と緊密にかかわっており、それが知的議会主義のこうした試みが持つ社会的効果を永続化させる結果となった。一八九三年はパナマ事件の年であるが、同時に選挙の年でもあって、ポール・アダンやモーリス・バレスが一八八九年にそうしたように、政治の腐敗にうんざりした何人かの作家が立候補を決意した。この決意、特にアンリ・ベックのそれは、文学界を支配していた反議会的な気分に背反するものであった。しかし、アンリ・フェーヴルは逆に、『政治的文学的対話《アントルティアン・ポリティック・エ・リテレール》』の一八九三年六月一〇日号で、この政治への介入を時代の兆候として歓迎している。

「すでに何人かの若い文人が、今度の国民議会選挙に出馬する意向を表明している。その一番手のアンリ・ベック氏はすでに立候補を宣言した。他方では、いろいろなグループが形成され、合意が探し求められ、各人が暗中模索している。しかし最初の行動の試みの混沌のなかから一つの明確な意志がくっきりと姿を現しつつある。それは、政治に参加しよう、未来を詐欺師や無作法者たちの欲深く破廉恥な手に委ねまいという若手作家たちの意志である（…）。老いた議員は時代遅れで信用を失い、すべての政党は疲弊し、すべての省庁はもう使い物にならず、すべての綱領は脈絡のないたわ言になっている。若者たちはその若さを武器に肩をすくめ、耳をそばだてている。――私たちが少し首を突っ込んでみたらどうだろう。[47]」

アンリ・フェーヴルは、議会における現実的な改革の可能性について幻想を抱いてはいないが、こう結論している。国会は、自分たちの主張を展開するための一つの不可欠な舞台である、と。これはフェーヴルは気付いていないが、結局虚しいものと判明したにせよ、かつてバレスが議員の職務に抱いた希望と同じものである。

「雄弁で断固たる決意を持った少数派が存在するならば、積極的で有益な成果は確かに何も得られなくとも、少なくともペダンティックな議員を狼狽させ、議会に動乱の火種を植え付けることはできるだろう[48](…)。」

アンリ・フェーヴルは論陣を張るだけでは満足しなかった。一八九三年七月に、彼は何人かの同業者と共に、八月の選挙に参加するために集団を結成した。[49] この試みは長続きしなかったけれども、ジュール・ユレが、バレス、ゾラ、ゴンクール、P・アダンの四人の作家に対して新しいアンケートをするきっかけになった。すでに盛んに政治に関与していたバレスとポール・アダン、あるいは過去の時代の代表であり語源的な意味で反動的な立場を明らかにしていたゴンクールの回答は予想通りのものであったが、ゾラの回答は、人生の上でも作品の上でも（彼は当時『ルーゴン＝マッカール叢書』を完結したばかりだった）転換期にあった彼の立場をよく示している。彼は、自分には公の行動をするにはハンディキャップがあることを十分に意識していたが、同時に、彼よりも有名ではない作家たちと同じく、新しい役割を果たすことを夢見ている。

「私は確信している。結集した人間たちの集団に対して自分が効果的に働きかけることができること、自分が明晰で明瞭な考えを持っていること、精神のなかには豊かな明晰さと方法とを持っていること、これは公的な事柄にかかわろうと考えている者にとって大切なことだということを。にもかかわらず、私には欠点がある。大きな欠点がある。それは本当だ。私は雄弁ではないのである。それは私が最も残念に思うことの一つだ(…)。
——あなたが勝ち取ろうとする改革とはどのようなものなのですか。

——勿論、社会の諸改革（…）。しかし、職業政治家を私は心から軽蔑しているから、彼らの下衆な政治的小細工に手を汚す気は毛頭ない。ナケの離婚法とリヴェの非嫡出子に関するキャンペーンの他にも、まだ追及すべき正義と公正の大きな課題が残っていると思う。行動の余地はいくらでもある。何を選ぶかということだけが問題だ。(50)」

このように、『エルミタージュ』のレフェランドム、選挙の喧騒およびこのユレのアンケートは、政治的役割を演じようという作家たちの願望の高まりを示しているが、同時にその一方で、作家たちの回答、特にゾラの回答は、彼らと実際の政治との距離を際立たせてもいる。すべての作家が自分を将来の議員あるいは立法者と見做しているが、プロの「政治屋」や議会の小細工には激しい拒絶を示しているのである。行動の抑圧された夢と現実の諸要請とを和解させるために、別の道が開かれた。レフェランドムの翌年の、ジャン・グラーヴ支援の署名運動である。

総稽古——ジャン・グラーヴ支援の署名運動

ジャン・グラーヴ事件を契機に文学的前衛は政治的介入の新たな様式を採用した。この新たな政治参加の様式が持つ潜在力は、後のドレフュス事件の際に大いに活用されることになる。こうした意義を持つジャン・グラーヴ事件の重要性は三つの面に位置づけることができる。まず純粋に出来事としての観点から見れば、それは、政治権力と知識人のなかの最も過激な分子との間の直接的な対立の発端となった。それ以前の諸事件は道徳的な次元で論じられることが多かったわけだが、今回は直接に政治にかかわることが争点となり、こうした道徳的特性が捨て去られた。理論家ならびに理論家に連帯する人たちは、頻発するテロの責任を負わされ、イデオローグとしての「知識人」は社会からすべての混乱の責めを帰せられたのである。次に、それと表裏をなすことだが、当時の証人や歴史学によって奇妙なことに無視されてしまったこの出来事は、[51] 知識人の動員の過程における新たな段階をなすものであり、我々としてはこの動員の方法、意味、そしてまたその限界をも検討する必要がある。そして第三に、より全体的な観点からすれば、この出来事は、新聞や雑誌で広範な論争を引き起こし、「知識人」の社会的機能についての諸テーゼが初めて衝突するきっかけになった。まず、この事件の状況を振り返ってみよう。

ジャン・グラーヴは、彼が主催する週刊誌『ラ・レヴォルト』に文芸付録として、アナーキズム的な考えに近いと彼には映った当時の作家たちのテクストを掲載していた。こうして、何人かの作家たちと政治的前衛との同盟が暗黙のうちに結ばれたのである。まず第一に、初めは極右の立場から政治にかかわり、次第にアナーキズムに与するようになったミルボーの名を挙げることができる。[52] 一八九一年において、著作権なしに転載するというこの戦術は、文学者協会との間で揉め事になった。当時この協会の会長だったゾラは、作家の物的な権利を常に貪欲に擁護していたのである。[53] 協会のこうした商人的な態度に対して、ミルボーは友人関係になっていたジャン・グラーヴを擁護した。同じ時期に、ミルボーはジャン・グラーヴの著書『瀕死の社会とアナーキー』への序文の執筆に着手していたが、そこで彼は特に次のように書いている。

「すべての若い芸術家や思想家――今日のエリート――は、正義の理念だけでなく美の理念をこの地上にもたらすはずの暁の光が射し始めてくるのを、今か今かと待ち望んでいる。[54]」

ミルボーの序文の原稿が遅れたせいで、この本は一八九三年六月になってやっとストック社から出版された。廉価版の第二版がその年の末に出たが、これはヴァイヤンとエミール・アンリのテロがあった最悪の時期だった。保守派の新聞がアナーキズムの理論家を糾弾する一方、アナーキストはそうした攻撃を自ら煽るような有り様だった。

例えばヴァイヤンが、裁判の証人にミルボーとイプセンの名を挙げたりしたからである。[55] 政府は、しかるべき対策をとっていることを示そうとして、一八九四年一月から正面きって「知識人」を非難するようになった。最初に槍玉に挙がったのは、オランダ人作家のアレクサンドル・コーエンで、国外追放となり、ゾラとミルボーが彼を擁護した。前にも名を挙げたアドルフ・ルテは、アナーキストとの疑わしい関係を理由に一月に六日間拘留された。その少し後、ジャン・グラーヴもまた、彼の著書の第二版が原因で拘留され、一月一一日には、ルクリュ兄弟の家の家宅捜索が行われている。こうした弾圧の波は続き、二月には、バレスの非常に反議会的な作品『議会の一日』が上演禁止になり、二月末にはジャン・グラーヴの裁判が行われた。エリゼ・ルクリュ、オクターヴ・ミルボー、ポール・アダン、ベルナール＝ラザール、この最もよく知られた親アナーキズム的な四人の作家はこのときジャン・グラーヴ支援の証言を行い、出版されてから六カ月も経った本が告訴されるのはつじつまが合わないことを力説し、アナーキズムの思想とここ数カ月のテロ行為とを切り離そうと努めた。こうした勇気ある態度を採る一方、彼らは、法的措置を恐れて躊躇する大新聞の尻をたたいて自分たちの論文を掲載させた。例えば、三月四日の『ル・ジュルナル』紙上で、ジャン・グラーヴに最大限度の有罪判決が出た後、ミルボーは裁判を根本原則の次元に置き直して論じている。

「彼ら（作家や出版社）を通して何が訴追されたのかといえば――それは公判の経過のなかに明瞭かつ鮮明に現れているが――、万人が有する神聖かつ不可侵の権利としての、考える権利、そして考えた後それを表明する権利なのである。そうなのだ、このフランスにおいて、大革命の後継者かつ継承者を以て任じている共和政府のもとで、ほかならぬ人間の思想が裁判にかけられているのである。[56]」

同じ三月四日、社会主義系の『ラ・プティット・レピュブリック』は同様の論旨を展開し、ジャン・グラーヴの有罪判決に対する、一二四人の作家やジャーナリストによる集団的な抗議を発表した。「自由と思想を尊ぶすべての人々は、ためらうことなく、以下の抗議声明に参加することだろう。」(p. 1) 二ページ目では、エリゼ・ルクリュ、オクターヴ・ミルボー、ポール・アダン、ベルナール＝ラザールの共感と称賛の証言を引用した後、次のように述べられている。

「このような高邁な証言に、下記署名者は心から賛同し、有罪判決に抗議するものである。[57]」

このマニフェストには最初から、デカーヴ支援の署名運動を特徴づけていた曖昧さに似たある種の曖昧さが見られる。政治は括弧に入れられ、作家が尊敬に値する人間として前面に出ており、有罪判決に対する異議申し立ては、訴因の内容に基づいたものではなく、表現の自由という原則に基づいてなされているのである。それにもかかわらず、論説記者による論説の内容や、マニフェストの全文は極左の新聞(『ラ・プティット・レピュブリック』と『ラ・ジュスティス』)にしか掲載されなかったという事実から見れば、この集団的行動が直接に政治的な意味を持っていたことは明らかである。ジャン・グラーヴの事件を越えて、署名者たちは、政府がアナーキズムに対する闘争という名目で行った公的自由の制限に対して抗議しているのである。

「得体の知れない取引によって権力を手に入れ、ブルジョワジーの卑劣さを巧みに利用して権力を維持している一握りの悪党どもが、あらゆる迫害にもかかわらず幾世紀にもわたって続けられ、今世紀において、苛烈で悲劇的な試練を経てやっと実を結んだ思想の解放のこの不可逆的な歩みを、今後も長く阻害することを許すのか？」[58]

しかしながら、デカーヴ支援の署名運動とは大きな違いがある。署名集めのイニシアティヴをとったのは政治活動家兼政治ジャーナリストのアンリ・レイレで、社会主義的な考え方の持ち主だった。後で触れるように、このことは、動員された「知識人」たちの特徴の原因となっている。レイレの名前は署名者リストの二番目に記載されており、署名のトップを飾る栄誉は、彼よりもずっと年長で知名度も高いジャン・リシュパンに譲っている（リシュパンは一八四九年生まれ、レイレは一八六四年生まれ）。

こうして、可能な限り多くの署名を集めるためマニフェストの政治的射程を最小化するよう配慮したにもかかわらず、その結果は両義的なものになった。量的な観点からいえば、それは称賛に値する（一二三人、声明文中に引用されているルクリュ、ミルボー、アダン、ベルナール＝ラザール、の四人の作家を含めるなら、一二七人）。というのも、四年前のデカーヴ支援のマニフェストの時の二倍も動員しているからである。しかし、集められた署名の質はあまり芳しくない。一般の読者層が知っている作家でグラーヴに連帯している者はごく少数である。そのことはすぐに『ル・ゴーロワ』のある保守派ジャーナリストが指摘した。彼は、一般人が名前を見て何か思い当たるような作家は一九人、すなわち全体の六分の一に過ぎないと言っている。

「ジャン・リシュパン氏、詩人で『瀆神の言葉』の著者、彼自身最初の本『ろくでなしの歌』が原因で（皮肉な巡り合わせだが）投獄されている。ジャン・ドラン氏、洞察力に富む美術評論家。フェリシアン・シャンソール氏、『ル・ジュルナル』の社交界探訪記者で一五冊程度の著作がある。アンリ・ボエール氏、『エコー・ド・パリ』の演劇評論家で激烈な論客。アルマン・シルヴェストル氏、『イゼイル』の作者、美術監査官で、カルノー氏と同期の理工科学校出身者。エミール・グードー氏、詩人で小説家、またカルティエ・ラタンの水治療法派クラブ*の創設者であり、その後おとなしくなった。ジャン・ロラン氏、小説家で劇作家、また国家援助を受けているオデオン座で先日もまた彼の作品『ヤンティス』が上演された。エミール・ミシュレ氏、流行りの講演者、詩人、おまけに占い師でもある。ポール・アレクシス氏、その著『リュシー・ペルグランの最期』は検閲に引っ掛かった。カチュール・マンデス氏、優れた詩人でアナクレオン風の散文作家。ラウル・ポンション氏、大のビール党でリシュパン氏の友人、またリシュパン氏と同様、そのあまりに淫奔な韻文のために有罪判決を受けた。ローラン・タイヤード氏、風刺詩人で新しい文学的な侮辱の言葉を生み出した。爆弾を投げたヴァイヤンについて「行為が美しければそれでよい！」と宣った。ジャン・アジャルベール氏、弁護士で作家。ヴァイヤンに選任された。ギュスターヴ・ジェフロワ氏、美術評論家で開かれた思慮深い精神の持ち主。アンリ・ド・レニエ氏、上品な象徴派詩人。代議士のクロヴィス・ユーグ氏とその元同僚モーリス・バレス氏。リュシアン・デカーヴ氏、『下士官』で訴えられ、一八八九年にこれと似た署名運動が彼のために行われた。そして最後に、ベルジュラ氏。醜悪で野蛮な、まさしく『テンペスト』のカリバン的人物だ。[59]」

＊les Hydropathes 水治療法派。l'Hydropathe 紙を中心に一八七八年にパリで結成され、一八八一年頃に解散したデカダン的傾向の文学者集団。水治療法とは無関係で、この名称は「酒を愛し水を毛嫌いする」精神のアイロニカルな表明にすぎない。

見かけは客観的な列挙であるが、もっと露骨な他の部分と同様に、実はここにも署名者たちについての潜在的な「社会学」的分析が隠されている。同業のジャーナリストの場合には余りに個人的な攻撃を加えると反論されたり決闘を申し込まれて償いを求められたりするので慎重になってはいるが、二言三言、隠微な形で当てこすっているのである。この保守的なジャーナリストは、それが可能なたびに、名前を挙げた作家たちが何故既成の秩序に反旗を翻しアナーキストを支援する署名運動に加わったかということを説明する文学上のエピソードあるいは以前の意見表明に言及している。こうして、裁判所と一悶着起こしたことのあるすべての人、公序良俗の範囲すれすれのものを書いていた人、あるいはまた、すでに過激な態度表明をしたことのある人が取り上げられているのである。一番目の場合に当てはまるのは、J・リシュパン、P・アレクシス、R・ポンション、L・デカーヴであり、二番目の場合は、H・ボエール、A・シルヴェストル、E・グードー、J・ロラン、C・マンデスであり、そして三番目の場合は、L・タイヤード、J・アジャルベール、C・ユーグ、そしてM・バレスである。加えてこの記事は、アルマン・シルヴェストル（「美術監査官」）、国家援助を受けている劇場で上演されたジャン・ロラン、あるいは議員と元議員の二人のように、国の予算から給料を受け取りながらその同じ国の司法を批判する署名運動者に対するさらに別種の当てこすりも含んでいる。この記事の執筆者は、それ以外の署名者にはあまり遠慮することなく、前衛文学に対してよく使われる侮蔑的な評言を浴びせている。(60)

この請願の批判者たちは、ジャン・グラーヴの支援者たちがデカーヴ支援の署名運動のとき使われた戦略に準拠していたので、今回は重要な作家を真に動員することに失敗したと執拗に言い張ることができた。マニフェストは根本原則を押し出しているのだから、この原則はあらゆる党派に属する人々によって、また大きな象徴資本を所有しているが故に彼らが肩入れすればその運動が異論の余地のない根本原理にかかわるものであることの証拠となるような、そういう人々によって支持されねばならない、というわけである。しかしながら、この保守的読解は、大部分が間違っている。なぜならこの読解は、ジャン・グラーヴ支援運動がまさに乗り越えようとした、エリート主義的な「知識人」観にとどまっているからである。著名人を動員することができなかったので、ジャン・グラーヴの友人たちはすべてのエリート主義を否定したのである。「知識人」と政治の新たな関係がこれを可能にした。

　前衛が自らすべての問題に関与するようになり（一八九三年のレフェランドムを参照）、また中間派の作家とは違って金銭や政治的妥協によって腐敗してもいないので、前衛だけが真の知的諸価値を体現しているという考えに支えられるようになった時から、前衛は、沈黙して動こうとしなかった年長の著名人の権威に頼ることなしに、被抑圧者や正義の象徴的な擁護を標榜しえたのである。署名者の名前が何の順序もなしに列挙されていること（一八八九年のデカーヴ支援の署名運動では著名度や年功が配慮されていた）と様々な領域の知識人が混ざり合っていることが、そのことをよく示している。作家、ジャーナリスト、政治活動家、芸術家、音楽家、さらにまったくの無名の人の名前までが一緒に並んでいる。人数は少ないとはいえ、無名人の名までが並んでいることは、やはりこの声明から象徴的な重みを奪い取ってしまうことになる。[61] この署名運動においては、横断的な連帯（友情の絆、美的な親近性、雑誌での付き合い、年齢層、政治的意見）が、領域的な区分や威信の階梯や個人的な著名度といったことに優先していた。この横断的な連帯というのは、知的前衛（反逆、斬新、先進のすべて）と「文学的アナーキー派」（この表現の二つの意味で）との特徴をなすものである。

　ジャン・グラーヴ支援のマニフェストは、こうした観点からすればまさに、『エルミタージュ』のレフェランドムに表れていた知的民主主義の政治的表現である。『ル・ゴーロワ』紙の記者は、判断に必要な時間的・空間的隔たりを欠いていたためにこのマニフェストの歴史的射程を見て取ることはできなかったが、たとえ嘲弄するためであったとはいえ、二つの前衛の間の重なり合いの関係をはっきりと認めている。

「ジャン・グラーヴ氏を支援する署名運動だが、いったい誰が署名したのだろうか？　署名者の多くは、歴史の浅い雑誌、『メルキュール・ド・フランス』、『エルミタージュ』、『ルヴュ・ブランシュ』の連中である。いわゆる象徴派の揃い踏み、あるいは自らを謙虚にも「来るべき二十世紀の人間」と呼ぶような徒輩である。何人かの画家や音楽家もいる。何人かのベルギー人もいる（どこにでも顔を出す奴らだ）。若いフランス文学者のなかには、少なからぬ数のベルギー人、イタリア人、スイス人、オランダ人がいるのだ。[62]」

資料をいろいろ突き合わせてみると、この筆者の印象の正しさが裏付けられるが、同時に相対化しなければならないことも明らかになってくる。例えば、政治色においてジャン・グラーヴと最も近かった『政治的文学的対話《アントルティアン・ポリティック・エ・リテレール》』の一八九〇年から九三年にかけて出た号の目次を調べてみると、マニフェスト署名者のうち一二人の名が見出される。しかしながら、この一二人という数字と署名しえたであろう寄稿者（外国人と死去した作家は除く）の全体数とを比べると、明らかにわずかしか署名という形での参加を行っていないことが明白となる。全体数六四人に対して、署名者は一二人に過ぎないのである。同様に、『エルミタージュ』のレフェランドムで芸術家の自由の擁護を表明した若い作家の総数と比べても欠落は大きい。言動を一致させてマニフェストに署名したのは五三人中わずか一九人に過ぎなかった。『メルキュール・ド・フランス』と『ルヴュ・ブランシュ』の寄稿者のうち、署名者は（重複はあるが）それぞれ二〇人、一四人とかなり多い。このような比較は、前に述べたイデオロギー的分析、あるいは出現しつつある「知識人」の社会的イメージの分析を裏付けている。過激主義に近い戦闘的知識人という新しいモデルは、文学的前衛とますます固く結束し、文学的前衛がその供給源となった。だが、文学的前衛の全体が積極的活動を行うとか、あるいは現実に過激な運動との連帯を表明するとかというにはほど遠かった。最初の「知識人」はまだ、文学的少数派のなかの少数派でしかなかったのである。

本来的には最も動員しやすい場だったにもかかわらず、それが半ば失敗に終わってしまったことは、否定的な理由以外の理由からも説明することができる。その第一の理由は政治的なものである。署名者の多くは、マニフェストが掲げた建前とはちがって、彼らの意見が被告のグラーヴの意見に近いからこそ署名したのである。他の者は反対におそらく、アナーキズムだと非難されることを恐れて署名するのを拒否したのであろう。第二の理由は象徴的なものである。この運動の「民主的」方針、また著名人の不在が、ヒエラルキーに執着する文人や玉石混淆を嫌う文人を遠ざけたのであろう。こうした解釈はゾラの署名拒否によって裏付けられる。ゾラは、デカーヴには連帯を表明し、前の年には政治的参加への関心を示していたし、さらには先に挙げたオランダ人作家アレクサンドル・コーエンを擁護していたにもかかわらず、グラーヴ支援には参加しなかった。このような彼の態度が引き起こした論争は、この署名運動の隠れた争点を明らかにしてくれる。

ゾラ対「知識人」

先に引用した『ル・ゴーロワ』紙の中傷記事は直ちに、署名者リストにゾラの名が見当たらないというマイナス面に言及し、ついでにこのアカデミー・フランセーズへの万年候補の署名拒否に対して悪意に満ちた説明をしている。

「ゾラ氏がグラーヴ氏支援の署名をしなかったことは注目を集めるだろう（…）。毒舌家たちによると、氏はいざ署名しようとペンを執ったが、アカデミー会員たちの視線がじっと重く注がれているのを感じてとりやめた、とのことである。」

しかし、署名運動の主導者のアンリ・レイレは、署名運動のマイナスになるこうした主張を野放しにしないために、署名拒否についてゾラと交わした会話を伝えている。

「（ゾラ）私は暴力に賛成ではないのです（…）。」

「署名者の中の誰も、署名に同意することによってアナーキスト集団と連帯しようとはしていないと、私は確信しています。今みんなの頭にあるのは書く自由が今日脅かされているということだけです！」

「書く自由？　何を言うんです！　誰もグラーヴ擁護のためにそんな論拠を用いはしなかったですよ。彼の弁護士でさえ用いなかった（…）。それにグラーヴは作家ではない。我々の仲間ではない。彼は政治家、活動家です。政治屋は政治屋同士でやってもらいたい。私は政治はやりません！　政治をやりたくなった時には行動に移します。その時までは活動家の政治的な災難などにかまける気はありません。自業自得なんですよ（…）。社会を攻撃すれば、社会は自己防衛します。社会としては当然の権利でしょう。君たちも抗議したいならしなさい。それもまた君たちの権利です。若い文学者は常に勇猛果敢で、ま、自分の義務を果しているんでしょう。しかし、それはもはや私の年齢ですることではない！　オクターヴ・ミルボー、ポール・アダン、他にもたくさんいる！　これらの若い人たちはみんな、三〇歳の血気にふさわしい蛮勇を発揮している。しかしそれも収まるでしょう。私と同じく、彼らもまたその勇猛さを持たなくなるときがやってくるでしょう。そう、正直に言いましょう。この種の運動をやる元気は私にはもうない。もうおしまいなのです！」

「そういうことであれば、私はもう何も申しません。」

「ああ、いまにわかるよ。署名運動なんて剣で水を突くようなものだ。(63)」

極左と極右の新聞各紙はこうしたゾラの態度を論評した。極左新聞は彼を臆病だといって非難し、右派新聞は彼が無秩序を支持しなかったことを持ち上げた。(64)だが実際には、これら新聞各紙はこのインタヴューを一面的に読んでいて、ゾラの言葉の矛盾や曖昧さの重要性を見落してしまっているのである。ゾラは二つの防御線と二つの自己像の間で躊躇しているように思われる。彼はまず、署名運動が非政治的だという考えをはねつけている。被告のグラーヴは政治家である、だから彼を擁護するには彼の考えを共有しなければならないというわけである。先に述べた、著作権の問題に関して彼とグラーヴの間で起こった揉め事は、おそらく対話の途中でゾラの脳裡をかすめたことだろう。こうした利己主義的で非政治的な同業組合主義は、『ナナ』の著者ゾラのこれまでの立場に比べると後退している。しかし同時に、自分の言い訳のまずさを意識しているゾラは、勇敢で寛大な若い文学者を熱烈に称賛し、醒めた老人の一種の自己批判でこの対話を締めくくっている（途中でゾラは、彼によれば活動家的な熱狂を持ちうる限界である、三〇歳をとうに越えていたミルボーを若者の内に数えているが、この『小間使いの日記』の著者は実際にはゾラより八歳若いだけである）。ゾラは、文学と政治の二つの領域において、むしろ自分の批判者の側に論拠を提供しているのだということを理解した。しかし、このような見かけの立場の見かけの理由の陰には、この抗議運動の弱点を明らかにする、より核心的な戦術的分析が秘められている。ゾラの真意によれば、まず時期が悪い（「社会は自己防衛する」）、動機が弱い（盲目的なテロ行為と連帯することなしにアナーキストを擁護することはできない）、動員された人たちがよくない、象徴的な重さを持たない（「剣で水を突くようなもの」）、若者の蛮勇である。こうした反論によって、ゾラは暗に、この署名運動とデカーヴ支援の署名運動の比較をしているのである。デカーヴ支援のときには、署名運動が裁判の前に行われ、これに影響を与えたのに、今回は手遅れとなってしまっている。また、起訴された本は異なった種類のものであり、一方は現実を告発したもの、他方は社会そのものを攻撃したものである。そして、デカーヴ支援のときにはすべての文人が自分に関係があると感じていたのに対し、グラーヴ支援のときにはグラーヴの政治的感性に共感を持つ者しか立ち上がらなかった。ここからは、ゾラが四年後、彼自身「われ弾劾す」のために引き出すことになる教訓を引き出すことができる。つまり、「知識人」の動員は、「真実」（グラーヴ支援の場合、まったく政治的だった）と「正義」（グラーヴ支援の場合、社会は法のルールを遵守した）が問われるのでないかぎり実現しないということである。

こうして、たとえジャン・グラーヴの擁護者が、『ジェルミナル』の著者ゾラは署名を拒否したために署名運動に否定的なイメージを与えることに手を貸していると批判はしても、またゾラ自身何を語ったとしても、ともかく思慮深い文学的かつ政治的戦略家であるゾラは、グラーヴ支援運動の脆弱さと曖昧さを的確に突いたのである。それぞれの分野における被支配者が多数を占めていたことは、運動にマイナスに作用した。部分的に再構成しうる署名者たちの年齢構造――無回答は無名性と若さの補足的な徴表になっている――は、そのことの最も雄弁な指標である（**表Ⅲ—1**を参照）。署名者の圧倒的多数は三〇歳そこそこかそれ以下である。年齢の分かっている七六人中、四三人が一八六二年以降に生まれている。一人か二人の例外を除いて、これらの人々には自分の所属する場においてさえ自分の名前を知らしめるだけの時間がほとんどなかった。また一八七〇年以降生まれの者は、まだ半ば学生半ばアマチュアの作家志願者にすぎなかった。[65] この署名運動の内的矛盾はこうしてはっきりと現れてくる。彼らは職業的な帰属を明確にすることなく作家たちの庇護の下に自分を置くことによって、自分たちは知識界に所属しているのだということをほのめかそうとした。しかし、署名者リストをあまりに若い人たちや単なる市民や活動家にまで開放してしまったので、それは別の種類の請願、古典的な大衆の請願になってしまったのである。一方では、集団的象徴資本が存在せず、他方では、結集した人数があまりに少なすぎた。ジャン・グラーヴ支援の署名運動とはまさに、この観点からすれば、文人の昔ながらのエリート主義とドレフュス派「知識人」の新しい民主主義との境界線上における総稽古だったのである。しかし、この署名運動の指令部には将軍がおらず、また兵士は中隊を形成するにも足りなかった。この試みとその半ば失敗の結果から得られた教訓は失われることはないだろう。たとえ当面、政府の弾圧が一八九四年八月に、フェリックス・フェネオンのような本物の「知識人」たちが連座した三〇人裁判で極点に達し、ベルナール＝ラザールのような極左の作家のうち最も著名な者たちが、同じころ軍法会議で有罪とされたドレフュスのような新たな事例が公になるまで、撤退を余儀なくさせられたとしても。(66)

結語

最初のドレフュス主義の活動家を生み出すことになる二つの知識界が経験した政治的諸変化を総括すると、ドレフュス事件の裁判が始まる直前には、「知識人」の政治的役割についての新しい考え方がすでに文化生活の核心をなしていたこと、また「知識人」を動員するための新しい方法が実験されていたことが確認される。後に「知識人党」と呼ばれることになる集団の構造は、事実の中にはまだであっても、少なくとも将来の指導者たちの頭の中にはすでに半ば姿を現していた。半ば失敗した試み、あるいはあれこれの人物の豹変する言動でさえ、新しい情勢の中で成功するための解決策をドレフュス主義の将来の指導者たちに示唆しえたのである。しかしだからといって、意識的な少数派の役割についてあまりに理想主義的なイメージを与えてはならない。この意識的少数派の役割なるものは多分に、リュシアン・エールに従う主知主義的な高等師範学校生《ノルマリアン》や、ベルナール＝ラザールを中心とするアナーキスト的文学的前衛の幻想にすぎない面もあるのだから。

ドレフュス事件だけが、二つの「知識人」集団の間に闘争を生じさせうる諸条件を現実化したのである。ノルマリアンの社会主義と文学的アナーキズムは、現行の権力に対して各々の自律性を主張し、彼らを「民衆」に接近させる事件をきっかけに、あるいは政治の弾圧の犠牲になった知識人の権利を擁護するために結集した。(67)しかし、前衛主義につきものの弱点だが、世論に反響を呼び起こすに足るだけの象徴権力を持つ人々を味方にすることができなかったために、彼らは彼らの帰属する集団のうちのごく少数を動員することしかできなかった。さらに、前衛諸集団はまだ互いを知らず、ときには互いを蔑視し合っていた。文人は公務員である知識人教授を評論家と同一視して憎んだり軽蔑したりし、学者は詩人の軽薄さや理論面でのアマチュアリズムに苛立った。しかしながら、こうした伝統的な紋切り型の定式は知識界の変容に応じて変化していった。例えば、アンケートは職業的な境界線を越えて行われた。さらに、ドレフュス主義の指導者たち（リュシアン・エールとベルナール＝ラザール）は、二つのタイプの知識人集団に自由に出入りするという特徴を共有していた。だが、この社会的資本も、知識界の危機、「知識人」の社会的役割の新たな表象、知識界内部の諸対立によって生み出された隠れたダイナミクスの恩恵を受けなかったら、十分な力を持たなかっただろう。一八九八年―九九年の諸請願運動を象徴的かつ社会学的に読解することによって、「知識人」の誕生に関するこうした仮説が証明されることになるだろう。

第四章　「知識人」対「エリート」——ドレフュス事件の一つの読み方

「奇妙な現象が見られた。化学者や数学者、博物学者や歴史学者、文献学者や哲学者が、大工や石工、ガラス職人やトタン工、運送屋や葡萄園労働者と、手に手をとって歩いているという現象が。」

——セレスタン・ブーグレ

『フランスの民主主義のために』、パリ、コルネリ社、一九〇〇年、九五頁。

ドレフュス事件は、第三共和政期を対象とする歴史研究の中で例外的な位置を占めている。この事件は、第三共和政期の政治的出来事としては唯一、人々の記憶の中でこだまし続け、比較的広範な読者に訴える書物を生み出し続けており、また殊にこの事件の見方が歴史学それ自体の進展と同じ歩調で進展しているといえるような出来事なのである。こうした観点から見れば、ドレフュス事件に比較しうるのは、差異は考慮に入れた上で、フランス革命だけである。(1) それればかりか、ドレフュス事件はその後生起した一連の紛争——政治的・社会的論争が、階級間あるいは政党間の闘争ではなく、当時まだ使われていなかった表現だが、二つの社会プロジェクトの対決という様相を帯びていた紛争——の最初のものであったとする論者もいる。(2) 以下の最後の二つの章の目的は、必然的に限られているスペースのなかにおいて、この事件の記念に構築されたすでに壮大な歴史書の壁に新たな石を積み上げるということではない。ドレフュス事件は知識人とエリートとの間の関係の社会的・文化的力学のすべてを作動させるものであったからこそ大きな意義（同時代に対する、あるいは後の時代に対する意義）をもちえた出来事であったのだが、この事件に関してこれまでの章で述べてきた仮説と解釈を検証することが目的なのである。したがって、厳密に言えば、「事件に立ち戻ること」、あるいは政治的な観点から社会的基盤を明らかにすることが問題なのではない。二重の往復運動による解明を目指しているのである。論争の政治的側面はおそらく、それ自体が形態学を後ろ盾としている社会学によって、より鮮明に浮き彫りになるであろう。しかし、逆に、この二つのアプローチは、全体的な因果関係を意識しないでいる平常時ではなく、妥協の余地のない二者択一を迫られる政治的危機においてこそ、またそうした政治的危機によってこそ、十全な意味を持ち、潜在的に備えている実践的能力を発揮するのである。以下に展開するドレフュス事件の読解は、これまで引き出してきた一般的モデルの妥当性を確かめたいという望みを持っている。つまり、二つの陣営の知識人たちが、どのようにして、どんな理由で、どんな基準で結集したかを理解していこうとするのである。また、対立するイデオロギーと、敵対し合う二つの集団の社会的構成との間の関係がいかなるものなのか、謳われている理想（一方には「知識人」の理想が、他方には「エリート」の理想がある）と、実際に活動している個々人の期待はずれの現実との間のずれがいかなるものなのかということも分析されるであろう。

そういうわけで、私は、分析の基準点として、様々な陣営の署名者リストを特に重視した。というのも、これらの資料は私の問いの核心にかかわるすべての側面を秘めているテクストなのである。これらは、個人的意見から一まとまりの集団的意見へと移行せしめるものなのである。その結果、政治に対する関係の変化と、相対的なリスクを引き受けるという人々の態度とを示している。さらにこれらの資料は、イデオロギー的、地理的、かつ／または社会的な近接性に基づく連帯性の連鎖反応を用いることによって、潜在的な状態にあったものを顕在化してくれる。最後に、それは闘争における武器であり、集合表象をはっきりさせてくれる新たな論争の論拠であり対象である。とりわけそれは、歴史学者にとって比類のない利点を持っている。印刷され、公表され、繰り返して取り上げられ注釈を施されるこうした抗議文書は、山場となる二つの時期をもってドレフュス事件の局面を際立たせている。まず、一八九八年初め、「われ弾劾す」をゾラが発表した後に、ドレフュス派の人々が、ゾラが引き起こしたスキャンダルによって開かれた突破口を広げようと試みる時期。もう一つは、一八九八年の末から一八九九年初めにかけての、署名への動員が高水準に移行する時期である。再審への動きが進みつつあると思われた時に、世論の虜である政府の態度が猫の目のように変わるので、再審派は彼らの支持者を広げる必要に迫られる（ピカール支援の署名運動）。そのことが今度は逆に、守勢に置かれた反ドレフュス派の署名運動（アンリ義援金とフランス祖国同盟の設立）を引き起こす。少なくとも象徴的な面でのこうした急進化と極端な手段の拡大とは、クラウゼヴィッツ流に言えば、緊張を鎮めるための調停（「統一への呼びかけ」）を企てるように穏健派の人々を駆り立てている。こうして二つの陣営の対立を拒む人々さえもが分類されうるのである。

それ自体が事件であり、また事件に影響を及ぼす手段でもある署名運動は、集会やプレスキャンペーンあるいは街頭デモといった、ドレフュス事件の間に同時に用いられた社会勢力の他の動員形態よりも、解釈のための優れた道具となっている。ある程度の注意を払い、またこの資料に含まれている情報の不足部分を補いさえすれば、歴史学者はこうした抗議文を通じて、抗議文が我々に示してくれる様々な指標——氏名、職業、署名者リストの長さ、参加者の地理的分布、加担の程度——から、二つの陣営の社会的肖像を描きあげることができる。すでにこれらの資料をこのように使用した研究者は他にもいるが、しかしそれは人物研究のためであったり、あるいはより大きな問題（ナショナリズムや反ユダヤ主義）の研究の一要素としてであった。そのため比較研究がもたらしてくれる特殊性や補足的意味を消し去る結果となってしまっている。(3) というのも、ある一つの署名者リストがもっている社会的・象徴的特徴の多くは、対立し競合する署名者リストとの差異によって初めて明らかになるものだからである。

以下の読解はしたがって、諸々の署名者リストを真の規模をもってなされた一つの世論調査として扱ってゆくのだが、この場合、世論調査では普通つかめない回答者の氏名や彼らのいくつかの社会的地位がつかめることになるだろうし、また回答者たちを互いに関連づけることが試みられることになるだろう。本書で扱っている問題から考えて、政治界において敵対関係にある複数の社会的表象を明らかにしてくれる全体的な読解を行ったうえで、署名運動の中心的なカテゴリーと知識界の主要グループに的を絞って突っ込んだ調査を行うことにしようと思う。

第一節　象徴的読解──「数えるなかれ量るべし」（マルク・ブロック）

重みか数か

政治的な武器としての署名運動は、二つの観点から考察されなければならない。一つは質的・象徴的観点であり、もう一つは量的・社会学的観点である。明晰な分析を行うために、我々はこの各々の観点を別々に研究してゆくこととしよう。一方では、どんな名前が挙がっているか、名前がどのような仕方で提示されているか、そして名前がどういう順序で並べられているかということは、主唱者たちの戦略──その戦略が明瞭に見て取れるか否かはまちまちだが──に因るものである。こうした戦略は、署名者たち、あるいは彼らを署名するように促した者たちが、自らの役割について抱いていた理想を間接的に教えてくれる。他方では、ドレフュス事件は無力な政治権力に対抗し、消極的な世論に代わるために行われる大衆的な陳情という伝統を継ぐものである。このようにして署名運動は優れた人々と平凡な人々との奇妙な同盟を実現するのだが、このことは同時代の人々には革命的であり、また少々破廉恥であることのように思われた。というのも、二つの正反対の戦略が署名運動によって実行に移されたからである。すなわち、名前の数よりも名前の重みが重要視されるエリート主義的戦略と、多数派であるということが政治的真実の保持者になるための闘争における論拠となる、民主主義的戦略である。ところで、先に触れたように、政治をめぐる当時の人々の考え方からすると、知識人と社会の他の者たちとの間の、あるいはエリートと大衆との間の対立は、克服不可能なものであるように思われていた。政治的闘争の論理は、行動することが急務となった情勢下で、まさにこの対立の克服へと人々を導いていった。時には、主唱者たちが始動させた社会の力学が彼ら自身の手に負えなくなるということもあったが……。

質を重視する署名者の動員から量を重視する動員に移行していったことは、様々な指標からうかがわれる。まず第一に、数字である。ドレフュス擁護派の初期の文書に挙がっている名前の数は、重複して記載されているものを除けば、一四八二名である。この数は、初期のドレフュス擁護派の人々自身が認めているように、非常に少ない(4)。後の署名運動の規模は一変する。ピカール支援のための署名運動では三万名から四万名の署名が集められ、アンリ義援金には二万五千名、フランス祖国同盟には四万名の署名が集められた(5)。したがって、初期の署名者リストは、初期の数の乏しさを隠すために、象徴的ヒエラルキーにしたがって、また文書に「知識人のマニフェスト」という、以後歴史的なものとなった名前をつけさせることに貢献した肩書きの示し方にしたがって、作成されている。

肩書き効果

この最初の抗議文は二つの特徴によって、一八九八年の末の諸々の抗議文と区別される。肩書きのない者が占める割合はとりわけ小さく（一九・二%）、したがって署名運動への参加は、他の人に簡単に取って代えられうるような単なる「市民」としてばかりではなく、公的な資格をもった人物として行われたのである。この点に反ドレフュス派の顰蹙を買うことになると共に、「知識人」という言葉にその象徴的・政治的意味を十分に与えるもとにもなるパラドックスの源がある。この「知識人の宣言」という名前は、署名者の大半が知的職業についていたということ

（これまでに分析したこれ以前の抗議文においてすでに明白であった現象である）に由来するというよりも、むしろ職業的肩書きや学位がその通常の社会的文脈を外れて、司法的・政治的な他の権威に対抗する権威を示す論拠として使用されているということに由来している。自己を社会的に定義するこのような抽象的なやり方――というのも、職能よりも肩書きの方がより頻繁に言及されているからである――を徹底させたのは、わざわざ肩書きを言う必要がない位に自分は有名だと思っている人々である。彼らの名前はそれだけで一つの肩書きなのである。例えば最初のリストに挙がっている幾人かの文人（ジャン・アジャルベール、ポール・ブリュラ、レイモン・ケクラン、フェルナン・グレグ等）の場合がそうである。[6] ある人を象徴的に権威のある人物だと思わせる二番目の方法は、それほど威信のない肩書きを共通因数とすることである。たいして威信のない肩書きでも、びっしり並んで進む数多くの人々が担うことになれば一種の錯視の効果をもたらすのである。つまり、同じカテゴリーに属するすべての人々が同じような考え方をしていると読者に思わせるのである。このような名前の提示の仕方は最初のリストの三つの段落に使われている。そこでは教授資格者《アグレジェ》、文学士、理学士がずらっと並べられている。この順序は偶然に因るものではない。組織だった部隊の閲兵や分列行進の場合と同様に、最も偉い者たちが、すなわち大学におけるヒエラルキーのなかで最も高い位置にある者たちが、先頭に立つのである。

　バレスの鍛え抜かれた目は、この巧妙な策を見逃していない。有名な、嫌味たっぷりの論文の中で、彼は次のように力説する。「なんと多くの学士どもが教授たちと肩を並べて行進していることか。[7]」『根こぎにされた人々』の著者バレスの言に含まれた中傷の口調は、この術策が部分的に成功を収めたということによって説明づけられる。というのも学士号は当時まだ十分に稀な肩書きだったので、一般の人に対しては学士以上に威厳のある肩書きと同程度に強い印象を与えることができるものだったのである。したがって、敵対者たちは、署名者たちを端役、あるいは操られている兵卒といったレベルに引きずり下ろして肩書き効果を減らすこと、彼らを「大衆」――この語は当時の人々の不安を掻き立てる響きを持っていた――とすることを狙ったのである。もっとも、バレスの非難は間違っている。というのも初期のリストでは学士たちの名は概して教授たちの名の前に挙げられており、学士たちが柔順な羊のように教授たちの後に従っていたわけではなかったからである。

しかしながら、こうした分類と演出の方法は限定的にしか用いられていない。というのもドレフュス擁護派の人々は、あまり経験のない主導者だったからである。小雑誌や高等師範学校、文科ファキュルテ、高等研究院《エコール・プラティック・デ・ゾート・ゼチュード》のような、署名を集める元になった小集団を別にすれば、ドレフュス擁護派の人々は全員一致で支えてくれるような機関をほとんど持っていなかった(8)。またそうした団体の一つに属しているあるメンバーが自分の政治的立場のためにその団体の名を濫用したのではないかと他のメンバーに疑われるような時には、肩書きの効果が逆に作用することさえ起こりうる。署名者リストが公表されると、訂正の要求がなされたり、対抗的な署名運動が行われたりしたが、そうしたなかで最も興味深いものの一つは古文書学校《エコール・デ・シャルト》の教授と学生のイメージに関わる例である。古文書学校の幾人かの教授が再審派の闘争において果した牽引車的な役割や、法廷における論争の際に彼らが果した鑑定人としての働きのために、この学校の教授と学生はドレフュス事件のキー・パーソンとなっていた。この人たちにあっては、「知識人」の象徴権力は、ある信条に奉仕する専門的能力に裏打ちされているのである（自らの「知性」の適切な使用であり、ブリュンティエールが好んで用いた「チベット語の教授」という皮肉に反駁するものである(9)）。それゆえにこそ、一八九二年二月二二日の『ル・ジュルナル』紙に、古文書学校の学生と卒業生が反ドレフュス派の教授であるロベール・ド・ラステイリーの意見を支持する抗議文を寄せているのである。この教授は、「科学的」鑑定のために必要不可欠な原典の調査検討を怠っている彼の同僚たちを、古文書学校の方法に悖っていると非難している。ラステイリーによれば、彼らは専門家としての権威の陰に自らの偏った立場を隠して職業倫理に背いているのである。こうして五五人もの古文書学校の学生および卒業生がこの機会に一団となって、四、五人のドレフュス

派の教授が再審派の大義のために捧げた象徴資本のすべてを破壊したのであった。(10)

ランク効果

古文書学校の在校生・卒業生が行ったこの対抗的署名運動は、フランス祖国同盟の反ドレフュス派の人々によって後に実施されることになる署名運動のモデルを先取りするものである。フランス祖国同盟への加入者リストは、敵対するドレフュス派陣営の署名者リストに対する応答たらんとするものだが、『リーブル・パロール』紙が呼びかけたアンリ義援金運動の、広告に似たような方法とも一線を画するものである。というのも、アンリ義援金では、個々人は集められた金額の陰に消えてしまっているからである。フランス祖国同盟の少なくとも初期の署名者リストでは、署名は同業者別に体系的にまとめられているが、これは社会の縮図をそこに示す方法なのである。というのも、バレスの社会有機体論的な見解によれば、社会とは単なる個人の集合体ではなく、国民全体の共通の価値によって互いに緊密に結びついている様々な職業集団の連合体だからである。個人レベルの多様性は職能の統一性において解消され、さらにその統一性自体が、古来性と歴史的伝統に基づくヒエラルキーによって秩序立てられている「祖国」という高次の統一性の背後に隠れてしまうのである。

こうして、アカデミー・フランセーズの会員は、フランスの最も古い機関に所属しているがゆえに署名者リストの先頭に置かれ、ドレフュス派の人々のように社会参加の度合いの順に並べられるのではなく、むしろ選出時期と年齢の順に並べられている。最初に挙げられているのは一八〇七年生まれで一八五五年以来のアカデミー会員である老ルグヴェである。次にはブロイ公爵（一八二一年生まれ、一八六二年入会）、アルフレッド・メジエール（一八二六年生まれ、一八七四年入会）、ガストン・ボワシエ（一八二三年生まれ、一八七五年入会）といった具合に続き、一八五九年生まれの最も若いアンリ・ラヴダンがしんがりをつとめている。こうした名前の並べ方には、知的正統性のヒエラルキーを、まずリシュリューによって創設されたアカデミーに基づかせ、次にアカデミーの内部においては入会の順に基づかせるという、二重の意味での伝統重視思考が見てとれるし、またこうした知的正統性の序列の付け方は、祖国はフランス語のうちに具現され、それ故に職権上フランス語の番人たる人々のうちに具現されるのだという、二重の意味で《古典的な》主張に見合ったものなのである。しかし、アカデミー会員の後に続く人々の名前の並べ方は、このような伝統重視思考よりも独創的なものである。ドレフュス派の人々に示唆を与えた慣例に従うとすれば、アカデミー会員たちの後には、作家たち、すなわち将来アカデミー会員になるかもしれない者たちの名前が来るはずである。しかし、事実はそうではない。というのも、作家たちは、大学人（教授と学生とを含む当時の広い意味での）や芸術家や医者によって構成されたいくつもの段落の後になってやっと出て来るからである。

こうした象徴的な細部は偶然の結果ではない。そのことは公式の署名者リストの検討とそのリストの公表をめぐる逸話から明らかである。フランス祖国同盟の主唱者たちは、当初、綿密な準備の上で事を運び、整然と秩序を防衛しようと望んでいた。ドレフュス派の少々無秩序で自然発生的なリストや、アンリ義援金運動を主導したドリュモンの誇大広告的手口から自分たちのリストを区別するために、初めはリストの公表はアカデミーの創設記念日に予定されており、あらゆる出自の人々の名前が多数集められた後に初めて行われることになっていた。『ル・タン』紙の質問に答えたブリュンティエールの言葉によれば、新聞に載ったのは、情報がうっかり漏洩してしまったためで、時期尚早になされたのであった。彼によれば、「卓越した二百人の人士が集まる」[11]のを待たなければならなかったのである。公式のリストとは順序が異なるこのリストが許可されぬまま漏洩してしまった後、このリストに異議を唱える電報が新聞に掲載された。

「ある朝刊紙が、『フランス祖国』の名の下に組織される新しい同盟の宣言を本日掲載した。その宣言には、主にアカデミー・フランセーズと大学とに属している者の氏名のリストが付されている。準備委員会はこのリストの掲載には関知していない。宣言文は正確であるが、加入者リストは完全なものでも、真正なものでもない。リストは近々公表されることになるであろう。[12]」

大学がアカデミーのすぐ後に続いているのは、主唱者自身が認めているように（中心人物であるドーセとシヴトンは二人とも大学教授である）、ドレフュス擁護と大学とを同一視しがちであった世論を覆すためであった。大学は、ドレフュス派の動きがとりわけ顕著だったのである。要するに、名前のこのような提示の仕方は、先に触れたドレフュス派の署名者リストの肩書き効果を打破し、大学の政治的イメージを変えることを目指している。もっとも、ある意味では、反ドレフュス派の人々は、彼らが行った論争によって、ドレフュス派と「知識人」と大学人とをこのように同一視することに対して責任を負うべきであり、しかもこのことはドレフュス事件が政治的局面に突入する以前からすでに起こっていたことなのである。ピカール支援の署名運動の成功が、大学人という威信がそれでもやはり世論をつかむ有効な武器であることを証明したからには、この力学をナショナリズムのために利用しないわけにはいかない。「ソルボンヌのフランス語雄弁学教授」であるクルスレ翁は、署名リストの名前の提示に用いられている差別化の論理および既成イメージの転覆の論理をざっくばらんに表明している。

「私は、ドレフュス事件で立場を表明した一部の人々と、世間の目に大学全体を引っ張っているように見えている一部の人々とを、はっきりと区別する必要があると思いました。大学人全体がドレフュス派に追随しているなんてまったくの嘘、真っ赤な嘘なのですから。(13)」

フランス祖国同盟の暫定委員会はその方針を実行し、最初の八つの段落に大学人の名を並べた。このような大学教授たちによる同業組合的な優越に対する唯一の例外は、フランス学士院の数人の会員か、大学ではないけれども権威のある機関の教授たちに対して認められている。その一例をあげれば、コレージュ・ド・フランス教授であるピエール・ラフィットの名前はアカデミー・フランセーズの会員たちのすぐ後に、かつフランス学士院の会員に先立って挙げられているのだが、それはおそらく彼が実証主義の公式の旗手であって、リストの先頭に位置する、伯爵や公爵の爵位を有するアカデミー会員によって体現される伝統の重みに釣り合ったある種のイデオロギー的現代性の保証人であるからだろう。他の二人の例外は、画家のドゥタイユとジェロームであるが、この二人はアカデミー・フランセーズの会員たちが文学の領域で具現している権威を美術の領域において代表する人物である。これら幾人かの象徴的な名前をもって、フランス祖国同盟によって集められたイデオロギー的傾向の多様性の縮図がこうして示されるのである。学士院会員の後には、大学人が、大学の所在地にかかわりなくアルファベット順に並べられている。パリの大学と地方の大学は同列に置かれているし、専門学校は固有の意味での大学と混じりあっている。こうして、ファキュルテ間の違い、大学内のランクの違い、異種の学校間の違いをうわべ上の一体性の中に消し去って、一団となることが目指されている。対照的に、ドレフュス派の署名者リストの名前の提示の仕方の不規則性がますます際立って見えてくる。学士院会員の名がリセの復習教師の名の後に来たり、助教授の名がファキュルテ長《ドワイヤン》の先に来たり、クレルモン大学の教授の名がソルボンヌの教授の名に先立ったりしているからである。

「巧妙な無秩序」

こうして動員の二つの論理が、とりわけ社会像を提示するにあたって「知識人」を極とするかあるいは「エリート」を極とするかという二種類の方法が浮かびあがる。ドレフュス派の少なくとも初期の署名者リストにおいて知識人たちが優位を占め、彼らがリストの冒頭に挙げられていたのは、何よりも他の社会集団が参加しなかったところにそもそもの原因があった。さらに、同業組合的なまとまりが相対的に小さいことは、なるほど、リスト作成を困難にしている具体的諸条件によって説明されるけれども、それだけではなく、ある一派に限定されていると思わせないようにという配慮によっても説明されるのである。この戦略は「知識人の宣言」においては、その名からしてわかるように、失敗した。というのも、動員の条件が、十分に広い社会的基盤に訴えるには、あまりに不都合だったからである。反対に、この戦略はピカール支援の署名運動では成功した。例えばその最初の署名者リストは、職業を何ら考慮に入れずにアルファベット順になっていた。文人のジョルジュ・ブロンは、再審運動の主導者であった「学士院会員」のデュクロや「上院議員」のトラリユーより前に挙げられているのである。[14] 同様に、十一月二六日の第二のリストでは、先頭に立つアナトール・フランスは例外として、無秩序はこの上ない。各段落であらゆる職業が隣り合っている。地味な職業がブルジョワ的職業と肩を並べ、初期の抗議文であれほど優位を占めていた大学人が今や大衆の中に埋もれてしまっている。これによって、「知識人党」は、自分たちが国民全体の党に、すなわち平等と真理と正義の党になったのだと主張することができるのである。署名者リストにおけるこのような民主主義においては、大学人の「知識人」と文人は民衆とスクラムを組んで結束しており、譬えて言うなら、社会というパン生地にとっての酵母に他ならないのである。

「この善良で勇気ある市民たちのリストを読みたまえ。ブルジョワ、労働者、商店主、学生、従業員、教授、芸術家、学者――この人たちは皆、急いで馳せ参じ、団結し、毅然としてその時を待っている、正義の擁護者なのだ。」[15]

反対に彼らの敵対者たちにとっては、こうした雑然さはドレフュス擁護運動の根底にあるアナーキズムの現れであり、「演壇の知識人」は「知性を錯乱させる腐敗の温床」となるのである。[16]

アンリ義援金と、「統一への呼びかけ」という、まだ分析していない他の二つの署名運動は、以上の二つのモデルの両極に位置するものである。

「真のフランス」

個人を対象とする署名運動であるアンリ義援金は、社会的な落書きという、政治以下のレベルに我々を引き降ろす。というのも、寄付金に付されたコメントは、何よりもまず、他者――「ユダヤ人」一般であれ、ある特定のユダヤ人（レナックやドレフュス）であれ、「知識人」一般であれ、ある知識人であれ、破毀院〔フランスの最高裁判所に相当する機関〕であれ、ロエヴあるいはバールのような裏切り者と目された裁判官であれ――への嫌悪を表現しているからである。他の署名運動に見られるあらゆる社会的標徴がここでは消えている。署名していない者が多いし、支配者や「知識人」に対する距離による差異の指標となるべき社会的言及を行う者も多い。あるいはまた、より大きなグループの中に（「――たち」、「幾人もの――」、「――の集団」といった複数表現が使用されている）身を隠す者もいる。全体の人数と寄付金の総額とが動員の最も重要な要素である。ほとんどすべての者が社会的に「ゼロ」である（あるいはそのように自任している）が、その総計は全体に、すなわちフランス国民の総体に等しい。無名の人々が、推進者の組織である新聞に、あるいは署名者たちがカリスマ的な関係を保つ幾人かの指導者たちに自己をゆだねるという政治的論理がこのように表現されている。要するに、全体主義的政治イデオロギーのあらゆる要素がここにそろっている。ドレフュス派の署名リストと同様に順序は不規則であるが、意味深い一つの例外がある。署名者リストの最初に挙がっている一人あるいは複数の人物は、独特な社会的権威を帯びていたり、選挙によって選ばれる議員や首長であったりするのである。最初の二つのリストの冒頭に挙げられているのは、運動を推進するジャーナリストと反ユダヤ主義団体である。三番目のリストの先頭はメルシエ将軍と反ドレフュス派の新聞『エクレール』の社長である。四番目のリストでは、アルザス併合反対論者で元将校であった代議士の子息マルセル・ケクランとブロイ公。五番目のリストでは二二四人の少尉で、これは軍の支持を表している。六番目のリストでも同様に代議士のアルベール・ド・マン。七番目のリストでは代議士のアルフォンス・アンベール。八番目のリストでは代議士のボワッセと元将校の貴族で、九番目のリストでもこれと同じ構成である。十番目のリストではアルマンティエールの一七〇〇人の労働者と、それに続いて市長と伯爵が挙げられているが、これは階級間の境界を越えた国民的コンセンサスの縮図となっている。十一番目のリストでは代議士のクリュズレと将軍のシャレット男爵（前者はなんと元パリ・コミューン参加者で、後者はふくろう党員〔一七九三年にフランス西部で結成された反革命王党派党員〕の指導者の末裔である）。十二番目では代議士と大尉と伯爵。十三番目では伯爵夫人。十四番目では二人の代議士。十五番目では『ル・ジュルナル』紙の取締役、県会議員、中佐および伯爵。そして十六番目では将校である伯爵と、オッシュとマルソーという大革命の輝かしい二人の軍人の二人の子孫(17)。この順番は非常に体系的で意味深いものなので、リストの編集者たちが意図してこの順番を採用していることは間違いない。これまでの注釈者の大部分はこのことをまったく無視してきたけれども、リストの順番によって反ドレフュス派の過激分子の社会政治哲学のすべてが明らかになるのである。選ばれた政治的リーダーのモデルは、「知識人」とは正反対である。彼が大衆を指導するために有している権限は、ドレフュス派におけるように同輩によって認められる抽象的力量に基づいているのではないし、上品な部類の反ドレフュス派におけるように既成の文化的ヒエラルキーに基づいているのでもない。そうではなくて、その権限は、あるときは当の人物に結びついているのであり（貴族の称号とか、将校という身分につながっている指揮能力）、またあるときは、大衆の支持（ジャーナリストに対する公衆の支持、代議士に対する有権者の支持）に由来するものなのである。Z・ステルネルの適切な表現に従えば、これはまさに「革命的右翼」であって、ここでは社会的エリートは首領に席を譲り（従ってリーダーが民衆から出てくることもありうる）、「知識人」とその価値観は腐敗や（なぜなら、「知識人」はわざとらしくて、「重箱の隅をつついてばかりいる」から）、その資格もないのに偉そうにしているような傲慢さと同一視されるのである。「知識人」のひけらかす肩書きは、彼が軽蔑している民衆から彼を切り離し、彼がその席を奪い取ろうとしている真のエリートに彼を対立させるのである。

「騒々しくかつ腐敗した知識人たちと裏切り者たちのこの群れの背後に、必ずや訪れる死刑執行の時に向けて沈黙のうちに準備を整えている本当のフランスが見えたのだった。」(18)

エリート事典

公表された最後の請願書である「統一への呼びかけ」は、このアンリ義援金の対極に位置する。そこでは人数は脇に置かれ、反対に、社会的信用ができる限り大きくて、ドレフュス派よりもずっと多様な出自ではあったがその出自によって分裂が消し去られているような諸個人を結集することが目指されている。そういうわけで、他の請願書と張り合うために学問的な資格や社会的な肩書きが得々とひけらかされ、エリート主義がさらにいっそう明確にされていても、名前の配列はフランス祖国同盟が前面に押し出したヒエラルキーとは無縁となっている。百科事典や辞書のように中立な場として、「統一への呼びかけ」は、その初めのリストにおいて純粋にアルファベット順にしたがっている。先頭に立つのはジャン・エカールだが、それは当時彼が特に有名だったからではなく、名前がＡで始まるからである。かくして冒頭の五、六人の名前は、名士録から引用された頁に多少似通っているが、多彩な職業を示している。すなわち、文人、元学校長、国務院弁護士、写真製版工、哲学者、科学アカデミー会員、実業家と続いていくのである。(19) 調停者にして善意の人々であるこれらの諸氏は、ドレフュス派、反ドレフュス派という他の二つの陣営に身を置く同じ階層の人々の仲裁をするために、自らの職を利用する。しかし彼らは、彼らのあいだに一つのヒエラルキーを確立して、しかるべき指導者と従順な軍団を有する新しい党派になろうとはいささかも考えていない。要するに、これは中道派の典型的な体裁である。というのも、あらゆるモデルから諸要素を借用しているからである。つまり、ドレフュス派のように署名者をその肩書きで抽象的に定義づけて、社会のヒエラルキーとは無関係に肩書きを引用するが、反ドレフュス派にならって平等主義的な社会的混淆を拒みもするのである。

この呼びかけは、実際のところ、自らの業界を越える名声を有する人や、政治的イメージがそれほどはっきりと色づけされていない人をむしろ望んでいる。これによって我々は、象徴的読解の第二の側面、より明確に言えば「名前が語るもの」の検討へと導かれる。

「名前が語るもの」

言及された社会的肩書きが単に付け加えられているというだけでは、リストが生み出そうとする社会的、イデオロギー的な効果の一部分しか理解できないだろう。それだけにとどまるならば、これが新聞に発表された文書であり、名前が喚起する力のみによって即座に読者の注意を引こうとするものであったということが忘れ去られてしまうだろう。リストの冒頭はとりわけ重要である。それは、現実のあるいは架空の被告（一方ではドレフュスならびに／あるいはピカール、他方では統一、軍隊、祖国）に不利または有利な証人の地位に押し上げられているからである。いくつかの名前は、肩書き以上に、高貴な人（左翼においては象徴的に、右翼においては社会的に）によって擁護された高貴な主張に対する畏敬や同一化への願望を引き起こすために、冒頭に置かれている。

守護者たち

当初は大集団あるいは多様な階層を集めることができなかったために、ドレフュス派は、あらゆる前衛と同様に、当時の知識界の有名人を並べることに意を配った。望まれていたと同時に思いがけない偶然によって、ドレフュス派は、「知識人」という語を有名にした四人の主要な守護者を、現実にあるいは代理と家系によって、リストに記載することに成功した。掲載された最初の二名、ゾラとA・フランスは最も有名であったが、しかし最も重要であったわけではおそらくなく、とりわけ敵方にとってはそうではなかった。ゾラは、芸術家の理想と学者の理想とを融合する、独立した新しい作家像を端的に示していた。彼は実証主義とロマン主義の遺産を負うことを主張し、文学闘争と社会闘争を闘い、スキャンダルの主であるとともに成功者であった。A・フランスは、あらゆる曖昧さの権化として、ルナン以後のディレッタンティスムと一体化するとともに、破壊的な皮肉と古典的な伝統への愛着とをあわせ持っていた。だが、もっと決定的だったのはエミール・デュクロの支援であるが、それは一般大衆にはほとんど知られていなかった本人の名前よりも、彼がトップの地位にあるパストゥール研究所の名前によるものである。かくして彼は、卓越した、私心のない「学者」にして人類の恩人、全世界的また国民的な栄光の人であって、精神の王者にして貧者と動物の医者であるパストゥールの、弟子であり後継者なのである。もう少し先には、バレスがわざわざゴシップを書いたジャン・プシカリが、影絵のように現れる。彼は新しい大学を象徴している。自ら主張する肩書きにしたがえば高等研究院の講座主任だからであるが、しかし何よりもまず、世紀末「知識人」の第三の予兆エルネスト・ルナンの女婿にして精神的後継者だからである。そして誰もが必ず断言するだろうが、『キリスト教起源史』の歴史の碩学にして、『幼年時代と青年時代の回想』を著した教養人、共和政に賛同した貴族で、理想主義者にしてドグマの破壊的批判者であるルナンもまた、もしもう数年長生きしていたならば、きっとドレフュス派になっていたことであろう。[20]

四番目の人物はさらにいっそう目立たず、その寡婦ミシュレ夫人の署名のおかげでもたらされた影のようなものである。『民衆』の著者ミシュレは、その弟子を自任するガブリエル・モノのような重要な幾人かのドレフュス派にとって、インスピレーションの源である。政府当局から迫害された預言者であり、一八四八年以前の学生たちの絶対的信望を集めたミシュレは、伝統的な慎重さを脱した大学人たちにとって、天啓を受けた大学教授のモデルであり続けており、彼がいかにして「知識人」の系譜に結びつけられていたかはすでに見た通りである。彼は、真理を求める人類に道を指し示しながら、しんがりを務めている。しかしながら、存命の偉大な人物、もう一人の先駆的な「知識人」が、この呼びかけに応じていない。すなわちベルトロであるが、彼は栄誉に満ちており、政治的、公的な連帯にあまりに取り込まれており、古典的な政治にとらわれた学者なのである。もっとも、女婿たち（Ch－V・ラングロワ、ジョルジュ・リヨン）や息子の一人が戦闘拠点で彼の代役を務めてはいるが。共和国当局による占奪にもかかわらず、ドレフュス派はユゴーまでも引き合いに出すことができた。なぜなら、彼の新聞『ラペル』紙とその編集者たちは、再審論のキャンペーンに参加していたからである。

毀誉褒貶

ドレフュス闘争の第一段階において、両陣営の勢力は不均衡であったために、弱い方は署名者数よりも象徴性を拠りどころとせざるをえなかったのだが、請願に対する賛否両論のコメントが、列挙されたばかりの名前について滔々と注釈を加えている。

「これらの励ましを記して、我々がすべての高尚な思想家や道義心の強いすべての人々と共にあることを確認するのは、我々の深い喜びである。これはまさに正しい意見である。一時的な情念に勝り、もっぱら正義と真理のみを重んじる、見識ある思慮深い意見なのである。我々は、アナトール・フランス、デュクロ、シャルル・フリーデル、エドゥアール・グリモー、ガブリエル・セアイユ、ポール・デジャルダン、ジョルジュ・ケクラン、ジャン・プシカリといった人々の賛同を得たことを誇りに思う（…）。セーヌの陪審員たちがエミール・ゾラおよび『オロール』紙とともに裁かなければならぬだろうのは、学士院全体、ソルボンヌ全体、大学全体であり、しかも他の者がさらに続くであろう。(21)」

論争の方法はきわめて明白である。すなわち、いくつかの輝かしい名前を、それが属している同業者全体に拡大適用することなのである。三段論法は次のように表すことができよう。二人の有名な作家（ゾラとフランス）、三人の高名な科学者（デュクロ、フリーデル、グリモー）、名高い哲学者（セアイユ）、著名な教授（デジャルダン）、その他数名が、ドレフュス擁護のキャンペーンを支持したのだから、同じ価値を共有する彼らの同僚は、一人残らず同じことをするはずである（「他の者がさらに続くであろう」）。一般世論に対峙して、「見識ある」意見（「学士院全体、ソルボンヌ全体、大学全体」）が彼らを通じてそびえ立つ。後者の質は、盲目的である前者の数を償っている。新しい種類の貴族主義がここには示されているが、それがまさに、反ドレフュス派が強調し、そして反発する、あの「自負」、あの「自尊心」なのである。このエリート主義は実際、民主主義的な価値と矛盾する。というのも、それはある特別の社会的カテゴリーを、新しい「権能」へと、大衆向けあるいは反ユダヤ主義の新聞に毒された一般市民を二次的な地位に格下げすることとなる意思表示を行う能動的市民へと、昇格させるからである。国家理由という蓋を持ち上げるためにスキャンダルという梃子を当初用いていたドレフュス派は、こうして誤った立場をとることになる。ドレフュス派を鼓舞していた人権の哲学は、すでに評価の定まった人物による異議申し立てというエリート主義的なこうしたやり方とは対立するからである。バレスは早速その点を突く。「これら思想の貴族たちは皆、卑しい群集とは考えを異にすると主張したがっている。[22]」

とはいえ、「知識人」という語を公式化したこの有名な論説のなかで、バレスはすぐに論点をそらしてしまう。これはつまり、ドレフュス派はその主役たちによって敵方に不安を与えていたということを示している。たとえ知識人エリート主義をその根底から覆そうと努めているにしても、バレスは確かにこのエリート主義の正当性を暗に認めているのである。一方で彼は、「これら天才のなり損ない、これら貧困な精神」という、学士についてのすでに引用した言葉をもって、指導者たちよりもむしろ兵卒集団を非難することにより、ドレフュス派が真のエリートを構成するという事実に反論する。こうして彼は、社会を脅かす新たな野蛮人から成る知識人プロレタリアートについての『根こぎにされた人々』の主題を再び取り上げるのである。[23] 他方で著名人については、その動機が不純であることを示そうとする。

「しかしながら、知識人というこの曖昧なエリートの真っ只中に、いくつかの名前が華々しくくっきりと浮かび上がる。何が一体、かのゾラ、かのフランス、かのジョセフ・ベルトランを決意させたのか、諸君はその理由を考えてみたことがないのか[24]？」（強調は原文）

そして彼は、（多かれ少なかれ公然たる生理学的人種差別主義にもとづく）一連の似非＝心理学的分析を試みて、有名人たちのいかがわしい動機を探し求める。すなわち、ゾラとプシカリにあっては外国に連なる出自であり、フランスにあっては本能的なアナーキズムである。この「個人を対象とした」論争は、ドレフュス派の同業組合的な一般化の手法をひっくり返す。見識ある意見はかくして、大人物たちの気まぐれの寄せ集めへと失墜させられる。「知識人」は「曖昧なエリート」である。なぜならば、その兵卒集団は苛立った人びとによって、またその指導者は世間知らずかあるいは幻想の犠牲者である狂信家によって、構成されているからである。(25)

知識人からエリートへ

ドレフュス事件の第二段階になると、こうしたこきおろしあるいは価値づけの戦術では不十分となる。政府のやる気のなさと反ドレフュス派の急進化とが明確になるにつれて、ドレフュス派は、根底からの動員を実現するとともに（ここから、人権同盟が創設されることとなる）、自分たちが拠りどころとして引き合いに出してきたが、その主張とは逆に、ドレフュス派の主義主張に未だ与していない諸々の社会階層にまで拡大した勧誘を行う必要があると自覚するようになった。

戦略上のこの変化（今日の表現を用いれば、前衛党から大衆党へという変化）は、すでに見たように請願書の体裁を変えたが、さらにそこに見出される名前の象徴的な利用法をもまた変えている。オクターヴ・ミルボーは、軍隊用語を用いてその作戦を要約している。

「ドレフュスにとって我々は、一握りの少数派でしかなかった。だがズュルランダン氏は、その一握りの少数派がボワデッフルやアンリやデュ・パティやエステラジーのような人々をどこへ導いていったのか、そして我々が今日どこに到達しているのか、よく見なければならない。ピカールにとって我々は、一切を覚悟している人間から成る、団結力も熱意もいや勝る一軍団となるだろう。(26)」

ピカールを擁護する初期のリストの後に発表された別の論説では、有名な名前の使われ方が明らかに修正されている。

「これらの人々を他の抗議者よりも上位に置くつもりはないが、それでも私は次の四名を典型として挙げずにはいられない。アナトール・フランス、アカデミー・フランセーズ会員。アドルフ・カルノー、科学アカデミー会員にして、共和国前大統領の兄弟。ラルマンディー伯爵、文人で、署名に続いて以下の記載、『反動派にしてカトリック、まさにそのことによって、正義と真理への崇敬の義務を自らが負うと信じている』。ポール・ラングロワ氏、教授資格を所有する医科ファキュルテ教授、理学博士、人権同盟に次のように書き送っている、『万人と共に闘おう！　今日は抗議を、明日は行動を！』[27]」

ここで論説記者は視点を変え、以前とは異なるこれらの名前によって、ドレフュス派はもはや知識人エリートに限定されてはおらず、あらゆる種類のエリートの代表を集めているということを立証しようとしている。大学人あるいは作家に並んで、多様な肩書きを持つ人々が前面に押し出されている。すなわち、アドルフ・カルノーでは科学と高級公務員職（鉱山局総監督官、科学アカデミー会員、共和派の名門家出身）、ラルマンディー伯爵では貴族と右翼、ポール・ラングロワでは医学である。要するに、再審派の立場は、狭い範囲に限られた左翼集団のものではもはやなく、社会的、政治的、あるいはイデオロギー的にあらゆる集団からメンバーを集めているのである。こうして、幾人かの個性的人物が加わることのみが重要である文学的マニフェストの象徴的論理から、頂点と底辺とがともに「代表性」を増して両者のあいだに代表機能の分業が存在する政治的論理への移行がなされた。

この結果、再審派全体のなかで、大学人に新たな機能が与えられることとなる。かつては名声の点で見劣りしていたためにそうした事例は稀であったのだが、今や自由業の知識人と同等に肩を並べるようになり、またゾラ裁判に際しては真理を支える鑑定人として活用された教授たちは、ドレフュス再審要求運動の上昇局面において、次第にこの運動の大いなる主役にして真の指導者となっていく。というのも、ゾラは亡命したために活動の埒外に置かれていたし、異議をさしはさむ余地のない唯一の作家アナトール・フランスもすべてを引き受けることはできなかったからである。[28] 彼らは、改革されたファキュルテにおいて教授と学生とを結びつける教育上の新たな関係によって、この役割への準備を進めた。作家たちは、発行部数の少ない、味方となる新聞しか利用できなかったのに対して、教授たちは、自分の講座をもって教壇を自由に使って、学生という青年層を正しい主張へと動員することができた。反ユダヤ主義の暴動を別にすれば、ドレフュス事件が過激化する時期に起こった主要な事件が、大学内部で発生し、また大学人とその当然の聴講者である学生との関係を争点としていたということは意味深い。両陣営の新聞において、教師に対する学生たちの抗議の喧騒あるいは熱烈な喝采、「札付き」教授の開講講義はことごとく、第二帝政末期の闘争以来、上昇しつつある政治的傾向を体現するとみなされてきた若い世代によって、「知識人」たちが支持されているのか否かを明らかにする機会となっていた。新聞がこのように強調することによって、こうして、大学界――最も具体的な空間的意味における、すなわちカルティエ・ラタンあるいは地方のいくつかの大学――は、世論獲得闘争の要となった。[29] 反ドレフュス派は、このような影響力のなかに、権力の濫用と、こうした自由を持たない庶民と比較しての法外な特権とを見出している。

「しかしながら、『下記署名者』のなかには、実に厚かましいと思われる人々も多く入っている。そのことを知らずにいる人が誰もいないようにという、ただその目的のために、彼らが自称する肩書きや資格とともにその名前を明らかにしておこう。エドゥアール・ボードゥアン氏、グルノーブル大学教授。A・ジリ氏、学士院会員にして、私の思い違いでなければ古文書学校教授でもあるはずである。L・アヴェ氏、学士院会員、コレージュ・ド・フランス教授。ジョルジュ・エルヴェ博士、人類学学院教授。ポール・メイエ氏、古文書学校校長。ポール・パッシー氏、高等研究院助教授。ジャン・プシカリ氏、高等研究院指導教授。ガブリエル・セアイユ氏、パリ大学文科ファキュルテ助教授。セニョーボス氏、パリ大学文科ファキュルテ助教授。

以上の各氏はすべて、『知識人』であるにとどまるばかりではない。彼らは教授でもあり、そしてその資格において国家予算から堂々と俸給を受け取っている。

しかるに私は、例えばある郵便局員が、彼もまた公務員であるが、破毀院刑事部のロー、マノー、バールは悪党トリオだなどと言い立てる張り紙あるいは請願書の末尾に敢えて署名するとしたら、政府は彼に対していかなる措置を取るだろうか、と自問する。[30]」（強調は原文）

教授たちという新しい支持層に対して、この論説記者は、教授というこの同業団体に対するあらゆる伝統的な拒否反応を蘇らせようとする。その伝統的な拒否反応とは、学校制度から除外された人々の反主知主義、非公務員の反国家主義、行政ヒエラルキーの特権者に対する下級職員の反エリート主義などである。教授団は、このように直接槍玉に挙げられた唯一の知識人集団であるが、このことは、カルティエ・ラタンにおける力関係が反ドレフュス派に不利に転じた時、教授団の社会的影響力が反ドレフュス派を窮地に陥れたということを証明している。『リーブル・パロール』紙は、その根っからの反主知主義にもかかわらず、大学人と同じくらい威信を有する知識人エリートの代表をナショナリズムの大義の側に引き入れて、ドレフュス派と同じ土俵の上でこれに抵抗すべきことを理解する。

「ドレフュス派は、すべての文人が味方であると自慢している。だが、その支持者に、軍隊への敬意と愛国主義とを絶えず唱えてきた人々を対置することは興味深い。A・フランス氏、O・ミルボー氏、マルセル・プレヴォー氏、ポール・エルヴュー氏、フェルナン・ヴァンデラン氏、アベル・エルマン氏等々の諸氏の署名に、ポール・ブールジェ氏、フランソワ・コッペ氏、ブリュンティエール氏、アルマン・シルヴェストル氏、アンリ・ウーセ氏、F・サルセイ氏、モーリス・バレス氏、アンリ・ラヴダン氏、ルネ・メズロワ氏、ジョルジュ・デスパルベ氏、グロクロード氏、モーリス・タルメイル氏、ジャン・ロラン氏、その他大勢の署名を対置することが重要である。(31)」

現実の請願書を未だ発表できなかったので、この論説記者は自派の大義に光彩を添えるためにここで想像上の請願書を作り上げている。(32) 数日後に始められたアンリ義援金は、この案を即時に適用したものであり、フランス祖国同盟創設の総稽古をなしている。(33) しかしこれは、象徴的観点において失敗している。というのも、それはユダヤ人と「知識人」に対する集団的なうっぷん晴らしに堕しているために、穏健な反ドレフュス派知識人の支持を思いとどまらせてしまったからである。後に有名となる幾人かの文人（ヴァレリーを筆頭とする）の参加が、その後かまびすしく議論されてきたが、これは時代錯誤の解釈というものである。当時、彼らは未だ無名であって、作家の肩書きを主張してさえいなかった。(34) その上、採用された提示方法が、右派の知識人の大物を集めるにはあまり好都合ではなかった。すなわち、あらゆる社会階層をごたまぜにしたことが、署名してくれそうな右派知識人の、ブルジョワ的個人主義ならびに職業的な面子と衝突したのである。

それゆえ、ドレフュス派の新聞は、こうした「低劣な」リストに対して尊大さをもって注釈を加えている。「ここで『知識人』として見出されるのは、唯一フランソワ・コッペ氏のみである」（『ラ・プティット・レピュブリック』、一八九九年一月一日)。あるいはまた、「こんな名前を、法と正義に対する敬意を確言したばかりの人々と対置することなど不可能である」(イヴ・ギヨー、『シエクル』、一八九八年一二月一六日)。その数日前に、まさにこのイヴ・ギヨーは、反ドレフュス派に挑戦状を叩きつけていた。

「諸君はなぜ、リストにはリストをもって対置させないのか(…)。反ドレフュス派の連中は知識人を軽蔑するふりをすることはできる。彼らは、バジルやラタポワルごときの署名しか対置することができなかったならば、どれほど物笑いの種になるかということをよく知っている。[35]」

かくして、一八九八年の終わりには、ドレフュス派の「知識人」は賭けに勝った。彼らの敵でさえ、自らの主張を補強するために、著名な名前を集めざるをえず、またそれによって、当初は否定していたことではあったが、「知識人」の政治的な介入の様式の正当性を認めざるをえなかった。ここにまさしく、当初のあらゆる軽蔑的な含意を有した大文字の「知識人」から、ある政治的傾向の擁護者である学者としての、大文字で記されることのない知識人への移行がなされたのである。(ドレフュス派)「知識人」であることを拒絶した、知識人としてのアンビヴァレントな立場のために、バレスは確かに、たとえ自らは否定するとしても、自らの陣営のなかで知識人という観念を平凡なものとするのに最も貢献した人物であり、そしてこのことは、例えばブリュンティエールの当初の主題に反してなされているのである。[36]

バレスが非常に重要な役割を果たしたフランス祖国同盟の署名は、この観点からすると、アンリ義援金において失敗に帰した試みの論理的な帰結であり、その成功した変形である。この時まで沈黙を守っていた著名人を動員することによって、フランス祖国同盟の指導者たちはいまやドレフュス派に対して、一二月にはこれをもってドレフュス派によって打ちのめされてしまったエリート主義的な尊大な態度を投げ返すことができた。例えばバレスは次のように記している。

「肝要なこと、それは知性と知識人——不正確なフランス語のこの誤った語法を最後の機会として用いるとして——が、唯一つの側にいるとはもはや言えないということである。お考えの通り、このことは救いようのない結果を生み出してきた。ドレフュスの無実というほとんど支持しがたい仮説が、とりわけ外国において、強い支持を得たのである。[37]」（強調は原文）

ドレフュス派の人々は、自らの陣地におけるこの反撃にいくらか驚かされた。対峙する「知識人」の動員が有する価値に対抗するために、彼らは、ブリュンティエールあるいはバレスが彼らに対して最近用いたものと同じ論法に頼らざるをえなかった。個人を対象とする批判が、対立する陣営の否定ということによってのみ実際には集結している人々による同盟関係の雑多な性格に対する告発と結び合っている。ドレフュス派の人々から見れば、フランス祖国同盟は、穏健派と反ユダヤ主義者と急進ナショナリストとの脆弱な連合にしか過ぎず、共和政の転覆という怪しげな計画のために反ユダヤ主義者が穏健派を操っていると見做されたのである。これは、ドレフュス主義がアナーキズムの温床となっているとする、反ドレフュス派による非難と対をなしている。一八九九年一月二日の『オロール』紙に、フランシス・ド・プレサンセが第一の主張を展開している。

「確かに、この呼びかけへの署名者のなかには、文学史がその名を記録するであろう者が何人か含まれている。とはいえ、アカデミーの会員であるから、知識人としての地位を有するから、名前が記録されると信じるのは、無邪気な幻想であろう。高貴な一団は、社交界で最も軽蔑されるべき人々となることを強く望んでいる。高貴な一団は、神秘的な法則によって集められる（…）。

私は、決して理由もなく礼儀を欠くことを望みはしないが、しかしそれでも、かのコスタ・ド・ボールガールあるいはドーディフレ＝パスキエを思想家や作家として遇しようなどと一体誰が考えることができたのか是非知りたいと思う。これらの人々は、精神の分野においては称号のヒエラルキーや制限はまったく意味を持たず、ただ科学的発見のみ、ただ真と美の語りのみ、ただ誠実で生き生きとした作品のみが、アカデミーのあらゆる投票に優るということを、いくらか忘れていたのである」[38]（強調は原文）。

「知識人」という語がドレフュス派のみを意味するために用いられるのではもはやなく、知識界全体に広がった時から、敵対者たちは、それまでに築き上げたものを崩壊させることを覚悟しながら、新たな種類の象徴的な闘争を交えなければならなかった。それ以前にはドレフュス派は、自らの正当性を結論づけるために、学問上のあるいは大学における地位や、そうした地位を有する人々の支持を拠りどころとしていた。対立する陣営が同等の、さらにはより優れた地位（当時未だ非常に大きなものであったアカデミー・フランセーズの威信に鑑みて）によって均衡を得た時から、論争は地位の本質的な価値に関するものへと移行したが、これは十八世紀において貴族の地位が増大したことによってその真正性を検討することが余儀なくされたのと同様であった（「アカデミーの会員であるから、知識人としての地位を有するから」）。ドレフュス派知識人は自らの地位に名誉をもたらすが、一方反ドレフュス派の人々は、F・ド・プレサンセによれば、社会的名誉と知的な能力とを混同するという誤りを犯している。反ドレフュス派にとっては、アカデミー会員の礼服は修道僧ではなく「知識人」を作り出すのであり、したがって彼らは社会的認知の伝統のために「知識人」の自律性を犠牲にしているのである。ヒエラルキーにもとづいた動員手続きといった、フランス祖国同盟の指導者によって選ばれた提示方法は、こうした批判に対する根拠をもたらしたが、しかし再審派は二つの運動の対立的な社会的目的に留意することを怠っていた。右派の知識人を越えて、フランス祖国同盟はフランスの真のエリート全体を集め、そしてこれに、無力な公式のエリートおよび「知識人」を僭称する尊大なエリートに対抗するあらゆる政治的な地位を与えることを望んでいたのである。プレサンセは、敵の計画を、フランスにおいてここ二世紀来なされてきた最も古典的な文学的な類型の論争（古代主義者対現代主義者、革新者対アカデミー会員、個人主義者対尊重すべきお偉方）に還元する。「彼らは文学の特権的知識層である。決して彼らは生の躍動を感じたことがない。」

右派知識人に対して左派知識人によって向けられた非難の第二のタイプは、より興味深いもので、対峙する二つの陣営の異なる構造を明らかにする。「知識階級」についての有名な論文において、この主題を最も見事に展開したのは、ジョレスである。社会主義のリーダー、ジョレスにとって、右派知識人には「知識人」を名乗る権利はない。それは、彼らの象徴資本の価値が疑わしいものだからというのではなく、彼らの動員が見せかけの基盤にもとづいたもので、そして彼らは彼ら自身以外の者のために活動しているからである。

「アカデミー・フランセーズの好戦主義者は、ブリュンティエール氏の名前にド・ブロイ氏の名前を加えても、またド・マン氏の名前にブールジェ氏の名前を加えても、無駄であろう。同盟の意義は、署名によってもたらされるのではない。その思想によってもたらされるのである。[39]」

言いかえれば、そして『ル・タン』紙も同じ考えを示しているのだが、当初の動員の成功と指導者たちの威信にもかかわらず、フランス祖国同盟には、政治的な未来がまったくなかった。なぜならこの同盟は、あいまいさの上に成り立っていたからである。穏健派とナショナリストは、消極的な同盟関係を結んでいる。縦列行進する部隊のように秩序立った彼らの名前には、共通要素は何もない。彼らはリーダーのいない軍隊をなしており、すぐにでも潰走しそうである。ある陣営をなすと自任してはいても、右派の知識人には自律性がない。彼らは社会秩序を象徴的に守るためにそこにいるのであって、自らの大義を守るためではない。

「しかし、反動的な知識人のこの動員には、他の要素も存在する。今日の社会は、悪徳や犯罪をなくそうとは欲しないにもかかわらず、あらゆる犠牲を払って権威を復活させようとする。そしてこの社会は、思考することを務めとする人々自身が、思考の放棄の例となり、その口火を切ることを要求するのである。」(*ibid.*)

ジョレスはおそらくここで、後の知的な闘争のなかで再び大いに役立つこととなる命題を、はじめて展開している。一方で彼は、「右派知識人」という表現が言葉上の矛盾であることを主張し、他方で彼はこれを、支配階級の有機的な知識人として描き出している。むしろゲード派の筆になることが予想されるような目的論的で機械論的なこの見方(「社会は……要求する」)は、「知識人」と、社会主義を引き合いに出す政党とのあいだの関係の、緊張を帯びた性格を例証している。論文の最後で、ジョレスはまた、ドレフュス派知識人の脆弱さをもやり玉にあげている。労働者の支援がなければ、彼らは自らの大義を主張できなかったであろう。リストの社会学的な構成は、両陣営の社会的なイメージについてのこの論争に決着をつけることを可能とするであろう。

第二節　社会的読解――動員

全体の構成

請願リストに示された職業データの社会的な分析は、無回答をどう扱うかという、前もって解決すべき困難に直面する。無回答というのは、世論調査における回答拒否と同じように、提示された質問に対するその意味をしばしば示している。[40] 署名者の質にもとづく動員から多人数を並べる動員への移行は、これに平行して、社会的な身分を特定できない個人が機械的に増大するということを含意している。統計的な比較のための均質な基礎データを確保するために、これら無回答を除外することがたとえ余儀なくされるにしても、この変移には社会的な意味が含まれることを忘れないように注意しなければならない。自分の名前、住所、身分あるいは職業を記載するという事実のなかには、最終的な結論を曲げてしまうまさに一連の社会的、政治的な態度が介在する。請願による動員を根拠づける民主主義の信条に反して、すべての社会集団がこの大衆投票に対して対等なわけではない。あらゆる種類の従属者あるいは被支配者（被雇用者、労働者、中級あるいは下級の公務員、使用人、論争に参加する紙誌に雇われているジャーナリスト）は、公けに態度表明することを妨げたり（公務員における中立性の義務、他の人々におけるさまざまな社会的圧力）、あるいは、たとえそれは乗り越えたとしても、支配的な体制順応主義の方向に向かう宣言にむしろ署名したり、もしくはまた目立つことなく署名するように（匿名による署名、属性への言及による署名、個人性の放棄）そそのかすような、ヒエラルキー的な網の目のなかにとらえられている。

したがって、象徴的な状況が最も貧弱で、構成が最も卑俗な請願、すなわち匿名と集団的な署名が最も広まっているのがアンリ義援金であることは、偶然ではない[41]。こうして、社会的な情報の質のこの基準をもとに、政治的な動員のヒエラルキー的な階梯を打ち立てることが可能となろう。完全な個人的アイデンティティ（姓、名、職業、時には住所）と政治的アイデンティティ（政治信条の表明がつけ加えられる）を高らかに力強く叫ぶ個人による挑戦（ドレフュス派あるいは反ドレフュス派の）、すなわちある意味でリーダーの所作を模倣した殉教者の所作から、他方の極限には、個人が群集のなかに溶け込んで、「ユダヤ人反対、知識人反対」という憎悪の叫びを声を合わせて繰り返す、完全な無名性、印刷された社会的な落書きまで存在する。これら二つの極限のあいだに、相対的な社会的無価値性が、人数ならびに、職業アイデンティティあるいは地域的な政治的連帯の明確化（「労働者たち」、「……の生徒たち」、「……の住民たち」）によって覆い隠される、集団による署名のような、中間的な形態が存在する[42]。こうして、態度表明のレベルで、ミニチュア版の社会闘争が行われる。この闘争によって、支配者や重要人物やエリートたちのモデルに対する同意もしくは距離、あるいは反対に、特別な社会的資格を示すことのない被支配的あるいは共和主義的なモデルの肯定が表される。差異化あるいは非差異化に対するこの社会的な駆け引きの重要性は、検討している請願の支持者あるいは敵対者が示す論争上の使用によって証明される。こうして、ドレフュス派は、受け取った寄付を細かく再分割することによって架空の名前を無限に増しうる、アンリ請願の便利な匿名に疑いの目を向ける。戦闘的な反ドレフュス派の方は方で、集団的な義援金を理由にして、結集した民衆が彼らの背後に続いているのだと主張するが、しかし集団によるこうした賛同は、上からの圧力（雇用主あるいはそれ以外からの）を明らかにするものだと考えることもできる。そして、それぞれの請願は、一連の署名の訂正を引き起こすが、そこでは同名の人あるいは悪ふざけをする人のせいでない限り、署名したことが否定されるのである[43]。

統計的な分析は、たとえこれがこうしたあらゆる量的なニュアンスを歪めるということを忘れずにいなくとも、署名者たちの関与や賛同のこのような多様な差異を多少とも単純化する。その形態自体からして政治的な闘争の場である請願は、網羅的な調査でもなければ、写真のように正確な再現でもない。なぜなら、意見を明らかにするさまざまな様式や、社会的定義のさまざまな形式が加えられるからである。[44]こうした変容は、請願の本質や、キャンペーン中の署名の時期（名前を書き写す正確さは、リストが公表されるのに応じて低下していった）に由来するがゆえに、数値化された扱いが含み持つ歪みは、従属的な集団の割合や、著名な人々の重要性を、一貫して過小評価する。著名な人々は、署名しようとする傾向がすでに皆無であり、また署名をするとしても最小の仕方で行うのである。分析の対象となる請願の社会的な構成に見られる差異は、したがって部分的には消し去られてしまうし、また調査された個人すべてについての同質の情報が利用可能であればより明白なものとなるであろう。例えば、無回答を特に中産階級および庶民階級とみなすという、パーセンテージについての仮定上の変換を行うならば、フランス祖国同盟におけるこれら中産階級および庶民階級の割合は、四〇％から六五％に変わり、これは既知の職業のみにもとづいてなされたＪ－Ｐ・リウーによる分析の結論を大いに修正することとなろう。[45]

今日の調査に関する教えにもとづく社会学的な真実らしさにも関わらず、この仮説が正しいかどうかは決してわからないだろう。[46]しかし少なくともこの仮説には、世論の動員やヒエラルキー化は、象徴的な次元と同様に、集団間の社会的な共謀や類似によって、頂点から下層へとなされるということを示す発見的な利点がある。リストのなかで過度に代表されている集団はしたがって、地位の相同性によって他の人々を引き入れるリーダー的な集団とみなすことができる。最も戯画的な例は「知識人の宣言」によって示されるが、その主導者たちは彼らの職業的な関係の直接的な輪のなかからしか人を集めることに成功しなかったのである。同定可能な署名者の三分の二は、最もありふれた意味での知識層に属している（教職――二二％、文学家と芸術家――二六・四％、学生――一八・五％）。一年後、ピカールのための請願のなかでは、これらの集団は最も人数が多いままにとどまってはいるが（彼らの人口上の数の大きさ、あるいは他の請願における彼らの位置に照らし合わせて見て）、しかしこれら三つの集団を合わせて、もはや全体の三九・三％しか代表していない。ドレフュス主義はいまや、主たる知的職業の外側、あるいはその前衛にさえ支持者を見出した。なぜなら、これらの比率に関わる人数は三〇倍から四〇倍増大したからである。したがって、「知識人の宣言」は、確かに知識人の宣言ではあるが、しかし著名な署名者たちの誇示によって信じさせようと望んでいたことには反して、潜在的な知識人の重要な部分を集めるにはほど遠かった。ピカールのための請願は、この点に関してはずっと成功したが、しかし反ドレフュス派の逆の急進化に直面した。反ドレフュス派はいまや、知識層のなかにその存在を明らかにしているのである。

質的な論理から量的な論理への移行は、人数の大きな集団のなかに入り込むことをも必要とする。新たな参加者たちは、パーセンテージの変化が示しているように、ブルジョワ的な職業ではなく、中産階級および大衆階級の出身である。法曹はわずかながら動員されており（その割合は四・一％から五％に変化している）、医業もいくらか増大している（四・九％から六・五％へ）。一方、労働者および被雇用者については、五・三％から二九・八％へという、急激な量的増大が記録されている（無回答がより少なかったならば、さらに増大していた）。この変化は、新しい政治的状況（再審はもはや絶望的な企図ではなくなり、世論のさらに大きな部分からの支持を得ていた）に結びついたものであったが、集会キャンペーン、人権同盟の地方組織の創設、極左の政治団体や労働組合との協力といった、知識人によって開始された動員の取り組みによるものでもあった。この大衆行動は、『オロール』紙に生き生きと描き出されている。

「最も小さなコミューンにも、精神を啓蒙し、良心を救い出す、優れた言葉が行き渡らなければならない。そしてこれは、各人の成果、県や郡の委員会の成果、社会主義者や共和派のグループの成果、各個人自身の成果なのである。もし抗議者の各人が、地方の友人、親戚、単なる知り合いに、パンフレットやイラストや新聞を、要するに我々が善と真実の原理の名において擁護する主張を支えうるあらゆるものを送り届けるならば、フランスはまもなく、参謀本部の犯罪者と下劣な出版界ならびに議会の共犯者を、こぞって断罪するであろう。[47]」

ここに描き出されている、民衆と「知識人」との協力は、ドレフュス派のイデオロギーの中心命題であるが、実際には請願に示される統計上の現実の潤色されたイメージにしか過ぎなかった。この観点からすると、アンリ義援金はピカールのための請願よりも大衆層をいっそう上首尾に動員している。なぜなら、同定可能な庶民層全体は総数の四三・四%に達し、そして同定の困難な個人の数がより少なかったならばこの比率は確実に高くなるからである。この義援金はしたがって、目的の一つを見事に果たしている。それは、大ブルジョワジーの意地悪なユダヤ人によって攻撃された哀れな未亡人のために、大衆的でポピュリスト的な連帯の反応を引き起こすということである。

「新聞社の経営部門の窓口の前には、午前九時から真夜中まで、社会のあらゆる階級による行列が続いている。仕事着の労働者、豪華なフロックコートの金利生活者、無帽の若い労働者が、つつましやかな労働者や、擦り切れた法衣を着た田舎のみすぼらしい司祭に隣り合っている。[48]」

表IV－1によると、ドレフュス主義が、ミシュレ的な意味での「民衆」と、「知識人」の一部とを集め、[49]急進的な反ドレフュス主義が、軍ならびに民衆の他の部分を集めているのに対して、上品で穏健な反ドレフュス主義（「統一への呼びかけ」への署名者たち）は、少なくとも同定可能な署名者たちについては、社会的エリートのさまざまな部分を集めている。後者二つの請願においては、リストにしたがっていくらかの微妙な差異はあるが、主要なさまざまな集団は、均衡した重要性を示している。フランス祖国同盟のなかでは、教職のメンバーは全体の一一・九%を占め、自由業と対等である（法曹が一二・一%、医業が一二・二%）。文学家と芸術家はいくらか優勢（一六・六%）であるが、ドレフュス派におけるよりは少ない。これは、アカデミー・フランセーズが主唱者ではあるのだが、こうした種類の請願においては伝統的に少なく代表される私的部門の指導者たちがより多く動員されているためであり、実業家、技師、およびさまざまな管理職で全体の一四・三%に達している。フランス祖国同盟で唯一少ない集団は公務員であるが、これは行政に属するとみなすことのできる個人の大部分が、のちに詳しく検討するように、かつて公務員だった者、あるいは退職者だからである。「統一への呼びかけ」はよりエリート主義的で、同定可能な署名者は一一六六人であり、対してフランス祖国同盟の場合は九九二一人である。さらに、さまざまなエリートの代表性の均衡度はより小さく、言わばフランス祖国同盟の場合の逆となっている。他の諸請願以上に、公的なエリートの比率が高い。公務員および政治家が一四・二%を占めるが、反ドレフュス派のフランス祖国同盟ではこの比率は四・五%である。教職は、「知識人の宣言」の署名者たちにおけるよりもさらに高い比率を占めている（全体の四分の一以上）が、他の自由業の従事者たちは、あまり署名しようとはしていない（ドレフュス派におけると同様）。経済エリート（実業家および技師）は、反対に、事業の順調な展開を妨げる不毛な論争に終止符を打とうとするこの一体主義的なイデオロギーに引きつけられた。彼らは全体の九・八%を占めるが、対してフランス祖国同盟では六・四%である。

データの質を拘束する不確実さにも関わらず、リストの構成についてのこうした比較を通じて、対峙する二つの陣営の政治的および経済的な分断線に関する全体的な概要を示すことができる。[50] 全体として、二つの主要な極へのエリートの構造化が現れてくる。ドレフュス派においては、大学人および文学家の性格を帯びたエリートの極が再結集し、中央には中間的なエリート層（大学あるいは文学の機関に結びついたエリート）が優勢で、右派の側にはさまざまな領域における支配的な層、あるいは一八八〇年に権力を失った旧来の勢力に連なる層が位置する。この布置は、先に述べた、あるいは『共和国のエリートたち』のなかで述べた社会問題に直面するエリートの配分の論理と相同的である。しかし、過度に単純化することは用心しなければならない。一方では、パーセンテージの漸進的変化は、領域間の重なり合う部分を含意している（いかなるカテゴリーも、どちらか一方のみに現れるわけではない）。また他方では、分類化によって、集団内部の多様性が単純化されている。形式の上では同一の二つのカテゴリーが、非常に多様な社会的地位に追いやられることもありうる。さらには、生のパーセンテージを各領域の人口上の重みによって修正し、公的に意見表明を行うことが伝統的に定められている個人の介入を後押しする、政治界の相対的な自律性を考慮に入れ、またこうした意見表明を行うことが危険をもたらす集団を除外することが、適切である。

いくつかの指導グループの構成

全体のなかでのその人数の多さ、その象徴的な機能、その積極的な関与といった諸点からして、詳細な検討が必要な三つの主要な集団は、教職、文学家と芸術家、学生である。二つの問題が解決されなければならない。「知識人」と命名された人々は両陣営において同様の人々であったのかという問題と、その動員の広がりとリズムとはいかなるものであったのかという問題である。

教　職（表Ⅳ―2参照）

大学人（中等教育レベルと高等教育レベルとを合わせた、当時の広い意味での）の関与は、帝政期以来、権力の意のままにされる同業組合という光景に見慣れていた当時の人々を、最も驚かせるものであった。教授たちが過度に代表されている（主には左派において、しかし右派においても同様に）ばかりでなく、さらには、十八世紀以来「文人」たちによって伝統的に占められてきた第一の地位を、大学人はその人数ならびにその象徴的機能によって自らのものとして主張したのである。[51] 数字にもとづいた評決は、当時の印象に対応している。「知識人の宣言」のなかに、中等教育および高等教育の教授は二六一人数えられるのに対して、文人あるいはジャーナリストはわずか二三〇人しかいない。そのうえ、これはとりわけ高い資格を有するカテゴリーに関わるので（博士、中・高等教育教授資格者《アグレジェ》、高等師範学校の学生《ノルマリアン》・卒業生が多かった）、新しいタイプの「知識人」と大学との同一視はごく当然のこととしてなされた。アンリ義援金においては、反知識人の後衛は、誇張して言うならば、まさに正反対である。スローガンの大部分は、自らの資格によって他の人々を圧倒する、大学のある一部分に同定された「知識人」に対して向けられている。[52] 知識人の署名者は、主として中等教育のなかから集められているが、知的プロレタリアである初等教育の教員も他のリストに増して少なからずいる。「知識人」に対する公然たる敵対者である数少ない高等教育の教員のうちの六人は、左派には存在しないカトリック系の高等教育にとりわけ属している。[53]

他の請願においては、初等、中等、高等の三つの教育段階のあいだの均衡は、ほとんど似通っている。この観点からして、ピカールのための請願とフランス祖国同盟への賛同リストとのあいだの相同性には驚くべきものがある。一八九九年の初頭には、これら二つの陣営は、最大の支持者を獲得していた。絶対数においては確かに右派が優勢であったにしても、ドレフュス派の成功は、再審派が当初の範囲を拡大したという点にあった。すなわち初等教育教員の割合はもはや無視できないものとなり、またパリの教育関係者に地方が合流したのである。反対に、「統一への呼びかけ」は、動員の構造を欠いていたために、初期のドレフュス主義のエリート主義的な図式に再び結びついていた。高等教育が全体の四〇％を占め、指標として、中等教育よりも六倍多かったのである。こうした相同性と相違とは、当時の人々によって確認された二重の点を説明する。それは、双方において同様の参加原理に従っている、身内同士の争いということである。このことは文科において明らかであるが、というのも両陣営において同一グループの大学人の名を挙げることが可能だからである。[54] 数字による指標によって、署名者たちの関与の実践的な原理が明らかになる。最も高い資格を有する大学人たちが、自らの意見を賭けるにふさわしく、またそのように運命づけられていると自ら感じている。人口上の大きさから比較して、高等教育は中等教育よりも四倍から五倍多くの、そして初等教育よりも五〇倍多くの署名者を集めていた。行政上のヒエラルキーにもとづく自律性によって認められた社会参加の自由が、主要な鍵となる。上司からの激しい非難に敢然と立ち向かうことのできた稀有な小学校教師は、他の人々よりも地理的な孤立の度合いが小さかったり、あるいはこの職における特別なエリートを形成していたと推測することができる。

J－P・リウーが行ったように、右派の側に立つリセの教師の、それでもやはり増大する人数と、特権層としてとらえられたドレフュス派の人々（なぜなら、彼らは高等教育で教え、あるいは稀少な資格を保持しているから）に対する社会的なルサンチマンの表現とのあいだの相関関係、あるいはより一般化して言えば、支配階級の内部での自らの被支配的な立場に対してこうして政治的な報復を行おうとするブルジョワジーの戦略の構造的な危機的状況を証明するということは魅力的である。[55] とはいえ、二つの理由からこの解釈は問い直される。一方で、リセの教師たちのドレフュス派への参加は、再審派が受けた高いリスクにも関わらず、[56] 無視できないものであったし、他方で、中等教育は一様ではなかった。教科間、教職に就く学校間、世代間、そしてキャリアの見通しによる断絶は、政治的な意見と社会的な地位とのあいだの一義的な関係を確立する前に不可欠な媒介項であった。[57]

芸術家と文人

反対に、自らの社会的切り札からすると、程度の差はあれ束縛的な経済市場に対峙する、自由な知識人にとっての全般的な相関関係を見出すことは、より容易である。この関係によって、芸術界と文学界のあいだ、および後者の内部での、その日その日を生き延びることに最も取り込まれている職業（ジャーナリスト）とそうしたことへの従属度が小さい職業（作家）とのあいだの、二重の不均衡を理解することが可能になる。すべてのリストにおいて、あらゆるタイプの芸術家が過小に代表されていることは明白である。初等教育の教員と同様に、これが人数の大きい集団だということはあるにしても、その成員の圧倒的な大部分は、政治的に関与することを主張することはできなかった。それは、大部分が無名であったからである。威信の高い肩書き（芸術アカデミー会員、ローマ大賞など）を有する者、大衆の人気を得ている者（サラ・ベルナール、ムネ＝シュリー、コクランのような著名な俳優）、あるいは文学の前衛と緊密な関係を保っていた者（モネ、ピサロのような印象派、『ルヴュー・ブランシュ』誌と関係の深いナビ派）――文学の前衛は彼らを擁護することにつとめ、その引き換えに文学の前衛は彼らをドレフュスのために動員した――のみが、あえて署名した。(58)

新聞記者とジャーナリストの動員は、事柄の性質上の当然の相違点は別として、同様の原則にしたがっている。それぞれの主張のための、その日その日の宣伝を行うという任を負った前衛（左派あるいは極右の）は別にして、大部分のジャーナリスト、とりわけ地方のジャーナリストは、用心深い日和見主義をとるだけであった。圧倒的大多数の新聞がドレフュスに対して無関心あるいは敵対的であったので、編集者たちは、順応的でない立場を誇示する理由はほとんどなかった。(59) 一八九八年の末に、ドレフュス事件の新しい局面によって反対に、このタイプの知識人がいっそう広範に介入するようにと導かれることとなる。ピカールのための請願において、新聞記者は文学界の署名者のなかで人数が最も多くなる。一方、「知識人の宣言」においては、新聞記者と文人とは同程度の人数だったのである。同様の変化は右派にも見られるが、ただし逆の方向においてである。ジャーナリストたちによって始められた運動であるアンリ義援金は、知識界においては、とりわけ新聞編集者からの反響を集めた。世間に認められた文人のうち、不確かなこの闘いにおいて文学プロレタリアの側で危険を冒す者はほとんどいなかった。一五六人のジャーナリストに対して、作家の人数は一二人である。反対に、フランス祖国同盟のエリート主義は、文学界の最も高貴な部分を利する形で、力関係のバランスを回復する。すなわち、J－P・リウーの集計によれば、文人が三九四人、新聞記者が六九九人となり、これは全体の人数調査にもとづく加重指標で見れば、現実には、新聞に対して書物がより多く代表されていることになる。この指標はそれぞれ四・七および三・五であり、したがって「知識人の宣言」あるいは「統一への呼びかけ」の指標（それぞれ六・九および三・二、ならびに七・三および三・四）に近い（**表Ⅳ―2**を参照）。

これらの分野の内部での差異化を、代表される出版紙誌のタイプと、編集部局内で果たされる正確な機能とにしたがって、さらに明らかにすることが必要となろう。このことは、ジャーナリストたちについて、伝記的な資料カードをあらかじめ作成することを前提とするであろうが、これは、このようにあまりよく知られておらず、また不均質な集団においては、ほとんど不可能な企図である。[60] とはいえ、リストそれ自体から得られる情報をもとにして、ドレフュス派の側においては、論説紙や立場の非常に明確な定期刊行物（例えば、社会主義あるいは反教権主義の新聞）あるいは学問的な定期刊行物がとりわけ関わっていると結論づけることができる。『哲学評論《ルヴュー・フィロソフィック》』や『形而上学・道徳学評論《ルヴュー・ド・メタフィジック・エ・ド・モラル》』といった学術雑誌の寄稿者、あるいは教養ある読者を対象とした『芸術雑誌《ガゼット・デ・ボザール》』や『ルヴュー・ブルー』の寄稿者の存在が注目される。[61] 反対に、反ドレフュス派においては、右派および極右の紙誌（『ラ・クロワ』、『リーブル・パロール』、『非妥協《ラントランジジャン》』、『太陽《ル・ソレイユ》』）ばかりでなく、より広範な保守的な読者に向けられた雑誌も優勢であった。『両世界評論《ルヴュー・デ・ドゥー・モンド》』（F・ブリュンティエール、R・ドゥーミック、G・ゴワイヨー）、『新評論《ヌーヴェル・ルヴュー》』（筆頭編集長のアダン夫人）、『政治・文学年報《アナール・ポリティック・エ・リテレール》』（ブリッソン父子、F・サルセイ）、『週刊雑誌《ルヴュー・エブドマデール》』（ジャンテ）の主要な寄稿者、あるいはまた大新聞の主要な寄稿者も見出される。『ル・タン』紙の編集部は分断されてはいたが（六人の編集員がアンリ記念碑に署名し、他の人々はフランス祖国同盟に参加して、何人かは穏健なあるいは公然たるドレフュス派であった）、『ル・ゴーロワ』紙、『ル・ジュルナル』紙、『レクレール』紙、『ル・フィガロ』紙の編集員たちは、その新聞の方針にしたがって、反ドレフュス派の側で社会参加した。

学生

ドレフュス派の人々は、左派の社会主義者の一部分が支持を表明する以前には、他に利用可能な部隊がなかったために、学校の若者たちを取り込もうとつとめ、また「若者は未来を体現する」という紋切り型の考えにしたがって、その主張キャンペーンのなかで彼らを利用した。対立する陣営でも、学生の積極行動主義的な役割（ドレフュス派の教授の講義に対する授業妨害の組織、訴訟の時になされる街頭での激しいデモ）は無視できなかった。それぞれの側での学生の動員の度合いを測ることは相対的に容易であるにしても、こうした態度表明の起源と意味とを、未だにほとんど知られていない学生界に固有のデータと関連づけながら理解することは、いっそう困難である。[62]

実際、請願に署名した学生の多くは、自らの教育課程を明確にしていない。「他の情報のない」これら学生の分類についての仮説を立てることは、（他の無回答についてと同様に）不可能である。これは若者の特権的な層に相当するので、いかなる課程にも、威信の階梯における相対的な価値低下は未だ認められない。分析はしたがって、当時の人々の言うところによると「学生」という呼称が大きな融通性を含んでいただけに、不確実な幅を伴ったものにとどまらざるをえないであろう。二つの主要な請願（ピカールのためのものと、フランス祖国同盟のためのもの）に示された名前の合計にもとづくと、諸ファキュルテの学生全体の約一五％が事件の頂点において自らの見解をはっきりと表明していると見積もることができ、これは高等教育の教員（ただし彼らの人数はずっと少ない）を別にすれば、一つの集団としての参加の最も高い比率を示している。

教育課程による分布は、さらにいっそう有意義である。「知識人の宣言」に署名した学生の分類は、学問的なファキュルテと職業的なファキュルテとを対置する古典的な図式に一致している。初期のドレフュス派の学生の三分の一近くが文科、九%が理科の学生であり、対して法科は一七・一%、医科は二一・九%とそれぞれなっている。「ソルボンヌ学生《ソルボナール》」がこのように相対的な多数を占めていることは、しかしながら、当時の月並みな考えによって想定されうるほどには明白ではなかった。初期のドレフュス派の学生の四〇%近くが、パンテオン広場にある法科、あるいはサン＝ジェルマン通りにある医科に籍を置いていたのである。新聞あるいはバレスやペギーのような何人かの証人によって広められたステレオタイプは、反ドレフュス派について把握可能な統計的事実に、よりいっそう対応している。アンリのためのささやかな寄付を行った同定可能な学生の七三%、またフランス祖国同盟に加入した同定可能な学生の八〇%が、法科あるいは医科の学生（とりわけ医科）である。保守的な陣営の同質性と、ドレフュス派の側の多様性とのあいだのこの差異は、通時的に理解される。世論において、またエリート内において少数派であるドレフュス派の大学人は、いかなるファキュルテにおいてであれ、彼らの本来の聴講者に対して優先的に熱心な勧誘を行った。ドレフュス派の学生のパーセンテージが課程に応じて段階的になっていることは、したがって、再審派の主張を受け入れた教授の人数の多さに応じて秩序立てられる。反対に、反ドレフュス派の学生の動員は、教師の影響によってというよりも、社会的な伝播によって、および順応主義的でない教授に対する反発によって、なされている。学生たちの右派の側への社会参加は、教授団の内部でドレフュス派が少数派であればあるほど、また教授たちが社会参加する傾向が強ければ強いほど、はっきりとしたものとなる。これが、医科よりも法科において、動員が穏やかな理由である。法科では、個人による研究というスタイルによって、教授たちによる社会参加の拒否といった、政治化の度合いの低さがもたらされ、これは、病院や研究室での親密さや、医科の教授の態度留保の少なさに対比される。この点については、のちに立ち戻ることとしよう（**表Ⅳ—3**から**Ⅳ—6**を参照）。

いくつかの事実データを、学生の動員の二つのモデルについてのこうした仮説の証拠として示すことができる。アンリ記念碑のための義援金への支持の説明は、この点において明示的である。医科のある学生は、「プルー（M・）、医科の学生で、知識人ではない」と署名し、古文書学校のある学生は、「指導教授の策謀に抗議して」と記している。古文書学校の別の学生はより穏健で、「これに対してメイエにはまったく好感が感じられない」と記している。ボルドーのある学生は、機微に気をつかうことなく、「ドレフュスの腸と一緒にスタファーを吊るすために」と記している。ある法学生は、攻撃的な態度をあらわにしている。「ドレフュス派のビュイッソンの扉を打ち壊してステッキを折った、法科の一学生」というのである。幾人かの教授たちに対する同様の拒絶は、理科や医科の学生の筆にも表されている。「デュクロが尊敬に値すると信じていた、彼のかつての学生」、「何人かの教師の態度に嫌悪感を覚える、五人の専門課程の医学生」、「ラエネックの下での外科勤務の三人の実習生で、この感じの良い教授資格者《アグレジェ》の無政府主義的な知識人のお説教を十分に受けている」、あるいはまた、「ソルボンヌの教授たちのドレフュス主義に憤慨している、反ユダヤ主義の五人の学生」といったものが見出される。(63)

したがって、政治的な力関係は社会学によっては直接には説明されない。なぜならば、もし状況がこのようであったならば、人数が最も多く、また社会的出自が最もブルジョワ的な、法科の学生の署名が多くなるはずだからである。それぞれの学校に固有の政治的な雰囲気の媒介が、学生の反応を和らげたりあるいは強めたりするのに大きな役割を果たしている。ドレフュス主義が支配的である時には、学生たちは多数派にしたがう（主として、文科）。ドレフュス主義が少数派ではあるが公然たるものである時には、同意あるいは反感の双方の側において激しい参加を引き起こす（医科の場合）。法科では、反対に、保守主義がおそらく支配的であるが、しかし公然とは明確に示されない。というのは、この保守主義は、教授レベルに仲介者のいないあまりに脆弱な少数派によっては、脅かされているとは感じられないからである。この雰囲気に非常に特徴的であるのは、グルノーブルの数少ないドレフュス派の法科の教授の一人であるエドゥアール・ボードゥアンによって、彼が伝統的な開講講義を行った際に引き起こされた事件である。

「私はこれら若い人々に対して、自らの精神の自由や、自らの判断の独立性を保持すること、世論の狂信や、政党あるいは世俗の党派のスローガンではなく、自らの理性と良心を行動原理ならびに規範とすること、要するに知識人であるべきことを語った。言葉はこのようなものであった。言葉はこのようで、私はこれを非常にはっきりと語った。いま、貴君は人々の感情をここから見て取れる。唯一これだけを知らなければならない。この講義のなかで、私は市民や私人としてではなく、教授としてまた法科ファキュルテの名において話したのだから、しかるべき人に前もって知らせることなく、知識人という語を口にしようとは思わなかった。また私は、勇気だけではなく（勇気があるとして）、礼節をももって行動することを望んだ。したがって私は、講義の一週間前に、私の筆記原稿をファキュルテ長《ドワィヤン》に送り、特に末尾の言葉に注意をうながして、私の言葉があまりに破壊的であると認めたならば訂正してくれるように依頼したのである。わがファキュルテ長《ドワィヤン》は、稀に見る温厚で穏健な性格において優れた人物であるが、非常にリベラルである（…）。しかし、翌日に事件が始まった。大学区長《レクトゥール》は、軍隊が怖れていることに師団長が気づいたと、私に伝えた。ファキュルテ長《ドワィヤン》は、私の同僚の二、三人（私はいずれの名前も明らかにしたくない）が、非常に感情をかき立てられて、抗議文を書こうとしていると知らせた。(64)」（強調は原文）

理科の学生は、地理的および社会的な近接性によって、文科の仲間を模倣したが、ただしその程度は低調であった。これは、文科の教授たちをしてスポークスマンとしての公式の政治的役割を果たすようにと運命づける旧来からの伝統にしたがって、文科の教授たちよりも活動の度合いがずっと低い理科の教授たちと同様である。(65)

　動員の不平等な条件からの混乱をもたらす影響を消去するために、ピカールのための請願とフランス祖国同盟のための請願によって集められた署名を合計することによって、それぞれの課程の内部での政治的な力の均衡を推しはかることができる。そうすれば、段階的なパーセンテージは、たとえそれが非常に不均衡な人数を同じ次元で扱うことになるにしても、予想されるステレオタイプに合致したものとなる。こうして、署名をしたグランド・ゼコールの数少ない学生たちは、そのほとんど全員が、支配的な順応主義の方向でこれを行っている。あらゆることが、彼らをこの方向に押しやっている。すなわち、フランス祖国同盟の理想に対応する彼らの課程のエリート主義的な理想、行政あるいは経済へと志向する教育のもたらす真面目な精神と現実への配慮、さらにはよりブルジョワ的な入学者の出自といったことは、中央工芸学校《エコール・サントラル》、鉱山学校、あるいは各商業学校の学生たちを、軍隊あるいは危機に瀕した秩序を救いに来るようにと導くことしかできなかった。図の中央には、右派が主流であるが、すでに職業化された法科や薬学校や医科の学生（インターンおよび専門課程）が見出される。彼らは、グランド・ゼコールにおける教育条件のある種の社会的および制度的な特徴を共有するが、しかし同時に、「知識人」である教師からの影響、他の課程の学生たちとの仲間関係、通学制、大都市の大学地区の政治へのより強い感受性といった、通常の大学生活の影響をもまた受けている。こうした与件は、学問的な課程において十全に影響を及ぼし、そのために、ドレフュス派の多数派として、文科、理科、美術学校、そしてまさしく正当にも医科の学生が多かったのである。入学の入り口が広く開かれていて、批判的で科学的な理想を有し、具体的な就職口からはより離れていたこれらの課程の学生は、教授たち、あるいは高等師範学校学生《ノルマリアン》や、無政府主義的あるいは社会主義的な学生の戦闘的なグループといった、再審派に結びついてそこに存在する行動的な少数派の活動によって、いっそう容易に回心されえた。

ドレフュス事件はこうして、限定的な規模において、のちに一九二〇年代、アルジェリア戦争時、あるいは一九六八年の五月革命時に明らかとなる亀裂を予示するのである。[66]

公務員――隠されたカテゴリー

同様の正確さをもって研究を行うことを可能にするような資料が仮に得られたならば、他の諸社会集団についても研究を進めるのが適当であろう。しかし、自己署名による偽名という障害にすぐさま遭遇する。さらに、最も人数の多い社会階層から離れる時には、これに含まれる人数は非常に少なくなるので、統計的な基礎がほとんど信頼できなくなる。人物同定のあらゆる誤りや、あらゆる不正確さによって、数字による結論は変容しうる。例えば、『共和政のエリートたち』のなかで展開された高級行政職についての社会学的な分析と、請願の政治的な判断とを対比させることが重要となろう。しかし、公務員というこの集団についての規約上の束縛の重さのために、それでもなおこの身分を主張する署名者はとりわけ例外的となる。自らの親密な感情を大っぴらにする危険を冒す者はごく少なく（とりわけ国家の頂点においては）、そして大多数の者は沈黙を守っていた。この沈黙は、あえて意見を表明しようとしないかあるいは意見を表明するとしてもただ遅くになってからのみである反ドレフュス主義ということ、[67]あるいはヒエラルキーのなかの最上位の人々が示す職務上の中立性の義務の尊重ということ、[68]あるいはまたこれら公務員が従属する政治家たちの揺れ動く立場にしたがう用心深い日和見主義ということに起因しえた。より一般的には、この危機を通してのエリートあるいは知識人の動員の様式は、彼らの職業上の文化によってこれら行政エリートが結びついている合法的あるいは正当な形式と対立することとなった。請願のリストに、出身職業の代表とはほとんどなりえない公務員しか見出されないのが驚くにあたらないのは、そのためである。フランス祖国同盟への加入者で行政に属する者の圧倒的な大多数は、退職した公務員である。八五人の首長のうちの七七人、知事職に関わる者の全員、軍人あるいは高級官吏職団《グラン・コール》のメンバーの大多数がこれに当たる。数少ない現職の公務員は技術職団に属しており、したがって政治的な偶発事に左右される度合いのより少ない人々であった（彼らは署名した公務員の二〇％にあたる）。退職者のこの数の多さは、職務上の義務によってばかりでなく、この同盟の政治的な方針によっても説明される。「知識人」に対するエリートの反駁でもあるフランス祖国同盟は、公務員にとっては、最近追放されたり罷免されたりした行政旧エリートの、現行の権力に対するイデオロギー的な報復という意味をも有していた。同様に、アンリ義援金は、このリストに将校が非常に数多く名を連ねていたために、ドレフュス派の人々の目には、ある種の象徴的なクーデタ、あるいは共和政に抗するこの救国クーデタへの呼びかけと見做されえた。(69) 技術職公務員にとっては、反ドレフュス主義は、二つの意味を帯びていた。一方では、フランス祖国同盟の宣言の一つの可能な読解にしたがって、非政治的な愛国主義的一体主義を表明するということであり、あるいは反対にもう一方では、政治的な論争において、国民的な危機に対する対応能力を欠いた政治家連に抗して、能力を有したエリートに権力を与えることを要求するということの表明でもあった。これは例えば、大学人であるが同時に鉱山技師でもあり、この新しいタイプのエリートの理論家で、かくしてまったく異例の自らの関与を正当化した、アンリ・ル＝シャトリエのとった選択であった。(70)

ドレフュス派の側では、行動的な公務員の人数が少ないために、いかなる全般的な解釈も不確かなものとなっている。反ドレフュス派の人々におけると同様に、退職者あるいは政治性の最も少ない公務員が支配的である。自らの立場を明らかにするリスクを冒した者（というのは、ドレフュス主義は制裁という観点において、反対の立場よりもよりいっそう高くついたからである）は、大学に最も深く結びついていた人々や知的な社交のネットワークの中にいた人々だけであった。この典型的な例として、公教育高等評議会のかつてのメンバーであるデュメニル、コレージュ・ド・フランスの教授マスカールの息子である土木学校のある技師、労働局長で文学の前衛と深い関係の

あったアルチュール・フォンテーヌが挙げられる。(71)

結語

ドレフュス事件によって引き起こされた請願は、この二重の読解の終わりにおいて、「エリート」と「知識人」との対立的なイデオロギー・モデルに類似する二つの連携を概略的に現実化したものとして立ち現れてくる。中心人物たちによって主張された理想と、結集した個人たちに関する実際の社会学とのあいだの相違は、ここに関係する諸集団がこの様式にもとづいて態度表明を行おうとする可能性や意志の不平等性や、政治界の相対的な自律性に起因している。しかしながら、この全般的な結果は不十分なものにとどまっている。外面的には似通っている個人が、実際には相異なった仕方で行動しうる。ある者は意志表示を行わず、他のある者はドレフュス主義に賛成あるいは反対の署名を行うが、彼らはより穏健であったり、より急進的であったりする。気性や、個々人の心理の、無限の多様性を引き合いに出すことは、安易な逃げ口上にしか過ぎない。あまりに粗雑な分析手段もまた、問題とされる。すぐれて融通度の高いカテゴリーである学生についてのみ実現可能な単純な関係を考慮に入れて、内容の乏しい一般的な対応関係から、社会参加のより鋭敏な理由とその様式へと移行するためには、個人の立場を定義づけ、彼らの態度決定を明らかにする、新たな媒介変数を導入しなければならない。こうした精確な研究は、最低限の伝記的なデータが利用可能な大学人および文人についてのみ可能である。危機が展開するなかでの重要な他の集団（士官、ブルジョワ的職業、政治的な活動家）については、彼らについての伝記的描写《プロソポグラフィー》をあらかじめ行うという条件で、こうした研究は考えられなくもない。しかしながら、左派および右派の「知識人」へと観点を絞り込むことについての、より積極的な正当化もまた同様に主張されうる。対立関係にある同盟関係のスポークスマンである限りにおいて、これら二つのタイプの「知識人」は、彼らの背後に結集した他の諸集団の特性を、是認できる仮説にしたがって凝縮している。これを証明することが、最後の章の目的となろう。

第五章　左派「知識人」と右派「知識人」

「私は『指導階級』なのだろうか？　それは私にはまったくわからない。しかし私がよく知っていること、それは私が金権政治に対して、憎悪とまではいかないにしても（…）、本能的で抗いがたい不信を持っていることである。」

――F・ブリュンティエール
「国民と軍隊」『フランス祖国同盟』のための講演、一八九九年四月二六日、『闘いの演説』パリ、ペラン社、一九〇〇年、二三七頁。

ドレフュス事件における「知識人」たちの社会参加の理由、という問題に取り組む歴史家は、一般に、両陣営の理想主義的な説明で満足するが、この説明はそもそも、危機が大きなものとなっていき、また政治状況がより複雑なものとなっていくに応じて、変化していく正当化なのである。ドレフュス派にとっては、道徳的価値（「真実」、「公正」）を擁護することが重要であり、反ドレフュス派にとっては、あらゆるものの上位に位置すると判断された社会制度（「祖国」、「軍隊」）を擁護することが重要であった。これを称賛したジュリアン・バンダにとっても、これを批判したバレスにとっても、前者は「普遍」に結びついたカント的な主題であった。バレスは次のように書いている。

「ドレフュス事件の論争におけるある種の大学人たちの態度によって、私はカント主義のなかに存する錯乱の力を立証したいと思う。セアイユ氏は、彼らが私の筆に彼らを傷つけるいかなる言葉も見出さないであろうことをよく知っており、また私はブートルー氏がそのことを確信するよう切望する。しかし、再審を求めての、一方の証言や、他方の介入の意思（彼はライプニッツをも引き合いに出してはいるが）は、まったく奇妙で、非常に意味深長なカント主義の激発であり、最も正しく、最も実直で、最も危険な精神の展開と同様のもので、あたかも現実を考慮に入れずに、純粋な抽象のなかで行動するようなものである。(1)」

バンダはこれに反論する。

「これはまさしく、一般観念を抱くばかりでなく、対応する感情がこの一般観念によって決定され、次いで今度はこの感情が行動を決定するが、ほとんどの場合、こうした行動が個人の直接的な利害に真っ向から対立する、そういう人々の軍団そのものである。ここにいるのは、抽象への献身によって、経歴を台無しにし、三カ月の勾留を受容する中佐であり、群集の野蛮さに立ち向かう小説家であり、自らの未来や、おそらく自らの安全を危うくしかねない抗議文に署名する無数の若者たちである。そしてここに、このドラマの明晰さにおいて、人類が、新たに形成され、今後の社会生活において不可欠となるその特性の一つ、すなわち、主知主義ではなく、知的な感受性を生み出すのである。(2)」

反再審派の方は、むしろ、社会体《コール・ソシアル》の崩壊に抗して闘い、また社会的あるいは外的な不穏な危機に立ち向かう任務を負った新しいエリートの卓抜性のために闘う、テーヌやダーウィンの弟子であった。

こうした理論的な正当化は、確かに、知識人の二つのグループを動員することに貢献している。しかし、こうした正当化は、それ自体としては不十分であり、その社会的な反響についての研究によって掘り下げられなければならない。もし形式上似通った諸個人が、しかじかの価値システムを受け入れやすいとするならば、それはその価値システムが彼らの世界観に合致したということであり、そしてその世界観自体、彼らの社会的な経歴や彼らが属する界《シャン》における相対的な地位、あるいは権力界に対する彼らの関係によって形成されているのである。そこで私は、本章において、一〇年以上前に発表した論文のなかで作家について提示した解釈モデルを一般化し、練成するよう努めたいと思う。この図式を、とりわけ大学界の特殊性に応じて豊かなものにし、また柔軟なものにすることが求められる(3)。

第一節　大学界——旧派と新派

「大学人」という言葉によって、位階上のレベルがいかなるものであるかにかかわらず、高等教育のすべての関係者が含まれるであろうが、利用可能な資料を欠いていることから、いくつかの周辺的なグループ（助　手《プレパラトゥール》、解剖助手《プロセクトゥール》等々）や、あるいはただ一方の側のみへの大規模な参加ということからして、差異を明らかにする分析が必要とされないグループ（例えば、神学ファキュルテの教授たち）は脇に置いておくことにしよう。後者については、ポストが、その保有者についての社会的およびイデオロギー的な定義をまさしく同時に含んでいるのである(4)。

諸個人の政治的な選択を定義するにあたって、私は前章におけると同様、請願への明白な署名に限定したいと思う。最も大規模な集団において不可欠となるこの方法は、選択を公けに明らかにする必要を彼らが感じていないとしても、他の資料によって時にある人々の内面的な選択を知ることが可能となる大学人については、異議が唱えられるかもしれない。実は、より広範な資料を用いないということは、私の基本的な仮説に由来している。政治的行動の新しいモデルの採用と、二つの知的な理想への公然たる賛同とを理解することが問題となっているのだから、この賛同の公然さのみが信条の十分な指標となる。これは、常に起こりうる態度の豹変ということや、あるいはある人々のイデオロギー的な矛盾ということからして、常に当てはまらないとしてもそうなのである。[5] アンリ義援金あるいは「統一への呼びかけ」を考慮に入れないことは、外的および内的な与件によって正当化される。アンリ「記念碑」は、先に見たとおり、フランス祖国同盟創設の、失敗した総稽古であった。これに署名した数少ない大学人たちは、ある例外を除いて、この同盟への賛同リストに再び見出される。「統一への呼びかけ」は、より曖昧であるが、しかし全般的に穏健なドレフュス派のなかから集められており、そのうちの何人かはピカールのために署名することを望まなかったのである(ここに操作性を見出した彼らの対立者は、まさしくこのように理解した)。とはいえ、この遅れてのそして穏健な参加は、その斬新さの一部を失い、また他の諸署名と同じほどの強度は有さなかった。これについては私は、補足的な情報という観点からのみ考慮に入れることとし、ここからは統計は引き出さないこととする。

たとえ限定的に範囲を定めたとしても、二つの陣営についてのできるだけ完全な伝記的な資料カードを作成することは、これ以前に行った単純に人数を数え上げることよりも、よりいっそう微妙な試みである。困難な部分は、あらゆる算定に見られる厳密さの幻想にだまされないように分析されなければならない。新聞から得られたリストは、誤植、同姓同名であったりあるいは正確な職名を欠いていることによってある人々を同定することが不確かであること、繰り返してなされる記載、架空であったり勝手になされたりした署名等々の、ジャーナリズムに固有の誤謬を示している。人物の特定が疑わしいものについては、私は一貫して『公教育省年鑑』を参照したが、いくつかのリストは長大であるために、何度も読んだあとでさえも、失念したり混同したりしたままに常にとどまっている部分がある。第二の問題群は、得られた比率に加重値を与えるために、より広範な人口との比較を行うという必要性から生じてくる。例えば、兼任の教授あるいは名誉教授は、どのように分類したりあるいは計算したりしたらよいのだろうか？　兼任の教授たちをただ一人の個人としてのみ数えることは、算術上の厳密さにはおそらく合致するであろうが、しかし、ある社会的なバイアスを生み出すことにもなりうる。職業上複数の所属を有することによって、兼任者は、動員ネットワークにおいて他の人々よりもいっそう重要となるからである。同様に、現職の教授しか考慮に入れないということは、名誉教授たちが彼らのより若い同僚たちに対して及ぼす間接的な庇護関係を無視することになりかねない。二つの計算の仕方はしたがって、参加率において説明力を有することとなる。

参加率

　他の社会集団と比較して署名者の率が高いにもかかわらず、請願に署名した大学人は、その人数を彼らの所属する集団の人数と較べるならば、少数派にとどまっている。三〇%弱の人々が、「知識人」として行動している（**表V—1**および**V—2**を参照）。言い換えれば、たとえ大学人が「知識人」の新たなモデルを結晶化し、そして本質的にこれを体現しているにしても、高等教育の教員団の多数は、この理想に明示的に賛同してはいないのである。いかなる統計も、二つの方向で検討されうる。当時の人々（とりわけドレフュス派の人々）の考え方において、これら二つの集団が同一視されていたことは、リストに記されている名前の象徴的な重みにばかりではなく、例外的に、大学教授団《アルマ・マテール》が文学者よりも動員されていたという事実に起因している。作家たち——社会的に範囲を定めるのは、確かに、よりはっきりしない概念ではある——の参加率は、二四%となっている。

　第三の要因によっても、この混同が説明される。それは、機関ごとの参加率が異なった構造を示しているという要因によってである。最も「知的」な機関（大学の普遍的な定義に対応する）はまた、新しい社会的行動が多数派をなす機関でもあった。ここで統計は、最も広く知られた人物をもとに引き出されたステレオタイプを追認している。この点に関して、高い方から低い方へという順番に並べれば、先頭には古文書学校、高等師範学校、高等研究院（第四および第五部門）の教員がきて、パリ文科ファキュルテ、コレージュ・ド・フランス、パリ理科ファキュルテの教員がこれに続く。

最も積極的に参加した学生たちの勉学コースとの対応関係はとりわけ顕著であり、伝播網という観点による解釈を裏づけている。それぞれのタイプの機関は、学生の構造と教授たちの職業上の理想とにしたがって反応している。参加率の違いを理解するためには、パリの大学界――そしてより一般的には、知識界――の分化についての分析と、ファキュルテごとの大学エリートと権力との関係についての分析とを、ここで再び取り上げなければならないであろう。詳細は、他ですでに行ったものを参照されたい。(6) 政治的な態度と、生態学的および社会的なデータとのあいだの一貫性は、この点についてあまりにくどくどと論じる必要を免れさせている。大学界における支配された極は、文学界における支配された極と同様、この新たな公的介入へといっそう傾いている。なぜならば、他の可能な権力形態から完全に排除されているからである。

とはいえ、二次的な要因によって、このあまりに単純な関係はかき乱される。中心地パリから遠ざかることによって動員の強度が弱められ、また正統的な文化、すなわち文学との近接性が、この強度を反対に強めるのである。こうして、パリの、そしてとりわけ地方の理科の教授たちは、この観点からして、文科が専門の同僚たち、また地方においては医科が専門の同僚たちよりも身を引きがちである。政治的な論争のなかに、知的な方法にもとづいて介入することはまた、地方における権力の古典的な形態との断絶をも意味した。この地方の権力とはすなわち、知識層の出自であるか否かにかかわらず、名士の権力のことである。ここから、より法律尊重主義である、法学者たちの参加の少なさが生じてくる。法学者たちの参加の少なさはまた、機関の内部における十分に独立した地位をも前提としている。これは、職業的な卓越性のイデオロギーによって動員されたドレフュス派においても、また自らの職能の全体的なエリート的イメージによって動かされた反ドレフュス派においても、そうなのである。この自律性のみが、むしろ慎重さへとかり立てる社会的あるいはイデオロギー的な拘束からの解放を可能にもする。この最後の要因は、少数派であって順応主義的でないドレフュス派において、世論によって強化されたりあるいは愛国主義的な一体性というあいまいな命題によって保護されたりした彼らの対立者よりも、いっそう大きな影響を及ぼした。

しかしながら、あらゆる種類の社会的あるいは政治的な動員の現象について見出される、パリ／地方のこの古典的な対立よりもさらに先に進むことも可能である。大学間の非常に大きな不均衡の分析をもとにして、参加についての地理学を行うことが可能である（**図V—1**参照）。中心／周縁の分化に類似した論理にしたがって、参加の強度と大学の規模とのあいだの相関関係を立証することができなければならない。実際には、レンヌ、ナンシー、ボルドーは、大学人の署名者を最も多く集めているが、学生あるいは教授の人数が最も多い都市どころではなく、それにはほど遠いのである。ただし、大学人のドレフュス主義についての詳細な地理学においては、この関係は存在している。ドレフュス主義は地方においては脆弱な状況にあったので、公然と立場を明らかにしうる可能性は、大学教授団の大きさが世論にあえて挑むに十分なだけのものであるところにしか存在しなかった。この関係に対する唯一の例外が、トゥールーズ大学によって示されている。規模においてフランス第二の大学であるのに、この大学は大学人のドレフュス派の人数では七番目に位置づけられるに過ぎない。この乖離は、著名なドレフュス派、ジョレスがここの助教授であった（したがって、熱心な勧誘を行うためにかつての関係を利用することが可能であったはずである）ことを考えると、ますます驚くべきことである。その上、先行する時期についての研究によって、地方の政治生活に教授たちが頻繁に関与していたことが示されている。しかし、この異例さの鍵は、おそらく次の点に存するであろう。パリから離れており、またパリの影響力を受けずにすむに十分なほど重要な大学拠点であるトゥールーズ大学は、相対的な回避ということによって、南仏の独自性を主張する仕方で、遠く離れたパリでの政治論争に巻き込まれることに対する拒否を確かに表明したのである。これと同様のことは、これに先行する年代のあいだにも、新しい研究所、新しい実験室、地方と結びついた講座、新しい医科ファキュルテといった、より具体的な他の諸成果を通じてなされてきた。(7)

地域的な他の特殊性も、大学ごとの意見の分布を説明するのに関与してくる。明らかにドレフュス派の大学であるリヨンとリールがこのような選択をなしたのは、当時これらの都市が左派への傾向を有していたという政治的な文脈のためでもあるが、しかしとりわけ、国家のファキュルテに競合するカトリックの大学の存在によって生み出された緊張関係のためなのである。こうした状況は、双方の側において熱烈な対立の雰囲気を生み出し、カトリックのファキュルテの教授たちも学生たちも、すでに見たように、大規模に反ドレフュス派の側についたのである。(8)こうしたイデオロギー的な対立が存在しないボルドーでは、ドレフュス主義はむしろ、大学生活に対する従来からの改良主義的な伝統の表現であった。活動的な大学区長《レクトゥール》と、ずっと以前から共和政に忠実な市議会との支持を受けて、この大学は大学改革の実験場の役割を果たしてきた。(9)とりわけ、社会科学の最初の講義が創設されたのはここにおいてであり、これを担当したデュルケームが同僚たちをドレフュスの側に動員するために果たした積極的な役割は、その伝記作家たちの著作によって、よく知られている。(10)反対に、最も反ドレフュス派である大学は、右派であることが最も顕著であったり、ナショナリズムが席捲したりした地域にあった。レンヌの数少ないドレフュス派の教授の一人であるヴィクトル・バッシュは、この都市について次のような評価を下している。「熱烈に教権主義的で、決然として反ユダヤ主義的な社会」(11)という評価である。図によれば、レンヌ大学は、最も動員され、また再審に最も反対していた地方の大学の一つである。同様に、ドイツに対峙する国境の大学であり、ナショナリズムによって席捲され（バレスの選出を参照）、反ユダヤ主義の影響を受けた地域にあるナンシー大学は、反ドレフュス主義のもう一つの砦と見做されていた。(12)

ほとんど参加を示さなかった大学の事例もまた興味深い。なぜならば、こうした事例は、先の仮説を、反対推論によって確証することを可能にするからである。これらの大学は一般に、「知識人」たちの闘争に対する教授たちの無関心の原因となる、二つのハンディキャップを兼ね備えていた。そこには、限られた人数の教員しか集まっておらず（クレルモンには、すべてのファキュルテを合わせて、教授二五人、ポワティエには三九人）、また学問的な威信も低いものでしかなかった。野心のある教授たちは逃げていってしまい、こうした大学は、大学改革から生まれた教授職の新しい理想への関与ということによって定義づけられる大学界から距離を置いたままにとどまり、地方の連帯のなかに取り込まれていた。たとえ反ドレフュス主義がより容易にそこで表明されたとしても、小都市のぱっとしない政治的な雰囲気と、地方の名士たちの世間のなかでの教授たちの被支配的な状況とは、大学人たちの政治化にはほとんど適さなかった。こうして、ポワティエでは、一人を除いて誰も署名をせず、しかもこの一人も、この時すでに退職して、ドゥーブに住んでいたのである。教員たちについての簡潔な伝記的な分析によって、この不活発さが説明され、さらに進んだ解釈が裏づけられる。三九人の教授たちのうち、ただ一人だけが、他所で教えるためにのちにこの大学を離れている。文科および理科の教授たちにおけるこの全般的な停滞は、法科および医科においては、当地出身であり、また国政レベルで遠くで行われる政治論争から彼らをさらにもう少し切り離す特徴としての、地方議員職の保持者でも時にある大学人が優勢であることによって、倍加されている。[13]

移動性の欠如は、より一般的に、学問的なファキュルテと職業的なファキュルテとの対立によって説明される。前者のファキュルテの教授たちは、大学空間のなかで移動する機会あるいは願望がより大きかっただけにますます、「知識人」の新しい政治的行動にしたがう傾向が強く、一方、法科そしてとりわけ医科では、それぞれのファキュルテが自らの出身者のなかから採用を行ったために移動はより少なかったのである。参加と回避との対立は、こうして、自らを何よりもまず大学界あるいは知識界のなかに連なる者としてとらえる大学人と、あるいは反対に地方社会のなかに根を下ろした名士としてとらえる大学人とのあいだの分断へと帰されるのである。知識人モデルと名士モデルとがそれほど相反していなかった反ドレフュス派においては、分断の度合いはより小さかった。より詳細な分析を通じて、名士として行動した教授と、「エリート」の新しい理想にしたがって行動した教授とを、こうした観点において区別することが可能となるということもおそらく考えられる。

この差異化は、地方にのみ限定されてはいない。これは、パリの諸機関の内部においても再び見出される。最も典型的な事例は、すべてのファキュルテのなかで参加の度合いが最も低く（地方のいくつかの法科ファキュルテよりもさえ低い）、また最も皆が一致して反ドレフュス派であった、法科ファキュルテの事例である。ここで、教授団の特殊性と、権力との関係を考慮に入れなければならない。法科学校は、依然として強力な権力的地位を享受しており、また、教授たちによって保持される、選挙によって選ばれた議員というかたちによって、あるいは専門家としての機能というかたちによって、あるいは、間接的に、行政エリートあるいは政治エリートの代表者たちとの親族関係あるいは交友関係によって、政治権力との関係を保持していたのである。[14] こうして、フランス祖国同盟に加わった三人の教授たちは、同時に、正真正銘の政治家でもあった。彼らの参加はしたがって、「知識人」のそれとは異なっており、古典的な参加を延長したに過ぎない。[15] この伝統的な法科の極に対して、最もドレフュス派的であるパリの諸機関が見出される。これらは、最も参加の度合いが高いと同時に、ドイツから着想を得た研究大学の理想に最も近い。ここには、古文書学校、高等研究院、高等師範学校が挙げられる。しかしこれは、出来事の純粋な偶然性に結びついた現象についての大いに抽象的な説明を、ここで推し進めることになるのではないだろうか？　その現象とは、ポール・メイエ、ガブリエル・モノ、そしてリュシアン・エール、ドレフュス家との関係をつなげる役割を果たした高等研究院卒業生であるベルナール＝ラザール[16] の周囲で、これら三つの学校における「知識人」の動員キャンペーンが開始されたというものである。実際、ベルナール＝ラザールは、彼の回心の活動に際して、これらの学校以外の扉もしっかりと叩いたのである。他所よりもむしろここで彼が耳を傾けられたとしたら、それは、「知識人」たち自身が述べるように、彼らの研究者や学者としての職務が、偏見や既判事項の尊重に対する理性的な反論への感受性をより高めたためばかりではなく、大学界のなかでの彼らの前衛的な位置が、彼らを社会的な順応主義の圧力から守ったためでもあり、とりわけ後者の要因のためなのである。この前衛主義は、それ自体、参加の最初の形態であり、彼らの分野における古典的な経歴に対する多様な戦略の選択の表現であった。[17]「知識人」の仕方にしたがって社会参加するためには、しかしながら他の連帯（例えば親族のあるいは政治的な）には取り込まれていない状態でいなければならず、したがっていくらか周辺部に位置していなければならなかった。

コレージュ・ド・フランスの政治的傾向は、反対推論によってこの解釈を裏づけている。研究機関であり、しばしば革新者たちの活動の場であるコレージュ・ド・フランスは、先の諸機関に近い位置にあってしかるべきであった。ところが、その参加率はパリ文科ファキュルテのそれよりも低く、教授団の大半は反ドレフュス派であった。しかし、この全体的な計数は、教授たちの内部での多様性と、外部世界との彼らの結びつきとを無視している。高い不参加の率は、科学者たちの広い無関心（これは、理科ファキュルテに関して、すでに指摘された現象である）に起因している。両陣営のあいだを分ける線は、講座の種類を分ける線にしたがっている。最も政治的な講座（政治経済学、科学史、すなわち実際には実証主義を教授するもので、ピエール・ラフィットが担当していた）の教授たちは、古典的な講座（ギリシア文学、ラテン文学、スラヴ文学）の教授たちとともに右派へと傾き、博学の講座の正教授たち（ルイ・アヴェ、ガストン・パリス、シルヴァン・レヴィ、ポール・メイエ）は、再審のために闘っている。[18]この最後の例とともに、大学人を「知識人」として行動するようにと押しやる一般的な理由から、二つの陣営のあいだでの選択の個別の動機へと移っていこう。

大学人のドレフュス主義と反ドレフュス主義の基盤

ドレフュス主義あるいは反ドレフュス主義への結集を条件づける様々な要因は、便宜上別々に検討されることとなるが、しかし、各教授を位置づけるための準拠空間に数多くの次元があるために、実際には総合的にバランスをとって、理解されなければならない。いかなる要因も、ただそれのみでは説明を行うことはできず、あらゆる単純な相関関係が、二次的な攪乱要因によってかき乱されるのである。しかし、教授のタイプによってデータの正確さにばらつきがあるために、彼らの参加の条件についてのこの全体的なイメージを得ることが妨げられる。すべての事例において、提起された条件づけを機械的に読解することは、解釈の誤りとなるであろう。

これまでの分析が示唆するように、「知識人」のモデルを、新しい大学の理想への賛同と結びつけて採用するならば、態度表明は、大学ヒエラルキーのなかでの立場および／あるいは生まれた世代に従属してしかるべきである。**表V―3**ならびに**V―4**によれば、ドレフュス主義および反ドレフュス主義は、この点において、新たな古典派―近代派論争〔ギリシア・ラテン文学と近代文学との優劣、古代人と近代人の優劣を巡る十七、十八世紀の論争〕、すでに地位の確立した大学人と若手とのあいだの新たな論争として立ち現れる。名誉教授、正教授、あるいは大学権力の地位の保持者たちは、フランス祖国同盟のメンバーのなかで多数派であるのに対して、正教授でなく態度表明を行った者の四分の三はドレフュス派である。しかしながら、対立を際立たせる「戦線」の表についてのこの読解には、異議が唱えられるかもしれない。実際、縦軸で見れば、正教授たちはドレフュス派のなかで多数派をなしている。これは、当時の大学ピラミッドのなかで、正教授が下位の地位の教員たちよりも人数が多かったということを忘れている。縦軸で見ても、二つのグループのあいだの均衡は、ドレフュス支持者において、最も若い大学人たちが相対的に多く代表していることを強調している。この最初のアプローチは、世代間の明白な断絶を示すには十分ではない。なぜならば、明らかに、最も広く知られたドレフュス派の指導者たちは、象徴的な威信という理由からして、当然年長者たちだったからである。生年を一〇年ごとに区切って見れば、四つのファキュルテのうちの三つにおいて、両陣営のあいだの年齢差が立証される。ドレフュス派の理学者の四〇・五％が一八九九年の時点で四〇歳以下であり、これに対して反ドレフュス派ではこの層は一六・二％に過ぎない。キャリアの歩みがより遅い医科では、差異はこれほどはっきりしてはいないが、しかし若きアグレジェたちがそれでもドレフュス派の部隊の三分の一をなしているのに対して、その敵対する側では二〇％である。最後に、「知識人」において最先端のファキュルテである文科では、世代間の溝はさらに際立っている。というのも、再審派のなかで四〇歳以下が絶対多数を占めているからである。より年齢層が若く、よりいっそう再審派の側に立っていた高等研究院と高等師範学校の教員たちを考慮に入れていたならば、断絶はよりいっそう大きなものとなっていたことであろう。政治的行動の新たなモデルへの結集はしたがって、出発点においては、高等教育への参入がポスト数の拡大と教授職を「知識人的なものとした」新しい大学の理想とに相関していた、若き大学人の世代にまさにふさわしい行為だったのである。教育の再編の影響がより少なく（アグレジェたちは、実質的に教授たちと同じ職務を担っていた）、単一の選抜試験による採用によって教授団が最初に均質化される法科では、年齢の要因による区別がより小さかったのは当然である。とはいえ、両陣営の年齢分布ではなく平均年齢を計算すると、この区別は緩和した仕方でやはり見出される。すなわち両陣営のあいだで、七歳の隔たりがあるのである。

　年齢は、すべての大学人に適応できる唯一の普遍的な指標であるが、しかし内容に乏しい変数にしか過ぎない。次に検討しようとする、より明快な規準には、研究対象となる人々の一部分、とりわけ、そこから動員がスタートした分野である理科および文科の教員にしか関わらないという不都合がある。受けてきた教育は、最初の的確な指標である。全体として、高等師範学校を通過することは、政治化を容易にする。この資格は、当時、大学において指導的な役割を果たすことを促し、ヒエラルキー上の圧力から保護する、高位の威信を与えていた。数多くの権力的地位（大臣から高等教育局長まで、そのあいだには数多くの大学区長《レクトゥール》やファキュルテ長《ドワイヤン》がいる）が、「高等師範学校卒業生《アルシキューブ》」によって占められていたのである。歴史的な状況によって、高等師範学校卒業生のネットワークに、特別な機能もまた付与されていた。高等師範学校は、周知のとおり、ドレフュス派の動員の中心源の一つだったのである。[19] 勉学期に結ばれた、仲間意識や友情による関係はしたがって、次から次へと回心の経路としての役割を果たすことができたのである。地方でポストに就いていた高等師範学校出身の大学人の入学年次を検討すると、この仮説が検証される。反ドレフュス派の高等師範学校出身者は、入学年次は時間軸において非常に分散して属していた（一八三四年から一八八七年まで）が、ドレフュス派の入学年次は、時系列的にはるかにずっと近接しており（一八六七年から一八九〇年まで）、主要な連なりは一八七八年から一八八七年のあいだ、すなわちドレフュス主義の指導的な人名を挙げるならば、ジョレスの同期生の年次からシャルル・アンドレールの卒業年にあたっていて、リュシアン・エール（一八八三年入学）は象徴的にも実質的にも道程の交差点に位置している。入学年次は完全に連なり、実質的に欠落はなく（三年間の在学期間を考慮に入れて）、その結果すべてのドレフュス派の高等師範学校卒業生は、高等師範学校においてお互いに部分的に同じ時代を過ごしている。現代的な戦闘的態度に基づいたドレフュス主義は、実質的な知的な共同体から生まれている。反対に、反ドレフュス主義は、ヒエラルキー的な加入モデルに基づいており、既存の社会的な結びつきのない同心円的な模倣による凝集に対応している。彼らは再審へと自ら回心したり、あるいは回心させられたりもするが、フランス祖国同盟にも参加しているのである。高等研究院は、小規模な仕方で、同様の役割を果たしている。地方へと散らばった、文科系のドレフュス派の大学人の一定数は、この学校の卒業生であり、とりわけドレフュス主義の二人の徴兵下士官であるガブリエル・モノとルイ・アヴェの弟子だったのである。彼ら二人の書簡は、確かにいつも成功したわけではないが、彼らがかつての聴講生たちを動員していたことを証明している。[20]

ヴィクトル・カラディが非常に親切にも私に参照させてくれた、文科系の大学人全体について彼が作成した伝記的な資料カードのおかげで、私はこのタイプのドレフュス派と反ドレフュス派とのプロフィールを、より精細に弁別することができた。前者は後者よりも、はるかにずっと移動する経歴を送っている。知られている三五人のドレフュス派のうちの二四人が、ドレフュス事件の時点で、高等教育における最初の任命時と同じポストを占めており、これは彼らの若さと結びついた特徴をなしている。わずか七人だけが他所でキャリアを開始している。一〇人が、同じ場所でキャリアを終えている。結局、全部合わせて、七人が、職業生活全体を通じて同じ大学に勤め続けている。反ドレフュス派は、異なった軌跡を歩んでいる。半数が、同一の任地でキャリアを送っている。他所でキャリアを開始した人々は、ドレフュス事件時に占めていたポストで退職を迎えている。ただ一人だけがパリに到達しているが、一方でこのことは、世に知られていてまた若くして死去することのなかったドレフュス派の半数以上について生じている。前衛の大学人のこの優れた成功の指標は、二つの仕方での解釈が可能である。革新的な、したがって新しいソルボンヌ《ヌーヴェル・ソルボンヌ》の精神に合致した教授たちは、彼らの努力の成果を得たのだという解釈が一つ、もう一つは、もし悲観的な説明を採用するならば、ドレフュス派のフリーメーソンのメンバーである彼らは、文科のソルボンヌの助教授となった政治的な仲間の、現成員による新成員の選択的な選考指名を利用したのに対して、右派大学人は急進共和政の排斥の犠牲となった、というものである。[21]いくつかのスキャンダラスな選考がこの神話を補強しうるとはいえ、仮に任命の時間的なずれによって、大学人によるこの延長された陰謀が疑わしいものとされるにしても、かつてのイデオロギー的な親縁性が職業上の庇護関係を容易なものとすることに役立ちえたというのはありうることである。

大学人のドレフュス派と反ドレフュス派とのあいだを弁別する他の特徴、そしてこれもまた極右による軽蔑的な解釈の源泉となっているのだが、それは、宗教的な対立によって構成されている。少数派の宗派は、そしてこれは指導者に関してのみではないが、ドレフュス派において通常よりも高い比率を占めている。この点に関して知られている三二人のうち、少なくとも八人がユダヤ教徒あるいはプロテスタントであるのに対して、宗教の知られている反ドレフュス派のほとんど全員がカトリックである。パリでは、この現象はさらにいっそう際立っている。高等研究院（第四部門）の一二人の教員のうち、半数はユダヤ教あるいはプロテスタントの出身であり、そしてこの機関の宗教科学部門のすべての教授たちがこの事例に当てはまるのである。さらにコレージュ・ド・フランスでは、再審派の八人の教授のうち、五人がユダヤ教徒あるいはプロテスタントである。とはいえ、ユダヤ教徒やプロテスタントによる陰謀という主張、知的なドレフュス主義のなかにおける宗教的少数派のこの著しい存在の一般化ということが、裏づけられるわけではない。第一に、大学のユダヤ教徒あるいはプロテスタントの全員が、だからといって、態度を明らかにしたドレフュス派だったわけではない（最も有名な回避の事例は、ベルクソンのそれである）。その上、当時の敵対的な文脈のなかで、基本的な慎重さという反応は、彼らのなかの数多くにおける控え目な態度を引き起こしうることとなったかもしれない。これは、非―知識人においてかなり頻繁に見られた傾向である(22)。宗教的な少数者たちにとりわけ多く見られる社会参加は、旧来の与件に負っている。ユダヤ教徒あるいはプロテスタントの、共和主義的価値への愛着は、ずっと以前から彼らを、右派のカトリックの多数派による非寛容と教権主義から保護してきたのである。かなりの数の反ドレフュス派をつき動かしてきた、反ユダヤ主義に対する拒絶は、宗教上の扱いの平等性を目指した数世紀来の彼らの闘いの延長であった。

二つの陣営のあいだのこの宗教的な対立をもって、社会参加の外的な理由から内的な理由へと移ることとなる。研究の領域を再び拡大するという条件で、ドレフュス派の著名な社会学者デュルケームにしたがって、ドレフュス事件における態度表明は最初の学問的な選択、すなわち教育を受けた専門分野の選択を延長することではないのか、と自問することができる。「知識人」に対して、彼らに想定される能力の名において、判決を再び問題にする権利を否定したブリュンティエールの論文「訴訟のあとで」に対する反論のなかで、『社会学的方法の規準』の著者デュルケームは、ドレフュス主義の基盤である、理性の普遍主義の擁護ということを越えて論を進め、知識人がこれについての責任を負い、またこれによって国家理由の錯誤を前にして彼らをより批判的なものとする、職業的習慣の効力によって、「知識人的個人主義」の説明を提示する。ここで彼は、次のように書きながら、解釈仮説を提示している。

「したがって、もし最近幾人かの芸術家、とりわけ学者が、その合法性が疑わしく思われるある判決への同意を拒否すべきだと考えたとしても、それは彼らが化学者あるいは文献学者、哲学者あるいは歴史学者として何らかの専門的な特権や、また判決の下された事件に対する統制権を、自らが有していると考えたためではない(…)。科学的方法を実践することによって、解明されたと自ら得心しない限り自らの判断を留保することを習慣づけられているので、彼らが容易に群集に引きずられたり、権威の威信に負けたりすることが少ないというのも当然である[23]。」

専門の列挙は、偶然になされたものではない。化学者はエミール・デュクロあるいはエドゥアール・グリモーの役割を想起させ、文献学者はルイ・アヴェあるいはミッシェル・ブレアルの役割を、哲学者はガブリエル・セアイユあるいはフェルディナン・ビュイッソンの役割を、歴史学者はガブリエル・モノ、シャルル・セニョーボスあるいはアルフォンス・オーラールの役割を、有名人だけにとどめておくとしても想起させる。より一般に、ある種の専門分野とある種の特定の政治的選択とのあいだには、密接な対応関係が存在するのだろうか？　このような関係を主張することは、避けることの困難ないくつかの障害に直面することになる。第一に、同一の専門分野が、非常に多様な形態を呈しうる。第二に、学問的な内容の特殊性を消し去る再グループ化を行う必要がある。最後に、医科のようないくつかの分野には、意見の知られた教授たちの数よりもさらに多い専門の数が含まれ、そのために関係性を見出すことが偶然的なものになってしまう。したがって私は、この最後の医科ファキュルテは、計数から除外した。

文科、理科、法科のファキュルテおよび機関に限定して、結果を二つの様式で提示することができる。最も事実に近い、二つの入力の表という形態での単純な関係づけは、講座数の少ない専門分野のなかにおける重要な偏差を消し去ってしまう。こうした関係づけは全体として、デュルケームの図式を裏づけている。ドレフュス派の極には、歴史学、哲学、物理学および自然科学、考古学および文献学が結集している。対立する極には、法学、古典文学、地理学および政治経済学が見出される。反対に、より多弁的なのは、二つの陣営の人数にプラスあるいはマイナスの符号を付与する分析であり、分野ごとの代数的な合計数によって、この規準にしたがったそれぞれの側の参加の強度の指数を作成することができる（**表V―5**を参照）。そうすると、歴史学、哲学、これに続いて文献学と考古学がドレフュス主義との親縁性が最も強い分野として立ち現れてくる。次に来るのが新しい教育分野（社会科学と外国文学）、さらに実験科学や自然科学である。ゼロに近い、図表の中心には、明白な参加へとかり立てることのなかった、数学と、法学の周辺的な諸分野といった諸講座が集まっている。対立する陣営では、伝統的な文科の諸分野の教授たち、経済に指向した法学者たち（商法、政治経済学、財政学）が支配的であり、さらにその右翼には、市民社会を統御する人々、すなわち民法学者が位置する。この図式は、カントの提起した「科学の議会」の図式に合致する。確立された教育の秩序への愛着が、伝統に結びついていたりあるいは右派のエリート主義的な「知識人」の理想に基づいていたりする教育のそれ以前での選択を相伴っている。反対に、ある種の学問的あるいは専門的な革新と、政治への「知的な」アプローチへの誘惑に、同じ個人が引きつけられる傾向がある。こうした収斂は、自動的なものではない。こうして、最も数多くのドレフュス派に出会う歴史学と哲学はまた、反ドレフュス派の人数が多い教育分野でもある。これらの分野は、古くからある科目としてある種の伝統に結びついているという特殊性を示している。それは、たとえこれらが革新的な周辺部を含んでいるとしてもそうなのである。これらの下位集団はこうして、大学界を横断する全体的な対立を要約している。この特殊性は、左派への参加ばかりでなく、それぞれの側への参加の要因ともなっている。さらに、ずっと以前から、歴史学と哲学は、非政治的な博学に引き寄せられた個人にふさわしいと考えられうる、他の単なる文科の教科あるいはドイツから移入された分野よりも、より一般的な政治的使命を有している。

　同様の分断は、必要な修正を施したうえで、理科の領域でも再び見出される。象徴的な一致であるが、数学はゼロの位置を占めている。数学を研究することはしたがって、政治的あるいはイデオロギー的ないかなる立場の素地をも作っていない。理科ファキュルテのなかで長いあいだ支配的な状況にあり、優れて高貴な分野である数学は、――文科ファキュルテにおいて同じように支配的であった古典文学との類比によって――職業的な卓越性の名においてエリート主義的な方向に介入しようとしたのと同じ程度に（数学者たちは当時、大学のなかで、しばしば権力的な職務に就いていた）、数学的またドレフュス派的な価値である真実と理性の名において批判的な方向にも介入しようとした[24]。反対に、長いあいだ支配されてきたが、物質的な進歩への貢献によって地位を高めつつあった物理学および自然科学は、ドレフュス派の側での政治的な反応に好都合な環境を形成していた。ただし、変わらず支配されていて、社会的な無価値性の感情によって社会外への後退の方を好む人々は除外され、ここからより高い回避の率が生じている。

　この抽象的な一覧表によって、ドレフュス事件のあいだに大学人によってなされた態度表明のあらゆるものが説明されるというわけではない。全体としては有効であるが、しかし事例ごとにすべてあてはまるというわけでは決してない。個々の個人については、政治的な遺産、家族的な状況、正確な経歴といった、より個人的な与件が関与している。各人についての網羅的な伝記を欠いているために、数多くの例外が理解不可能なままにとどまっている。それは、矛盾する正当化の末に自らが反ドレフュス派であると宣言した極左の教授から、反対の態度決定を行った戦闘的なカトリックにまで至り、そのあいだには、非参加への参加や、親密さへの選好をはっきりと示しながら選択を行うことを公式に拒絶することや、あるいは教授としての選択の能力を引き裂いたり中立化したりする対立的な影響からおそらく来る非政治性への政治化といった、裏表のあるあらゆる形態が存在している。最後のケースについては、ラヴィスの事例がおそらく典型例をなすであろう[25]。仮に大学人たちの参加が同時代の人々にとって非常に新しいものと感じられたとしたら、それは彼らの参加が、大学に特有の特徴と常になっていた、世間から距離をとることによる安楽さを断ち切ったからである。とはいえ、すでに見たように、伝統からのこの断絶は、純粋に偶発的なものだったわけではない。反対に、もはや伝統的な回避に甘んじることなく、自律的な「知識人」としてあるいは「エリート」の連帯的なメンバーとしての新しいアンデンティティを主張する、はるかにずっと強力で熟慮された理由が必要だったのである。次に、こうした根本的な理由が、自らが考えるよりもその行動からの自由度がはるかに小さかった文人の参加を説明できるのかということを検討することが残されている。

第二節　文学界——世代の対立

文学界はここで、部分的にしか分析されないであろう。というのも、私はすでに、主要な文学集団の作家たちの社会参加を理解するモデルを先に提起したからである。したがってここでは、この解釈を繰り返すのではなく、大学人について提示された判別的な諸要因を、必要な変更は加えた上で、文人にも適用することができるかどうかを明らかにすることが課題となる。このことは、政治的な闘争のなかで当時、諸集団や有力な個人たちについて言及された文学上の選択によっては定義されない、最も無名の人々の動員を理解することを可能にするであろう。この試みは、部分的に実現不可能なものと思われるかもしれない。なぜならば、公的な資料を利用できる大学人についてさえ情報の不十分さがすでに確認されたのに、文学における職階のない人々についての状況ははるかにずっと不利だからである。これらの人々についての唯一の利用可能な指標は、請願において自らを「文人」と定義したことだけである。

とはいえ、この前提的な障害は、検討の正当性を根拠づけてもいる。当時の状況のなかで、自らの名前のあとにこうした社会的身分を記載するということは、重要でないわけではない。リストの象徴的な提示ということや、多くの請願者たちのように彼も有していた、相対的な匿名性を保持する可能性ということが考えられるからである。こうした指標には実際は、他の諸資料によって確認することの可能な、統制された呼称である大学の職務や肩書きとは異なって、社会的な資格としては相対的な価値しかない。無名の三文文士あるいは著作をなさない者でさえ、否定されることなく自ら文人と名乗ることができた。なぜならば、この呼称の使用を定めるものは何もなかったからである。この選択は、フランスにおいて文学に結びつく虚栄心というよりも、単なる一市民としてではなく、まさしく「知識人」としてとらえられたいという、ある種の仕方での要求を示している。二つの主要な請願における「文人」を研究することは、大学人は別として、誰が、集団的な署名の添付と知的な職務による自己定義によってもたらされた、新しい社会的、政治的なアンデンティティを要求したのかということを明らかにする手段となる。

このように観点は定められるが、参考資料の問題もまた非常に重要なものとして残される。データの探索を方向づけうる仮説は次のようなものである。すなわち、運動の先頭に立つ少数の著名者たちとの連帯を表明したいと望んだ無名の文学者たちは、それぞれの側で、両陣営の指導的な集団との親縁性にもとづいて、おそらくこれをなしただろうということである。それは、ドレフュス派においては、前衛ならびに最も順応主義的でない中間的なセクターの作家たちとのものであり、反ドレフュス派においては、アカデミックな文学や最も確立した中間セクターの代表者たちとのものであった。いつかある日作成するということがおそらく永遠に不可能であろう現実の伝記がないので、こうした地位の類比を発見するために、この研究の他の諸段階におけると同様、オットー・ローレンツの『図書目録』によって得られた簡略なデータを利用した。それは、一〇年ごとの生年、文学の経歴へのかかわりの古さ、作品の重要性と種類についてのデータである。大学界の例や、文学界の形態学や、エリートの構造化の変化から引き出された結論にしたがって、ドレフュス事件が、それぞれの界《シャン》およびそれと権力との関係の緊張や欲求不満が表現される、まさに危機であったともしするならば、「文人」たちの社会参加のカタルシス的な機能は、これもまた、これらの簡略的な指標のなかに読み取れなければならないはずである。なぜならば、より保護されていたり、あるいは公的に態度を表明する傾向のより小さい他の集団について、我々はこのカタルシス的な機能にすでに出会っているからである。

文人と「文人」

ドレフュス派において「文人」の資格を主張する人々の人数は、反ドレフュス派におけると同様に、(「詩人」、「劇作家」、「批評家」といった類似の言及を含めて) それぞれの側で約三百名ほどである。前者では三二〇名で、後者では二九〇名である。双方の側でこのようにほとんど均衡していることと、再審派の側がわずかに優勢である (大学界においてはこれは反対であった) ことは、それが「真実」のためであれ、あるいは「秩序」のためであれ、社会参加のこの新しい形式に対する例外的な熱狂を証明している。これらの数字は、パリへの集中、定期刊行物への作家たちの関与、彼らが出会う数多くの社交の場といった、フランスの文学界の特徴に由来する、政治的な感染の容易さのしるしである。おそらく、社会参加の相対的な比率は、ここでは人数に入れられていない新聞記者を加えたとしても、高等教育のメンバーについてよりもいくらか低い。高等教育の構成員の人数は少なく、その団体精神はより発展していたからである。しかしながら、絶対数について見れば、文人はまさに、新聞や雑誌の読者にとって、請願の部隊の最大部分と最もよく知られた参謀部の一部とを構成している。[26] とはいえ、作家たちのこの社会参加は、二つの理由から、教授たちの社会参加よりも、当時の人々を驚かせる度合いは小さかった。まず第一に、作家たちの請願は、前出の章で見てきたように、急進的に新しいものではなかった。他方、「文人」という概念の曖昧さがこれを損なっていた。なぜなら、この肩書きを利用する無名の者が人数の上で圧倒的だったからである。著作目録との比較は、ここで決定的である。「知識人の宣言」への署名者である文人の一八・七%が、これに先立つ数年のあいだに、自らの仕事として、一冊も著書を刊行していないのである。ピカールのための請願については、この比率は四六・三%にまで上昇し（すでに「知識人の宣言」に記載されている人々は除いて）、またフランス祖国同盟への加入リストでは三二・九%に達する（**表V―6**参照）。

このような欠損はどのように理解されるのであろうか？　これは単に、広く普及した知的な詐称であったり、威信ある集団についての社会的なスノビズムの表現であったり、あるいは文学界の不明瞭な周縁部をめぐる策動であったりということなのであろうか？　これら三つの理由づけは確かに有効であろうが、四番目のものが私にはより決定的であるように思われる。これら「似非」文人たちのうちの何人かは、著作は刊行しなかったが、しかし雑誌や新聞に寄稿したり、あるいは文学の世界で中枢的な役割を果たしたりしていた。「文人」は、「新聞記者」、「批評家」あるいは「ジャーナリスト」よりも自尊心を満足させるものであった。なぜならば、この語は、文学生活に対する金銭あるいは出版機関の増大しつつある支配に伴った、経済的またヒエラルキー的な従属の拒絶を表明していたからである。自らのアンデンティティについてこのように半分嘘をつくことによって、請願者たちは、作家の肩書きを主張するための最低限の条件をたとえ形式上は満たしていないとしても、これを行うことを切望した。彼らは、最も威信ある彼らの年長者たちのように、下位の地位から脱出し、成功を得ることを望んだ。それは誰よりもまず、出版界のすべての階梯をよじ登り、アシェット社の無名の賃金生活者から世界的な栄光を得るにまで至った、ゾラのようにである。

先取り的に文人を名乗るこの少数派の人々の数の多さは、競争の圧力や、知的な職業の偏向的な社会的衰退や、文学の地獄を逃れるために乗り越えるべき障害の増大についての、先の分析を確証している。一九〇〇年以前には何も出版していない、「おぼろげに現れる」これら作家たちの少数派が、続く年々のあいだに、名声への梯子の最初の段に足を置くことに到達する。請願は、こうした人々、そしてそこにまで至りはしない人々にとって、厳密な意味での文学的マニフェストと同一の原理に対応する、ある種の集団的な文学的マニフェストであった。ある作家たちが、新しい美学上の原理を定義づけるテクストに署名するときには、その綱領の内容よりも、彼らがそこで表明する、他の著名な作家たちから自らを区別づけようとする意志、そして一般的には彼らは出版がなかったりごくわずかしか出版していないにもかかわらず、このようにして間接的に作家としての自らの立場を明確にしようとする意志の方が重要である。(27) ドレフュス事件の諸請願は、こうした誇り高い主張の手段を持たない文学界のあらゆる少数派にとって、運動の推進者であり闘いのための援軍を必要としていた、より立派な肩書きをもった年長者たちとの政治的な同盟を利用して、ひそかに知識界に入り込む機会となった。

しかしながらこれは、結局のところ当たり障りのない行為を、過剰に解釈しているのではないだろうか？　けれども、諸資料から引き出された他の指標によって、この仮説は補強されうる。「似非」文人の比率の変動は、リストの文面と政治的状況にしたがって変化する。この比率は、最も社会参加度が高く、より政治的な内容を含み、「われ弾劾す」によって引き起こされたスキャンダルに続く、運動発起的なテクストにおいてより低い。言い換えれば、文学の見習いたちは、推進者たちとの結びつきがないために署名を要請される機会がより少なかったという点は考慮に入れずにおくとしても、最も危険の多い請願に名を連ねるに十分なほどの自信を有してはいなかった。その上、文学界で最も被支配的な位置にあった彼らがもし署名すると、当時ほとんどすべてが反対の陣営にあった定期刊行物の門は、さらにもう少し閉ざされることになった。唯一独立した前衛だけが、新聞や雑誌に期待するものが何もなかったので、この挑発という贅沢を自らに賦与することができた。一八九八年の末から一八九九年の初頭にかけて、状況は変化した。再審に対する検閲は弱まった。二つの陣営は、名前の象徴的な重みを放棄し、大規模な大隊を重視するようになった。組織者たちは、質のあまり良くない「文人」たちの署名を公表することにもはや躊躇しなくなった。自らのうしろに最大数の「知識人」がいるということを示すことが重要となったのである。知識界の外部の貯蔵所において、文人のなかから、同様にまた最後にやって来たドレフュス派のなかから、たとえ彼らが何も出版していなくとも、徴募する必要があり、とりわけ左派においてはそうであった。フランス祖国同盟は、エリート主義であるために、そのリストはより選抜的であった。ここから、「似非」文人の比率がより低いということと、再審派の作家たちの合計数と較べて人数がいくらか少ないということとが帰結している。

文人の署名者たちが秘められた社会的意味を包み隠しているということを証明するために、反対推論による議論もまた同様に利用することが可能である。「知識人」に対抗する請願である、アンリのための義援金は、すでに見たように、「文人」がほとんどいないということによって特徴づけられる。知的プロレタリアートはそこに確かに存在するが、しかし恥じることなく「ジャーナリスト」と名乗っている。彼らによって引き受けられた無価値さと社会的なスティグマとは、「知識人」の尊大さを告発し、反ユダヤ主義のポピュリスムの名において下層民や肩書きのない人々による「真のフランス」と一体化するための、一つの方法であった。知識人による請願においては、反対の原理が優勢となっている。この仮説は、具体的な事実を説明することもまた可能にしてくれる。ローレンツやあるいは他の諸資料によって、「文人」という表現に包含される範囲は非常に広範であることが確認される。世間に認められた文人によってそのようには認知されないであろう人々のなかには、こうして、亜流の文学の作家たち、児童小説の女性作家、大衆小説家、無名の新聞記者、短命の雑誌の編集者、[28]さらには「風刺歌謡詩人」と自ら名乗ることによって被支配的な地位を大っぴらにする署名者までもが見出される。[29]さらには、社会に対するイデオロギーの反動によって、「知的プロレタリアート」と自らを定義する署名者さえ見出される！

こうして、逆説的ではあるが、しかしここに、「知識人」という語の矛盾した統一性が存在し、文人の集団的な自律性の要求は、この一般的なレベルにおいて、大学人の公準とは反対の公準を拠りどころとしている。大学界においては、もともとの母集団と較べての過度の選抜性は、職業的な権力の集団らしくふるまうことの、要求とまでは言わないにしても、少なくともその正当性に根拠を与えるものであった。文学界では、指導者たちを除いて、これは反対である。署名ならびに「文人」の呼称によって示される「知識人」の立場を採用することは、客観的な状況に対する象徴的な力の一撃をなしている。肩書きを有する大学人のみが、「知識人」となる資格を有すると自ら評価しているのに対して、作家は、フランスで彼らが享受する伝統的な威信のおかげで、出版していなくとも同じことをなすことができた。「知識人」とは、教授たちにとっては、碩学や学者の限界を乗り越えるための満足を与える称号であるのに対して、[30]文学界においては、集団的な錬金術によって、この新しい役割は部分的に、闘争の時機や、無名の者と著名な作家とのあいだの、また政治的な野望をもった三文文士と社会参加したアカデミー会員とのあいだの距離を消し去っている。こうして文人は、危機の時期を再び征服し、先行する二〇年のあいだの文学界の変容の影響によって彼らの社会的状況が失う傾向にあった輝かしさを再び取り戻した。

とはいえ、この解釈は、二つの陣営のあいだに存在する差異を無視するものであってはならない。他の諸特性によって、両派の肩書きのない人々を特徴づけることが可能となる。その社会参加は、同一のルサンチマンの二つの変異ということに還元されはしないのである。

文学者世代

大学人におけると同様に、作家においても、ドレフュス派と反ドレフュス派とのあいだの世代対立が存在し、これは署名者たちの一〇年ごとの生年の分布から明らかになる（**表V—7**を参照）。選択度のより低い母集団が対象となっているために、これはよりいっそう際立ったものとなっており、動員が広がるにつれて緩和している。とはいえ、データの質からして、結論の確実さは問題ともされうる。実際、のちの輝かしい文学上の生涯を約束されている何人かの若いドレフュス派を別にして、資料の主要な部分はオットー・ローレンツの書誌から得られている。ところで、定義からして、著作のない「文人」の主要な部分が欠けていることは、数多くの生年が明らかにされないことを意味する。もし前衛のエリート主義と過度の代表性とが、「知識人の宣言」に対する満足すべき回答の率（三分の一近く）を説明するのならば、反対に、幻の文人でいっぱいのピカールのための請願については、資料は無回答よりも数が少なく、このことは指標をより不確かなものにしている。しかしながら、仮に「似非」作家についての当初の仮説が適切であるならば、作家志望者はとりわけ若い人々であると断言できると考えられ、このことは表によって明らかにされた世代間の溝をさらに深めうることになる。

「知識人の宣言」の文人の三分の二以上が、一八九九年に四〇歳以下であり、ピカールのための請願においてもこの比率はなお半分に近い。フランス祖国同盟に参加した作家では、せいぜい四分の一がこれに当てはまる。大学人についてと同様に、ここには二つの陣営の対立する動員の様式の影響が見出され、一方では前衛から始まり、他方ではアカデミーと確立した文学とから始まっている。ドレフュス主義は、若さということを「本質的に」含意しているわけではない。反対にドレフュス主義は、既存の知的また社会的な秩序への統合の弱さということを想定しており、これはどちらかといえば若者の所業である。たとえ、指導者のうちの年長の何人かが、「若者」にとどまったりあるいはこれに立ち戻ること、すなわち危険を冒すことを知っていても、そうなのである。[31] この若さは、戦闘的な力となりえたのであり、ピカールの請願の成功はこのことを証言していて、波及効果による学生たちの動員についてもまさしく同様である。しかし、若さは、擁護される大義の威厳ということについてはハンディキャップともなるのであり、フェルナン・グレフが署名を依頼してきた時、アナトール・フランスはこのことに気づいていた。

「彼はそれを読んだ。すぐに彼は答えた。『私の考えることに鑑みて、私は署名しないわけにはいかない……。

（…）で、私は誰と一緒なのですか？

——あらゆる若者とです。

——うん、そうだろうが、しかし私には私の世代の者が誰か必要だ。そうした人がいなければ、私は少しばかり滑稽になってしまう。あなたには、誰がいるのですか？

——ゾラが。

——ああ、彼か、彼は数に入らない、それは自明のことだ。それは彼の職業なのだから』[32]。」

バレスは、ドレフュス派の「半-知識人」に対立する論拠を利用せずにはいない。ドレフュス派の若き知識人は、知的プロレタリアートという自らの宣告の正当性を確認する。知的な若者、したがって知的なプロレタリアートは、既存の秩序に対する脅威である。彼は実際、自らの失敗について社会に対して恨みを抱き、そして社会に対して要求を向ける、潜在的な落伍者である。この論争を引き起こしうる性急な一般化は、バレスの幾人かの支持者における反ユダヤ主義の激情についていて説明することにもまた十分に役立ちうるかもしれない。その一方で、ドレフュス派の前衛の一部は、芸術のための芸術に忠実な、特権的な文学者のなかから集められているのである。バレスの支持者たちは反対に、不均衡度のずっと小さい年齢ピラミッドを示しており、これはローレンツの書誌に記載されている著者全体のピラミッドにかなり近い。五〇歳代あるいは四〇歳代の人々は、仮に有名ではないとしても、少なくともより確立した作家であり、文学組織のなかに統合されている。ある年齢を越えてからも文学を根気よく続けることができたという事実は、社会的な順応主義という規準にしたがうと、相対的な成功のしるしであった。

精神状態であると同様に客観的な所与でもある、この世代間の論争は、提示された問題の政治的な知覚に影響を及ぼしている。フランス祖国同盟によって広められた、愛国主義的でナショナリスト的な主題は、普仏戦争の敗北がせいぜい幼年期の思い出にしか過ぎないより若い世代集団よりも、彼らが体験したこの敗北によって刻印づけられる壮年の人々において、反響を集める可能性がより大きかった。[33] 共和政確立の戦闘的な局面もまた同様に知らない若い作家たちは、これを、積極的な貢献というよりも、無政府主義的な波の激しい時期、とりわけ欠陥（スキャンダルと、ドレフュス事件がその補足的な発現である議会の無能）としてとらえていた。この危機の広がりそれ自体が前提としている高度の自由は、反ドレフュス派によって絶えず繰り返された論点である。[34] 年代によるこの隔たりはまた、論争の中心に位置する組織である、軍隊との異なった関係をも含意している。軍隊を擁護することは、新たな皆兵役の義務を自らが逃れたり、あるいは一八七〇年の普仏戦争時の英雄的で一時的な兵役志願のあり方しか知らない場合には、それだけいっそう採用することがより容易な合い言葉となった。

「これら軍人なしには、——彼らが彼らの敵に対してまで拡大する『不可視でかつ存在する』保護なしには——、実験室でうさぎを虐待する余暇を持つことも、平和会議を開催する便宜を得ることも、類似の逆説によって良識と司法とを侮辱する自由を有することもできないだろうということしか、一瞬たりとも考えられない。[35]」

若い作家たちは、反対に、先に見たように反軍国主義的な流れの起源となり、権力と知識人とのあいだの最初の対立の端緒をなした新しい軍隊法を、よりしばしば耐え忍んでいた。[36] 最後に、同一の世代に帰属することの最後の影響として、若き文学者たちは、文科の大学から離れる度合いがかつてよりも小さく、このことは二種類の知識人のあいだに観点の共通性を生み出すことを容易にした。実際、若い世代の作家たちは、昔よりもずっと頻繁に、文科ファキュルテあるいは学識豊かな学校で学んでいる。こうして、共通する文化的準拠の体系が、（若い）教授たちと（若い）作家たちとを近づけているのである。[37]

生産者と再生産者

ドレフュス派と反ドレフュス派のあいだの、世代ならびに歴史的な観点のこの相違は、二つの陣営の作家たちを弁別する他の特徴にも影響を及ぼしている。それ自体の限界にもかかわらず、全体に対する統計的な分析のために唯一利用可能な二つの指標を取り上げることとしよう。その二つの指標とは、先行する一〇年間に出版された著作の量と、その異なる分野間の分布である（**表V—8**と**V—9**を参照）。これらの媒介変数は、すでに明らかにされている形態学的なデータを参照するならば、先験的に想定されるであろうよりもさらに興味深い社会的な意味を内包している。出版された著書の冊数は、文学のキャリアへの関与度と、職業化の度合いと、相対的な認知度とを示している。なぜならば、ドレフュス事件に先立つ時期のような出版社にとって困難な時期において、出版してもらう可能性はこの観点においてとりわけ重要だからである。

ドレフュス派と反ドレフュス派の文人のあいだの相違は顕著である。ピカールのための請願者の五七・四％が一八九九年以前に二冊以上の著書を出版していないのに対して、フランス祖国同盟のメンバーにおいてはこの比率はわずかに四七・二%である。反対に、最初からのドレフュス派は、先の仮説にしたがって、文学の職業によりいっそう関与している。一冊しか著書を書いていないものはわずか四五・五%しかいない。実体のない文人を勘定から除外するならば、反ドレフュス派においては著作のわずかな者は二二・七%しか数えられず(ローレンツの書誌における全平均の二九・三%に対して)、またドレフュス派の二つの請願においてはこの比率はそれぞれ二六・八%および二八・七%となっている。これらの数字は、文学界への接近の二つの戦略を明らかにしている。初期の「知識人」たちは、少ないあるいは中程度の生産者であり、著書を刊行するという高貴な様式にもとづいて出世することを目指していた。一八九八年を通じて、未だ出版してもらうには至っていない文学界の周縁部の人々が、彼らに合流する。反対に、職業的な作家の寄与は、熱心な動員にもかかわらず増大せず、再審キャンペーンの第二の期間にドレフュス派に与した高名な作家はごくわずかである。フランス祖国同盟の作家たちについては、状況はまったく異なっている。当時の規準によると最も是認度の高い党派をなすこの運動は、文学界のピラミッドの上層および中層の結集をもたらしている。例えば、著作の豊富な作家は、ドレフュス派におけるよりもずっと高い割合を占めており、その比率はドレフュス派の七・一%に対して一三・四%となっている。この指標は認知度の指標と同一ではないが、しかし少なくともこれは、著作が定期的に出されていることとその数が多いこととによって大衆にとって可視的な文人、あるいは定期的に出版するに十分な成功を収めた文人を意味している。相当多様なこれら作家たちを挙げれば、大衆小説家(シャルル・メルーヴェル、マルク・マリオ)、社交界小説家(ジャン・ロラン、ジップ)、雑文家(ジョルジュ・モントルグイユ、フレデリック・マソン)、新聞に書いて成功を博した作家(バレス、レオン・ドーデ)がおり、またアカデミー・フランセーズ会員の作家が含まれることは言うまでもない。

要するに、この量的な規準の観点からすると、一方には、名声を確立することは求めるがしかし過度の産業主義化は拒絶する文学があり、他方には、著書に基盤を置いた経済的な戦略を手段として生存を確保する、すでに成功したあるいはまた出世欲の強い文学があることがよくわかる。当時の人々にとっては、反ドレフュス派は、幾人かの例外は除いて、著名な作家であり、これに対してドレフュス派には対抗させうる名前はごくわずかしかなかった。ドレフュス派の仲間の何人かは、文学史の伝統（象徴主義者、等々）に結びつく理由によって今日忘れ去られている度合いはより少ないが、当時は未だごくわずかしか知られていなかった。

こうして、作家全体について、最も文学的な作家におけると同様の構造が再び見出される。いくつかの事例（ゾラ、フランス、モーリス・ブショール）を例外として、ドレフュス派は、「知識人」として関与することによって失うものはほとんど何もなかった。ある人々は文学界の周縁部に身を置き、また他の人々は経済的な生存の見地から自らの文学的な仕事を行うというのではなく、さらにまたある人々は、大衆の目には、彼らの相対的な地位を改善するために結集してなす集団的な抗議によって、社会参加した文学を通じて象徴的な上昇のコースを探しているととらえられた。真剣さと十分に理解された文学的な「利害」とはしたがって、歩をたずさえていた。外部からとらえられた「知識人」は、ある種の拡大された新たな文学集団として見做されえた。この類推は、彼らの仲間のなかに前衛のメンバーが何人か存在したことによって補強された。とはいえこれは、幻滅したドレフュス派の幾人かが行ったように、ドレフュス派の出世主義について語ることにはならない。なぜならば、友情や、新聞への寄稿や、あるいは何らかの政治組織のなかで獲得された責任を通じて、文学界のなかでの自らの状況を改善することに成功した者は、ドレフュス事件の以前には無名であったこれら新たな文人たちのうちのごくわずかにしか過ぎなかったからである。文学界への参入の戦略として前衛を選択した作家たちも同じ運命をたどり、生き残ったのは少数であった。しかし、反対に、この大胆さは、この少数派にとって、順応主義的な文学キャリアの凡庸で漠然とした安全よりも、はるかにずっと報いの大きいものとなった。

反ドレフュス派は反対に、フランス祖国同盟に加入することによって大きな危険は冒さなかった。実際、フランス祖国同盟は、社会秩序と確立された文学とに結びついた文人協会の付属物とも見做されえた[38]。地位のない者たちは、このエリート結社にもぐり込むことをもまた試みたが、しかしその数は少なかった。手本となった人々は、定期的な著作と大出版社との結びつきによって、文学界において高い地位を占めていた。文学界における反ドレフュス派の部分は、前衛を含んではいない。ここでは詩人の比率は低い（一三・六％、対して、再審派の請願においてはそれぞれ二九・三％と一九・五％）。劇作家もまた、いくつかの例外を除いて、わずかしかおらず、また小説家も平均的な位置を占めているに過ぎない。ただし多産な作家の地位は有力である。反対に、複合的なあるいは雑多な領域は、一般的な生産よりも頻度が高い。こうした特徴は、右派の「知識人」のイデオロギー的な主題と軌を一にしている。文芸批評家（ルメートル、ブリュンティエール、ドゥーミック）あるいはアカデミー会員の歴史家たちは、文学的価値を擁護する文学を行っていたがゆえに、フランス祖国同盟の先頭で重要な役割を果たしていた。主要な新聞あるいは雑誌の批評家たちは、自らの仕事を通じて、彼らがその擁護者である文学的伝統を具現化しているフランス祖国同盟と一体化した。モーラス、ブリュンティエールあるいはルメートルの文学的ならびに政治的な遍歴は、この観点からして、模範的であるとともに当然のものであった。こうして、ドレフュス事件の断絶は、プレシオジテ派〔プレシオジテ。一六〇〇―一六六〇年頃の文学的・社会的傾向。言葉や思考、感情、風習を極度に洗練し、プラトニックラブを謳歌したことなどを特徴とする。また、一般的な意味としては、「気取り屋」という意味もある〕と純粋主義者、前衛と批評家、生産者と再生産者とを十七世紀以来対立させてきた伝統的な亀裂を復活させた。

フランス祖国同盟の宣言に対する鋭い告発のなかでラヴィスは、伝統の概念への準拠のこの上ない曖昧さを強調している。これは、過去を称揚することだけでは満足できないこの歴史家にとって、あまりに信用しがたいのである[39]。エッセイスト、注釈者、言語や国家やあるいは軍隊への動乱の扇動者に対抗する、神殿および国民的記憶の擁護者がこのように多く含まれていることは、これらの作家たちの文学的活動とフランス祖国同盟の政治的な目的とのあいだのこの収斂に由来している。彼らは、高等教育における反ドレフュス派において非常に数の多い、旧来からのスタイルの大学人の、文学的な変異形をなしている。そして、こうした旧来からのスタイルの大学人の、文学的秩序の擁護者との結合は、国民的な政治的および文学的な文化のまさに主要部分を要約している。

ドレフュス主義において最も人数の多い分野、そしてとりわけこれらの分野の内部においてドレフュス主義に固有の文学様式は、もう一方の陣営の文学様式の陰画であった。それはすなわち、詩、とりわけ気取った詩の重要な部分、ドレフュス事件以前にゾラ、フランス、あるいはミルボーによってなされた、社会参加したり社会的な意図を有したりしている小説、順応主義的でない戯曲などである。

第三節　左派「知識人」と右派「知識人」

それぞれのタイプの「知識人」の特性と、利用可能な情報の不平等な正確さおよびその多様な性質のために、社会参加の要因を別々に考察する、分割された手続きを採用することが必要とされた。左派「知識人」と右派「知識人」の全体的な図式を作成するために、文学界あるいは大学界から引き出される多様な集団の分布を説明づける的確な対立のシステムを明らかにするよう試みることが必要となる。理念的な政治的、知的なこの空間を分割する二つの軸は、一方は（**図V―10**を参照）垂直方向に、年齢および認知度の軸であり、そして、もう一方は、水平方向に、極端な立場に対する自律度と他律性との軸である。

被支配支配者と被支配被支配者

二つの要素を組み合わせることによって、垂直軸の両側において、被支配的な「知識人」の二つのタイプを対比させることが可能となる。図の左側では、ドレフュス派が、（文学の）市場に対する彼らの自律性を主張したり、あるいはまた前衛主義あるいは同輩集団（政治結社、サークル、小雑誌、専門家のための雑誌）のゲットーのなかに閉じこもるという犠牲を払って、さらには最も若い人々にとっては職業上のリスク（ある種の新聞からの排斥、若い教授たちにおいては行政上の懲罰）という犠牲を払っての知性への実践的な従属ということを主張している。右側では、上部に、急進的で、ナショナリスト的で、反ユダヤ主義である反ドレフュス派が見出される。彼らは、ドレフュス派の人々と被支配的な地位を共有しているが、しかし十分な知的あるいは社会的な切り札を欠いているために、対立する側の相対的に最も恵まれた人々に対する怨恨のなかに、あるいは特権的な少数者によって最も支配されていたり搾取されている者の名において語ることを主張することのなかに、小異は切り捨てつつアンデンティティを探し求めている。実際、彼らの社会的および知的なあらゆる状況は、他律性と支配との影響の下に置かれている。彼らは、文学界およびジャーナリスト界の経済的に最も従属的な部分に属しており、落ち込んで、すべての人々によって（彼らの敵対者たちによってばかりでなく、大新聞にいる彼らの知的な同盟者たちによっても）軽蔑されるこの地位を、迫害された教会や、嘲弄された軍隊や、あるいは、金銭と民主主義の統治に先行する理想的な黄金時代へと立ち戻らせる、衰退する国民の、聖職者あるいは十字軍参加者という、神話的な社会的機能を思い描くことによってしか逃れることはできなかった。これらの極端な「知識人」あるいは反「知識人」、すなわち過激なドレフュス派や小異を切り捨てたナショナリストたちは、知識界における彼らの地位の直接的な調整によって、変化と離脱という二つの動きに最も小さい余地しか残されなかった人々である。ドレフュス事件に対する彼らの関与は、彼らにとって、彼らの年齢あるいは彼らの被支配的な地位が彼らを格下げにする限界からして（ピカールのための請願に非常に数の多い、決して作家とはならなかった「文人」たちの事例を参照）、知識界への入場権を補強しあるいは確立する第一の方法であった。資格のないこれら「知識人」あるいは反「知識人」は、実際、根こぎにされていて、混乱の誘因となりうる、新しい社会集団としての知識人という新語がその周りに結晶化してくるステレオタイプに非常に近い。そして学生たちがその外側のサークルをなし、潜在的な供給源となるのである。

ところで、「ファキュルテ間の抗争」が、この被支配支配者と被支配被支配者とのあいだの対立と同じ極性に対応していることはすでに見た。他律的なファキュルテに対する自律的なファキュルテ、古くからのファキュルテに対する新参のファキュルテ、自律的なグランド・ゼコール（高等師範学校、高等研究院）に対する他律的なグランド・ゼコールあるいはカトリックのファキュルテ、勝ち誇ったファキュルテ（文科、理科）に対する脅かされたあるいは持て余し気味のファキュルテ（医科）といった対立である。

中間的「知識人」

反対に、年齢あるいは認知の階梯を上昇すればするほど、自律性あるいは他律性の様式は伝記的な経歴の偶然性といっそうからみ合っていき、また両極の図式が多様な間接的な対立へといっそう回折していく。例えば、大学人においても、またジャーナリストあるいは学生においても、知的な中心からの近接性が、自律性、したがって社会参加とドレフュス主義とに有利に作用するということに応じてドレフュス主義と反ドレフュス主義とにかなりはっきりと相関している、パリ／地方の差異化は、ある種の下位空間において倍加したりあるいは逆転したりしている。

こうして、文学ジャンルのなかで最もパリ的なもの、すなわち通俗的な軽演劇《ブールヴァール》を行っているという事実は、作家たちの経済的な従属という理由のために、反ドレフュス派においてさえも、社会参加の忌避を好むようにと仕向けている。反対に、パリにおいて、他の支配的なエリートとの連帯のために「知識人」間の抗争に参入することを拒絶したある種の大学人グループは、地方においては、彼らがいっそう根こぎにされていたり、あるいは大学の新しい理想を共有する世代に属していたりするために、最も立派な資格を有する教授たち（例えば法科あるいは医科のアグレジェの幾人か）よりもいっそう進んだ立場をとることが可能となった。

知識界のこの中間的なゾーンの全体は、実際、全体的な図式を説明づける「客観的な」要因のみとの関連によって定義されるのではなく、部分的に、最も近接した「知識人」に対する相対的な吸引力あるいは反発力との関連にて定義される。知識界における極端な者（最も認知された者と最も認知されていない者、最も自律的な者と最も自律的でない者）のみが、過多あるいは過少のために、ここで事後的に組み立てられた理論的枠組みに近い、全般的な不安を抱いている。二つの極のあいだに位置するすべての知識人は、彼らの現実の位置を部分的にしか把握していない。この半分真実で半分虚偽的な状況は、彼らに対して、彼らの当初の野望から離れたり逸脱したりすることを免れさせた。そしてまた彼らは、最も若い人々のように、むきになったり、未だに未来を信じている者の情熱を保持したりしている。逆説的なことに、保持されたこの熱意（前途に大きな業績が待っていると考えたり、あるいは成功をこれから獲得しうると考えること）は、非常な古株となるための、すなわち究極的な認知を得るための条件であった。ここで試みたような分析は、それゆえアポリアに陥る危険がある。用いられた客観的なあらゆるデータは、部分的に、直接性や一般性の度合いが小さく、より主観的である他のデータ（この客観的なデータを主体がどのように感じたりあるいは感じなかったりするか、という意味において）によって中立化される可能性がある。例えば、ユダヤ系あるいはプロテスタントの出自の大学人は、人権の理想への歴史的あるいは政治的な近接性のために、どちらかといえばドレフュス派であったことはすでに見た。しかし、反対に、自らの存在によって敵対する陣営に支配的なステレオタイプを補強させることがないようにして、心の底で共感している主張に損害を及ぼさないために、あるいはより臆病なことであるが、カトリック界のある部分との社会的連帯を危うくしないために、他律性へと押しやるというかたちで、ユダヤ教徒あるいはプロテスタントであると自ら感じる仕方もある。[40]

これら中間的な「知識人」たちは、社会参加することによって、ある意味で、自らに賦与する年齢を選んでいる。ある意味ではドレフュス派、とりわけ当初からのドレフュス派は、大学人についてもドレフュス派の作家についても、年齢構造から見て若返っている。政治的な自律性を主張することを通じて、たとえ客観的にはそれまで中間的なセクター（大出版社、大雑誌）に属していたとしても、彼らは前衛に近づいている。実際彼らは扉を閉めてしまい、それ以前の経歴と較べて後退する危険を冒している。維持することが高価につく、困難なこの賭けは、最もしばしば、例えば自然主義者のような、かつての同盟グループとの決裂ということに帰着した。唯一、かつての戦闘的態度（例えばミルボーあるいはジェフロワ）、威信の高いモデルへの首尾一貫した忠誠（例えばゾラに対するポール・ブリュラあるいはポール・アレクシス）、構造化された友情のネットワーク（リュシアン・エールとシャルル・アンドレールのあいだの高等師範学校の各年度の入学生）、結束の固い編集部の雑誌、要するに、支配的で他律的な極性に対して獲得された自律的空間のみが、この賭けを維持し続けることを可能にした。

アカデミー会員アナトール・フランスのドレフュス派の側での社会参加の、ある種の反転的な形態としてのバレスの事例は、それ自身が彼のそれ以前の経歴との関係において逸脱的なのであるが、[41]反対推論によって、ドレフュス主義あるいは反ドレフュス主義が図式の様々な観点において中間的な位置にある諸個人に対して体現する、ほとんど不可逆的なこの跳躍を示している。彼の仲間、とりわけ若者におけるバレスの社会的イメージは、彼をむしろドレフュス派として見るようにと仕向けていた。早くから政治に関与し、極端な立場に立っていた彼は、彼のデビュー時のある種の文学的知性主義の顕現であり、前衛とアナーキズムの同行者であったベルナール＝ラザールにいくらか似通っているが、選挙での立場の揺れ動きのために[42]数の少ない彼の仲間たちにとって、将来の「知識人」

の特徴を数多く有していた。たとえ彼が「知識人」の公式の名付け親の役割を果たしたとしても、このレッテルをはずして、身に染まっているこのマスクを壊すことが望ましく、彼は被支配的な反ドレフュス派と支配的なドレフュス派との結節点において、第一線で戦わなければならなかった。それは、彼が新たな一時的な豹変に従っているのではなく、真の政治家となる代わりに、文学界の支配的な極についに到達するための歩みを速める志願者の最後の努力として、若年期の終わりの戦略的な選択を行っているということを証明し、また自らにも証明するためであった。そこで彼が展開するすべてのイデオロギー的な主題は、「知識人」の告発というバイアスによって、彼の若年期の主要部分の全体に対する裏切りを示している。それは、彼によれば、社会法の超越、受容、彼の対立者によれば、反動、自律性の喪失であり、また彼が最も近かった極から遠ざかることによっての確実な再分類である。これは、アカデミー会員の年長者たちを漸次退けることによって端的に支配的な地位に昇る以前に、他律的で被支配的な集団において指導的な役割を果たすことによってなされたのである。

ドレフュス主義を拒絶することによって、体制順応者が態度を表明する以前に、最初の右派「知識人」であることを自任し、また反ユダヤ主義のジャーナリズムの通俗的なジャーナリストが行うような恨み深い情念の局面にではなく、原理の局面に議論を位置づけることによって、バレスは実際、かつてジャン・グラーヴを擁護した時と同じように、自らの自律性を主張している。ドレフュス派においては、彼は追従者でしかなかったであろう。なぜならば、第一および第二の役割は、彼よりもいっそう認知されている人々がすでに有していたからである。彼のかつての友人の前衛のように、署名者の消極的な立場に格下げされないために、彼の唯一可能な選択は、彼の背後に右派知識人を再び糾合するために、右派の「知識人」による「われ弾劾す」（まさにそれ自体によって左派「知識人」を弾劾することにもなるもの）を起草することであった。この戦術は、右派知識人の動員の遅れのために、知識界の右派の側でこの役割を未だ誰も果たさなかっただけにますます報いの大きいものであることが明らかとなった。

バレスは、すでに引用した記事のなかで、反＝ゾラ、反＝フランスあるいは反＝プシカリとして、すなわち実際上、反＝ルナンとして、自らの立場を主張し、もう一方の陣営におけるゾラ、フランス、ルナンとなる日取り、あるいはゲーテやディズレーリのような彼の愛する外国モデルを採用する日取りを決めている。彼にとっての不幸は、彼にとってのワイマールの宮廷も、ヴィクトリア女王も見出せなかったことであるが、これは共和政のもとにおいてはほとんど驚くにはあたらない(43)。

被支配者の中の支配者と支配者の中の被支配者

大学界あるいは文学界における認知の階梯のある限界値から、力の作用は新たに単純化される。被支配者にとっての直接的な調整の圧力、あるいは中間的な立場にある「知識人」内部の抗争は緩和される。このレベルにおいて、「知識人」は、自らの信念あるいは精神的な回心にしたがって決断する自由な人間という、彼らの理念的なイメージに次第に合致してくる。請願の象徴的な読解を通じて、左派「知識人」においてもその敵対者においても、第一の役割の社会的なイメージが、同一化によってそれぞれの勢力圏に結集する、二つの陣営の知識人の典型的な肖像を描くための具体的な支えの役割を果たしていることが確かに明らかにされる。こうして、通常の理想主義的な見方に反して、「知識人」間の主要な亀裂についての承認された代弁者としての彼らの役割は、型にはめられたこれら個人的な特徴のすべて、すなわち、彼らの社会的地位と知的状況とを定義し、彼らを並ぶもののない地位に置きさえする、それ以前の道程を通じて蓄積された特性の総計から生じていることが明らかになる。彼らの成功は、知識界の主要な断層の場に彼らが置かれていることのしるしである。

こうして、自然主義者と心理学者とのあいだの対立、あるいは例を出して示すならばゾラ／ブリュンティエールの対立は、すでに一八九四年来、カルティエ・ラタンの学生たちにおいて街頭で認識されていた。実際、アカデミー会員となったばかりのブリュンティエールがソルボンヌで行った自由講義を野次るのに、敵対的な学生たちは「ブリュンティエールを倒せ！　ゾラ万歳！」と叫んでこれを妨害したのである。(44) こうして彼らは、伝統に対してモダニズムを、社会的な問題関心を有する小説家に対して自然主義に敵対的な批評家を、スキャンダルの人物に対して「文学の警視総監」（ジュール・ルナール）を、独学で学士号を持っていない者に対して高等師範学校のもったいぶった助教授を、社会参加したジャーナリストに対して『両世界評論』の編集長を、等々といった具合に対置するのである。これは、すでに見たように、ゾラがためらい、混乱した説明によって、ジャン・グラーヴを擁護することを拒絶して若き「知識人」と袂を分かつまさにその時のものであるだけに、ますます予兆的な象徴的対立である。自らの象徴資本の重点を再審へと向けながら、ゾラはこうして、古典的なアカデミーによる聖別を得ることが未だ可能であると考えていた三年前に試みたように、後戻りして順応主義に道を譲る代わりに、それ以前の自らの道程に結びついた、自らの「通常の」立場へと戻った。文学的にはまったく立場を異にするが、彼の行動に共鳴していたマラルメは、ゾラの有罪判決ののちに彼に送った祝電のなかで、支配階級における被支配者たちのなかの支配者のこの複雑な立場の論理を十分に把握している。

「わが親愛なるゾラ、あなたの行為に明らかになった崇高さに満たされて、私には、拍手喝采によって、あなたの邪魔をしたり、毎時間ごとによりいっそう悲痛となる沈黙を打ち破ったりすることができるとは思えませんでした。情景には、権力に協力する天才に対立する清澄な直観が永遠に与えられたばかりであり、私はこの勇気を崇敬し、そして、まったく別に用いられ満足された誉れ高い活動の辛苦によって、ある一人の人間が新鮮に、十全に、そして英雄的に未だ世に知られ始めえたということを賛嘆します！　人々が彼に対して強く感じる名誉のために、群集のなかにある一人という限りにおいて、あたかも私が彼を知っていなかったかのように、私が情熱的に手に触れることを望むのは、有罪を宣告されたあなたの手になのです。[45]」

その周囲にドレフュス事件の戦いが組織される、支配的な二種類の知識人のあいだのこの対立はしたがって、事実上すでに存在していたが、しかしドレフュス事件がなければ、知識界の全体を横切る亀裂へと変換されうることはなかったであろう。実際、「客観的」には、被支配的な知識人の二つのグループのあいだの対立は、いっそう根本的で、いっそう深刻であった。なぜならばこの対立は、知識人の社会的機能についての二つの異なる選択肢に結びついていたからである。しかしこれらの選択肢は、結集することによってしか、あるいは二つの陣営の広く認知された知識人から発せられた結集への呼びかけによってしか、自覚的なものとはならなかった。この広く認知された知識人たちは、彼らの権威と社会参加への傾向とを基礎づける、ある種の共通する特徴を共有している。そしてまた、彼らの対立は、被支配的な二つの集団のあいだの対立の基礎にあるもののように、純粋に社会的なものというわけではなかった。対立する見通しを持った集団である、左派および右派の支配的な「知識人」は、社会空間のなかで逆説的に彼らを近づけることとなる（彼らは、世論に対して影響を及ぼす重要な手段にアクセスできる唯一の人々である）、逆向きの二つの道程を歩んだ。このことはその代償として、彼らの卓越した地位による義務の高みにあるために、一方が他方との関係において反応することを彼らに余儀なくさせた。先行するこのダイナミックなしには、彼らの闘いの激しさや、彼らの知的なプロフィールの非対称性を説明することはできない。ドレフュス派の陣営は、指導者として、最も高い認知を受けている人々を必要としたのに対し、反ドレフュス派においてこの前衛の機能を果たしたのは、最も高い認知を受けた人々のうちで最も認知度の低い人々であった。年齢において（例えばバレス）、威信において（批評は威厳において、創作作品よりも下位にあった。ブリュンティエールの例）、前歴において（ルメートルは大学人で、批評家に転じた者である）、文体において（コッペは、詩人たちの見解では最も散文的な詩人である）、「エリート」の後輩であるこれらの人々は、秩序の大義の支持に、新たな回心者（しかも、ある人々は宗教の面においてもそうである）の情熱をもたらした。彼らの社会参加は、伝統的なエリートあるいは名声のより確立したエリートの一員に完全になるための、ある種の入場料であった。

反対に、若者があまりに多いことに苦労していた左派においては、年功あるいは社会的威信の特性を保持する旗手をそれだけにいっそう頼りにした。こうした対立的で矛盾する要求は、当時の人々の予測の観点において、間接的な類似性あるいはある種の配置換えとともに、「知識人」としての大学人の新たな機能を説明づけている。「知識人」としての大学人は、一定の位階に到達すると、自由な知識人よりもいっそう大きな自律性を享受した。後者は、当時大多数が反ドレフュス派であった新聞によってもたらされる資金から独立していることは非常に稀だったのである。人数がより少ないために、より稀な大学人は、当時の社会における彼らの新しい威信のために、えり抜きの新兵でもあり、このことは、彼らがもし望むのであれば、彼らを時に迅速に第一線へと昇進させた。

しかしながら、教授たちにとっては、周縁的な専門分野の者、あるいは論争の争点の理由のゆえに専門家の資格で意見を求められた大学人を除いて、自律性と他律性とのあいだの選択を行うことはより困難であった。これらの事例においては、自律性への選択は、彼らの大学人としてのそれまでの道程にすでに包含されていた。彼らの社会参加は、左派においては、補足的な利点を彼らにもたらした。その社会参加は、彼らを擁護する学生たちという新しい聴衆を彼らに与え、また、彼らに意見を求めたり、あるいは彼らが平等に結集することのできる他の知識人と接触すること（人権同盟の創設）へと導いたのである。反対に、社会的あるいはイデオロギー的な順応主義によって逆の選択を行った彼らの同僚たちは、追従者の地位に引きこもることとなった。なぜならば、右派においては主要な第一の役割は、最も広い大衆に届きうる知識人に割り当てられたからである。

とはいえ、資料がかなり精確なときには、相互に置き換え可能なこれらの個人のあいだの外見上は微細なこうした差異に、根本的な社会的論理を発見することができる。この点について、ルイ・アヴェとオーギュスト・ロンニョンという、いずれも博識のコレージュ・ド・フランスの二人の教授を例にとることができる。一八九二年以来、フランス歴史地理学講座の正教授であったロンニョンは、靴職人親方の息子で独学の人で、一連の幸運な経歴上の偶然と、辛抱強さと、社会的および学問的な保護のおかげで、博識の頂点に昇進した。地名ならびにフランス古代に関する彼の研究は、心底から排外主義的な歴史観と、彼の出身地シャンパーニュ地方への非常に強い結びつきとに基礎づけられている。同様に、彼の反ドレフュス主義とフランス祖国同盟への加入は、被支配的なこの社会的道程と、彼が以前に知的になしたのと同じように、フランスのある種の観念に政治的に同一化することによって最終的に支配者たちに加わる彼のやり方との、論理的な帰結であった。[46] 反対に、ルイ・アヴェは最初から、体制派の成員が持つすべての切り札を有していた。コレージュ・ド・フランスの教授かつ学士院の会員で、セーヌ県の財政収入役——この本人が一八四八年の臨時政府の閣僚の息子である——の娘婿であるエルネスト・アヴェの息子として生まれた彼は、まず自由主義者で、高等研究院で育てられた博識のラテン語学者で、その後ここで教授し、また大学改革者のグループの活動的な参加者であった。比類のないこの社会的、知的、政治的な資本を備えた彼は、偏見や順応主義から免れることができた。彼の熱心なドレフュス主義は、精神の貴族という彼の地位を確証する好機となった。彼にとっては、世襲によって彼が属する同業組合の自律性は、いかなる権力であれあらゆる権力に対立しえたのである。[47]

日々の闘いからいくらか距離をおいた左派および右派のこれら知識人の人物像は、象徴にもとづく二つの陣営において、擁護すべき大義を支える役割を果たすことにもなった。そのために、これらの人物像は、対立するイデオロギーの持続的な保証人となるべく、その固有の個人性の一部分を失った。通俗的な争点から最も免れていた学者たちは、エミール・デュクロあるいはシャルル・リシェに見られるように、よりいっそう見事にこの役割を果たした[48]。一生涯全体を通じて研究に打ち込むことは、反対に、彼らの友人たちにとっては、唯一道徳的な至上命令のみが彼らを伝統的な保護域から引き出すことができたということを証明していたのである。対立者たちにとっては、逆に、彼らは現実から断絶した知性を誤って用いていることになる。その上、たとえ高い肩書きを有する学者たちがフランス祖国同盟の名士として前面に押し立てられたとしても、彼らは受動的な役割へと追いやられていることが注目される。彼らは何よりもまず、科学は再審派の側にのみあるのではないということを明らかにする役割を果たしたが、しかし右派の「知識人」のイデオロギーに逆らうことのないように、イニシアティヴは公的な発言あるいは一般向けの文章執筆をいつも行っている人々に任せていた[49]。

これらの「知識人」をもって、社会参加の必要性の図式の極限的な境界に到達することになる。こうした学者たちの存在は、「知識人」という新たな人物像とその普遍性が含意する、社会的な表象の革命の最も明白なしるしである。しかし、とりわけ左派における、この能動的な社会参加は、ある一定の年齢に達した年齢層においてしか可能ではなかった。最も典型的な例は、人権同盟の指導者の一人となったエミール・デュクロの例である。こうして彼は、教授職ならびにあらゆる是認の獲得をなしたのちに、第二の知的なキャリアを開始したのである。リストに名を連ねている他の科学者たち、とりわけジャン・ペランあるいはポール・ランジュヴァンのように、当時は若くて、両対戦間期に左派の「知識人」たちの道徳的な保証人の役割を今度は彼らに番がまわってきて果たすこととなる人々は、「偉大な学者」のオーラに必要なすべての特性を身につけたのち、ずっと遅くになってからしか、持続的な仕方で社会参加はしないであろう。知識界のこの部分において、「知識人」のこの新しい役割を採用することを大いに思いとどまらせる反発的な現象もまた感じ取られている。自律性あるいは他律性はしたがって、あらゆるオルグに対して引き合いに出されえたのである。過度の社会的な可視性は、相殺し合う様々な社会的あるいは制度的な連帯を生み出した（こうして、医科の教授で、保健衛生に関する共和政府の専門家であった、マルセル・プルーストの父、あるいはマルスラン・ベルトロは、立場を明らかにすることを控えた一方で、彼らの息子あるいは娘婿は熱心なドレフュス派であった）。他の人々は、明確な選択として、「統一への呼びかけ」という中立主義的な解決を好んだ（ポワンカレ、ラヴィス、およびブートルーの例）。

結語

ドレフュス事件の歴史は、当時の人々の見方にしたがって、この事件が何よりもまず知識界あるいは社会の支配的諸集団の内部における論争であったということを、通常は示している。[50] この明白性を否定することはしないが、ここで提起された分析は、この外見の背後に、より幅広い社会的争点が再び表現されるいっそう複雑な闘いが隠されていること、またそれは大衆的な反ユダヤ主義あるいは社会主義の介入を考慮に入れなくてさえそうであるということを示すことを可能にする。ドレフュス派と反ドレフュス派の「知識人」（後者は、この語が前提とする政治的諸条件を受容してはいるが、この語を忌避している）のあいだでの闘争の背後に、政治的な意味での「知識人」と社会的な意味での「エリート」とのあいだの全体的な対立が展開している。それぞれの党派は対立者を、新しい貴族階級を自任している、あるいは特権階級意識をかき立てていると非難した。したがってこれは、支配者について、そしてこれにかかわる社会的支配の様式についての、正当な定義をめぐる闘争なのである。

対立し合う同盟についての客観的なデータと、接着剤や動員の道具としての役割を果たしたイデオロギー的な表象とのあいだに、意味の延長と拡大ばかりでなく、歪曲と反転もが同時に存在する。概括的に言って、ピカールのための請願は、エリートの人々と「知識人」との同盟を見事に実現している。[51] 概略的に言ってまた、フランス祖国同盟は、「知識人」の最も組織的な指導の下での、様々なエリートたちの結合である。[52] しかし、綱領とこれを支持する人々とのあいだには、相違が存在している。なぜならば、政治界の相対的な自律性によって、それぞれの陣営における、ある種のエリートあるいはある種のグループのより顕著な不在が引き起こされているからである。反ドレフュス派の側では、争点と彼らにとっての最も直接的な利害関心とのあいだの隔たりの結果、支配的な「知識人」以外のエリートは彼らよりもより少なくなった。同様に、被支配的な「知識人」たちは、多かれ少なかれそれに成功したのだが、世論（すなわち、民主主義的なシステムにおいては、大衆）の代わりをなし、世論の市民的な警戒を覚醒しようとした。というのも、大衆の公的な代表者たちは、衰弱していたりあるいはためらいがちであったからである。したがって、ドレフュス事件を通じて「知識人」によって獲得された象徴的な自律性は、暫定的なものにしか過ぎず、また基本的な社会集団からの委任によるものにしか過ぎなかった。

政治的な闘いはまた、双方の「知識人」に、限定された期間のあいだ、知識界における彼らのそれぞれの状況を逆転させる可能性をも与えた。大衆からの支援を求めたドレフュス派は、他の諸エリートに対する自らの被支配的な状況から解放されるという野望を正当化するこの標的集団との関連において、闘いをつうじて、支配的な役割（「知識人党」というメタファーを参照）へと上昇した。ここから、人権同盟の創設、公開討論会、民衆大学《ユニヴェルシテ・ポピュレール》の運動の発展、請願キャンペーンの組織化、デモ、ドレフュス派のある人々を新たな専門の政治家とした極左のある種の派閥との収斂といったことが生じている。反対に、騒擾の扇動者に対して真の「エリート」の擁護者たらんと望んだ反ドレフュス派は、民衆に対して、国民に固く結合したエリートの理想を象徴する将校団という、その身分からしてそこに介入することが禁じられた被支配的な地位を熟考の末にとった。(53) この反転は、ドレフュス派の知識人が、政治的および社会的な変化に先んじていたことを説明する。ドレフュス主義は、「知識人」と労働者との同盟関係を実現する、構想中の新たな左翼政党を予示し準備したのであり、(54) 幾人かのドレフュス派の人々（ジョレス、ブルム、エリオ）がこの新たな左翼政党の指導者となるであろう。反対に、右派の知識人は、たとえ彼らが、伝統的な政治集団とは異なる新たな党派的な構造を保守の陣営に付与しようと努めていたとしても、結局は旧来のイデオロギー的な重みに突き当たることになってしまった。ドレフュス事件は実際、極左の脅威を前にして一八九〇年代にぼやけはじめた古い裂け目を、再びはっきりとしたものにするに至ったのである。ドレフュス主義は穏健派を味方につける術を心得ていたが、一方で反ドレフュス主義においては、穏健派と支配的なエリートは、共和政の枠から飛び出すことをいとわない最も急進的な人々の言いなりになっていた。「統一への呼びかけ」は、ドレフュス事件の神学的な論争と無関係な第三の党派を創設しえたかもしれない。しかしこの再結集は、過度のエリート主義のために、他の社会集団を巻き込むことができなかった。

ドレフュス事件はしたがって、左派および右派の現代的なイデオロギーの、そして一部分は神話的で一部分は現実的なその社会学の、まさに源泉にある。「知識人」は、様々な諸エリートあるいは社会諸層のあいだの全体的な対立をこれに類似のあるいはこれに近い仕方で体現するような方法で、双方の側で分かれていた。左派の側では、威信のある何人かの指導的人物が、名声と外部からの認知を兼ね備えており、最も大きな政治的自由を有していた。彼らは、性急に要求を聞き入れさせようとする若い世代や、知識界から排除され、自らの運命の不当性に対する復讐を求め、最も広い意味での大衆との紐帯の役割を果たした無名の下っ端によって支持されていた。大衆は、これら下っ端が知識界において支配されていたのと同様に、社会において支配されていたのである。右派の側では、十七世紀におけるアカデミー・フランセーズ〔アカデミー・フランセーズは一六三五年創設〕というかたちでの馴致以来、国家に結びついて組織された団体としての知的エリートが、象徴的秩序を擁護するすべての下級係員や、ブルジョワ的な職業として自らの仕事を行う作家、あるいは自らを貴族と考える大学人たちによって取り巻かれていた。この場合の前衛は、左派において出会う排斥者と対称的な機能を有する新聞プロレタリアートによって構成されているが、彼らは、新しい似非貴族、「知識人」、「ユダヤ人」を攻撃しながら歪曲したかたちで自らの疎外に対応し、また衰退しつつある旧いエリート（貴族階級、軍隊、旧いフランス）との郷愁に満ちた関係を維持していた。要約したかたちで言えば、したがって、二つの完全な社会構造、相互に排除し合いうる二つのフランスを眼前にしているわけである。なぜならば、これら異質な諸集団の結合は、相手に対する拒絶と、それぞれに固有の道程の延長である歴史に与えられた対立する方向性とに基づいているからである。それは、左派における、ミシュレのメシア思想を継承する、「知識人」カーストのすべての障壁をつき崩す民主主義的潮流の楽観主義と、これに対する右派における、大衆によって脅かされた「エリート」、あるいは「知識人」である外国人少数派によって堕落させられた国民によって取り囲まれた要塞の悲観主義である。(55)

結論

「ああ、地上の系譜学者よ！　どれほど多くの家族と家系の歴史があることか？——そして、法律学者の机で言われたように、死者が生者を提訴せんことを。たとえわたしが、その影のなかにすべてのものと、その年齢の功績を見なかったとしても。(…)しかし、地上の人間の行為を越えて、旅する数多くのしるし、旅する数多くの種子があり、そして快晴の無酵母パンの下、大地の大きな息吹きのなかに、収穫のすべての寝床があるのだ！(…)」

——サン＝ジョン・ペルス
『アナバシス、詩作』I、パリ、ガリマール社、コレクション・ソレイユ、一九六〇年、一五七—一五八頁。

この著書のなかで提示された命題の価値を確かめるために、長い持続期間における、またヨーロッパの空間における、「知識人」の比較研究を行うことが適切であろう。実際、十九世紀末に出現した新たな形態の特性がいかなるものであったかを定義するためには、このモデルの構成要素を変えてみることが必要である。ここでは、将来の研究のための研究仮説としてこれを素描するにとどまらざるをえない。

フランスの独自性は、用語それ自体によって立証される。外国に輸出されると、この言葉は、軽蔑的なニュアンスを帯びている。これは、ドイツにおいても、アングロ＝サクソン諸国においてもそうである。[1] この言葉は、フランスにおいて勝ち取られた最初の正当性を本当に獲得することは決してないし、あるいはまたこの言葉は、一般的な社会学的な用語録のなかに押し込められてしまっている。この言葉は、「専門職業人 *professional*」、「自由職 *freie Berufe*」、「教養市民層 *Bildungsbürgertum*」、「知識階級 *Intelligenz*」といった、より威信が高くまた土着的な語と競合関係にあった。[2] 唯一ロシアのみが、この当時から、「インテリゲンツィア」という語をもって、フランス語源から派生したものではあるが、類似した特別の概念を有していた。[3] しかしながら、社会的および文化的なコンテクストの相違のために、その語の意味の拡がりはまったく異なっていた。これは、今日における混同が、フランス語においてこの語を知識人の同義語かあるいは「厳格な」バージョンとしてとらえがちであるにもかかわらず、そうなのである。[4] 当初の「インテリゲンツィア」は、政治＝文化的な前衛のごく一部の層であり、これはフランスにおいて初期の「知識人」のなかにも再び見出されるが、しかし社会のなかにしっかりと座を占めている世紀末のフランスの大学人というよりも、ボヘミアンや政治的な活動家によりいっそう近いのである。ソビエトの語彙においては、反対に、「インテリゲンツィア」は、今日のフランスの「幹部《カードル》」と同類の、労働者でもなければ農民でもない人々すべてがそこに分類される、ごた混ぜのカテゴリーとなった。[5]「知識人」は、フランスにおいては、当初の様態での「インテリゲンツィア」よりも広範で、ソビエトの「インテリゲンツィア」のような大衆の統計的なカテゴリーとは決してならなかった。公式の統計は、「職業別社会階層《カテゴリー・ソシオプロフェッショネル》」、「自由業および上級管理職」といった、より経験主義的で旧い者と新しい者とを混ぜ合わせた別の専門用語を好んでいる。「インテリゲンツィア」とは異なって、「知識人」は決して「客観的な階級」とはなっていない。それはとりわけ、周期的に繰り返される知識界内部での論争のためであり、この論争のために知識人が正当性および語の定義に関して分断されるのである。[6]

フランスの特殊性を強調することは、語の用法についての混乱状態から脱け出すことを可能にするが、しかしその起源を理解するためには十分ではない。フランスの国民的な政治および文化の歴史の特殊性（大きくとらえて、啓蒙と大革命の遺産）のみを引き合いに出すことは、トクヴィルによる考察以来避けがたいことではあるが、しかし、系譜学についての試論が示したように、そこにとどまってしまうことは、十九世紀における区切りを覆い隠してしまう盲目的な文化主義を際立たせることになる。「知識人」の可能な予示はこれとは明らかに異なっており、また現代の知識界の状態と密接に結びついていた。新来者は継承された伝統を利用するが、しかしこの伝統から断絶してもいる。なぜならば、新来者は、根本的に新しくなった社会的ならびに政治的な状況に対応するからである。

エリート集団間の競争

この特殊な歴史的文脈のうちで、最も重要な要素の一つは、第三共和政のエリートの状況と彼らのイメージの状況とによって構成される。共和政のプログラムのなかに含まれているメリトクラシーの理想は、旧来のあり方による指導階級の再生産の伝統的な規則を問い直すこととなった。もし、この理想に反して、頂点に到達するあらゆるチャンスを有しているのが、本質的に常に、支配階級出身の成員であるならば、他のカテゴリーにとっては扉は少し開いただけだったということになる。家系にもとづいた社会的再生産には、もはやかつてのような正当性はなかったが、これは当時のヨーロッパの他の大部分の国々において持続していた状況とは異なるものであった。[7] ところで、「知識人」は、その最も純粋な形態においては、少なくとも社会的な想像界のなかにおいては、エリートの再生産のこの新しい様式の産物なのであった。したがって、民主主義的な社会において、ある種の権力と例外的な地位とを要求するのは当然のことであった。とりわけ、大学に結びついているならばそうなのである。しかしこのきらびやかなドレフュス主義は、そのほぼ純粋な状態が、中世の聖職者《クレール》のある種の世俗化である、ジュリアン・バンダによる『学者《クレール》の裏切り』に再び見出されるのだが、これは、旧来のスタイルの指導階級の別名である「エリート」の過去賛美者と衝突し合った。この「エリート」の過去賛美者の社会的な基盤は、かのブリュンティエールが理想化するように、軍隊とそのヒエラルキーに存するであろう。軍隊においては、行動する人間の質は功績のもう一つ別の形態であり、反ドレフュス派にとっては、単なる知的な質よりもずっと優れたものである。将校がその責任を負う、国の存続ということは、知識人のこの分派にとっては、「真理」の抽象的な擁護よりもいっそう肝要なことと思われた。この観点においては、「知識人」は、根拠のないエリートを、自ら自身のための特権的知識層を、構成するに過ぎない。書斎人や大学人は、彼らの著作や発言によって、若者の最下級の部分を育てるにしか過ぎないが、これに対して将校は、皆徴兵によって、国民全体の教育者となるのである（H・リヨテ『将校の社会的役割』を参照）。この概念は、「兵士への呼びかけ」ということを必然的に含意してはいない。この訴えかけが、ある種の危機に際して検討された解決策となりえたのではあるが。こうしたある種の危機では、敗北の悪い風向きのなかで「知識人」間ではなく急進集団間において、あるいは大規模な社会的紛争の衝突の下で階級間において、ドレフュス事件が再演された。その市民的な形態においては、このイデオロギーは、かのヴァレリーがすでにドレフュス事件の時から予感し擁護していたテクノクラシーを先取りしている。(8)

（有能で自己徴募する）エリートのこの新しい理想に対立するのは、支配的なエリートと、次第に数が多くなっていき社会的に衰退しつつある知識人とのあいだの断絶の拡大である。私は、権力界に対する知識人のこの懸隔が、知識人による政治的介入の新しい形態、すなわち、まさしく「知識人」としての行動の様式を創出する起源の一つをなしたという仮説を提示した。この命題を補強するためには、国際的な観点をとることだけが唯一明快なものとなるであろう。単純化して言えば、フランスの特殊性は、通常これのみが考慮に入れられている文化的遺産以外に、他の二つの基盤を有しているということが想定されうるのである。

フランス／ドイツ

他のいかなる国においても、少なくとも当時において知識界の自律化ならびに権力界に対する対抗のための不可欠の条件であった、知識界の地理的なこれほどの中央集権化は見出されない。例えばドイツでは、自由な知識人と大学人とのあいだに、地理的ならびに社会的な深い断絶が存在していた。ドイツの大学人は、至上の社会的な正当性を保持していたが、一方フランスでは、こうした正当性を保持していたのはむしろ文人であった。その上、ドイツの教授たちは、地方分権的な大学の構造によって分断されていた。第二の相違点は、エリートの代表モデルのなかに存する。ドイツでは、フリッツ・K・リンガーによって明らかにされた大学の危機にもかかわらず、教授たちは自らの社会的機能を問い直すことはまったくなかった。[9] 彼らは自らを指導的エリートと同一視し続け、また自らを指導的エリートのなかの完全な権利を有する成員としてとらえ続けていた。[10] 大学人団の同一の再生産のメカニズムは、権力の介入とともに、彼らを分裂あるいは非同調主義から守っていた。これらは、「私講師」の段階で、周辺部に追いやられていたのである。クリスチャン・フォン・フェルベールによって作成された、ドイツの大学人の社会的出自についての統計と、パリの大学人についての私自身によるデータとの比較は、二つの国の社会構造のあいだの差異によって含意されるあらゆる必要な留保と、著者間のコード化の違いを考慮に入れた上で、ドイツの教授たちは、パリの教授たちよりも明らかにずっとはっきりと、知識界、とりわけ厳密な意味での大学界のなかから、内部採用的に生まれていることを示している。知的な職業（医者、教授、文人、聖職者）は、一八六〇年から一八八九年のあいだにドイツで任命された教授（すべての分野）の出自家庭の四七・四％を占めている。この比率は、一九〇一年についての私のサンプルでは二七・九％でしかない。同様に、官僚の息子（とりわけ高位の）は、ライン川の対岸のドイツにおいてフランスよりも多くを占めている（一五・九％、対して一一・二％）。反対に、経済ブルジョワジーあるいは自由ブルジョワジーは、フランスの同職者たちよりも、大学の職に就かせる頻度は少なかった。[11]

知識人／職業人

反対に、フランスの「知識人」は、エリートの代表性の危機によって生み出された一時的な空隙を埋め合わせている。文学あるいは科学の正当性がすべての人々、そしてまず第一に政治指導者によって認知されているだけにそれだけいっそう、フランスの「知識人」はこれをなすことが可能となったのである。この状況は、フランスにまさしく固有のものである。[12]とはいえこれは、「教授たちの共和国」という神話に再び生命を与えようというものではない。なぜならば、知識界は、これもまた、矛盾した準拠によって分断されていたからである。「知識人」に対しては、アングロ＝サクソン流の職業人という人物像が立ち現れる。後者の職業人が支配階級内部での分業を承認しているのに対して、「知識人」は普遍性を希求し、また自らの固有の価値を擁護している。職業人は、個人的な成功によって、真の社会的エリートの水準に到達することを望む。経営者が企業を経営するように自らの経歴を統御しながら、職業人は、名士の機能や（地方における古典的な自由業の場合）、富や（大衆小説家、成功を博した劇作家、社交界に関わる医者、あるいは企業関係の弁護士の場合）、あるいは専門家の地位（学者、医者、法曹の場合）を獲得しようと求め、ある人々においてはこれら三つの目的は累加されていた。政治から離れたところに位置していたためにあまり目立たなかったが、このモデルは、通俗的な意味での知識人の相当多数の者にとって魅力の的であった。これら通俗的な意味での知識人は、主要な任務として、社会的危機、とりわけ何よりもまず彼らを脅かす危機、高等教育修了者の人数の過度の増大から生じる知識界の統制不可能な拡大を予防することに身を捧げており、ここから閉じたエリートという主題に彼らが賛同することとなる。

結局のところ、最も驚くべきことは、世紀のはじめと、クローデルをもじって言うならばわれらの「悲しき八〇年代」とのあいだでの、知識界の規模と条件との変化にもかかわらず、フランスの知的、政治的な論争が、相対的に不変であることである。百年の隔たりをもって、社会的、政治的な文脈はすっかり変化してしまったが、ドレフュス事件における「知識人」は、常に我々の関心を集める。このパラドックスを理解するためには、昨今の「知識人」をその全体性のなかで考えるように努めなければならない。仮に知識人についての試論の大部分が、たとえ理論化あるいは社会学化の様相を帯びたものでさえも、すぐに時代遅れになり、状況に拘束されているとするならば、それは我々がここで行おうと試みてきたように、問題の様々な次元を考慮に入れていないからである。そのようである時には問題は、時代錯誤的な仕方で説明をつけるために、ただ政治的、イデオロギー的、あるいは社会学的な慣例のみに還元されてしまう。かくして、知識界の形態学は、一八九〇年代にさかのぼる悲惨主義的な傾向にしたがって、余剰についての強迫観念をめぐる言説へと変容し、「知識人」についての再構成された系譜学は、断絶を無視し、不変のものを永遠化する思想史の大ざっぱな検討へと偏り、知識人が政治とのあいだに保持する関係は、公式の政治あるいは非典型的な少数派を考慮に入れるだけのものへと再び立ち戻ってしまう。

時代が進むにつれて、また知識界が下位の諸界に分断化されるにつれて、連関のすべての環を把握することがますます困難になるというのは確かである。下位の諸界の類似した構造は、より全体的な調整を覆い隠してもいる。歴史学者や社会学者は、彼ら自身、こうした部分集合に取り込まれていて、彼らの身についた経験に応じてすべてを解釈せずにいるということがますます困難になっている。もし彼らが視界を広げようとするならば、その時彼らは、歴史学者でも社会学者でもない他の知識人たちに由来するバイアスのかかった情報を当てにしなければならない。こうした他の知識人たちは、彼らの職業的な下位空間にもとづく、部分的で偏った彼らの理解を明白に書き記しているのである。「知識人」の誕生以前ならびに誕生の時期において「知識人」を研究することは、したがって、取り組むことの最も容易な手段だったのである。とはいえ、知識人についての研究の反復的なもう一つ別の悪癖にしたがって、起源のノスタルジーにおちいってしまってはならない。

方法論的なこうした予防策を喚起することは、このような種類の主題が生みだす近づきやすさの幻想の犠牲にならずにいること、そしてそれにもかかわらずここで試みられたように常に距離を保つようにいることがどれほど困難であるかを強調している。我々はしたがって、知識人の英雄的な歴史とたもとを分かち、彼ら知識人たちがどれほど彼らの時代の産物であったかということを示すこと、しかも、とは言っても彼らを不明瞭な力の操り人形の役割に還元することなくこれをなすことを望んだのである。

しかしながら、この歴史は「冷たい歴史」ではまったくありえない。職業的倫理の観点において、ドレフュス派知識人たちは、「真実」の探求において、今日にとってのモデルであり続けている。彼らこそが、図書館の安楽と実験室の平穏を離れることを知り、当時のメディアによって惑わされた世論の熱狂に抵抗することができた、つまり、デュルケームの言葉を借りて言うならば、「彼らの職業的習慣の最良のもの」を保持することができたのである。

付録

謝辞

本書は、数多くの人々の援助や助言がなければ、このようなかたちをなすことはできなかったであろう。私の謝意は、まず第一に、本書のもととなった博士論文を指導し、一〇年ものあいだ、その完成のために必要な助言と励ましを与えてくださったモーリス・アギュロン氏に捧げられる。同様の謝意は、ピエール・ブルデュー氏にも捧げられる。彼の教育、研究、また本研究の完成に向けての様々な段階における彼の批判的な閲読は、わたしの研究の最終的な成果に貢献した。最初の読者であった、わたしの博士論文の審査委員の方々、マドレーヌ・ルベリウー女史、ジャン＝マリー・メイユールおよびアントワーヌ・プロの諸氏もまた同様に、この時代についての彼らの深い学識と建設的な批評とをもって、最初の原稿を改善する力となってくださった。

資料の面においては、ＣＮＲＳ（国立科学研究センター）の技師であるアルレット・フォジェール女史は、第一章のデータの処理に必要なマイクロ＝コンピューターの使用の手ほどきをしてくださった。母と妻は、他に代えることのできない用心深さをもって、外部的ではあるが、しかし加担者の視点で、草稿あるいは難渋な文章を繰り返し読んでくれた。彼女たちがここで、その任務への忘恩に比べるとまったく不十分でしかない感謝を受け取られんことを。そしてジャン＝クリストフ・ブルカンは、マイクロ＝コンピューターの操作におけるその鮮やかな手並みによって、文書処理の仕上げに際してのいくつかの技術上の難局からわたしを抜け出させてくれた。

最後に、最初の成果のいくつかを発表した同僚、友人、あるいは聴衆の人々は、議論を通じて、これらの成果のより良い彫琢を可能にしてくれた。すべての名前を挙げることはできないが、マリー＝クロード・ジュネ＝ドラクロワ、ヴィクトル・カラディ、リュセット・ルヴァン＝ルメール、クリストフ・プロシャッソン、ジャン＝フランソワ・シリネリの名前を挙げておきたい。彼らがここで、わたしの親愛なる感謝のしるしを受け取られんことを。

〈資料1〉図表

表I－1　自由業および知的職業の人数の変化（1872年－1906年）

	文人、新聞記者、学者	芸術家	小学校教員	中等教育教員	高等教育教員	法　曹	医　師
1872年	3826	22615	110000 *a*	?	488 *b*	?	16500 *c*
増減	+9%	+18.2%	—	?	—	?	-10.7%
1876年	4173	26749	?	7396 *d*	?	30341	14700 *c*
増減	+76.6%	+50.4%	+12.7%	?	+3%	+3.6%	+3.4%
1881年	7372	40235	124000 *a*	?	503 *b*	31462	15200 *c*
増減	-13.5%	-2.3%	+8.8%	+31.8%	+54.0%	-1.3%	+5.3%
1886年	6376	39276	136000 *a*	9751 *d*	775 *e*	31037	16005 *c*
増減	+11.7%	-16.6%	+7.4%	—	—	+0.3%	—
1891年	7125	32755	147000 *a*	?	?	31150	$
増減	-10.8%	-3.2%	+3.4%	-7.8%	—	+41.1%	-0.5%
1896年	6354	31692	152000 *a*	8988 *d*	?	43982	15925
増減	+15.5%	+1.0%	+4.6%	—	—	+1.3%	+15.9%
1901年	7342	32032	159000 *a*	?	?	44566	18465
増減	+24.5%	+11.1%	?	+3.2%	+35.2%	+2.1%	+11.9%
1906年	9148	35593	?	9283 *d*	1048 *e*	45512	20673

資料：*a*：A. Prost, *L'enseignement en France* (*1800-1967*), Paris, A. Colin, 1968, p. 108および294（私立および公立）；
b：1865年および1880年の数字、G. Weisz, *The Emergence of Modern Universities in France*, Princeton, Princeton U. P., 1983, p. 318による；
c：J. Léonard, *op. cit.*, tome 3, p. CCXXXIIに引用された、P. Brouardelによる；
d：A. Prost, *op. cit.*, p. 371（公立のみ、行政職および復習教師を含む、最後の二つの数字は1888年および1909年のもの）
e：A. Prost, D°, p. 235, 1888年および1909年の数字
$：医師のみの数字はなし
他の数字：引用された年の人口調査

表Ⅰ－2　著作者に関する三つの資料の職業構成（1866年－1899年）

職　業	1866年－75年	1876年－85年	1891年－99年
文　人	16.0	16.4	14.4
医　師	12.3	13.8	14.8
公務員	11.9	15.4	14.4
聖職者	10.6	11.7	12.2
法　曹（1）	6.1	7.1	6.1
高等教育教授	6.5	10.3	8.7
中等教育および初等教育教員	9.0	8.5	9.8
碩学、学会員	8.6	3.7	4.0
経済職（2）	4.9	4.3	4.5
自由業	3.7	1.5	2.2
貴　族	2.0	2.0	2.8
政治家（3）	2.0	1.4	1.4
詩　人	3.2	0.7	0.4
技師、技術者	2.4	2.5	4.5
人　数＝	243	828	639

資料：O. Lorenz, *Catalogue de la librairie française*, Paris, Lorenz, 引用された各年。
略記：法曹（1）：弁護士、公証人、代訴人等
　　　経済職（2）：卸売商、実業家等
　　　政治家（3）：下院議員、上院議員等

表Ⅰ－３ Ａ　期間中に1冊しか著書を刊行しなかった著作者の、職業ごとの比率
（比率の高い順、％）

あまり職業的でない	1876－85年	あまり職業的でない	1891－99年
無回答	65.3	無回答	72.5
医　師	73.0	医　師	74.4
経済職	66.6	経済職	65.5
自由業	61.5	自由業	64.2
公務員	60.1	法　曹	61.5
聖職者	60.1	技　師	58.6
技　師	57.1	公務員	56.5
中等教育および初等教育教員	56.3	聖職者	56.4
平　均	52.3	平　均	54.5
より職業的である		より職業的である	
法　曹	50.8	碩　学	50.0
詩　人	50.0	貴　族	42.1
貴　族	47.0	中等教育および初等教育教員	41.2
碩　学	45.1	高等教育教授	39.2
高等教育教授	34.8	詩　人	33.3
政治家	33.3	政治家	33.3
文　人	25.7	文　人	29.3

表Ⅰ－３ Ｂ　期間中に4冊以上著書を刊行した著作者の、職業ごとの比率
（比率の高い順、％）

より職業的である	1876－85年	より職業的である	1891－99年
文　人	40.9	文　人	36.6
政治家	33.3	政治家	33.3
碩　学	32.1	詩　人	33.3
高等教育教授	26.3	貴　族	26.1
技　師	23.7	高等教育教授	19.3
貴　族	23.2	碩　学	19.1
—		技　師	17.0
—		聖職者	16.4
—		中等教育および初等教育教員	15.2
平均	18.5	平　均	15.0
あまり職業的でない		あまり職業的でない	
詩　人	16.6	自由業	14.2
中等教育および初等教育教員	15.4	—	
聖職者	14.6	—	
公務員	14.6	—	
法　曹	13.3	医　師	6.6
経済職	8.2	公務員	4.1
自由業	7.6	経済職	3.4
医　師	4.2	法　曹	2.5

表Ⅰ－4　分野ごとの、著作者の職業構成

分　野	N＝	細　目	N＝	細　目
医　学	4	医師（78.4） 高等教育教授（15.9）	4	医師（84） 高等教育教授（13.6）
小　説	9	文人（65.7） 公務員（8.5）	9	文人（47.4） 公務員（6.7）
戯　曲	7	文人（73.1） 公務員	6	文人（64.2） 公務員
詩	11	文人（27.5） 無回答（27.5）	6	文人（43.9） 無回答（43.5）
エッセー	13	文人（29.6） 法曹	11	聖職者（19.1） 公務員（17）
歴　史	13	聖職者（19.7） 公務員（18.2）	13	公務員（18.3） 聖職者（17.5）
科　学	9	高等教育教授（38） 医師（20）	8	教員（32.5） 高等教育教授（30.2）
法律、経済、社会科学	11	法曹（36.3） 公務員（27.2）	8	法曹（49.1） 公務員（26.2）
宗　教	5	聖職者（86.5） 文人	4	聖職者（86.2） 文人
実生活	10	医師（43.2） 教員	11	医師（23.2） 教員（16.6）
政　治	9	政治家（18.1） 公務員（18.1）	8	文人（23.5） 聖職者（17.6）
翻　訳	8	公務員（27.2） 教員（22.7）	7	無回答（29.4） 公務員（23.5）
技　術	11	公務員（36.8） 経済職	10	公務員（36.9） 技師（23.8）
文献学、学識、言語学	13	教員（20） 高等教育教授（18.8）	11	教員（22.7） 高等教育教授（16.6）
期　間		1876－85年		1891－99年

注：N＝含まれている職業の数。隣の列は主要な二つの職業のパーセンテージ

表Ⅰ－5　様々な著作者のカテゴリーにおける、新規参入者の比率（比率の高い順）

職　業	1876－85年	職　業	1891－99年
詩　人	83.3	詩　人	99.9
医　師	70.4	自由業	71.4
経済職	66.6	技　師	68.9
法　曹	61.0	医　師	68.8
技　師	57.1	公務員	66.4
聖職者	56.7	経済職	65.5
中等教育および初等教育教員	53.5	貴　族	63.1
貴　族	47.0	聖職者	57.1
自由業	46.1	中等教育および初等教育教員	56.4
高等教育教授	44.1	碩　学	50.0
文　人	41.9	文　人	44.5
碩　学	38.7	政治家	44.4
政治家	16.6	高等教育教授	32.1
不　詳	73.0	不　詳	81.3

資料：O. Lorenz, *op. cit.*.

表III－1　ジャン・グラーヴ支援のための抗議文への署名者の、10年ごとに区切った生年による分布（行ごとの%）

生　年	1840年以前	1840－1849年	1850－1859年	1860－1869年	1870 年以降	不　明	人　数
不明を含む	1.6	5.8	13.2	31.4	10.7	37.2	121*
不明を除く	2.6	9.2	21.0	50.0	17.0	—	76

* ミルボー、アダン、ルクリュ、ベルナール＝ラザール、およびリストの中に二つの異なった形で記載されている名前はカウントされていない。

資料：1894 年 3 月 4 日の『ラ・ジュスティス』および『ラ・プティット・レピュブリック』、および名前と生年月日の同定のために O. Lorenz *op. cit.*

表IV－1　ドレフュス事件の主要な請願の職業構成（列ごとの%、不明は除く）

	知識人の宣言	ピカールのための請願(サンプル調査)	統一への呼びかけ	フランス祖国同盟	アンリ記念碑のための義援金
政治職	1.0	2.2	8.5	2.6	?
軍　隊	1.6	0.5	—	3.4	28.6
公務員	0.4	1.0	5.7	1.9	a
行政官	0.08	0.1	0.3	1.3	0.2
聖職者	0.3	1.1	3.3b	0.1	3.1c
教　育	22.0	9.4	25.3	11.9	0.9
法　曹	4.1	5.0	6.0	12.1	0.9
文学、芸術、ジャーナリスト	26.4	19.9	13.6	16.6	1.0
医学職	5.0	6.5	7.7	12.2	1.4
大学生、リセ(高等学校)の生徒	18.5	10.0	13.7	16.0	8.6
私企業	12.3	12.0	13.0	13.2	3.0
地主、金利生活者、農民	0.8	2.0	1.8	4.6	0.5
労働者、雇用者、職人	5.3	29.8	0.9	3.7	47.9a
その他	2.0	0.5	0.2	0.4	3.9d
人　数	*1200*	*4352e*	*1166*	*9921*	*? f*

a：資料のなかで、公務員は雇用者と合わせて数えられているように思われる。
b：プロテスタントの牧師のみ。
c：カトリックの司祭のみ。
d：資料の著者がその詳細を示していない自由業。
e：全体の約 10 %、不明を除けば約 20 %に相当するサンプル調査。
f：資料には示されていないが、約 15000。

資料：知識人の宣言：*Hommage à Zola*, Paris, Société libre d'édition des gens de lettres, 1898（個々人のカウント）
ピカールのための請願：*Hommage des artistes à Picquart*, Paris, Société libre d'édition des gens de lettres, 1899（サンプル調査）
統一への呼びかけ：1899 年 1 月－2 月に『ル・タン』に掲載されたリスト
フランス祖国同盟：J. P. Rioux, *op. cit.*, p. 23-24（私の区分に一致させるために、いくつかの数字を変更した）
アンリ記念碑のための義援金：Stephen Wilson, art. cit., p. 271（教育、文学職、および法曹等といったいくつかの細かいカテゴリーについて、原資料をもとに数え直しをいくつか行った。cf. P. Quillard, Le monument Henry, Paris, Stock, 1899）

私企業：実業家、卸売商、技師、建築家、商業管理職、商人
その他：結社や政治集団のメンバー、分類不能の職業

表Ⅳ－２　教育、文学、および芸術に属する、請願署名者の構成の詳細

教　育	知識人の宣言	ピカールのための請願（サンプル調査）	統一への呼びかけ	フランス祖国同盟	アンリ記念碑のための義援金	実際のパーセンテージ
初等教育教員	1.2	8.3	5.0	2.1	16.8	93.3
中等教育教員	79.5	57.2	54.3	65.6	72.0	5.8
高等教育教員	11.7	24.4	34.7	25.0	11.0	0.7
その他*	7.5	10.0	5.7	7.1	—	**

a）パーセンテージ（各列ごと）
* 研究職
**パーセンテージは上段に含まれている

教　育	知識人の宣言	ピカールのための請願（サンプル調査）	統一への呼びかけ	フランス祖国同盟	アンリ記念碑のための義援金	
初等教育教員	0.01	0.08	0.05	0.02	0.1	
中等教育教員	13.7	9.8	9.3	11.3	12.4	
高等教育教員*	27.4	49.1	57.7	45.8	15.7	

b）指標
* 高等教育教員には研究職を含む

文学、芸術	知識人の宣言	ピカールのための請願（サンプル調査）	統一への呼びかけ	フランス祖国同盟	アンリ記念碑のための義援金	実際のパーセンテージ
文　人	34.3	18.4	36.0	23.4	5.0	4.9
新聞記者、ジャーナリスト	37.5	35.1	40.5	41.5	65.8	11.7
芸術家	27.7	46.3	23.4	34.9	29.1	83.2
その他*	7.5	10.0	5.7	7.1	—	**

a）パーセンテージ（各列ごと）

文学、芸術	知識人の宣言	ピカールのための請願（サンプル調査）	統一への呼びかけ	フランス祖国同盟	アンリ記念碑のための義援金	
文　人	6.9	3.7	7.3	4.7	1.0	
新聞記者、ジャーナリスト	3.2	3.0	3.4	3.5	5.6	
芸術家	0.3	0.5	0.2	0.4	0.3	

b）指標

実際のパーセンテージ：
資料：A. Prost, *op. cit.*, p. 294 および 371（初等教育教員および中等教育教員、1891 年および 1898 年）；
高等教育および研究職：*Annuaire de l'Instruction publique,* 1898 をもとにカウント；
文学および芸術：1896 年の人口調査
学士院のメンバーは高等教育とともに、雑誌および新聞社の社長はジャーナリストとともにカウントされている。

表IV—3　請願に署名した学生の学業の課程（左欄は人数、右欄は列ごとのパーセンテージ）

課　程	知識人の宣言		ピカールのための請願		フランス祖国同盟		アンリ記念碑のための義援金	
法　科：	82	*17.1*	251	*16.7*	329	*21.0*	51	*9.5*
—学生	47		141		187*		44	
—博士	35		110		142		7	
医　科：	105	*21.9*	338	*22.5*	334	*21.3*	141	*26.2*
—学生	58		165		230			
—臨床課程学生、インターン	47		108		169			
文　科：	156	*32.6*	232	*15.4*	72	*4.6*	21	*3.9*
—学生	40		117		24		?	
—学士	116		115		48		?	
理　科：	45	*9.4*	100	*6.6*	21	*1.3*	40	*7.4*
—学生	5		35		5		3	
—ＰＣＮ〔訳注〕	—		—		—		37	
—学士、博士	40		65		16		—	
薬　学：	9	*1.8*	70	*4.6*	73	*4.6*	8	*1.4*
—学生	8		59		68		7	
—臨床課程学生、インターン	1		11		5		1	
その他：	15	*3.1*	180	*12.0*	291	*18.6*	97	*18.0*
美術学校	9		35		13		7	
装飾美術学校	1		4		—		14	
プロテスタント神学校	1		28		—		1	
カトリックファキュルテ	—		—		**		8***	
商業学校	—		53		52		1	
高等商業専門学校	1		12		60		—	
高等師範学校****	—		3		2		—	
中央工芸学校	—		4		17		5	
古文書学校	—		2		—		21	
鉱山学校	—		4		82		26	
農業学校	—		19		28		—	
物理・化学学校	1		2		—		—	
獣医学校	—		2		—		—	
国立工芸院	—		1		2		—	
ルーヴル学校	—		1		—		—	
高等研究院	1		2		1		—	
植民学校	1		4		1		—	
ローマ学院	—		—		1		—	
政治学院	—		—		2		—	
東洋語学校	—		—		1		—	
士官学校	—		—		28		14	
外国人	—		4		—		—	
他の肩書きの明記されていない学生	66	*13.8*	322	*21.4*	441	*28.2*	179	*33.3*
「学士」	—		6		2		—	
合計人数＝	478		1499		1563		537	

*カトリック大学出身の42名が含まれる。

**法科を参照。

***これに、計数することのできないいくつかの「グループ」を加えなければならない。

****高等師範学校学生の大部分は、文科あるいは理科の学生に合算されている。

注：ピカールのための請願については、前出の表とは異なり、すべての数が網羅的にカウントされている。

〔訳注〕PCN:Physique, Chimie, Sciences Naturelle（物理、化学、自然科学）、医科の第一学年のための教育であるが、理科ファキュルテで行われた。

表Ⅳ—４　請願に署名した学生の単純化した分布

機　関	知識人の宣言	ピカールのための請願	フランス祖国同盟	アンリ記念碑のための義援金	実際のパーセンテージ
法科ファキュルテ	20.6	25.3	39.6	19.5	33.4
医科ファキュルテ	26.4	34.1	40.2	54.0	22.7
文科ファキュルテ	*39.3*	23.4	8.6	8.0	16.6
理科ファキュルテ	11.3	10.0	2.5	15.3*	17.2
薬学校	2.2	7.0	8.8	3.0	10.0

A）請願に署名した学生の、主要な五つのファキュルテ間の単純化した分布（その他および無回答を除く。各列ごとのパーセンテージ）

機　関	知識人の宣言	ピカールのための請願	フランス祖国同盟	アンリ記念碑のための義援金
法科ファキュルテ	0.6	0.7	*1.1*	0.5
医科ファキュルテ	1.1	1.5	*1.7*	*2.3*
文科ファキュルテ	*2.3*	1.4	0.5	0.4
理科ファキュルテ	0.6	0.5	0.1	0.8*
薬学校	0.2	0.7	0.8	0.3

B）実数に対する、過剰代表あるいは過少代表の指標

* 実際には医科であるＰＣＮの学生のために、パーセンテージ、指標とも水増しされている。
学生の実数についての資料：*Statistique de l'enseignement supérieur, 1889-99,* Paris, Imprimerie nationale, 1900 （1897 － 98 年の数字）

表Ⅳ—５　二つの主要な請願（フランス祖国同盟およびピカール支援の請願）**の間の、明らかとなっている学業の課程に応じた、学生の署名の分布**

課　程	ドレフュス派	反ドレフュス派	人　数＝
法科ファキュルテ	43.2	56.8	580
医科ファキュルテ	50.3	49.7	672
うち：学生	58.2	41.8	395
―臨床課程学生、インターン	38.9	61.1	277
文科ファキュルテ	76.3	23.7	304
理科ファキュルテ	82.6	17.4	121
プロテスタント神学校	96.5	3.5*	29
鉱山学校	4.6	95.4	86
美術学校	72.9	27.1	48
薬学校	48.9	51.1	127
古文書学校	8.7	91.3*	23
中央工芸学校	19.0	81.0	21
商業学校	36.7	63.3	177
カトリック・ファキュルテ	—	100	50

* 他の課程とは異なって、統計の基礎数を増やすために、アンリ義援金とフランス祖国同盟とが合算された数

表IV－6　前出の意見の階梯

%	機　関
100	ドレフュス派：
96.5	プロテスタント神学校
82.6	理科ファキュルテ
76.3	文科ファキュルテ
72.9	美術学校
—	
—	
50.3	医科ファキュルテ
50	
	反ドレフュス派：
51.1	薬学校
56.8	法科ファキュルテ
61.1	臨床課程学生、インターン
63.3	商業学校
—	
81.0	中央工芸学校
91.3	古文書学校
95.4	鉱山学校
100	カトリック・ファキュルテ

表V－1および2　勤務機関に応じた、ドレフュス事件における大学人の参加率ならびに態度表明の分布

機　関	参加率	ドレフュス派	反ドレフュス派
古文書学校	66.6	83.3	16.6
高等師範学校	60.6	73.6	26.4
高等研究院第四および第五部門	50.0	80.0	20.0
文科ファキュルテ	46.1-53.8 *a*	64.2-58.3 *a*	35.7-41.8 *a*
コレージュ・ド・フランス	50.0	38.0	62.0
理科ファキュルテ	50.0	70.0	30.0
医科ファキュルテ	19.8 *b*	58.8	41.1
自然史博物館	15.0	16.6	83.3
法科ファキュルテ	8.8	—	100.0
パ　リ	43.3-45.0 *c*	60.6	39.4
文科ファキュルテ	34.2	58.3	41.6
理科ファキュルテ	17.4	46.8	53.1
医科ファキュルテ	18.2	40.7	59.2
法科ファキュルテ	24.0	30.9	69.1
地　方	22.6	44.8	55.2
全体の平均	29.4-28.7 *c*	51.9	48.1

a：４人の穏健ドレフュス派を算入するか否かによる。
b：臨床教育担当医、解剖助手、作業長等を含む
c：左側の数字は兼任講座と、文科ファキュルテの上記の数字を含む。右側の数字は兼任講座を除いて、文科ファキュルテの上記の数字を含む。

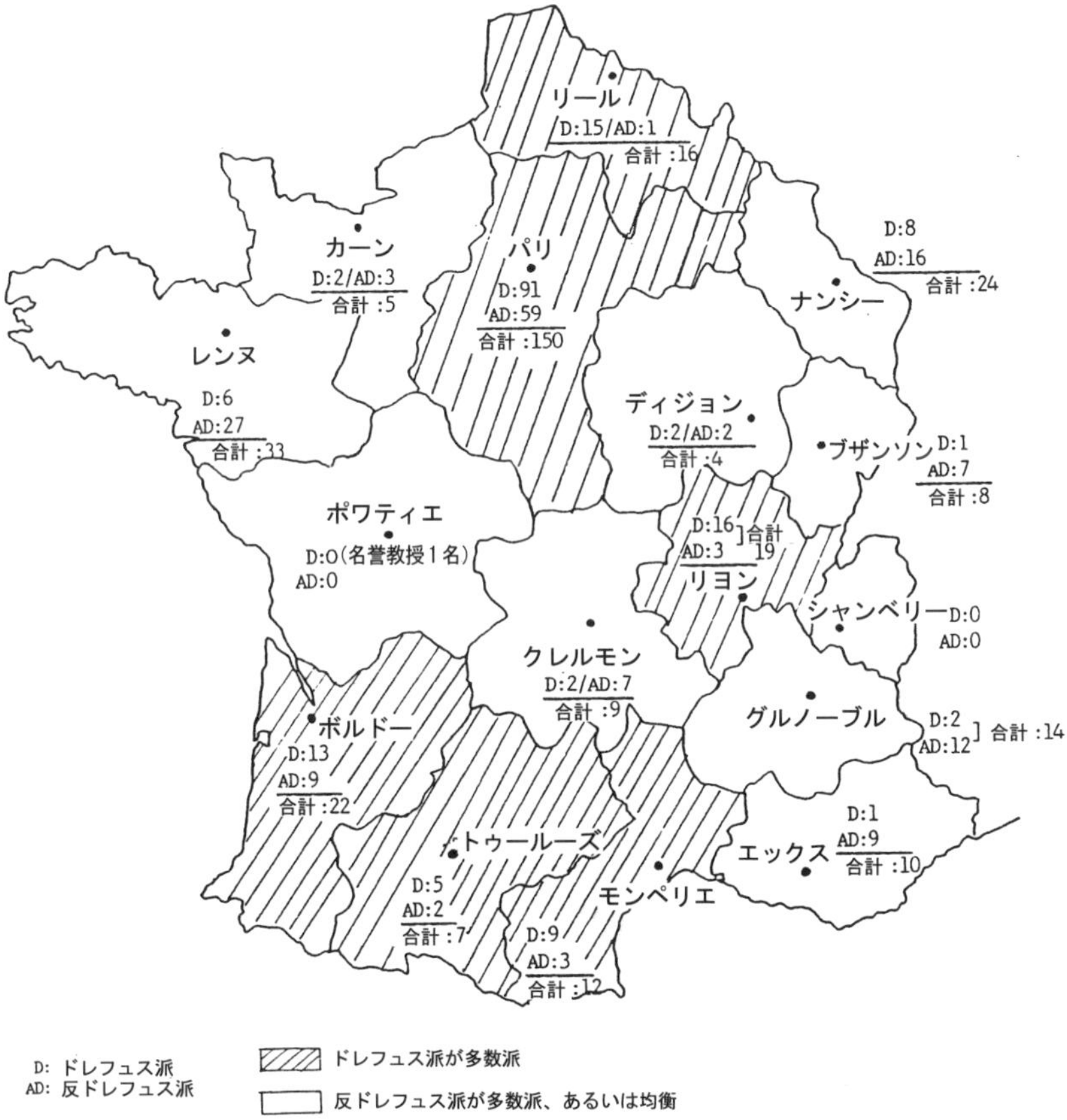

図V－1　大学都市ごとのドレフュス派および反ドレフュス派の人数

表Ⅴ－３　ドレフュス事件における態度表明による、ファキュルテのスタッフの10年ごとの誕生年（行ごとの%、不明は除く）

誕生年		1820年以前	1820－1829年	1830－1839年	1840－1849年	1850－1859年	1860－1869年	1870年以降
理科ファキュルテ	ドレフュス派	3.1	9.3	18.7	18.7	28.1	34.3	6.2
	反ドレフュス派	2.7	8.1	18.9	29.7	24.3	16.2	—
医科ファキュルテ	ドレフュス派	—	7.5	7.5	17.5	30.0	32.5	5.0
	反ドレフュス派	—	13.6	11.3	25.0	29.5	15.9	4.5
法科ファキュルテ	ドレフュス派	—	—	—	15.3	46.1	10.7	7.6
	反ドレフュス派	—	—	15.6	21.8	40.6	18.7	3.1
文科ファキュルテ	ドレフュス派	—	2.2	—	26.6	20.0	46.6	4.4
	反ドレフュス派	—	8.8	11.7	29.4	26.4	23.5	—

資料：伝記事典；ヴィクトル・カラディ（文科ファキュルテ）、ジャック・レオナールおよびフランソワーズ・ユゲ（医科ファキュルテ）によって伝えられた情報；Archives nationales : F17 3555*（理科ファキュルテ）およびAJ 16 1904, 1907, 1908、法科アグレガシオン試験の記録簿。

表Ⅴ－４　大学での地位による、ドレフュス事件における態度表明の分布

パ　リ	ドレフュス派	反ドレフュス派	
名誉教授	—	—	1)
教　授	17	20	2)
その他 *a*	20	8	4)
地　方			
名誉教授	3	8	1)
ファキュルテ長、学校長	1	12	3)
教　授	41	69	2)
その他 *a*	40	14	4)
合計（1）～（3）	62	110	
%	*36.0*	*64.0*	
合計（4）	60	22	
%	*73.1*	*26.8*	

a：助教諭、助教授、非常勤講師、アグレジェ
注：行ごとのパーセンテージ

表Ⅴ－5　学問分野ごとの、ドレフュス主義および反ドレフュス主義の指標
（文科、理科および法科）

指　標	学問分野
+10	歴史学
+9	—
+8	哲　学
+7	—
+6	考古学、文献学
+5	物理学
+4	自然科学
+3	社会科学、外国文学
+2	—
+1	国際法
0	ローマ法、公法、化学、数学
−1	天文学、民事訴訟法、刑法
−2	ギリシア文学
−3	フランス法、ラテン文学、地理学
−4	フランス文学
−5	政治経済学、財政学
−6	—
−7	—
−8	民　法

表Ⅴ－6　ドレフュス派および反ドレフュス派の請願に署名した「文人」の、期間中に少なくとも一冊の著作を刊行した者の割合（列ごとの%）

ローレンツに引用されている者*	M. I.	HP − M. I.	HP + M. I.	P − ACF	LP + ACF
1891−1899年	69.5	46.8	55.9	64.4	67.2
1900−1905年	11.7	6.7	8.7	2.6	2.4
引用なし	18.8	46.3	35.3	32.9	30.3

略記：M. I.：知識人の宣言
HP − M. I.：知識人の宣言にすでに現われている者を除いた、ピカールのための請願
HP + M. I.：知識人の宣言にすでに現われている者を除かずに、同上
LP − ACF：アカデミー・フランセーズのメンバーを除いた、フランス祖国同盟
LP + ACF：アカデミー・フランセーズのメンバーを除かずに、同上
* ローレンツに引用されている者：オットー・ローレンツの『フランス図書目録』に掲載されている著作を少なくとも一冊刊行した著者

表V－7　ドレフュス派および反ドレフュス派の請願に署名した「文人」の、10年ごとの誕生年（列ごとの%、不明は除く）

誕生期間	M. I.	HP － M. I.	HP ＋ M. I.	LP － ACF	LP ＋ ACF
1820年－29年あるいはそれ以前	—	5.0	2.4	10.6	13.9
1830年－39年	3.6	6.2	4.9	9.9	10.3
1840年－49年	9.7	11.2	10.4	17.0	19.5
1850年－59年	18.2	26.2	22.2	*31.9*	*29.8*
1860年－69年	*36.5*	*33.7*	35.1	24.1	20.7
1969年以降	*31.7*	17.5	24.7	6.3	5.4
不　明	35.9	58.3	49.3	47.5	43.8

表V－8　ドレフュス事件の請願に署名した「文人」の、1891年から99年の10年間に刊行した著作数による分布（行ごとの%）

	0冊	1冊	2冊－5冊	6冊－10冊	10冊以上
知識人の宣言	26.7	18.9	29.1	15.7	9.4
ピカールのための請願	41.2	16.2	24.3	10.9	7.1
フランス祖国同盟	31.7	15.5	30.6	8.2	13.4

資料：O.　Lorenz, *op. cit.*

表V－9　ドレフュス事件の請願に署名した「文人」の、活動分野による分布（行ごとの%）

	小　説	戯　曲	詩	その他	複数を兼ねる
知識人の宣言	27.5	12.8	29.3	17.4	12.8
ピカールのための請願	21.1	29.2	19.5	21.9	8.1
フランス祖国同盟	24.2	13.2	13.6	36.0	12.7

図表Ⅴ―10　左派「知識人」と右派「知識人」

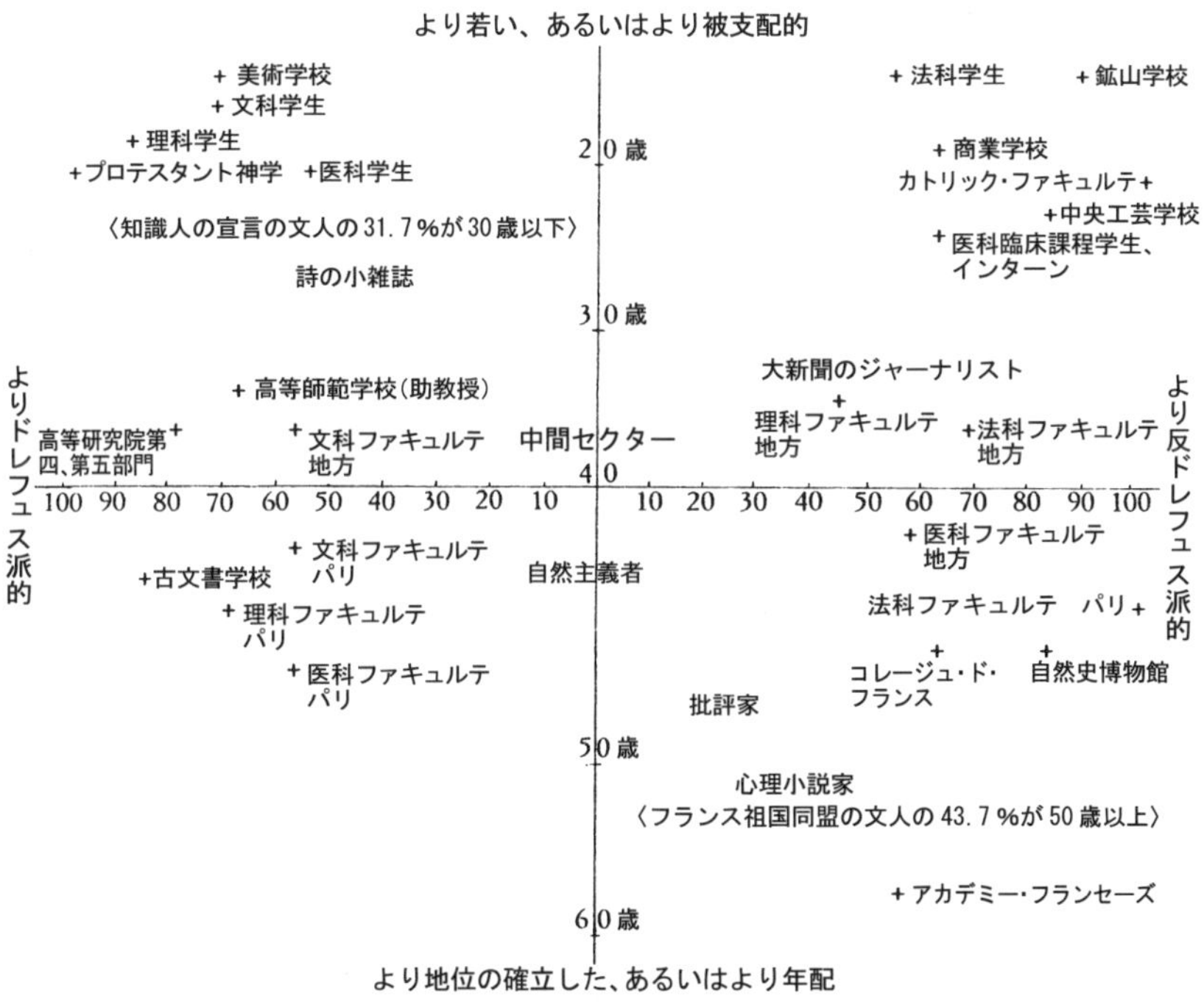

注：横軸は、ドレフュス派あるいは反ドレフュス派のパーセンテージを示している。縦軸は、様々な集団の年齢の目盛りである。より見やすくするために、目盛りの幅は大きくなっている。このように厳格な枠組みに入れることができなかった文学界にはとりわけ、説明変数に、従前の分析から得られた、より質的なデータを加えた。

この図表は、第五章および第六章の表の統計データ、および『自然主義の時代における文学の危機』で提示されたモデルをもとに作成されている。

〈資料2〉ジャン・グラーヴ支援声明署名者リスト

資料…一八九四年三月四日の『ラ・プティット・レピュブリック』および『ラ・ジュスティス』
注…利便性のために、資料での掲載順ではなく、アルファベット順で作成した。

ポール・アダン
ジャン・アジャルベール
ポール・アレクシス
アルフォンス・アレ
ラウル・ダリニイ
ラウル・オーブリー
ジョルジュ・オーブリー
マルセル・ベイヨ
モーリス・バレス
アンリ・ボエール
エミール・ベルジュラ
ベルナール＝ラザール
エミール・ベニュ
ジュール・ボワ
アントナン・ビュナン
ピエール・ビュレル
L・カパッツア
ジャン・キャレール
A・N・コーゼル
F・A・カザルス
フェリシアン・シャンソール

G・シャルパンティエ
シャルル・シャテル
オーギュスト・シェイラック
J・コルベール
ロドルフ・ダルザン
ガストン・ドーヴィル
エティエンヌ・デクレプト
リュシアン・デカーヴ
ジョルジュ・ドッコワ
ジャン・ドラン
ジャン・ドロー
レオン＝ポール・ファルギュ
リュシアン・フォール
ポール・フォール
エクトール・フランス
アンリ・ゴージュ
ポール・ゴーギャン
レオン・ゴーソン
ギュスターヴ・ジェフロワ
エミール・グードー
G・ゴウロウスキー男爵

アンリ・ド・グルー
ベルナール・ギノドー
エミール・アルフェ
リュドヴィック・アミロ
オーギュスタン・アモン
L・エイエ
A・フェルディナン・エロルド
ウジェーヌ・エロ
エタンジュ
シャルル＝アンリ・イルシュ
A・ユオ
アンリ・ユオ
マリー・ユオ
クロヴィス・ユーグ
アンドレ・イベルス
H・G・イベルス
アルフレッド・ジャリ
フランシス・ジュールダン
ギュスターヴ・カーン
ジョン・ラビュキエール
L・ド・ラ・カンティニ

E・M・ローマン
ポール・レオトー
ジュリアン・ルクレール
M・ル・コック
マルク・ルグラン
ギヨーム・ル・ルージュ
アンリ・レイレ
アルベール・リヴェ
ジャン・ロラン
マクシミリアン・リュース
ロラン・ド・マレス
オーギュスト・マラン
ルイ・マルソロー
ポール・マッソン
ピエール・マッソン
カミーユ・モクレール
ルイ・メイエ
カチュール・マンデス
アレクサンドル・メルシエ
H・メルシエ
シャルル・メルキ
スチュアール・メリル
ジュール・メリー
ジョルジュ・ムーニエ
エミール・ミシュレ
オクターヴ・ミルボー

アルベール・モッケル
シャルル・モリス
アルフレッド・モルティエ
ガブリエル・ムーレイ
アベル・ペルティエ
H・プティジャン
ラウル・ポンション
エミール・ポルタル
M・ポットシェール
J・プレヴェ
モーリス・ピュジオ
アンリ・キタール
ラシルド
イヴリン・ランボー
エリゼ・ルクリュ
アンリ・ド・レニエ
ジュール・ルナール
ガブリエル・ランドン
ジェアン・リクテュス（通称）
アドルフ・ルテ
ジャン・リシュパン
アンリ・リヴィエール
クレマン・ロシェル
P・N・ロワナール
サン＝ポル＝ルー
カミーユ・ド・サント＝クロワ

シャルル・ソーニエ
ポール・シニャック
アルマン・シルヴェストル
アンリ・スポン
ジョルジュ・ストリート
ローラン・タイヤード
アルフレッド・ヴァレット
アドルフ・ヴァン・ベヴェール
ピエール・ヴェベール
アンドレ・ヴェドー
ヴェリエール

〈資料3〉資料に関する注記

本書は、注に記した参考文献とは別に、私が単独であるいは他の研究者と共同で行った、先行する伝記的調査に基づいている。それはとりわけ、レミ・ポントンによってかれの博士論文のなかで、あるいはすでに引用した私の著書『自然主義の時代における文学の危機』のなかで分析された作家の資料カード、『共和国のエリートたち』のなかで研究され、あるいはパリ文科ファキュルテ、理科ファキュルテ、コレージュ・ド・フランスを対象とする伝記事典の一環として公刊された大学人の資料カードである。ヴィクトル・カラディ、ジャック・レオナール、フランソワーズ・ユゲもまた、ドレフュス事件の請願リストに現れている文科の大学人や医科の教授についての、それぞれの固有の研究から得られた情報を提供してくれた。ここで彼らに対して謝意を表したい。詳細な参考文献については、これらの多様な著作を参照されたい。

手稿資料

国立古文書館においては、シリーズF一七　二〇〇〇〇—二七一六七の、高等教育の教授に関する個人ファイル、F一七＊三五五四および三五五五の記録簿（十九世紀末の理科および文科ファキュルテの成員）、およびAJ一六一九〇四—一九〇八（法科の中・高等教育教授資格試験《アグレガシオン》）を体系的に参照した。これらの資料によって、諸請願の署名者についての研究を精細にすることが可能となった。

「知識人」と政治との関係についての研究に関しては、シリーズF七　一二四四五（ブーランジスム）、一二五〇六―一二五〇七（『絶対自由主義《リベルテール》』の予約購読者）、一三三二九（フランス祖国同盟）のファイル、パリ警視庁古文書館の書類整理箱BA／一二七およびBA／一六四四（学生とブーランジスム）、BA／七九および八〇（アナーキズムと文学界）、BA／四四七および一一九〇（ミルボーのファイル）が有用であった。

――国立図書館の手稿部門では、レナック関係書類（とりわけヌーヴェル・アキジション・フランセーズ一三五七一―一三五七九、二四八九六―二四八九八［ドレフュス事件に関わる手紙］）、ブリュンティエール関係書類（二五〇二〇―二五〇五二）、ポール・メイエ関係書類（二四四一七―二四四二八）、およびルイ・アヴェ関係書類（二四四八六―二四五〇九）を参照した。

印刷資料

注で引用し、その詳細なリストが私の博士論文のタイプ原稿に見出される、非常に数多くの年報、事典、統計資料のなかで、まさにとりわけ有用であったのは、『公教育省年鑑』、『高等師範学校同窓会年報』、オットー・ローレンツの『フランス図書総目録』、『高等教育統計』、タルヴァールとプラスの『フランス語現代作家著作目録』である。

定期刊行物

私は、一八八〇年から一九〇〇年の期間について、『両世界評論』、『ルヴュ・ブルー』、『国際教育評論』を、一八九〇年から一九〇〇年の期間について、『パリ評論』、『ルヴュ・ブランシュ』を精査した。私はまた、『政治的文学的対話《アントルティアン・ポリティック・エ・リテレール》』、『メルキュール・ド・フランス』、『エルミタージュ』においても調査を行った。ドレフュス事件の数年間については、『ル・タン』、『オロール』、『ル・シエクル』、『ル・ジュルナル』、『リーブル・パロール』を、またブーランジェ派のエピソードについては、『レヴェイユ・デュ・カルティエ・ラタン』を精査した。

著書

諸章の注、あるいは私の博士論文の詳細な参考文献一覧、あるいは『共和国のエリートたち』を参照されたい。

原注

※以後、本書においては、「知識人」という語に括弧が付された場合には、十九世紀末の新しい意味でのこの語の用法を示し、一方括弧がない場合には今日の社会学的な意味で用いられていることを意味する。

序論

（1）他の諸危機におけるこうした主題の現れ方については、Michel Winock, "Les intellectuels dans le siècle", *Vingtième siècle, revue d'histoire*, avril-juin 1984, pp. 3-14 および "Les affaires Dreyfus", *ibid.*, janvier-mars 1985, pp. 19-37 を参照。

（2）豊富な文献のなかでいくつかの例だけを挙げれば、称賛する側では、Julien Benda, *La jeunesse d'un clerc*, Paris, Gallimard, 1937, Jean-Paul Sartre, *Plaidoyer pour les intellectuels*（1965), n. éd., Paris, Gallimard, Idées, 1972〔＝ジャン＝ポール・サルトル著、佐藤朔・岩崎力・松浪信三郎・平岡篤頼・古屋健三訳『知識人の擁護』人文書院、一九六七年〕および Régis Debray, *Le scribe*, Paris, Grasset, 1980, n. éd., Paris, Livre de poche, 1983 があり、批判する側では、Paul Lafargue, *Le socialisme et les intellectuels*, Paris, Giard et Brière, 1900, Edouard Berth, *Les méfaits des intellectuels*, Paris, M. Rivière, 1914, Paul Nizan, *Les chiens de garde*, Paris, Rieder, 1932, n. éd., Paris, Maspero, 1960〔＝ポール・ニザン著、海老坂武訳『番犬たち』晶文社、一九六七年〕、および Raymond Aron, *L'opium des intellectuels*（1955), n. éd., Paris, Gallimard, Idées, 1968〔＝レイモン・アロン著、渡辺善一郎訳『現代の知識人』論争社、一九六〇年〕がある。

（3）第一の例については、Julien Benda, *La trahison des clercs*, Paris, Grasset, 1927, n. éd., Paris, Grasset, 1975〔＝ジュリアン・バンダ著、宇京頼三訳『知識人の裏切り』未来社、一九九〇年〕があり、第二の例については、André Bellessort, *Les intellectuels et l'avènement de la Troisième République*（*1871-75*), Paris, Grasset, 1931 および Hubert Bourgin, *L'Ecole normale et la politique, de Jaurès à Léon Blum*（1938), réimp., New York, Gordon et Breach, 1970 がある。

（4）ジャック・ル＝ゴフの先駆的な著書、Jacques Le Goff, *Les intellectuels au Moyen Age*, Paris, Le Seuil, 1957, 未発表の序

文を含んだ再版、*ibid.*, 1985〔＝ジャック・ルゴフ著、柏木英彦・三上朝造訳『中世の知識人――アベラールからエラスムスへ』岩波書店（岩波新書）、一九七七年〕を参照。近代については、Robert Mandrou, *Histoire de la pensée européenne, 3. Des humanistes aux hommes de science*（*XVIème et XVIIème siècles*）, Paris, Le Seuil, 1973を参照。「選択された党派はしたがって、彼らに捧げられた組織のなかで――そしてこれら組織の周縁部で、可能な限りその時代の彼らの聴衆の能力を見定めるために、知識人の役割を再構成することを目指していた」（p. 10）。この著者は、グラムシの理論的な分析に依拠することに満足して（p. 9）、「知識人」という語の用法の正当性について問うことはしていない。十三世紀から二十世紀に至る、そしてフランスとハンガリーという非常に異なった二つの国におけるこのテーマについての報告を集めた、マトラフュレッドのシンポジウムの記録は、反対に、非連続性と国ごとの特殊性とを強調すること、したがってこの概念を相対化し、過度に普遍的な用法を戒めることを可能にしている（cf. J. Le Goff et B. Köpeczi（dir.）, *Intellectuels français, intellectuels hongrois, XIIIème-XXème siècles*, Paris, Ed. du CNRS, Budapest, Akademiai Kiado, 1985、特に、参加者が回答した質問表、pp. 313-324を参照）。

（5）パスカル・オリとジャン＝フランソワ・シリネリによる総論、Pascal Ory et Jean-François Sirinelli, *Les intellectuels en France de l'affaire Dreyfus à nos jours*, Paris, A. Colin, 1986、および二番目の著者シリネリによる *Génération intellectuelle, khâgneux et normaliens dans l'entre-deux-guerres*, Paris, Fayard, 1988を参照。本書の観点により近いものとして、Anna Boschetti, *Sartre et "les Temps Modernes"*, Paris, Ed. de Minuit, 1985〔＝アンナ・ボスケッティ著、石崎晴己訳『知識人の覇権――二十世紀フランス文化界とサルトル』新評論、一九八七年〕がある。私は、一九七五年に最終審査を受けた博士論文をもとにした著書、*La crise littéraire à l'époque du naturalisme, roman, théâtre, politique*, Paris, Presses de l'ENS, 1979のなかで、「知識人」についての研究をすでに始めている。

（6）C. Charle, *Les élites de la République*（*1880-1900*）, Paris, Fayard, 1987. この本は、本書と同様に、一九八六年一月に、モーリス・アギュロンの指導の下でパリ第一大学で最終審査を受けた国家博士論文、*Intellectuels et élites en France*（*1880-1900*）, 2vol., dactyl., 1985を修正（および一部加筆）したテクストをもとにしている。

（7）C. Charle, *Les élites, op. cit.*, 第一章および第二章、および、A. J. Tudesq, *Les grands notables en France*（*1840-1849*）, Paris, PUF, 1964, 2 vol.

（8）*Ibid.*, 第三章および第四章。

（9）J. Estèbe, *Les ministres de la République*（*1871-1914*）, Paris, Presses de la FNSP, 1982. これは、一九七八年にトゥールーズで最終審査を受けた博士論文の一部を公刊したものである。

(10) C. Charle, *op. cit.*, 第八章。

(11) C. Charle, *La crise littéraire, op. cit.*, および "Le champ de la production littéraire (1830-1890)", in R. Chartier et H. J. Martin (dir.), *Histoire de l'édition française*, tome 3, Paris, Promodis, 1985, pp. 127-157. 芸術家については、マリー＝クロード・ジュネ＝ドラクロワの博士論文、Marie-Claude Genet-Delacroix, *Art et Etat sous la IIIème République : 1870-1940*, Université de Paris I, thèse d'Etat dactyl., 1989 を参照。

(12) Cf. Christophe Prochasson, *Place et rôle des intellectuels dans le mouvement socialiste français, (1900-1920)*, thèse nouveau régime dactyl., Université de Paris I, 1989, 特に第一章。

第１章 「知識人」――歴史的社会的系譜

(1) Alain Viala, *Naissance de l'écrivain*, Paris, Ed. de Minuit, 1985〔＝アラン・ヴィアラ著、塩川徹也監訳『作家の誕生』藤原書店、二〇〇五年〕; Eric Walter, "Les auteurs et le champ littéraire" および Robert Bied, "Le monde des auteurs", in R. Chartier et H. J. Martin (dir.), *Histoire de l'édition française*, Paris, Promodis, tome 2, 1984, pp. 382-401 および 588-605 ; Robert Darnton, *Bohème littéraire et Révolution, le monde des livres au XVIIIème siècle*, Paris, Gallimard-Le Seuil, 1983、および "La République des lettres : les intellectuels dans les dossiers de police", in *Le grand massacre des chats*, フランス語訳 Paris, Laffont, 1985, pp. 137-175〔＝原著 The great cat massacre and other episodes in French cultural history, New York, Basic Books; London, Allen Lane, 1984. ロバート・ダーントン著、海保真夫・鷲見洋一訳『猫の大虐殺』岩波書店、一九八六年「四、作家の身上書類を整理する一警部――フランス文壇の分析」一八一―二三九頁〕、Jean-Philippe Genet, "La mesure des champs culturels", *Histoire et mesure*, volume II, n°1, 1987, pp. 137-153、およびダニエル・ロッシュの最近刊行された論文集、Daniel Roche, *Les républicains des lettres*, Paris, Fayard, 1988 を参照。

(2) Jacques Le Goff, *Les intellectuels au Moyen Age, op. cit.*, p. 4〔＝前掲、ジャック・ル＝ゴフ著、柏木英彦・三上朝造訳『中世の知識人――アベラールからエラスムスへ』岩波書店（岩波新書）、一九七七年、二頁〕を参照。ル＝ゴフはここで、知識人を、「思考し、そして彼らの思考を教示することを仕事とする人々（…）。中世ほど、この領域がこれほどはっきりと境界が定められ、はっきりと自意識を持ったことは、現代の時代以前にはおそらく決してない」というように定義している。一九八〇年十月の、マトラフュレッドでのフランスとハンガリーのシンポジウムにおけるJ・ル＝ゴフとJ・ヴェルジェの報告は、より限定的である。これらの報告は、先にJ・ル＝ゴフによって定義されたカテゴリーの自律性の限界を、教会との関係においても王権との関係においても強調し、そしてとりわけ文学および芸術の創作者が除外されていることを強調している（cf. J. Le Goff, "Les intellectuels au Moyen Age" および J. Verger, "Les professeurs des universités françaises à la fin du Moyen Age", in J. Le Goff et B. Köpeczi (dir.), *Intellectuels français, intellectuels hongrois, op., cit.*, pp. 11-22 および 23-39)。

（3）Paris, Ed. Garnier-Flammarion, 1964, p. 255.

（4）注（1）に引用された文献を参照。これらの研究はすべて、文学界、そしてより一般的には知識界（これら二つは当時、大学界の凋落のためにほとんど同一視されていた）の未完の自律化という結論に至っている。この状況は、作家たちのあいまいな態度を生みだすこととなるのであり、彼らは、アカデミックな同化の願望、依存、あるいは低級な仕事への転落やボヘミアン的生活とのあいだで、揺れ動いていた。

（5）*Le sacre de l'écrivain (1750-1830)*, Paris, José Corti, 1973. 著者は、自らの企図を、二五頁で、知識人の先史として定義している。「一般に、文学者、学者、哲学者、新聞記者、要するに今日我々が知識人と呼ぶ人々すべてを包含する広範な同業者の観念が、すでにしっかりと成立していたように思われる」（強調は原文）。

（6）「文人協会」la Société des gens de lettres の推進者の一人であるバルザックは、「劇作家協会」la Société des auteurs dramatiques をモデルとしており、後者の主唱者であるボーマルシェは本質的に功利主義的な目的を抱いていた（Cf. *Centenaire de la Société des gens de lettres*, Paris, 1934, p. 6、および『フランス出版史』におけるアニー・プラソロフによる指摘、Annie Prassoloff dans *l'Histoire de l'édition française, op., cit.*, pp. 148-49)。

（7）Senancour, *Obermann*, lettre LXXIX, tome III, p. 184〔＝セナンクール著、市原豊太訳『オーベルマン』上・下、岩波書店（岩波文庫）、一九四〇年・一九五九年、引用部分は原著の注で、訳出されていない〕、P. Bénichou, *op., cit.*, p. 207 における引用。

（8）「我々の最大の不幸は、重要な人物としてふるまうために、道徳や政治に身を投じ、哲学者の相貌を自らに与えるために社会と国家とを崩壊させることをやすやすと行った、文人たちの野心から招来している。」ジョフロワ、一八〇三年九月一七日の『デバ』誌の演劇欄、P. Bénichou, ibid., p. 117 における引用。トクヴィルも、『アンシァン・レジームと大革命』のなかで、おそらく一八四八年におけるロマン派作家の役割をも想起しながら、この考えを再び取り上げている。「公的な情念の各々がこうして、哲学の体裁をとった。政治生活は文学のなかに荒々しく押しやられ、そして作家たちは、世論の方向づけを手にしながら、自由な国々では通常、政党の党首が果たす役割を自らが占めていることをある時見出すのだ」(*L'Ancien Régime et la Révolution*, éd. J. P. Mayer, Paris, Gallimard, tome I, 1952, p. 196〔＝A・de・トクヴィル著、井伊玄太郎訳『アンシァン・レジームと革命』講談社（講談社学術文庫）、一九九七年、三二六頁。アレクシス・ド・トクヴィル著、小山勉訳『旧体制と大革命』筑摩書房（ちくま学芸文庫）、一九九八年、三一〇頁〕。そしてさらにその先では、「恐るべき光景だ！　というのも、作家において長所であるものが、政治家においては時に悪徳となるのであり、また、しばしば素晴らしい本を作らしめるのとまさに同じ物が、大革命へと導きうるのである」（*ibid.*, p. 200〔＝井伊訳、三三四頁。小山訳、三一七頁〕）と述べている。

（9）P. Bénichou, *ibid.*, pp. 124-133.

（10）R. Darnton, *Bohème littéraire.., op., cit.*, ; F. Barbier, Cl. Jolly et S. Juratic（éd.）, *Livre et révolution*、国立科学研究センター（CNRS）の近現代史研究所（IHMC）によって一九八七年五月二〇日―二二日に開催されたシンポジウムの記録、Paris, Aux amateurs de livres, 1989 ; Jean-Claude Bonnet（éd.）, *La Carmagnole des muses, l'homme de lettres et l'artiste dans la Révolution*, Paris, A. Colin, 1988.

（11）Alan B. Spitzer, *The French Generation of 1820*, Princeton, Princeton U. P., 1987.

（12）J. Michelet, Une année au Collège de France, in *Oeuvres complètes*, éd. définitive, Paris, Flammarion, 1877, p. 563「詩人と民衆とがお互いを認め合い、理解し合う日に、新しい時代が始まるであろう。幸福で博愛的な時代が。」また、「大衆なき学者、そして学者なき大衆は、いかなるものとなりえようか？　何にもなりえない。この両者がともに、社会的行為に協力しなければならない」（p. 535）を参照。二つの語の互換性が注目されるであろう。サン＝シモンは、一八一七年に、彼の方もまた次のように書いている。「統治者がどれほど学者を（理論においても実践においても）保護しようとも、我々は旧来の体制にとどまっている。しかし学者が統治者を保護するその時から、新しい体制が本当に始まるのだ。」L'industrie, 1817, in *Oeuvres*, tome 2, rééd., Paris, Anthropos, 1966, p, 29.〔＝『産業』第三巻第四分冊（一八一七年十月）」、森博編・訳『サン＝シモン著作集』第三巻、恒星社厚生閣、一九八七年、四〇頁〕

（13）G. Matoré, "Le champ notionnel d'art et d'artiste entre 1827 et 1834", in *La méthode en lexicologie*, n. éd., Paris, Didier, 1973, pp. 93-117.

（14）A. Cassagne, *La théorie de l'art pour l'art en France chez les derniers romantiques et les premiers réalistes*（1906）, n. éd., Paris, L. Dorbon, 1959.

（15）P. Bourdieu, "L'invention de la vie d'artiste", *Actes de la recherche en sciences sociales*, 2, mars 1975, pp. 67-93. フローベールの金利収入については、J. -P. Chaline, "A la recherche de la bourgeoisie rouennaise au XIXème siècle", *Les amis de Flaubert*, décembre 1969, pp. 18-30 を参照。著者は、登記簿にもとづいて、フローベールの父親によって残された財産は五十万フランに達すると見積もっており、これは彼をルーアンの社会の頂点に位置づけるものである。ここに、芸術家のある常態が存する。ジッドならびにプルーストの例を参照。ゴンクール兄弟については、A. Billy, *Les frères Goncourt, la vie littéraire à Paris pendant la seconde moitié du XIXème siècle*, Paris, Flammarion, 1954 を参照。ロマン主義のボヘミアン

については、C. Borgal, *De quoi vivait Nerval*, Paris, Les Deux Rives, 1950, p. 111 ; C. Grana, *Bohemian versus Bourgeois, French Society and the French Man of Letters in the 19th Century*, New York, London, Basic Books, 1964, p. 79 および、議論の余地の残る総括 Jerrold Seigel, *Bohemian Paris, Culture, Politics, and the Boundaries of Bourgeois Life, 1830-1930*, New York, Elisabeth Sifton Books, Viking, 1986、第一部を参照。

(16) J. Michelet, *op. cit.*, p. 414.

(17) Pierre Bourdieu, "Le marché des biens symboliques", *L'Année sociologique*, 22,1971, pp. 49-126、特に pp. 55-57 を参照。

(18) P. Bourdieu, "Champ du pouvoir, champ intellectuel et habitus de classe", *Scolies*, 1, 1971, pp. 7-26 および "Le champ littéraire", *Lendemains*, 36, 1984, pp. 5-20. フローベールの『書簡』*Correspondance*〔＝蓮實重彦・平井照敏訳『書簡Ⅰ』フローベール全集第八巻、筑摩書房、一九六七年。山田𣝣・斎藤昌三・蓮實重彦訳『書簡Ⅱ』フローベール全集第九巻、筑摩書房、一九六八年。中村光夫・山川篤・加藤俊夫・平井照敏・内藤昭一・蓮實重彦訳『書簡Ⅲ』フローベール全集第十巻、筑摩書房、一九七〇年。ただし抄訳のため、以下の引用部分は訳出されていない〕の、以下の一節も参照。「成功、賛辞、尊敬、金銭、女性からの愛情と男性からの称賛、人が望むこうしたあらゆるものは結局、程度は異なるにせよ、凡人のためのものなのだ（スクリーブからエノールトに至るまで）。彼らに語らしめる手段を見出したのは、かのアルセーヌ・ウーセやデュ・カンなのである」（一八五三年六月二〇日の、ルイーズ・コレへの手紙、lettre à Louise Colet du 20 juin 1853, in *loc. cit.*, tome 2, p. 357）。四四一頁も参照。「私が彼らを、誤りを犯した作家と考えることが許されんことを」（一八五三年九月二六日の、同じ人への手紙）。

(19) 「これから数年のあいだに何も変わらないのであれば、自由な知性人のあいだに、あらゆる秘密結社よりもいっそう緊密な仲間関係が形成されるであろう。群集から離れて、新しい神秘主義が拡大するであろう（…）。しかし、まさにここからある真実が生じてくると私には思われる。それは、卑俗なもの、人数の多い構成員、多数派、称揚、聖別はまったく必要ないということである。一七八九年は王権と貴族を廃絶し、一八四八年はブルジョワジーを、そして一八五一年は民衆を廃絶した。さもしくて愚かな烏合の衆以外、もはや何もない」（一八五三年九月二二日の手紙、*ibid.*, p. 437、強調はフローベールによる）。象徴主義者のサークルが示す難解さは、芸術家に対するフローベール流のこの普遍的な人間嫌いからの直接的な継承物である。

(20) 狂気と、ロマン主義の極端な形態との関係については、C. Grana, *op. cit.*, p. 79 を参照。

(21) ゴンクール兄弟のオートゥイユの屋根裏サロン、マラルメの火曜サロン、高踏派のサロン、文学小雑誌の夕食会を参照。

(22) Cl. Digeon, *La crise allemande de la pensée française, 1870-1914*, Paris, PUF, 1959、特に第七章、pp. 364-383. H. W.

Paul, *The Sorcerer's Apprentice, The French Scientist's Image of German Science, 1840-1919*, Gainesville, University of Florida Press, 1972. 雑誌 *Romantisme* の二一―二二号（一九七八年）、"Le (s) Positivisme (s)" も参照。

（23）R. Fox et G. Weisz, *The Organization of Science and Technology* (*1808-1914*), Cambridge, Cambridge U. P. et Paris, Ed. de la Maison des sciences de l'homme, 1980 ; T. Shinn, "The French Science Faculty System, 1808-1914 : Institutional Change and Research Potential in Mathematics and the Physical Sciences", *Historical Studies in the Physical Sciences*, 10, 1979, pp. 271-332; R. Fox, "Science, the University and the State in Nineteenth-Century France", in Gerald L. Geison (ed.), *Professions and the French State*, Philadelphia, University of Pennsylvania Press, 1984, pp. 66-145.

（24）医者に関するこの現象の唯一の分析は、Jacques Léonard, *Les médecins de l'Ouest au XIXème siècle*, Lille, Atelier de reproduction des thèses de Lille III, 1978, tome 2, pp. 931-32 に見出される。革命期および帝政期については、最近の著書 N. et J. Dhombres, *Naissance d'un nouveau pouvoir, sciences et savants en France* (*1793-1824*), Paris, Masson, 1989 を参照。

（25）L. Pasteur, *Réflexions sur la science en France*, Paris, Gauthier-Villars, 1871, p. 31〔＝パストゥール著、成定薫訳「フランス科学についての省察」、長野敬責任編集『パストゥール』朝日出版社（科学の名著一〇）、一九八一年、四一七頁〕、および "Science et Patrie" (29 janvier 1876), in *Lettres et discours*, Besançon, 1927, pp. 183-84.

（26）*Jérôme Paturot à la recherche d'une position sociale* (1842), éd. définitive, Paris, Michel Lévy, 1861〔＝ルイ・レーボー著、高木勇夫訳『帽子屋パチュロの冒険』ユニテ、一九九七年〕のなかで、L・レーボーによって与えられた、純粋な専門的な学者の無愛想なイメージを参照。

（27）A. Ben Amos, "Les funérailles de Victor Hugo", in P. Nora (dir.), *Les lieux de mémoire*, I, *La République*, Paris, Gallimard, 1984, pp. 473-522 およびリスト pp. 516-17.〔＝ピエール・ノラ編、谷川稔監訳『記憶の場――フランス国民意識の文化＝社会史』第一巻―第三巻、岩波書店、二〇〇二年―二〇〇三年、ただし本論文は訳出されていない〕

（28）Cl. Bernard, *Lettres à Madame R., 1869-78*, Saint-Julien-en-Beaujolais, Fondation Mérieux, 1974, p. 172 における引用。

（29）*Discours de réception à l'Académie française*, 25 janvier 1894, Paris, Didot, 1895, p. 277. 科学者の影響力のこの認知は、政治へと移った哲学者から発せられたものであるだけにますます重要な意味を有している。

（30）*Ibid*.

（31）L. Pasteur, "Discours prononcé en présence du Président de la République lors de l'inauguration de l'Institut Pasteur le 14 novembre 1888", in *Lettres et discours, op. cit.*, p. 346.〔＝パストゥール著、竹内信夫訳「一八八八年十一月十四日、パストゥール研究所開設記念式典における演説」、長野敬責任編集『パストゥール』朝日出版社（科学の名著一〇）、一九八一年、三五一頁〕

（32）Cl. Bernard, *op. cit.*, p. 78を参照。ここで彼は、ポール・ベールが知事職に就いたことと（「彼を動かしているのは科学の炎ではない」）、政治家に対する彼の批判（「我々の統治者たちは一般に科学的精神とは無縁である」）(p. 38) とを嘆いている。

（33）René Pasteur-Valléry-Radot, *La vie de Pasteur*, Paris, Flammarion (1900), n. éd., 1946, p. 229〔＝ヴァレリー＝ラド・ルネ著、桶谷繁雄訳『パスツール伝』富山房、一九三一年。白水社、一九五三年〕; *Taine, sa vie et sa correspondance*, Paris, Hachette, tome 3, 1907, p. 158、および *Derniers essais de critique et d'histoire*, Paris, Hachette, 1894, pp. 78-97、私立政治学院に関する彼の論文（一八七一年十月一七日）; Jean Pommier, *Renan d'après des documents inédits*, Paris, Perrin, 1923, pp. 211 et 288, およびJ・バルクーによる明確化、J. Balcou, "Renan et les républicains bretons", *Etudes renaniennes*, n°61, 3ème trimestre 1985, pp. 3-17. R. Virtanen, *Marcellin Berthelot. A Study of a Scientist's Public Role*, University of Nebraska Studies, 31, 1965, およびJean Jacques, *Berthelot, 1827-1907, autopsie d'un mythe*, Paris, Belin, 1987を参照。

（34）Paris, Calmann-Lévy, 1886, pp. I-II.

（35）J. Léonard, *op. cit.*, tome 3, p. 1254; R. Fox, "L'attitude des professeurs des facultés des sciences face à l'industrialisation en France de 1850 à 1914", in C. Charle et R. Ferré (éd.), *Le personnel de l'enseignement supérieur en France aux XIXème et XXème siècles*, Paris, Ed. du CNRS, 1985, pp. 135-147 ; Mary-Jo Nye, *Science in the Provinces, Scientific Communities and Provincial Leadership in France 1860-1930*, Berkeley, UCLA Press, 1986.

（36）E. Herriot, *Jadis*, Paris, Flammarion, 1948, tome 1, p. 76.

（37）R. Pasteur-Valléry-Radot, *op. cit.*, pp. 439,446,465,552-53,578, etc.〔＝前掲、ヴァレリー＝ラド・ルネ著、桶谷繁雄訳『パスツール伝』〕

（38）C. Charle, *La crise littéraire à l'époque du naturalisme*, *op. cit.* ; R. Ponton, "Naissance du roman psychologique", *Actes de la recherche en sciences sociales*, 4, juillet 1975, pp. 66-85.

（39）P. Bourget, *Essais de psychologie contemporaine*, Paris, Lemerre, 5ème éd., 1889, p. 37.〔＝ポール・ブールジェ著、平岡昇・伊藤なお訳『現代心理論集——デカダンス・ペシミズム・コスモポリタニズムの考察』法政大学出版局（叢書ウニベルシタス）、一九八七年。ただし抄訳のため、以下の引用部分は訳出されていない〕「全体としてとらえると、ルナン氏の作品は科学の作品である。ところで、このような作品を科学以外の観点から考察するのは正当なことであろうか。彼らの研究の結果が、彼らの人格から独立したままであるかのようにとどまっているというのは、学者が主張するところである。」この著書のなかで与えられているテーヌのイメージも、同じ種類のものである。「先生は、いくらか単調で、不明瞭な外国訛りを帯びた声で、短い文章の言葉を語った。そしてこの単調さ、この珍しい身振り、この没頭した顔つき、資料の現実の雄弁さに、演出による作り物の雄弁さを余分につけ加えずにいようとするこの気遣い、こうしたすべての些細な細部でさえもが、我々を決定的に魅了したのである。ヨーロッパ中に及ぶ自らの名声に気づいていないかのように謙虚で、真理にしっかり尽くすということ以外は気にかけているようには思われない純朴なこの人は、我々にとって、新たな信仰の使徒となったのである」（*ibid.*, p. 180）。ロマン主義の預言者たちの誇張から距離をおいていることはもはやできない。

（40）ブーテイエの創造と象徴的な人物像については、J－F・シリネリによる説明、J.-F. Sirinelli :“Littérature et politique : le cas Burdeau-Bouteiller”, *Revue historique*, tome CCLXXII, 1, 1985, pp. 97-118 を参照。未来の「知識人」の予示としての教授像に対するこうした攻撃の一貫性については、Louis Pinto, “La formation de la représentation de l'intellectuel vers 1900”, *Actes de la recherche en sciences sociales*, 55, novembre 1984, pp. 23-32 特に pp. 27-28 を参照。ブールジェの青年時代については、M. Mansuy, *Un moderne, Paul Bourget, de l'enfance au 'Disciple'*, Besançon, Imprimerie Jacques et Demontrond, 1961 を参照。

（41）一八九五年一月一日の『両世界評論』におけるブリュンティエールの有名な論文「ヴァチカンの訪問のあとで」、Bruntière, “Après une visite au Vatican”, dans la *Revue des deux mondes* du 1er janvier 1895, pp. 97-116 を参照。ここでブリュンティエールは、ルナン、化学者、物理学者、そして文献学者を非難している。対比として、ベルトロを讃える一八九五年四月四日の祝宴に際しての、ゾラの憤慨した応答を参照（その報告は、*Revue internationale de l'enseignement*, 1895,1, p. 386, in dossier Berthelot aux archives du Collège de France, série CXII にある）。この対立のイデオロギー的な文脈の全体については、René Ternois, *Zola et son temps, 'Lourdes, Rome, Paris'*, Paris, Les Belles Lettres, 1961, 第七章。このテーマについてなされた、『エコー・ド・パリ』の一八九五年一月一二日から四月六日にかけてのベルナール＝ラザールによるアンケートも参照。

（42）R. Darnton, *L'aventure de l'Encyclopédie*, フランス語訳、Paris, Laffont, 1982, pp. 198-99.〔＝原著 *The business of enlightenment : a publishing history of the Encyclopedie, 1775-1800*, Cambridge, Mass., Belknap Press, 1979.〕

（43）Alain Desrosières, “Eléments pour l'histoire des nomenclatures professionnelles”, in *Pour une histoire de la statistique*, Paris, INSEE, 1978, pp. 155-231, 引用は p. 162。

（44）一八九六年の国勢調査の導入部、A. Desrosières, art. cit. による引用。

（45）こうした変化の全体について、J. Léonard, *op. cit.*, tome 2, 第八章；Henri Avenel, *Annuaire de la presse*, Paris, Flammarion ; Marc Martin, “Journalistes parisiens et notoriété (vers 1830-1871)”, *Revue historique*, n°539, juillet-septembre

1981, pp. 31-74、および“La grande famille, l'Association des journalistes parisiens（1885-1939）”, *ibid.*, n°557, janvier-mars 1986, pp. 129-157; John Lough, *Writer and Public in France*, Oxford, Clarendon Press, 1978, pp. 301-311、および R. Chartier et H. J. Martin（dir.）, *Histoire de l'édition française, op. cit.*, tome 3を参照。E・リトレは、新聞記者 publiciste を次のように定義している。「①公法について書く人、この学問に通暁している人。②政治的な著述者」（*Dictionnaire étymologique de la langue française*, Paris, Hachette, tome 3, 1882）。

※統計図表は、巻末の統計付録に集められている。

（46）J. Léonard, *op. cit.* tome 3, p. CCXXXII.

（47）C. Charle, *La crise littéraire, op. cit.*, 第一部、および *Les élites de la République, op. cit.*, p. 43.

（48）C. et H. White, *Canvases and Careers. Institutional Change in the French Painting World*, New York, Wiley and sons, 1965; M. -Cl. Genet-Delacroix, “Esthétique officielle et art national sous la Troisième République”, *le Mouvement social*, n°131, avril-juin 1985, pp. 118-119. アンデパンダン展 le Salon des indépendants は一八八四年に、芸術国民協会 la Société nationale des Beaux-Art は一八九〇年に、フランス芸術家協会 la Société des artistes français は一八九一年に創設された等々。J. -P. Bouillon, “Sociétés d'artistes et institutions officielles dans la seconde moitié du XIXème siècle”, *Romantisme*, n°54, 1986, pp. 89-113. ブルジョワジーの顧客との関係については、Albert Boime, “Les hommes d'affaires et les arts en France au XIXème siècle”, *Actes de la recherche en sciences sociales*, 28, juin 1979, pp. 57-76. 教育の展開については、A. Prost, *L'enseignement en France, op. cit.*, F. Mayeur, in L. H. Parias（dir.）, *Histoire générale de l'enseignement et de l'éducation en France*, tome 3, Paris, Nouvelle librairie de France, 1981、特に p. 360。および、V. Karady in J. Verger（dir.）*Histoire des universités en France*, Toulouse, Privat, 1986、第七章ならびに第八章の整理を参照。

（49）一八七六年には、医科ならびに法科の学生は七八六八人で、対して文科および理科の学生は五三一人であった（一対一四、八の比率）。一八九〇年にはこれらの数字はそれぞれ一〇四一三人および三一一二人であった（一対三の比率）。一九一四年には、二四九九八人および一三九一六人であった（一対一、七の比率）。（G. Weisz, *The Emergence of Modern Universities in France, 1863-1914*, Princeton, Princeton University Press, 1983, 表7.2, p. 236による）。

（50）Cf. C. Charle, *Les élites de la République, op. cit.*, pp. 226-248 ; R. Fox, “Science, the University and the State…”, art. cit. ; V. Karady, “Lettres et sciences, effet de structure dans la sélection et la carrière des professeurs de faculté（1810-1914）”, in C. Charle et R. Ferré,（éd.）, *op. cit.*, pp. 29-45.

（51）G. Weisz, *op. cit.*, 第一章。

※先の研究におけると同様に、私はオットー・ローレンツの『フランス書籍目録』（Otto Lorenz, *Catalogue de la librairie française*）およびその継承版を利用した。この書誌には、調査された著者についての最低限の伝記的な情報のいくつかを与えてくれるという利点がある。無回答は一般に、一時的な生産者、新たな参入者、あるいは周縁的な生産者に由来している。私は、Bの文字で始まる人々について、一八七六年―八五年および一八九一年―九九年の二つの期間に関するサンプリングを行い（人数はそれぞれ八二八人と六三九人）、比較対照のための期間としての一八六六年―七五年についての簡略な計数によってこれを補足した。データ収集と統計的なクロス集計は、マイクロ・コンピューターを使って行われた。データ収集の様々な段階で得られた結果は、数百人の閾値を越えての大きな変動を見出させるには至らなかったので、私は、当初予想していたように、Bの文字で始まる二つの期間の作家たちの全体を一緒にした。

（52）これらの比率は、次のような方法で得られた。サンプルの人数に対する比例算をもとにして、ローレンツにおいて引用された著者の概数が得られ、これを研究の対象となった人数と結びつけている。

（53）R. Darnton, *L'aventure de l'Encyclopédie*, *op. cit.*, pp. 216 et s,. および D. Roche, *Le siècle des Lumières en province*, Paris-La Haye, Mouton 1978.

（54）小学校向けの著者については、R. Ponton, "Traditions littéraires et tradition scolaire. L'exemple des manuels de lecture primaire française, quelques hypothèses de travail", *Lendemains*, 36, 1984, pp. 53-63 を参照。

（55）最初の比率（作家の比率）は、注（52）で明らかにされた方法によって得られた作家全体の人数をもとにして計算されている。文人の比率は、表I―1に示されている。職業作家の比率は、C. Charle, *op. cit.*, p. 42 から引用されている。

（56）C. Charle, *La crise littéraire..*, *op. cit.*, pp. 34 et s., および "Le champ de la production littéraire", art. cit.

（57）*Ibid.*, 危機の影響を最も深く受けた、自然主義の第二世代の作家たちの戦略も参照（pp. 104 et s.）。

（58）F. Pruner, *Les luttes d'Antoine, Au Théâtre libre*, tome 1, Paris, Minard, 1964 ; J. Robichez, *Lugné-Poë et les débuts de l'Œuvre*, Paris, L'Arche, 1957 ; この当時の、社会に関わったある政治劇の誕生も参照、X. Durand, "L'art social au théâtre : deux expériences（1893, 1897）", *le Mouvement social*, n°91, avril-juin 1975, pp. 13-33.

（59）生成の途上にあった専門分野におけるいくつかの可能な定義の間でのこの競合関係に関する、『フランス社会学評論』*Revue française de sociologie* の特別号、"Les durkheimiens", XX, 1, janvier-mars 1979 および "Sociologies françaises au tournant du siècle", XXII, 3, juillet-septembre 1981 を参照。政治学については、P. Favre, *Naissances de la science politique en France（1870-1914）*, Paris, Fayard, 1989 を参照。同様の現象は、歴史学という昔からの専門分野においても（Ch. -O. Carbonell, *Histoire et historiens en France, une mutation idéologique des historiens français, 1865-1885*, Toulouse, Privat, 1976）、あるいは

また哲学においても（cf. J. -L. Fabiani, *Les philosophes de la République*, Paris, Ed. de Minuit, 1988）再び見出される。

（60）A. -J. Tudesq, *op. cit.* tome 2, pp. 1232-33 ; L. Boltanski, *Les cadres*, Paris, Ed. de Minuit, 1982, pp. 63-128.

（61）Joseph Reinach, *Histoire de l'affaire Dreyfus*, Paris, Charpentier-Fasquelle, tome 3, 1903, p. 246.

（62）J・レナックは、同じ文章のなかで、一八七九年におけるモーパッサンによるこの語の使用に、典拠を示すことなく言及している。サン＝シモンによる一八二〇年頃の異なった意味での使用を除けば、これはおそらく、確認される最も古い用法であろう。こうして、フローベールとの、したがって「芸術家」との関係を立証することができよう。

（63）(1886), n. éd., J. Bollery et J. Petit, Paris, Mercure de France, 1964, p. 204.〔＝レオン・ブロワ著、田辺貞之助訳『絶望者』国書刊行会、一九八四年、一三〇頁〕

（64）補足的な三つの研究、G. Idt, "L'intellectuel avant l'affaire Dreyfus", *Cahiers de lexicologie*, 14-15, 1969, pp. 35-46 ; T. Field, "Vers une nouvelle datation du substantif intellectuel", *Travaux de linguistique et de littérature publiés par le Centre de philologie et de littérature romanes de l'université de Strasbourg*, XIV, 2, 1976, pp. 159-176 ; W. M. Johnston, "The origins of the term 'intellectuels, in French Novels and Essays of the 1890s", *Journal of European Studies*, 1974, 4, pp. 43-56 を参照。

（65）H. Bérenger, "La jeunesse intellectuelle et le roman français contemporain", *l'Université de Paris*, n°31, janvier 1890, p. 28,（強調は原文）、W. M. Johnston, art. cit., p. 45 における引用。

（66）*Question sociale, Ventre et Cerveau*, Paris, Chamuel, 1894, p. 13 ; p. 32 も参照、「知識人を肥えさせよう、閑職を増やそう、官僚主義の輪を常に常に拡大しよう。」

（67）H. Bérenger, "Les prolétaires intellectuels en France", *Revue des revues*, 15 janvier 1898, pp. 125-145, repris en volume avec d'autres études de J. Finot et R. Pottier, Paris, Ed. de la Revue, 1898.

（68）例えば、J. Jaurès, "Les étudiants socialistes", *la Dépêche* du 13 mai 1893 *in Œuvres*, textes rassemblés par M. Bonnafous, *Etudes socialistes*, I, Paris, Rieder, 1931, p. 141「知的プロレタリアートもまた存在する」を参照。

（69）R. Chartier, "Espace social et imaginaire social, les intellectuels frustrés au XVIIème siècle", *Annales* (*ESC*), n°2, mars-avril 1982, pp. 389-400.

（70）例えば、J. Jaurès, "La classe moyenne et la question sociale", 17 mars 1889 in *op. cit.*, pp. 21-25 を参照。「教育を受けた貧しい若者には、実直な高い野心のための余地はもはやほとんど残されていない」(p. 24)。

（71）Leonor O'Boyle, "The Problem of an Excess of Educated Men in Western Europe (1800-1850)", *Journal of Modern History*, 1970, n°4, pp. 471-495.

（72）H. Bérenger, art. cit., pp. 126-27.
（73）*Ibid.*, p. 128.
（74）L. Pinto, “Les intellectuels vers 1900 : une nouvelle classe moyenne”, *in L'univers politique des classes moyennes*, Paris, Presses de la FNSP, 1983, pp. 140-155.
（75）H. Bérenger, *loc. cit.*, p. 118.
（76）*Ibid.*
（77）*Ibid.*, p. 130.
（78）H・ベランジェは、彼自身のものとなりかねない社会的な運命をある意味で自ら描写している。というのも彼は、教育職を断念した後、政治へと向かう前に、小説家、随筆家、ジャーナリストの職に次々にたずさわったからである。A. Ribot, *Enquête parlementaire sur l'enseignement secondaire*, Paris, Imprimerie nationale, 1899, tome 1, p. 488 における彼の証言を参照。
（79）H. Bérenger, *La conscience nationale*, Paris, Colin, 1898, p. 165.

第二章　「知識人」か「エリート」か？

（1）十九世紀の最初の四分の三の時期におけるこれらの用語の互換可能性については、A. -J. Tudesq, *op. cit.*, および J. Dubois, *Le vocabulaire politique et social de 1869 à 1872*, Paris, Larousse, 1962, pp. 15-16 を参照。
（2）例えば、H. Passy, “De l'inégalité des richesses et des causes qui la produisent”, *Séances et travaux de l'Académie des sciences morales et politiques*, 2ème série, tome 3, 1848, pp. 25-26 を参照。
（3）A. -J. Tudesq, *op. cit., passim*, および、私が *Les hauts fonctionnaires en France au XIXème siècle*, Paris, Gallimard-Julliard, 1980, pp. 33-39 のなかで引用した諸例。
（4）E. Boutmy, *Quelques idées sur la création d'une faculté libre d'enseignement supérieur*, Paris, Imprimerie Laîné, 25 février 1871.
（5）*Ibid.*, pp. 14-15.
（6）Cf. D. Dammame, “Genèse sociale d'une institution scolaire, l'Ecole libre des sciences politiques”, *Actes de la recherche en sciences sociales*, 70, novembre 1987, pp. 31-46 ; Th. R. Osborne, *A Grande Ecole for the Grands Corps, the Recruitment and Training of the French Administrative Elite in the XIXth Century*, New York, Columbia U. P., 1983.
（7）Cf. E. Littré, “Des conditions du gouvernement en France”, *Revue de philosophie positive* (1876), *De l'établissement de la*

Troisième République, Paris, Aux bureaux de la philosophie positive, 1880, pp. 364-368 に再録。Cl. Nicolet, *L'idée républicaine en France*, Paris, Gallimard, 1982, p. 208 も参照。

（8）E. Littré, art. cit., p. 383.

（9）A. Dubost, *Des conditions du gouvernement en France* ; E. Littré, *ibid*., p. 376 における引用。

（10）L. Liard, *L'enseignement supérieur en France*, Paris, A. Colin, 1894, tome 2, p. 344.

（11）*Ibid*., p. 351.

（12）*Ibid*., p. 348.

（13）例えば、V. Karady, "Les professeurs de la République, le marché scolaire, les réformes universitaires et les transformations de la fonction professorale à la fin du XIXème siècle", *Actes de la recherche en sciences sociales*, 47-48, juin 1983、特に p. 97 を参照。

（14）V. Wright, "L'ENA de 1848-49, un échec révélateur", *Revue historique*, janvier-février 1973, pp. 21-42 ; G. Thuillier, *L'ENA avant l'ENA*, Paris, PUF, 1983.

（15）一八七七年にニームで行われた、学年末の賞品授与式の演説における以下の一節を参照。「社会的な差別が完全に姿を消した我々のような国では、真理は大いに尊重され、そして最下層の出自の子供も、最上層の地位を望むことができる。」V. Isambert-Jamati, *Crises de la société, crises de l'enseignement*, Paris, PUF, 1970, p. 113 における引用。

（16）J. Ferry, 一八八〇年五月三一日、in *Discours et opinions de Jules Ferry*, éd. P. Robiquet, Paris, A. Colin, 1895, tome 3, p. 508.

（17）J. Ferry, "Discours de Bordeaux du 30 août 1885", *ibid*., tome 7, pp. 41-42.

（18）G. Valbert, "La force et la faiblesse des gouvernements démocratiques", *Revue des deux mondes*, 1er juillet 1880, 特に p. 214 ; A. Chirac, *Les rois de la République*, Paris, Arnould, 1883 et 1886, 2 volumes ; E. Drumont, *La France juive*, Paris, Flammarion, 1886 ; バレスの師の一人であるスーリについては、Z. Sternhell, *La droite révolutionnaire, 1885-1914, les origines françaises du fascisme*, Paris, Le Seuil, 1978, pp. 159 et s., を、またヴァシェ・ド・ラプージュについては、*ibid*., pp. 164-170 を参照。

（19）権力の座にある共和主義者に対するゾラの批判については、例えば、René Ternois, *Zola et son temps, op. cit*., p. 46 を参照。

（20）*L'Aryen, son rôle social*, モンペリエ大学で教授された自由講義（一八八九年—九〇年）、Paris, Fontemoing, 1899, p.

469, note 1 ; Z. Sternhell, *op. cit.*, pp. 166-67 に引用されている。

（21）ヴァシェ・ド・ラプージュのマージナル性については、G・チュイリエによって刊行された、特徴を明らかにする注、G. Thuillier, *Bureaucratie et bureaucrates en France, XIXème-XXème siècles*, Genève, Droz, 1982, pp. 601-603 を参照。フランスにおけるパレートのかすかな反響については、G. Busino, *Pareto, Croce et la sociologie*, Genève, Droz, 1983、特に p. 26 を参照。

（22）J. Jaurès, "Le capitalisme et la classe moyenne", 10 mars 1889, in *Œuvres, Etudes socialistes I, op. cit.*, pp. 18-21 ; "La classe moyenne et la question sociale", 17 mars 1889, *ibid.*, p. 23.

（23）"Réponses et questions", 11 janvier 1893, *ibid.*, p. 131.

（24）順に、Paris, Cerf, 1888 ; *Revue des deux mondes*, 1er juin 1890, pp. 561-588 ; Paris, Alcan, 1894.

（25）彼らのうちの二人（マヌーヴリエとイズーレ）は高等師範学校卒業生である。また三人とも全員が哲学の中・高等教育教授資格者《アグレジェ》である。マヌーヴリエは刃物業者の息子、イズーレは小学校教師の息子、フイエは早くに死亡したスレート採掘場管理人の息子である（資料――E. Boutroux, "Edouard Maneuvrier", *Annuaire de l'association amicale des anciens élèves de l'Ecole normale supérieure*, Paris, Hachette, 1918, pp. 43-47 およびリモージュ市の出生証書と身分証書。E. Bocquillon, *Izoulet et son oeuvre*, Paris, Baudinière, 1943, p. 36、イズーレの自伝からの抜粋。P. Janet, "Notice sur la vie et les ouvrages d'Alfred Fouillée", *Travaux de l'Académie des sciences morales et politiques*, tome 86, 1916, pp. 4-5）。

（26）E. Maneuvrier, *op. cit.*, p. 250.

（27）*Ibid.*

（28）*Ibid.*, pp. 382-83.

（29）*Ibid.*, p. 384.

（30）A. Fouillée, art. cit., p. 578.

（31）*Ibid.*, p. 580.

（32）*Ibid.*, p. 587.

（33）Cf. J. -Cl. Filloux, *Durkheim et le socialisme*, Genève, Droz, 1977 ; B. Lacroix, *Durkheim et le politique*, Paris, Presses de la FNSP-Presses de l'université de Montréal, 1981.

（34）Cf., aux Archives nationales, le carton F 17 13556. W・ローグによれば、イズーレは一八八一年―八二年にポール・ベールの秘書をつとめており、講座創設の際にはポワンカレとレオン・ブルジョワからの支持を得た（*From Philosophy to*

Sociology, Dekalb (Ill.), Northern Illinois U. P., 1983, pp. 111-112〔＝ウィリアム・ローグ著、南充彦・堀口良一・山本周次・野田裕久訳『フランス自由主義の展開　1870-1914――哲学から社会学へ』ミネルヴァ書房、一九九八年、一七八頁〕。

(35) J. Izoulet, *op. cit.*, p. V.

(36) *Ibid.*, p. 119（強調は原文）。

(37) Cf. C. Charle, *Les élites de la République*, *op. cit.*, 第八章。

(38) この新しい政治状況については、P. Sorlin, *Waldeck-Rousseau*, Paris, A. Colin, 1966, pp. 361-64 および 380-86 ; E. Demolins, ***La nécessité d'un programme social et d'un nouveau classement des partis***, Paris, Didot, 1895 を参照。

(39) デュルケームについて、「ガンベッタは彼の崇拝の的であった」（モーリス・オロー）、G. Davy, "Emile Durkheim", *Revue de métaphysique et de morale*, tome 26, 1919, p. 189 における引用。H. Goldberg, *Jean Jaurès*, Paris, Fayard, フランス語訳, 1970, pp. 32-33〔＝原著 Harvey Goldberg, *The Life of Jean Jaures: a Biography of the Great French Socialist and Intellectual*, Madison: University of Wisconsin Press, 1962〕; Charles Andler, *Vie de Lucien Herr*, Paris, Rieder, 1932, p. 27 ; E. Tonnelat, *Charles Andler, sa vie, son oeuvre*, Paris, Les Belles Lettres, 1948, pp. 30-31 ; J・ベディエについては、死去した彼の兄弟について彼が記した略述における、彼自身による証言が参照できる（*Annuaire de l'association amicale des anciens élèves de l'Ecole normale supérieure*, Paris, Hachette, 1893, pp. 48-51)。

(40) このエピソードの全体について、パリ警視庁の古文書館 archives de la Préfecture de police の資料 BA/27 および BA/1644 を参照。この時期の高等師範学校について、ロマン・ロランによって当事者として書かれ、その死後刊行された証言を読むことができる。*Le cloître de la rue d'Ulm. Journal de Romain Rolland à l'Ecole normale (1886-89)*, Paris, Albin Michel, 1952, p. 214.〔＝ロマン・ロラン著、蛯原徳夫・波多野茂弥訳「ユルム街の僧院」、蛯原徳夫・波多野茂弥・山口三夫訳『ロマン・ロラン全集第二六巻 日記Ⅰ』みすず書房、一九八二年、二二四頁〕同様に、一八八七年十二月二日、在校生たちは共和国大統領の模擬選挙を行った。ジュール・フェリーが二十五票で過半数を得た（p. 161〔＝一七四頁〕）。

(41) *Le Réveil du Quartier latin*、学生の機関紙、一八八八年十二月二日、n°29 (Archives de la Préfecture de police, BA/27).

(42) E. Lavisse, *op. cit.*, Paris, A. Colin, 1890, p. XXI.

(43) Cf. George Weisz, "Associations et manifestations, les étudiants français de la Belle Epoque", *le Mouvement social*, juillet-septembre 1982, pp. 31-44、特に pp. 32-36.

(44) 一八九三年三月二九日の『フィガロ』における、エドゥアール・フュステールの記事「明日の人々」を参照。「二つの階級のあいだ、歴史の二つの時代のあいだに投げ出された移行期の若者たち。指導ブルジョワジーにも、忍耐力のない民衆にも、結びついておらず、贖罪の山羊となるべく運命づけられていると自らを考えている（…）。彼ら自身へとゆだねられ、学生たちは集団をなした。それが、政治のはじまりである。それが、常に政治の最良のものである」(Archives de la Préfecture de police, BA/27)。この著者は、学生のグループとして、セルクル・デュ・リュクサンブール le Cercle du Luxembourg（カトリック）、セルクル・ドービニェ le Cercle d'Aubigné（プロテスタント）、フランス青年連合および共和主義青年連合 l'Union française de la jeunesse et l'Union de la jeunesse républicaine、国際主義的革命社会主義学生団 les Etudiants socialistes révolutionnaires internationalistes、急進社会主義サークル le Cercle radical-socialiste、諸学校民主リーグ la Ligue démocratique des écoles を引用している。

（45）Cf. Y. Cohen, "Avoir vingt ans en 1900. A la recherche d'un nouveau socialisme", *le Mouvement social*, n° cité, pp. 11-29. この年代におけるカルティエ・ラタンの全般的な雰囲気については、H. Dabot, *Calendriers d'un bourgeois du Quartier latin*, deuxième série, Péronne, Imp. A. Doal, 1905 も参照。とりわけ、一八九三年七月の重大な事件と、オーラールの講義の騒擾を参照。

（46）学生のゲード主義的傾向は、例えば次のように主張している。「今日知識人であるこれら若い人々は、明日は肉体労働者となるであろう」(Y. Cohen, art. cit., p. 16 からの引用、一八九三年四月一三日の *le Socialiste*)。

（47）Charles Andler, *Vie de Lucien Herr, op. cit.*, ; D. Lindenberg et P. A. Meyer, *Lucien Herr, le socialisme et son destin*, Paris, Calmann-Lévy, 1977 ; Lucien Herr, *Choix d'écrits*, éd. de M. Roques, Paris, Rieder, 1932 ; 展覧会のカタログ『L・エールと高等師範学校』*L. Herr et l'Ecole normale*, Paris, PENS, 1977.

（48）「ブーランジスムの終結（高等師範学校への私の入学の直前）からパナマ・スキャンダルの端緒（私の卒業の直後）に至るあいだの、あまり活気のないこれら数年間を通じて、我々のなかにはたった一人の社会主義者もいなかった。」(Lettre d'Elie Halévy à Charles Andler du 24 août 1929, Michèle Bo Bramsen, *Portrait d'Elie Halévy*, Amsterdam, B. R. Grüner, 1978, p. 15 における引用。私は、この引用へと私の注意を喚起してくれたことを、J－F・シリネリに感謝する)。

（49）Ch. Andler, *op. cit.*, p. 28.

（50）Lettre de Lucien Herr citée *ibid.*, p. 34.

（51）L. Herr, "Le progrès intellectuel et l'affranchissement (1888-9.)", 手稿の断片、in *Choix d'écrits, op. cit.*, tome 1. p. 27.

（52）L. Herr, *ibid.*, p. 30.

（53）ロシアおよびP・ラヴロフとのエールの関係については、Ch. Andler, *op. cit.*, p. 97 および D. Lindenberg et P. -A. Meyer, *op. cit.*, pp. 66-68 を参照。ピエール・ラヴロフについては、P. Lavroff, *Lettres historiques*, ロシア語からの翻訳、

Paris, Reinwald, 1903の巻頭の、伝記的および書誌的な略述を参照。以下は、ラヴロフが革命的知識人の肖像を描出しており、エールの命題と行動的なドレフュス主義の理想とのその類似が明白な、この本からの抜粋である（テクストは一八六八年のものである）。「ある党派を形成するために結集しなければならない、批判的思考を備えた諸個人は、彼らがよりいっそう有能であり、よりいっそう精力的であるというまさにそのことによって、顕著な個性を有している」(p.127)。

（54）Ch. Andler, *op. cit.*, pp. 92-93.

（55）Ch. Andler, *ibid.*, および S. Fraisse, "L. Herr, journaliste (1890-1905)", *le Mouvement social*, n°92, juillet-septembre 1975, pp. 93-102、とりわけ p. 95, J. Ferry に対する非常に批判的なリュシアン・エールの論文の引用、「我々は、彼の権威主義的な策略や、陰険な外交的手腕にはうんざりしている」(*le Parti ouvrier*, 24 mai 1890) を参照。

（56）私は、これらの分析およびその経験的証拠を、研究シンポジウム『知識人とジョレス』*Les intellectuels et Jaurès* の記録に収録予定の "Avant-garde intellectuelle et avant-garde politique, les normaliens et le socialisme (1867-1914)" で再び詳細に取り上げている〔= *Jaurès et les intellectuels*, sous la direction de Madeleine Rebérioux et Gilles Candar, avec le concours du Centre National du Livre, Paris, Editions de l'Atelier/Editions ouvrières, 1994. pp. 133-168 ; Christophe Charle, *Paris fin de siècle*, Paris, Le Seuil, 1998, pp. 227-261 に再録〕。

第三章　「知識人党」の誕生

（1）Cf. Jean Estèbe, *Les ministres de la République*, Université de Toulouse-Le Mirail, thèse dactyl. Tome 2, pp. 116 et s.

（2）『ル・デカダン』、一八八六年四月一〇日、in J. F. Six, *1886, naissance du XXème siècle en France*, Paris, Le Seuil, 1986, p. 136 における引用。この時期の前衛については、Noël Richard, *A l'aube du symbolisme*, Paris, Nizet, 1961、および *Le mouvement décadent*, Paris, Nizet, 1968 を参照。

（3）J. Huret, *Enquête sur l'évolution littéraire*, Paris, Charpentier, 1891, n. éd., Vanves, Thot, 1982, pp. 159 および 160.〔=ジュール・ユレ著、平野威馬雄訳・編『詩人たちとの対話――フランス象徴詩人へのアンケート』たあぶる館出版、発売・彌生書房、一九八〇年。ただし抄訳で、以下の翻訳頁の記されていない部分と同様、この部分は訳出されていない〕

（4）*Ibid.*, p. 260.

（5）*Ibid.*, pp. 82 et 84.〔=同、五〇頁〕

（6）*Ibid.*, p. 78.〔=同、二八頁〕

（7）それは例えば、国民の栄光であるユゴーを、嘲笑の的で社会参加した詩人の典型とみなす、モレアスの立場である。

敵対者たちからの反駁ののちに、彼は、ユレの『アンケート』の補遺に公刊された手紙のなかで非愛国的態度を拒絶しながら、自らの主張を和らげなければならなかった（Cf. pp. 85 および 347〔五八頁および訳出なし〕）。

（8）「宗教の外には、偉大な芸術はまったく存在しない。そして、ラテン教育を受けてきたならば、カトリシズムの外には、無しか存在しない。これが、祭司と同様に、知識人の優れた義務の総体は神性の示現に存すると私が教示する理由である。これが、フランスの終焉は年数の問題にしか過ぎないと私が判断する理由である」（*ibid.*, p. 61）。「知識人」という語が早くも用いられていることに留意しよう。

（9）ポール・アダン、「私の意見では、芸術には芸術それ自体以外の目的はない」（*ibid.*, p. 64）.

（10）*Ibid.*, p. 205.

（11）*Ibid.*, pp. 280, 233 および 205.

（12）C. Doty, *From Cultural Rebellion to Counterrevolution : the Politics of Maurice Barrès*, Athens (Ohio), Ohio U. P., 1976, および J. A. Duncan, *Les romans de Paul Adam*, Berne, Peter Lang, 1977, pp. 16-20.

（13）「明日の文学は、結局のところ純粋に社会主義的なものとなるであろう。私はそのことに驚きはしないであろう。またそれを遺憾に思うこともないであろう。スラヴ流のこれほどの惨めさの後には、真実で単純ないくらかの正義が与えられてしかるべきと思われる」（P・ボヌタン、*ibid.*, p. 214）。「自然主義もまた、科学的で社会主義的な現代の思想の運動にしたがっている」（ジャン・ジュリアン、*ibid.*, p. 231）。「反抗の精神は進歩を導く（…）。そうなのだ、文学も、芸術も、教育も、すべては同時に変化する。すべてが、全面的な大変動の後に」（オクターヴ・ミルボー、*ibid.*, p. 193）。「非常に柔軟で、あらゆる組合せに非常に適している小説は、部分的に社会主義的なもの、非常に広範で非常に高尚な意味での社会主義的なものとなりうるであろう（…）。場末のこの詩歌、これは毎日学びうる文学の教えなのである」（G・ジェフロワ、*ibid.*, p. 208-209）。

（14）*Ibid.*, p. 115.〔＝同、一一四頁〕

（15）例えば、前衛の周辺にいて、大きな社会的切り札を持たなかった、フェリックス・フェネオンおよびポール・レオトーの経歴を参照。ポール・レオトーは、コメディー・フランセーズのプロンプターの息子で、一五歳からすでに働かなければならなかった。彼は様々な職人仕事に就き、それからカルティエ・ラタンの文芸カフェに足繁く通ったが、このことが作家としての彼の職業と、親アナーキスト的な彼の共感とを決定づけた。フェネオンもほとんど同じような道程をたどっている。彼らは、食うための仕事を放棄して、前衛雑誌の編集者や批評家となることができたのである。フェネオンについては、F. Fénéon, *Œuvres plus que complètes*, Genève, Droz, 1970, J・U・アルプランによる序文、を参照。

レオトーについては、E. Silve, *Paul Léautaud et le Mercure de France*, Paris, Mercure de France, 1985, pp. 13-17 を参照。

(16) *La Plume*, n°cité, pp. 145-46.

(17) *Ibid.*, p. 116.

(18) *Entretiens politiques et littéraires*, n°39, p. 247.

(19) *Ibid.*, n°43, p. 475. 社会的芸術を擁護するベルナール＝ラザールの立場については、Nelly Wilson, *Bernard-Lazare. Antisemitism and the Problem of Jewish Identity in late Nineteenth-Century France*, Cambridge, Cambridge U. P., 1978, p. 17 を参照。

(20) J. Maîtron, *Le mouvement anarchiste en France*, Paris, Sudel, 1951, pp. 123 et s. ; E. W. Herbert, *The Artist and Social Reform*, New Haven, Yale U. P. 1961, 第四章。『ゴーロワ』の一八九四年一月一二日の記事、および A. Hamon, *Psychologie de l'anarchiste-socialiste*, Paris, Stock, 1895（アナーキズムに近い作家たちのインタヴュー）。

(21) J. Huret, *Enquête...*, *op. cit.*, p. 299.

(22)『ルヴュ・ブランシュ』一八九二年一月、p. 54.

(23) *Ibid.*, p. 55.

(24) ポール・アダンは例えば、民主主義における多数決の原則を、次のような言葉をもって拒否する。「知性を備えた都市であり、全員が社会主義者である議員団を選出するパリが、ヴォージュのブドウ栽培者やオーベルニュの羊飼いやボースの農民によって選ばれた政府に従属し続けるというのは不当ではないだろうか？　自由を僭称する組織のこの醜怪さのおかげで、主流派のエリートは、自らの活動が、自家用ブランデー製造者や豚の飼育業者の個人的な利害によって妨げられていることを見出すのである」（"Souhaits anarchistes",『ル・ジュルナル』一八九四年一月二日）。

(25) *Lettres inédites de Louis Desprez à Emile Zola*, introduction et notes de Guy Robert, Paris, Les Belles Lettres, 1952 ; C. Charle, *La crise littéraire...*, *op. cit.*, p. 98.

(26) Lucien Descaves, *Souvenirs d'un ours*, Paris, Ed. de Paris, 1946, pp. 107-110 ; L. A. Carter, *Zola and the Theater*, Yale U. P. et Paris, PUF, 1963. バレスの戯曲によって引き起こされた事件については、一八九四年二月二四日の『ル・ジュルナル』における、彼の主張記事を参照。

(27) Reg Carr, *Anarchism in France. The Case of Octave Mirbeau*, Manchester, Manchester U. P., 1977.

(28) アンリ・セアールはジュール・ユレに対する返答のなかで、それとなくこれに言及している（*op. cit.*, p. 182）。

(29) Rémy de Gourmont, *Histoires magiques et autres récits*, Paris, UGE, 10/18, 1982 における、ユベール・ジュアンの序文、

pp. 26-28 を参照。

(30) *Entretiens politiques et littéraires*, 一八九一年十二月二日、p. 207. J. A. Duncan, *op. cit.*, pp. 23-24 における引用。

(31) *La Révolte*, supplément littéraire, n°24, "Anarchie et littérature", 一八九四年二月二四日—三月三日。

(32) 現代のジャーナリズムの特徴としてのインタヴューの技術については、Michael B. Palmer, *Des petits journaux aux grandes agences*, Paris, Aubier, 1983. 特に、p. 91 に引用された、ピエール・ジファールの指摘を参照。

(33) 大学人たちは、高等教育改革の過程全体に付随するこうした種類のアンケートに、より定期的に関わっていた。一般大衆に向けられたアンケートで最初に質問を受けた教授はルナンであり、これはJ・ユレの『アンケート』のなかに現われたもので、そして居心地の悪さを示している。

(34) 例えば、第四立法期について、国立古文書館 Archives nationales の資料 C 5675-5679 を参照。

(35) デカーヴのための請願、あるいはブーランジェに反対する学生の請願以外に、エッフェル塔に反対する非常にアカデミックな請願（『ル・タン』、一八八七年二月一四日）を引用することができる。これは政治的な特性を持たず、通常の請願、すなわち美を擁護する委員会の請願に似通っている。

(36) こうして、一八九四年以降、『メルキュール・ド・フランス』あるいは『ルヴュ・ブランシュ』は、アンケートの数を増す。前者については、"Une enquête franco-allemande", 一八九五年四月、pp. 1-65 および "Alexandre Dumas fils et les écrivains nouveaux", 一八九六年一月、pp. 82-97 を、後者については、"Enquête sur l'influence des lettres scandinaves", tome XII, n°89, 一八九七年二月一五日、および "Quelques opinions sur l'œuvre de Taine", tome XIII, n°101, 一八九七年八月一五日、などを引用しておこう。

(37) J・ユレに対するR・ギルの返答のなかの、彼が主張する弟子のリストを参照（p. 117〔＝一一七頁〕）。

(38) 『エルミタージュ』、一八九三年七月、p. 21.

(39) *Ibid.*, pp. 21-22。『エルミタージュ』については、自らの決然とした非政治的な折衷主義を明らかにする、その創設者の回想、Henri Mazel, *Aux beaux temps du symbolisme*, Paris, Mercure de France. 1943, p. 16 を参照。『ルヴュ・ブランシュ』とのライバル関係については、A. B. Jackson, *La 'Revue blanche', 1889-1903*, Paris, Minard, 1960, pp. 24 et s を参照。

(40) いくつかの回答は無回答と等価であり、また回答しなかった他の作家たちに質問表が送られたことは確かである。それは、レファレンダムの組織者が、「何人かの詩人あるいは耽美主義者たちがこれまでのページのなかに見出されないこと、それは彼らが意思表示をしないことを望んだからである。というのも我々は、区別なしに、とりわけ社会学的な見地からの推定なしに、回答するに値する人々全員に質問表を送付したからである」（『エルミタージュ』、注（39）に引用された巻号、p. 22）と述べて、回答の欠損の多さを認めないとしてもそうなのである。

（41）ユーモラスな種類のものとしては、ジョルジュ・フーレの、「最良の体制は、ナツメヤシの体制ではないだろうか？」（p. 8）というものを、また学者ぶった理論家のスタイルのものとしては、マルク・ルグランの、「社会学における自由と方法は、生物学における進歩と調和と同様に、対立することはまったくなく、緊密に結びつき合っている。理論的にはしたがって、社会における『善』は、社会の成員と考えられた個人に委ねられた最大限の自発性から生まれるはずである」（p. 11）というものを引用することができる。

（42）『エルミタージュ』、先に引用した巻号、p. 1.

（43）*Ibid.*, p. 23.

（44）*Ibid.*, p. 24.

（45）『エルミタージュ』、一八九三年十二月、p. 258.

（46）E・ドゥモラン、G・タルド、あるいはA・ルロワ＝ボーリューといった「自由な」社会学者の回答は見出されるが、しかしそれぞれ『未来の都市』や『社会分業論』を刊行したばかりのJ・イズーレもE・デュルケームも、質問を寄せられてはいない。

（47）*Entretiens politiques et littéraires*, 一八九三年六月一〇日、p. 492.

（48）*Ibid.*, p. 495.

（49）J. Huret, *Interviews de littérature et d'art*, Vanves, Thot, 1984, p. 41（一八九三年八月四日の『フィガロ』に掲載された記事）。

（50）*Ibid.*, pp. 44-45.

（51）レグ・カー（*op. cit.*, p. 76）は、これが引用されていない『エコー・ド・パリ』を参照させるという誤った仕方でこれに言及している。N・ウィルソンは、彼の英雄がいくつかの署名を集めたと指摘している（*op. cit.*, pp. 96-98）。ジャン・グラーヴはといえば、彼の回想は、混乱した仕方でしか、これに言及していない（*Quarante ans de propagande anarchiste*, présenté et annoté par Mireille Delfau, Paris, Flammarion, 1973, pp. 276-77 および 304）。

（52）Reg Carr, *op. cit.*, pp. 25 et s.

（53）Jean Grave, *op. cit.*, 第一二章。

（54）O. Mirbeau, *La société mourante et l'anarchie* に対する序文、Reg Carr, *op. cit.*, p. 51 における引用。ミルボーはこの序

文を執筆するのに一八カ月を要した。

(55) Reg Carr, *op. cit.*, p. 64.

(56) O. Mirbeau, "Au palais",『ル・ジュルナル』、一八九四年三月四日。翌日、ベルナール＝ラザールもまた、同じ新聞に、記事 "Quelques mots" を発表した。

(57) 以下は、ジャン・グラーヴを擁護する側で引用された作家たちの証言からの抜粋である。エリゼ・ルクリュ、「知的な観点からすると、私はジャン・グラーヴをエリートの人間と考えている（…）。」オクターヴ・ミルボー、「グラーヴ氏は、我々に関わる世界のなかで大きな権威を有している（…）。」ポール・アダン、「私は個人的にはグラーヴ氏を知らないが、しかし彼の本を書いたことを非常に光栄なことと思うであろう……。」ベルナール＝ラザール、「（…）私は彼を、稀な才能を有する作家とみなしている。彼の本は私には非常に素晴らしいものに思われる。我々のうちの多くが、これを書いたことを誇りに思うであろう。」その戦略は、ここに明らかなように、グラーヴを他の作家たちから擁護されている作家とすることである。

(58) H. Tucou, "Une protestation",『ラ・プティット・レピュブリック』、一八九四年三月四日、p. 1.

(59) Tout Paris, "Autour d'une protestation",『ゴーロワ』、一八九四年三月五日。

(60)「これらの人々は、普段は何をしているのであろうか？　彼らは、決して書かないであろうものについて語っている。その何人かは、何年かのうちに、地方の公証人あるいは食料品屋となっているであろう。」前衛に対する軽蔑は、ジャーナリストそれ自身が無名であるだけにますます強いものとなっている（記事はペンネームで発表されている）。

(61) 付録のリストを参照。ジャーナリストとして、『リーブル・パロール』（反ユダヤ主義）の編集者ジャン・ドロー、『人民の叫び』（社会主義）の編集者ジョン・ラビュキエールを、活動家として、『外へ』（アナーキスト）の発行責任者シャルル・シャテルを、芸術家として、ポール・ゴーギャン、マクシミリアン・リュース、ポール・シニャックを引用しておこう。

(62)『ゴーロワ』art. cit., 注（59）。

(63) 一八九四年三月八日の『フィガロ』、"M. Zola et l'anarchie" に引用された会話。

(64) 右派では『ゴーロワ』と『フィガロ』が彼を擁護し、左派では『ラ・プティット・レピュブリック』（三月八日、一〇日および一三日）と『ラ・ジュスティス』（三月四日および一三日）が彼を批判した。

(65) ごく若い人々で、のちに名を残すことにはなるが、当時は執筆を始めたばかりという者のなかから、一八七六年生まれのレオン＝ポール・ファルギュ、一八七二年生まれのポール・フォール（二歳若く記している『ゴーロワ』によれば、

「やっと二十歳」である)、一八七三年生まれのアルフレッド・ジャリ、一八七二年生まれで、代訴人の見習いとして生計を立て、文学カフェに足繁く通っているポール・レオトーの名を挙げることができる。

(66) N. Wilson, *op. cit.*, p. 64. Archives de la Préfecture de police, BA/79 および BA/80.

(67) 例えば、数年前にはおそらく考えることのできなかった、カルモーのガラス工場労働者のための高等師範学校生の義援金を参照。社会主義を支持するようになった高等師範学校生たちの教唆によって、四五人の生徒が署名した(一八九六年十一月)(cf. la *Revue socialiste*, 1896, p. 640、これは G. Leroy, *Péguy entre l'ordre et la révolution*, Paris, Presses de la FNSP, 1979, p. 64 に引用されている)。

第四章 「知識人」対「エリート」――ドレフュス事件の一つの読み方

(1) フランス革命とその思想とはその上、知られているように、ドレフュス派が常に変わらない仕方で用いる根本的な拠りどころであった。Cf. E. Zola, *La Vérité en marche, l'affaire Dreyfus*, n. éd., Paris, Garnier-Flammarion, 1969 ; "Lettre à la France(一八九八年一月六日)", p. 101、および "Déclaration au jury(一八九八年二月二二日)", p. 132、「フランスが依然として人権を守るフランス、世界に自由を与えた、そして世界に正義を与えるべきフランスであるのかどうかを知ることが今後重要となる。」

(2) Cf. M. Winock, "Les affaires Dreyfus", *Vingtième siècle, revue d'histoire*, n°5, janvier-mars 1985, pp. 19-37. ヴィノックの命題を逆転させることも可能かもしれない。言及された諸危機とドレフュス事件との共通点は、ドレフュス事件によって生み出されたものと同じイデオロギー的な主題への回帰ということよりも(これは、さらに昔へとさかのぼるものである。前の注を参照)、これらの諸危機を通じて「知識人」という新しい社会=政治的カテゴリーが果たした新たな特別な役割というところに存するのである。

(3) Cf. J. -P. Rioux, *Nationalisme et conservatisme, la Ligue de la Patrie française 1899-1904*, Paris, Beauchesne, 1977, pp. 20-30 ; St・ウィルソンの著書 *Ideology and Experience. Antisemitism in France at the Time of the Dreyfus Affair*, London and Toronto, Associated U. P. and Fairlegh Dickinson U. P., 1982 の第四章のフランス語訳である、St. Wilson, "Le monument Henry, la structure de l'antisémitisme en France, 1898-99", *Annales* (*ESC*), n°2, mars-avril 1977, pp. 265-291 ; H. L. Wesseling, "Engagement tegen nil en dank Franse Intellectuelen en de Dreyfus Affaire", *Tijdschrift voor de Geschiednis*, 87,1974, pp. 410-424(知識人の宣言の統計的分析)。

(4) 「最も厳格な統計は実際、一八九八年一月には、ある無実の人間の権利を擁護し、ゾラと連帯してドレフュスの裁判の完全な再審を望むことを確固として決断していたフランス人は二千人もいなかったということを明らかにしている。」
H. Rainaldy, in *Hommages des artistes à Picquart*, Paris, Société libre d'édition des gens de lettres, 1899, p. 1.

（5）St. Wilson, art. cit., p. 265 ; J. -P. Rioux, *op. cit.*, pp. 20-21. ピカールのリストに対する私の評価は、諸リストの全体を集めた、注（4）に引用した本のなかの一連の調査をふまえた敷衍によっている。あるリストと別のリストでの名前の繰り返しや、同姓同名が多いことを考えると、非常に長きにわたる網羅的な計数をもってしてさえも、人数が多いということからして、正確な人数を得ることは非常に困難である。

（6）実際、私が論文、"Champ littéraire et champ du pouvoir, les écrivains et l'affaire Dreyfus", *Annales*（*ESC*）, n°2, mars-avril 1977, pp. 240-264 で示し、また次章で明らかにされるように、これらの作家の大部分は、「文人」という明確化を名前の後ろに付していない者でさえも、文学に明るい人々の輪の外部ではあまり知られていなかった。したがって、――彼らが自らの名声を過度に評価していない限りは――、肩書きのないこれらの作家たちが、ゾラ、フランス、あるいはミルボーといった偉大な主役たちに近いということによって価値を高める効果を利用しようとしていたというのはありそうなことである。彼らはまた、自ら手本を示してもいる。というのも、請願はヒエラルキーを消し去っているからである。文学界のなかで占めている地位がどのようなものであるかにかかわらず、請願ではそれぞれの人が自らの場を得ているのである。

（7）M. Barrès, "La protestation des intellectuels",『ル・ジュルナル』、一八九八年二月一日、*Scènes et doctrines du nationalisme* (1902), n. éd., dans *L'Œuvre de Maurice Barrès*, Paris, Club de l'honnête homme, 1966, tome V, pp. 56-65 に再録。公刊されたテクストは、いくつかの重要な点、とりわけ個人的な攻撃について記事のテクストと異なっている。

（8）Cf. F. Gregh, *L'âge d'or*, Paris, Grasset, 1947, pp. 290-91.『リュシアン・エールと高等師範学校』の展覧会のカタログ（Paris, Ecole normale supérieure, 15-30 juin 1977, p. 18）のなかに、リュシアン・エールによって作成された、署名を求めるべき知識人のリストが復刻されている。

（9）F. Brunetière, "Après le procès",『両世界評論』、一八九八年三月一五日、pp. 428-446, とりわけ p. 446.

（10）『ル・ジュルナル』、一八九八年二月二二日、および『エクレール』、二月一〇日、ロベール・ド・ラステイリーの抗議。

（11）『ル・タン』、一八九九年一月一日。

（12）*Ibid.*

（13）*Ibid.*, 一八九九年一月七日。

（14）*Hommage des artistes à Picquart, op. cit.*, p. 3 および『オロール』一八九八年十一月二五日および二六日。

(15)『オロール』、一八九八年十一月二七日の、アンリ・レイレによる記事。
(16) M. Barrès, “L'anarchie de l'estrade”,『ル・ジュルナル』、一八九八年十二月二三日。
(17)『リーブル・パロール』、一八九八年十二月一四日から二九日。ピエール・キヤールの著書、Pierre Quillard, *Le monument Henry*, Paris, Stock, 1899 をもとにしてなされたSt・ウィルソンの研究は、この側面を無視している。キヤールの著書は、敵対者によってなされた請願の操作の好例である。署名者を職業カテゴリーあるいはイデオロギー的な主題によってまとめることによって、象徴派の詩人キヤールはこれに、深遠な社会的およびイデオロギー的な意味をそこから明らかにする、客観的な見方を与えようとしている。これはすでに、歴史家の仕事に近い、一つの「知的な」読解である。
(18) E. Drumont, “Ce que disent les chiffres”,『リーブル・パロール』、一八九八年十二月二九日。
(19)『ル・タン』、一八九九年一月二四日。
(20)「ルナンはセアイユとビュイッソンのあいだで署名しており、そして我々に彼の真の言葉を伝えるのはベルジュレ氏である」(Camille Mauclaire, “L'Université courageuse”,『オロール』、一八九八年十一月一一日)。
(21)『オロール』、一八九八年一月一五日。
(22) M. Barrès, art. cit.,『ル・ジュルナル』、一八九八年二月一日における。『オロール』は、反対のイメージを与えている。「知識人の抗議は、誤謬に対する恐るべき武器となった。そして実際、その教師たちがゾラへの支持を明らかにすると直ちに、学生たちはカトリックのサークルによって組織された行列のなかにいる、だまされた人であることをやめたのである。」この先で行う統計的な分析は、学生たちによって表明された意見はこれら二つのステレオタイプのいずれにも還元されないということを明らかにするであろう。
(23) H. Leyret, “Des hommes d'action”,『オロール』、一八九八年二月二三日。
(24) Barrès, art. cit., 注(22)。
(25) フランスとバレスとのあいだの関係の性質は複雑であった。それがために、『根こぎにされた人々』の著者バレスは、自らの文学モデルの一人の社会参加に対する批判において慎重であったのである。M. -Cl. Bancquart, *Anatole France, un sceptique passionné*, Paris, Calmann-Lévy, 1984, とりわけ p. 258 を参照。L・エールも、『ルヴュ・ブランシュ』でのバレスに対する有名な論文において、同様の方法をとっている。“A M. Barrès”, *Revue blanche*, XV, 1898, pp. 241-245.
(26) O. Mirbeau, “La fête des sauvages”,『オロール』、一八九八年十一月二四日。
(27) H. Leyret, “La révolte des consciences”, *ibid.*, 一八九八年十一月二七日。
(28) M. -Cl. Bancquart, *op. cit.*, p. 243 および J. Suffel, “Anatole France et l'affaire Dreyfus”, in G. Leroy (éd.) *Les écrivains*

et l'affaire Dreyfus, Paris, PUF, 1983, pp. 235-242.『現代史』を著した英雄フランスと現実の大学人とのあいだの同一視については、G. Geffroy, "M. Bergeret",『オロール』、一八九八年一月二〇日を参照。「数百人の規模で連なっており、さらに数千人にもなろうとする、ひしめき合った名前のこれらのリストのなかで、某文科ファキュルテの助教授であるベルジュレ氏の仮想および現実の名前を見出すことを、何者も妨げることはできない。彼はそこにおり、絶えず戻ってきて、毎日出現し、各節ごとの反復句のように戻ってくる。」

（29）学生に対する最初の呼びかけは、ゾラから発せられている。一八九七年十二月一四日の "Lettre à la jeunesse" *La Vérité en marche, l'affaire Dreyfus, op. cit.*, pp. 91-98 に再録。彼はここで、帝政末期における反対派のなかでの若き学生たちの役割に言及している。「われ弾劾す」の公刊の後の、カルティエ・ラタンにおける騒擾については、『オロール』、一八九八年一月一六日を参照。『エクレール』、一月二三日は、レンヌのあるドレフュス派教授に対する示威運動に言及している。セニョーボスの講義（『オロール』、一八九八年十一月二六日）、あるいはビュイッソンの講義（*ibid.*, 一八九八年十二月二日）における混乱も参照。ドレフュス派の新聞は常に、混乱は似非学生によって引き起こされたのであり、真の学生は彼らの側にあると主張している。F. Jayot, *Les étudiants parisiens de 1890 à 1906*, maîtrise dactyl., Université de Paris X-Nanterre, 1973 も参照。

（30）A. de Boisandré, "Rendez l'argent",『リーブル・パロール』、一八九八年十一月二六日。

（31）*Ibid.*, 一八九八年十一月二九日。

（32）アルチュール・メイエは『ゴーロワ』のなかで同じ論法を用いており、それが一八九八年十一月三〇日の『ル・シエクル』における、ルネ・デュブルイユによる以下の反論を引き起こすことになる。「偽りのものであることを主張する反響のなかで彼は、ピカールを擁護する側で抗議の声をあげる知識人を列挙し、そして叫ぶ。——あなた方の側に全員がついているわけではない！　あなたがたの側には、ゾラ、フランス、デュクロ、アヴェ、エルヴュー等々がいる。我々、愛国者、我々の側には、サルセイ、バレス、コッペ、タルメイル、ジャン・ロラン、アルマン・シルヴェストルがいる、と。これらの名前こそ、アルチュール・メイエ氏が自慢すべきではなかったものである。サルセイ氏は、耐え忍び、共和政と真理とを彼の最初の非難の対象として嘲笑している。コッペ氏は、自らのリューマチのことしか考えておらず、教会のなかで暖をとっている。バレス氏およびタルメイル氏は、情勢や事件の推移に流されて失敗した落伍者二人である。ジャン・ロラン氏……、しっ！　そしてアルマン・シルヴェストル氏、彼は、ランプト少佐およびル・ケルピュデュック提督とともに彼が華々しく彩りを加えた陸軍および海軍からのあらゆる同情を受ける権利を有している」("Les patriotes de M. Arthur Meyer")。

(33) Cf. St. Wilson, "Le monument Henry", art. cit., p. 265, および J. -P. Rioux, *op. cit.*, pp. 9-16. フランス祖国同盟は、穏健派が離れていくにつれて、反ユダヤ主義者に接近しながら次第に過激になっていった。コッペとバレスは、二つの勢力範囲の限界において、同盟の最も影響力のある指導者たちの一部をなした。

(34) ポール・ヴァレリーはマルセル・トマの焦点の対象となった。"Le cas Valéry", in G. Leroy (éd.) *Les écrivains et l'affaire Dreyfus, op. cit.*, pp. 103-112. ヴァレリーは当時、戦争省の公務員で、マラルメの火曜サロンに足繁く通うこと以外には、作家として自らを誇示するようなことは何もなかった。

(35) Y. Guyot, "Où sont les vôtres?",『ル・シエクル』、一八九八年十二月一三日。

(36) B. Guinaudeau, "L'intellectuel",『オロール』、一八九八年二月二日、「かつてはこの若き文学者たち全体を利用し、その雑誌や新聞や純真さを有効に使っていたのに、今やその軽蔑をもって彼らを押し潰しているのは、まさに『知識人』の所業である。群集が反ユダヤ主義だと考えるがゆえに、またナンシーの有権者に代議士への選出をまさに要請しようとしているがゆえに、群集にへつらうのは、まさに『知識人』の所業である(…)。」バレスはここで、前衛に近かった彼の当初の文学的立場からするとこれを擁護してしかるべき、ドレフュス主義に対する「裏切り者」として提示されている。バレスの「知識人」のイメージについては、すでに引用されたアンリ・ベランジェの指摘(第一章)を参照。

(37) M. Barrès, "La Patrie française",『ル・ジュルナル』、一八九九年一月二日。

(38) F. de Pressensé, "La nouvelle ligue des patriotes",『オロール』、一八九九年一月二日。

(39) J. Jaurès, "La classe intellectuelle",『ラ・プティット・レピュブリック』、一八九九年一月七日。

(40) Cf. P. Bourdieu, "Questions de politique", *Actes de la recherche en sciences sociales*, 16, février 1977, pp. 55-89.

(41) Cf. St. Wilson, "Le monument Henry", art. cit., p. 266. リュック・ボルタンスキーは、日刊紙『ル・モンド』に送られた告発の手紙について、恒常的な同様のものをあらためて見出している。Luc Boltanski, Yann Darré, Marie-Ange Schiltz, "La dénonciation", *Actes de la recherche en sciences sociales*, 51, mars 1984, pp. 55-89.

(42) Cf. *Hommage des artistes à Picquart, op. cit.*, pp. 38, 42, 46, 48, 49.「すべて皮なめし工」、「アルクイユ＝カシャンのグループ」、「サン＝トゥアンの急進＝社会主義的共和派連合の委員会のメンバー」、「リセ・コンドルセ」、「キエヴリー(ノール県)の者」、「アルザスのグループ」、「シモン商店の雇用人」、等々。

(43) 例えば、「ソルボンヌの副実験室長であるジョルジュ・コロンブ氏は、『義援金に参加したコロンブという名の大学人』ではないと、あらゆる取り違えを避けるために我々に書き送ってきた。」『ル・タン』に記され、P. Quillard, *op. cit.*, p. 147 に再録された注記。

(44) これに、誤植や、同姓同名や、改竄や、あるいは当時、紙誌の組版を急いで作成しなければならなかったことから招来する署名の勝手な記載などから生じる問題がつけ加わる。
(45) J. -P. Rioux, *op. cit.*, pp. *22-27*.
(46) P. Bourdieu, *La distinction, critique sociale du jugement*, Paris, Ed. de Minuit, 1979, pp. 466 et s.,〔＝ピエール・ブルデュー著、石井洋二郎訳『ディスタンクシオン――社会的判断力批判』Ⅱ、藤原書店、一九九〇年、二三二頁以下〕および D. Gaxie, *Le cens caché, inégalités culturelles et ségrégation politique*, Paris, Le Seuil, 1978.
(47) Henry Leyret, "Paris parle, la province bouge",『オロール』、一八九八年十一月二七日。
(48)『リーブル・パロール』、一八九八年十二月一六日。
(49) このようなものとしてリストに名を連ねている労働者についての詳細な分析は、彼らが労働者のなかの特権階級であることを示している。調査のなされた八三一人の現業労働者のうち、四四〇人がメリヤス工、一〇二人が植字工であり、他のほとんど全員もまた熟練工であった。すなわち、五九人が機械工、一一人が宝石の石留め工、八人が皮なめし工、六人がブロンズ仕上げ工、七人が電気工、四人が製本工、四人が職工長、四人がテーラー、三人が宝石工であり、これは全体の三分の二にあたる。職人たちの職もまた高貴なものであった。一二人が高級家具職人、一一人が指物師、一七人が細工師であった。ホワイト・カラーは、出張による営業代理人（四二人）、出張販売員（五五人）、会計士（六六人）から集められている。
(50) ピカールの請願と「統一への呼びかけ」の大学人の署名者とのあいだには、大きく重なっている部分が存在する。この一部分はしたがって、社会主義あるいは反軍国主義の暴走を恐れた穏健なドレフュス派による鎮静化の態度によるものである。しかし反ドレフュス派は、対立する側で参加した何人かの署名者の裏表のある言動を理由に、この呼びかけに参加することを拒絶した。
(51) クレマンソーの論説、"Le Syndicat grandit" を参照。「思想の人間がまず最初に運動に身を投じた。(…)。このように、勲章や、地位や、あらゆる種類の恩顧によって非常に多くの人々をつなぎとめており、その中央集権化が政府を普遍的な分配者としている、官僚中心の我々のフランスにおいて、公衆の扇動の敵である、書斎や実験室の人々、教授たち、学者たちが、臆面もなく冒瀆された権利の擁護のためにすべての人々に対して抗議するに至るまで解放されたのである」（『オロール』、一八九八年一月一八日）。
(52)「お偉方、高位聖職者、候補者、高官に応える、学位所有者、高等教育修了者、中高等教育教授資格者、博士による、不道徳で、虚栄心が強く、うぬぼれで、グロテスクな寡頭政治の再構築」について語る、ドリュモンの論説（『リーブル・パロール』、一八九八年十二月五日）を参照。（P. Quillard, *op. cit.*, pp. 634 et s.「知識人と名づけられた、これらの馬鹿げた傲慢な人々に抗して」も参照）。

(53) その居心地の悪い立場がジャン＝マリー・メイユールによって詳細に分析されているドレフュス派のカトリック教徒は、一般に、この伝統主義的な層の出自ではない。Jean-Marie Mayeur, "Les catholiques dreyfusards", *Revue historique*, n°530, avril-juin 1979, pp. 337-361.

(54) 分断された兄弟の例として、一方が法科ファキュルテの、他方が薬科学校の教授であるボールガール兄弟を挙げることができる。前者はフランス祖国同盟に加入し、後者はドレフュス派の請願に署名している。クロワゼ兄弟もほとんど同じような立場にある。コレージュ・ド・フランス教授のモーリスはフランス祖国同盟に加入し、一方アルフレッドは、文科ファキュルテ長《ドワイヤン》の職にあったためにいかなる文書にも署名しなかったとはいえ、むしろドレフュス派であった。

(55) J. -P. Rioux, *op. cit.*, pp. 28-29, および G. Vincent, "Les professeurs de l'enseignement secondaire dans la société de la Belle Epoque", *Revue d'histoire moderne et contemporaine*, janvier-mars 1966, pp. 49-86.

(56) マティエの、彼の地方リセにおけるヒエラルキーの上位者とのいざこざを参照。J. Friguglietti, *Albert Mathiez, historien révolutionnaire*, Paris, Société des études robespierristes, 1974, p. 41. クレマンソーは、『オロール』の一八九八年一月一八日の論説のなかで、ある圧力の例を引用している。高等教育の教授たちもまた、免がれてはいなかった。大学区長《レクトゥール》の葬儀における弔辞のために停職となった、ボルドーの文科ファキュルテ長《ドワイヤン》スタフェールの例、およびレンヌの教授アンドラードを反ドレフュス派のある学生と敵対させたもめ事を参照。それぞれ、『ラ・プティット・レピュブリック』、一八九八年七月二九日。『オロール』、一八九八年一月二五日。『ル・ジュルナル』、一八九八年一月一九日および二三日（レンヌにおける、ヴィクトル・バッシュに対するデモ）を参照。

(57) 伝記に基づいたタイプの研究がなされるべきであろうが、しかし、二つの人口集団の採用の類縁性からして、高等教育の大学人についての分析から引き出された結論をおそらく追認することになるであろう。

(58) かなりの数の著名な芸術家たちが、例えば、すでに引用された『ピカールへの称賛』という著書に挿絵を描いている。『ルヴュ・ブランシュ』は、芸術家と前衛の文人とのあいだのこの関係の好例である。Cf. A. B. Jackson, *La 'Revue blanche', op. cit.*.

(59) J. Ponty, "La presse quotidienne et l'affaire Dreyfus en 1898-99", *Revue d'histoire moderne et contemporaine*, avril-juin 1974, p. 220. ポール・ブリュラの証言も参照、「出版界の役割は忌まわしいものである。なぜならば出版界は囚われの身になっており、そのほとんど全体が、紙を売ること以外の関心を有していない投機家の手中にあるからである。作家には罪はない。彼らは自らの考えを述べることはできない。その大部分は、わたしは知っているが、寛大さによって動かされており、おそらく再審を支持すべく語るであろう」(*Violence et raison*, Paris, Stock, 1898, p. 17)。

(60) 新聞記者《ピュブリシスト》と定義された個人の地位については、さらにこのピュブリシストという語のあいまいな性格からして、慎重であらねばならない。

(61)『形而上学および道徳学評論』の編集長グザヴィエ・レオン、『哲学年報』の編集長F・ピヨン、『ル・ジュルナル・デ・ゼコノミスト』のD・ベレ、『ルヴュ・ブルー』のH・フェラーリ、『宗教史評論』の幹事でセニョーボスに近いレオン・マリリエ、『芸術雑誌』のJ・ルクレルクの名を挙げることができる。大部数の機関紙にドレフュス派の論説を公刊することの困難さについて、デュルケームが自ら論説を執筆しようと考えた際の彼の証言を参照。「今、誰に申し出ればよいのだろうか？　『パリ評論』は閉ざされている。私には『ルヴュ・ブルー』しか考えられない。ああ！　『ル・タン』が望んでいたならば！　しかしこれはしっかり警戒している。『ル・シエクル』はと言えば、これは無駄金を使うことになる。これを読むのはすでに説得された人々であり、それ以外の人々はこれを読まない。」一八九八年三月二二日の手紙、E. Durkheim, *Textes*, éd. de Victor Karady, Paris, Ed. de Minuit, 1975, tome 2, pp. 423-424 に再録。

(62) Cf. J. -C. Caron, *La jeunesse des écoles à Paris, 1815-1848*, thèse nouveau régime dactyl., Université de Paris I, 1989, tome 3. [J. -C. Caron, *Générations romantiques. Les étudiants de Paris et le quartier latin* (*1814-1851*), Paris, A. Colin, 1991]

(63) P. Quillard, *op. cit.*, それぞれ、pp. 180, 181, 182, 183, 184, 185, 186 および 188.

(64) 一八九八年十一月一三日のL・アヴェへの手紙。Correspondance L. Havet, Bibliothèque nationale, Manuscrits, Nouvelles acquisitions françaises, 22487, ff°90-91. 結局、ある妥協が成立した。テクストは修正されなかったが、しかし事件が新聞に漏れ伝わらないよう、すべての人々が努力した。

(65) 文科と理科の高等師範学校生のあいだの、動員の同様の相違は、第二帝政末期のサント=ブーヴ事件に際してもまた見出される。Cf. R. Fayolle, "Sainte-Beuve et l'Ecole normale : l'affaire de 1867", *Revue d'histoire littéraire de la France*, juillet-septembre 1967, pp. 557-576, とりわけ、p. 564、署名者のリスト。

(66) おそらくこれは、学業コースと政治的意見とのあいだのこの親縁性の構造の、最初の出現であろう。それ以前には、高等師範学校を除いては、文科および理科の学生について語ることはできなかった。これより前の諸体制においては、自由主義的な若者は、法科、医科、さらには理工科学校から集められていた (cf. J. -C. Caron, *op. cit.*)。一九二〇年代については、J. -F. Sirinelli, *Génération intellectuelle, khâgneux et normaliens dans l'entre-deux-guerres, op. cit.*, 第八章を参照。アルジェリア戦争については、"La guerre d' Algérie et les intellectuels français", *Les cahiers de l'IHTP*, n°10, novembre 1988,

とりわけアラン・モンシャブロンの論文 Alain Monchablon, "Syndicalisme étudiant et génération algérienne", pp. 119-129を参照。一九六八年以降の状況については、P. Bourdieu, *Homo academicus*, Paris, Ed. de Minuit, 1984, p. 221〔＝ピエール・ブルデュー著、石崎晴己・東松秀雄訳『ホモ・アカデミクス』藤原書店、一九九七年、二四三頁〕、大学選挙への学生の参加の、ファキュルテごとの比率を参照。

(67) Cf. A. Gérard, *Mémoires*, Paris, Plon, 1922, pp. 307-310. この共和派の外交官は、ドレフュス派であるA・ランとの議論を詳しく記している。ランは、彼らの共通の師であるガンベッタは再審派の側に立ったであろうと主張するのに対して、ジェラールは反対に、ガンベッタは、彼が承認する軍を擁護したであろうと断言する。別の外交官、P・カンボンは、彼の方でも、ドレフュス事件が外国駐在のフランスに引き起こした損害を嘆いている (*Correspondance*, Paris, Grasset, 1940, tome 1, p. 437, "gouvernement de subalternes", および tome 2, p. 25)。

(68) その息子によれば、例えば、高級財務官僚のジョルジュ・ペイエルはドレフュス派であった。いかなるリストにも彼の名前が見出されないことは驚くにはあたらない (Ph. Hériat, *Retour sur mes pas*, Paris, Wesmael Charlier, 1959, p. 13)。

(69) こうして将校たちは、戦争大臣フレシネの指示に明白に背いた。Cf. St. Wilson, art. cit., p. 273.

(70) H・ル＝シャトリエと、選挙への候補者である彼の兄弟とについて、セーヌ＝エ＝オワーズ県知事によってなされた混同に際して、H・ル＝シャトリエは自らの政治的態度を次のように明確にしている。「しかし私の行動は、フランス祖国同盟への署名と調書についての請願への署名という二つの例外を除いて、私の個人的な関係の輪のなかに常に限られていた。私は、代議士とも、いかなる選挙後援会とも、個人的な関係を有したことは決してない。私は、国民にはそれに値する政府が常に存在し、そして政府を改革するための唯一の実践的な方法は習俗を改革することだと考えている。」(一九〇七年十月一三日の手紙、Archives nationales, F14 11 630 および F 12 5188)。彼のエリート主義については、F. Le Chatelier, *Henry Le Chatelier*, Paris, s. éd., 1968, p. 209 を参照。

(71) アルチュール・フォンテーヌについては、Michel Guillaume, "Arthur Fontaine, premier directeur du travail", in F. de Baecque et al., *Les directeurs de ministère en France aux XIXème et XXème siècles*, Genève, Droz, 1976, pp. 82-89 を参照。彼はリュシアン・エールの友人であり、したがって彼を回心させることができた。

第五章　左派「知識人」と右派「知識人」

(1)『ル・ジュルナル』、一八九八年三月一二日。

(2) "Notes d'un byzantin",『ルヴュ・ブランシュ』、XVII, 1898, p. 616.

（3）私の試みに対して向けられた批判の大部分は、あまりに断定的なその性格、あるいは、各個人について考慮に入れられていない二次的な要素に関連する、常にありうる例外に、とりわけ関するものである。しかしこれらの批判は、全体としてのその目的に異議を唱えるものではなく、このことはこの方向性を保持するようにと促してくれるものである。Cf. W. Rabi, "Ecrivains juifs face à l'Affaire", in G. Leroy (éd.), *Les écrivains et l'affaire Dreyfus*, *op. cit.*, p. 22. この著者は、私の見取り図において、もともとの宗教が十分に考慮に入れられていないという点において、私を批判している。M・ヴィノック（"Les affaires Dreyfus", art. cit., p. 22）は、対峙する価値の諸体系を二つの陣営の社会学へと還元していることに異議を唱えている。まさにここで取り上げられている補足的な諸要素は、これが還元ではなく、地位と態度表明とこれら諸価値それ自体の解釈とのあいだの周辺部における一連の作用の全体を考慮に入れた、歴史的な現実の図式間の相同関係であることを示すであろう。ドレフュス主義と反ドレフュス主義とは、論争の超歴史的な恒常性という自らの命題を強調するためにM・ヴィノックが主張するほど、統一されたものではないのである。

（4）例えば、リール・カトリック大学教授、アメデ・ド・マルジュリーの事例を参照（B. Auffray, *Pierre de Margerie et la vie diplomatique de son temps*, Paris, Klincksieck, 1976, pp. 123-124）。

（5）ポール・エルヴューの変節（F. Gregh, *op. cit.*, p. 291 および Ph. Baron, "Paul Hervieu, écrivain dreyfusard", *Cahiers naturalistes*, 43, 1972, pp. 83-105）；「知識人の宣言」への署名の後のジッドの後悔、M. Thomas, art. cit., p. 107；あるいはまたフランス祖国同盟の穏健派の何人かの辞任（J. -P. Rioux, *op. cit.*, p. 35）を参照。

（6）C. Charle, *Les élites de la République*, *op. cit.*, pp. 410-423.

（7）Mary-Jo Nye, "The Scientific Periphery in France : The Faculty of Sciences at Toulouse（1880-1930）", *Minerva*, 13, 1975, pp. 374-404、およびその著書、*Science in the Provinces, Scientific Communities and Provincial Leadership in France, 1860-1930*, Berkeley, UCLA Press, 1986 ; John M. Burney, *Toulouse et son université, Facultés et étudiants dans la France provinciale du 19e siècle*, Toulouse, Presses universitaires du Mirail, Paris, Ed. du CNRS, 1988 ; *L'université de Toulouse, 1229-1929, son passé, son présent*, Toulouse, Privat, 1929、とりわけトゥールーズの法科学校に関するp. 132.

（8）リールの反ユダヤ主義の騒擾におけるカトリックの学生の役割については、St. Wilson, *op. cit.*, p. 112 を参照。リヨンの雰囲気については、A. Louat, *L'universitaire à Lyon de 1870 à 1914*, maîtrise dactyl., Université de Lyon II, 1970, pp. 168-173 を参照。リヨンのドレフュス派の層については、フェルナン・バルダンペルジェの回想（*Une vie parmi d'autres*, Paris, Conard, 1940, pp. 149-150）を、またジョゼフ・レナックの評価、「地方では、カトリックのファキュルテが存在するところではどこでも、分裂が非常に鮮明であった。リールでは、宗教団体による私立の学校の生徒が、ゾラの人形を燃やした」(*Histoire de l'affaire Dreyfus, op. cit.*, tome 3, p. 249) を参照。

（9）Charles Bigot, "Nécrologie de Charles Zévort", *Annuaire de l'association amicale des anciens élèves de l'Ecole normale supérieure*, Paris, Hachette, 1988, p. 28. ボルドーには、のちに公教育省の局長となる、ゼヴォールとリアールという二人の有力な大学区長《レクトゥール》がいた。Mary-Jo Nye, *op. cit.*, 第六章も参照。

（10）Steven Lukes, *Emile Durkheim, His Life and Work*, London, Allen Lane, the Penguin Press, 1973, pp. 333 et s. ; E. Durkheim, *Textes op. cit.*, tome 2, pp. 424-429.

（11）一八九九年六月七日の、ヴィクトル・バッシュからジョゼフ・レナックへの手紙、Bibliothèque nationale, Manuscrits, Papier Reinach, Nouvelles acquisitions françaises, 15579. 一九〇一年には、反ドレフュス派は、レンヌで五九・一％の票を獲得するであろう。レンヌはまた、反ユダヤ主義の騒擾の最も激しかった都市の一つでもある (cf. St. Wilson, *op. cit.*, 図表 p. 108 および注16、p. 121)。

（12）Marcel Prenant, *Toute une vie à gauche*, Paris, Encre, 1980, pp. 12-13. ムルト＝エ＝モーゼル県は、アンリ義援金において第八位の県となり、反ユダヤ主義の騒擾が三日間にわたって繰り広げられた (St. Wilson, *loc. cit.*, p. 110)。Z. Sternhell, *Maurice Barrès et le nationalisme français*, Paris, A. Colin, 1972, pp. 232 et s. および、とりわけ理科の大学人におけるドイツに対するライバル意識の雰囲気について、Mary-Jo Nye, *op. cit.*, 第二章も参照。

（13）ファキュルテ長《ドワイヤン》P・ボワソナードの著書、*Histoire de l'université de Poitiers, 1432-1932*, Poitiers, 1932 の略歴紹介による。

（14）パリ法科ファキュルテ教授の公的な責任については、C. Charle, *Les élites …, op. cit.*, pp. 411-420 を参照。

（15）レヴェイエ、ボールガール、ソーゼ各教授がこれにあたる。ドレフュス主義を支持する方向性を有し得る発言を彼に帰されたファキュルテ長《ドワイヤン》ギャルソネは、あわてて抗議した（『オロール』、一八九八年十二月二日）。

（16）ベルトロのような何人かの偉大な知識人に対する働きかけの失敗について、Nelly Wilson, *Bernard-Lazare…, op. cit.*, pp. 185 et s.

（17）Ch. Andler, *Vie de Lucien Herr, op. cit.*, n. éd. Paris, Maspero, 1977, pp. 69-70. ガブリエル・モノの軌跡について、Ch. O. Carbonell, *op. cit., passim* および M. Rebérioux, "Histoire, historiens et dreyfusisme", *Revue historique*, n°518, avril-juin 1976, pp. 407-432.

（18）以下は、意見の知られている他の教授たちのリストである。ドレフュス派――アルベール・レヴィル（宗教史）、エドゥアール・シャヴァンヌ（中国文学）、フィリップ・ベルジェ（ルナンの後継者、ヘブライ文学）、ミッシェル・ブレアル（サンスクリット）。反ドレフュス派——アンリ・ル＝シャトリエ（無機化学）、アルチュール・シュケ（ドイツ文学）、ポール・フーキャール（ギリシア碑銘学）、オーギュスト・ロンニョン（フランス歴史地理学）、アドリアン・バルビエ・ド・メイナール（アラブ語学）、カミーユ・ジョルダン（数学）。

(19) R. J. Smith, "L'atmosphère politique à l'Ecole normale supérieure à la fin du XIXème siècle", *Revue d'histoire moderne et contemporaine*, avril-juin 1973, pp. 33-44 ; H. Bourgin, *L'Ecole normale et la politique de Jaurès à Léon Blum* (1938), réimp., New York, Gordon et Breach, 1970 ; ラウル・ブランシャールの証言 Raoul Blanchard, *Ma jeunesse sous l'aile de Péguy*, Paris, Fayard, 1961, pp. 204-213、およびポール・ディモフの証言 Paul Dimoff, *La Rue d'Ulm à la Belle Epoque, 1899-1903, mémoires d'un normalien supérieur*, Nancy, Imp. Thomas, 1970, p. 49. ドレフュス派の共和国大統領、エミール・ルーベの公式舞踏会をボイコットした、サン＝シールの陸軍士官学校生および理工科学校生の不在を埋め合わせるために、高等師範学校生が当てにされた。「彼らのほとんど全員がドレフュス派であることが知られていた。」

(20) ルイ・アヴェの書簡のなかの、一八九八年六月二八日のポール・ドゥラリュエルからの手紙（Bibliothèque nationale, Manuscrits, Nouvelles acquisitions françaises, 24493, ff°7-8）、あるいは同じくアヴェのかつての教え子であったデュヴォーの手紙（*ibid.*, 24493 (2), ff°331-332, 一八九八年一月二二日）を参照。前者は、心の奥底では人権同盟に賛同しているが、これに加入することは拒否するということを述べており、また後者は、師が示す論拠にもかかわらずドレフュスの無実を信じていない。

(21) ソルボンヌに対するペギー、あるいはアガトン（*L'esprit de la nouvelle Sorbonne*, Paris, Mercure de France, 1911, pp. 98-99）の攻撃を参照。後者は、任命に関する全面的な影響力をデュルケームに帰している。

(22) クレルモンのアンリ・オゼールは自ら「臆病な群れの牧者」と自称している。(Bibliothèque nationale, Manuscrits, Nouvelles acquisitions françaises, 24494、ルイ・アヴェ宛ての一八九九年七月一八日の手紙)。

(23) E. Durkheim, "L'individualisme et les intellectuels", *Revue bleue*, 2, juillet 1898, pp. 7-13, 引用は p. 10〔= *La science sociale et l'action*, introduction et présentation de Jean-Claude Filloux, PUF, 1970, pp. 261-278 に再録、引用は pp. 269-270. デュルケーム著、小関藤一郎編訳「個人主義と知識人」、『デュルケーム宗教社会学論集』所収、行路社、一九八三年、三五—五三頁、引用は四四頁。エミール・デュルケーム著、ジャン・クロード・フィユー編、佐々木交賢・中嶋明勲訳「個人主義と知識人」、『社会科学と行動』所収、恒星社厚生閣、一九八八年、二〇七—二二〇頁、引用は二一三頁〕。

(24) ソルボンヌの数学者のなかで、プロテスタントのダルブー、および不可知論者であるがカトリックの教育を受けたアペルがドレフュス派であった。信仰を実践する熱心なカトリック信者のエミール・ピカールは、フランス祖国同盟に加入した。ポワンカレは「統一への呼びかけ」に署名した（『ル・タン』、一八九九年一月二六日）。

（25）心の底ではドレフュス派の側にあったが、ラヴィスは、軍との緊密な関係のために、こちらの側に過度に肩入れすることはできなかった。彼の兄弟は大佐であり、また彼自身サン＝シールの陸軍士官学校の試験官であった。彼は、自らの意見を公的に表明しようと望む際には、こうした職務を辞職するべきであると考えた。

（26）とりわけ、フランス祖国同盟において。名誉会長はコッペで、会長はルメートル、代表の一人はバレスであった。作家たちがしたがって、この運動の執行部の三分の一を占めていたのである（J. -P. Rioux, *op. cit.*, p. 33）。

（27）当時の諸宣言において具体化された戦略については、C. Charle, *La crise littéraire*, *op. cit.*, p. 67（メダンのグループ）、p. 103（五人の宣言）、および高踏派ならびに象徴主義に関するR. Ponton, *Le champ littéraire de 1865 à 1905*, *op. cit.*, を参照。主要なテクストは、B. Mitchell, *Les manifestes littéraires de la Belle Epoque, 1886-1914*, Paris, Seghers, 1966 に集録されている。

（28）これらしがない文学者の例として、青少年向けの雑誌『ルヴュ・マム』の寄稿者ピエール・マエル、薔薇叢書の著書の著者フランソワ・デシャン夫人、大衆小説家エクトール・フランスおよびマルク・マリオ、『反教権主義者』の編集長G・プロロ、および同誌の編集者ミッシェル・ゼヴァコの名を引用することができる。

（29）例えば、反ドレフュス派においてはフランシスク・コルビー、もう一方の陣営においてはエドモン・ルジャンティおよびレオ・ルリエーヴル。

（30）「しかし、優れた古文書学者、言語学者あるいは優れた韻律学者、熟達した化学者は『知識人』なのであろうか？　そしてそれはなぜなのだろうか？　シリア語あるいは中国語を習得することは、みすぼらしい人間に「知識人」の資格を与えるのだろうか？　そして、おそらく編纂本にしか過ぎず、これから二五年間、紙の重さによって量り売りされるべく運命づけられている『微生物学概論』には、仲間を評価し、軍を指揮するために必要な知性よりもよりいっそうの知性が求められるとどのように証明されるのだろうか？」（F. Brunetière, "Après le procès", art. cit., pp. 442-443）。左派の「知識人」についての最良の社会学者は、常に右派の「知識人」であり、逆もまたそうである。

（31）ジャン・グラーヴのための請願（第三章を参照）の署名者の年齢構成と、「知識人の宣言」の署名者の年齢構成とのあいだには、大きな類似性が存在することが見出される。とはいえ、二つのリストに同一の人物が見出されるとしても、これに関わる人数の規模が変化しているために、これら同一人物はごく少数となっている。ここに、若き文学者たちの、政治的に極端な立場への恒常的な誘引現象が立証される。

（32）F. Gregh, *op. cit.*, p. 291.

(33) これは、ドレフュス派の反軍国主義に反駁するために、ブリュンティエール（普仏戦争時の一八七〇年に志願兵として戦った）によって引き合いに出された論拠の一つである。反対に、自らの愛国主義を証明するために、何人かのドレフュス派は、自らの名前の後に、普仏戦争への自らの参加について言及した（cf. F. Brunetière, "La nation et l'armée, conférence pour la Ligue de la Patrie française, 一八九九年四月二六日, in *Discours de combat*, Paris, Perrin, 1900, p. 233）。

(34) 当初からのドレフュス派のある人々における無政府主義の影響は、この反軍国主義の原因ともなった。これらの人々にとって、軍は国防の手段ではなく、社会的な抑圧の手段であった（ベルナール＝ラザールとピカールとのあいだの険悪な関係について、**N. Wilson**, *op. cit.*, p. 163を参照）。

(35) ブリュンティエール、注（33）に引用された講演、p. 225。

(36) 第三章、デカーヴ事件を参照。デカーヴと、スキャンダルを引き起こした反軍国主義の別の著書の著者であるアベル・エルマンは、ドレフュス派のなかに名を連ねている。一八六〇年代に生まれた世代の、ドイツに対する精神状態の変化については、**C. Digeon**, *La crise allemande de la pensée française*, Paris, PUF, 1959, pp. 386-387を参照。

(37) **R. Ponton**, *op. cit.*, pp. 47 et s. これは、当初からドレフュス派であったベルナール＝ラザールおよびP・キヤールの例である。

(38) ゾラの事件の後の、文芸家協会における紛争を参照（『オロール』、一八九八年三月二八日および『ラ・プティット・レピュブリック』、三月三〇日）。

(39)『ル・タン』、一八九九年一月二日の、ラヴィスの手紙。

(40) こうして、ドレフュスの無実を確信することとなったエリー・アレヴィは、宗教的な少数派への自らの二重の帰属のために、態度を明らかにすることになおもためらいを感じていた。この宗教的な少数派への二重の帰属ということは、彼によれば、自らの判断を歪めるおそれがあったのである。「私は、日曜日まで、彼の無実という可能性を考えることを拒否していた。しかし私の良心に、耐えられない疑いがのしかかり始めた。ドレフュスは、たとえ有罪であるとしても、恐るべき陰謀の犠牲者だったのである。しかし私の名前はユダヤ系の名前で、そして私はプロテスタントである。私は排他的閉鎖集団の幻覚に惑わされているのではないだろうか？　早く私に返答してください。というのも、まさに今、私にとって生はおぞましいものとなっているのだから。」セレスタン・ブーグレへの手紙、一八九七年十二月四日、Michèle Bo Bramsen, *Portrait d'Elie Halévy*, Amsterdam, B. R. Grüner, 1978, p. 63における引用。ドレフュス事件において社会参加を拒絶したユダヤ系知識人の最も著名な例は、結婚によってユダヤの上流社会に結びついたベルクソンのものである。彼においては、後の他のあらゆる彼の態度表明が示すように、非政治主義の原則ということがあるいは考えられるかもしれない。

(41) C. Charle, “Champ littéraire et champ du pouvoir...,” art. cit., pp. 254-258.

(42) 一八九三年頃のカルティエ・ラタンにおけるバレスの人気について、前章および、C. Doty, *From Cultural Rebellion to Counterrevolution, The Politics of Maurice Barrès, op. cit.*, p. 126を参照。前衛および左派の社会主義とのバレスの絶縁は、社会主義の公認候補に彼が挑み、自らの態度表明を地区の方向性に順応させた、ヌイイ＝ブーローニュの補欠選挙をめぐって、一八九六年以降生じた。同様に、彼が自らの小説『根こぎにされた人々』の意味づけを、ドレフュス事件が広める機会となるナショナリスト的なイデオロギーを擁護するためのものへと修正するのは、この時からである（*ibid.*, p. 154）。バレスに対する当初の崇拝にもかかわらず、レオン・ブルムは、『ルヴュ・ブランシュ』における『根こぎにされた人々』の書評のなかで、今や二人を引き離しているイデオロギー的な断絶をはっきりと知覚している。驚くべきことはしたがって、彼が『ドレフュス事件の回想』*Souvenir sur l'Affaire*（Paris, Gallimard, 1935, pp. 88-89）のなかで、バレスが最終的にドレフュス派に向けた拒否について自問していることである。

(43) 四〇年後のマルローの道程は、二人の作家がそれぞれの時代の文学界のなかで置かれた状況の相同性のゆえに、多くの点で似通っている。シュールレアリストたちの友人で、共産主義者および左派知識人の同行者であったマルローは、バレスとは異なって、ド・ゴールを自らの偉人とし、ド・ゴールはマルローを主要人物との親交のある者として、この王たちの友で、哲学＝王の夢である、文化大臣に据えたのである。これは、ド・ゴール主義の共和主義的君主政によって実現されたことであった。

(44) 『ラ・プティット・レピュブリック』一八九四年三月九日、およびHenri Dabot, *Calendriers d'un bourgeois du Quartier latin*, deuxième série, Paris, Imp. A. Doal, 1905, p. 143.

(45) Stéphane Mallarmé, *Correspondance*, tome X, novembre 1897-septembre 1898, éd. par Henri Mondor et L. J. Austin, Paris, Gallimard, 1984, p. 108（一八九八年二月二三日の手紙）。

(46) G. Perrot, “Notice sur la vie et les travaux d'Auguste Longnon”, *Comptes rendus des travaux de l'Académie des inscriptions et belles-lettres*, 1913, pp. 596-635. ロンニョンの排外主義については、コレージュ・ド・フランスにおける一八八九年十二月四日の彼の講義“De la formation de l'unité française”, Maurice Agulhon, *Leçon inaugurale de la chaire d'histoire de la France contemporaine*, 一九八六年四月一一日、Paris, Collège de France, 1986, p. 10による引用を参照。

(47) Maurice Holleaux, “Notice sur la vie et les travaux de Louis Havet”, *Recueil de l'Institut*, 1939, n°21 bis, 45 pages, および Bibliothèque nationale, Manuscrits, Nouvelles acquisitions françaises, papiers L. Havet, 24486-24509.

（48）Mme E. Duclaux, *La vie d'Emile Duclaux*, Laval, Barnéoud, 1906。リシェにおける純粋科学のイデオロギーについては、Charles Richet, *Le savant*, Paris, Hachette, 1923、特にp. 45を参照。

（49）Archives nationales, F7 13229の、フランス祖国同盟の集会の報告を参照。

（50）Cf. Albert Réville, "Psychologie de l'affaire Dreyfus",『ル・シエクル』、一八九八年十月五日。「おそらく人々は後に、それ自体は非常に個人的なもので、もっぱら司法に関わる問題について、われらが国民が、人数においては不均等ではあるが知的および道徳的な価値においては互角で、同じように熱情にあふれ、同じように頑固な二つの陣営に分断され、その状態が、誰も予見できなかった青天の霹靂に似た諸事件によって当初は少数派であった側に意見のバランスが決定的に傾く時点まで続くことにどうしてなったのか、納得するのにいくらかの困難を覚えることであろう。」

（51）ブーグレは、例えば、ある講演のなかで、「これこそ、我々の活力いっぱいの真の教授である。彼らを我々に提供するのは民衆である。」と叫んでいる。(*Pour la démocratie française*, Paris, Cornély, 1900, p. 101)。

（52）「わたしは、我々の軍を『我々の国民統一の紐帯』と呼ぶことを恐れない。そしてそれがゆえに、我々研究あるいは書斎の徒は『残虐非道な人』でも、独裁者でも、権力の追従者でもまったくなく、またそれがゆえに、軍が攻撃された暁には、我々は我々における我々の存在全体において、反抗の運動へと蜂起すると感じるのである」(Brunetière,Conférence pour la Ligue de la Patrie française à l'Union pour la paix sociale à Lille, 一八九九年三月一五日、in *Discours de combat op. cit.*, pp. 178-179)。

（53）「そして、取るに足りない『知識人』が、今度は彼の方で自らの大切な研究を放棄することとなり、そして兵舎で彼が最初に与えられる義務は、その虚栄心をしぼませることなのである。そこでは、知性が一つの力であるとしても、これと同等の、さらにはこれよりも価値の高い他の力も存在する、ということが教えられる」（ブリュンティエール、注（33）に引用された講演、p. 233)。

（54）C. Bouglé, *loc. cit.*

（55）*Ibid.*, p. 137、「あなたは防波堤の側にあるのか、それとも波の側にあるのか？」ミシュレへの参照は、p. 139に見出される。バレスにおける、「外人」による堕落については、*Scènes et doctrines du nationalisme, op. cit.*, p. 52（ゾラのイタリア系の出自に関して）、およびp. 64（「ジャン・プシカリあるいは外人」）を参照。

結　論

（1）Cf. Dietz Bering, *Die Intellektuellen. Geschichte eines Schimpfwortes*, Stuttgart, Klett-Cotta, 1978.

（2）一八九五年に、K・カウツキーの研究 "Le socialisme et les carrières libérales" の翻訳者は、注で、「このテクストはインテリゲンツ *Intelligenz* について書かれている。この語は、弁護士、判事、教授、牧師、技師、被雇用者等々、いくらか高度な教育を受けた人々すべてを包含している。ロシア語、イタリア語、スペイン語にはこれに相等する表現が存在するが、フランス語には存在しない。本論文では、インテリゲンツ *intelligenz* という語をそのまま保持することとし、文脈によってそのすべての意味が付与される」（強調は原文、*le Devenir social*, n°2, mai 1895, p. 8）と説明している。第一章で見たように、すでに数年来、とりわけ小雑誌において用いられてきた「知識人 intellectuel」という新語は、社会学的に一致するドイツ語の言葉に相等する語とは考えられていなかったことが見て取れる。

（3）Cf. Michael Confino, "On Intellectuals and Intellectual Tradition in 18th and 19th Centuries Russia", *Daedalus*, 1972, 1, pp. 117-149.

（4）「高級」および「低級」インテリゲンツィアについて語る、Régis Debray (*Le pouvoir intellectuel en France*, Paris, Ramsay, 1979) を参照。

（5）雑誌『アーギュマン』の、知識人に関する号、1960, 4, n°20, p. 34 に引用されている、モスクワで刊行された『哲学事典』の以下の定義を参照。「知識人は、知的労働に専心する人々から構成される、中間的な社会階層を形成する。この社会階層は、技師、技術者、弁護士、芸術家、教員、学術労働者を包含する。知識人が個別の階級となったことは決してない。なぜならば知識人は、社会的生産のシステムのなかで独立した地位を有してはいないからである。」ここで定義されている集団は、理解されるように、国立統計経済研究所（INSEE）がその分類の「自由業—上級管理職」というカテゴリーに包括していたものにまさしく対応する。

（6）James Mac Clelland（"Diversification in Russian-soviet Education"）および Charles Timberlake（"Higher Learning, the State and the Professions in Russia"）, in K. H. Jarausch（ed.）, *The Transformation of Higher Learning*（*1860-1930*）, Stuttgart, KlettCotta, それぞれ pp. 180-195 および 321-344〔＝橋本伸也訳「ロシア・ソビエト高等教育における多様化」および青島陽子訳「ロシアにおける高等教育・国家・専門職」、コンラート・ヤーラオシュ編、望田幸男・安原義仁・橋本伸也監訳『高等教育の変貌一八六〇—一九三〇』昭和堂、二〇〇〇年、一七三—一八六頁、および三一一—三四三頁〕が示すように、ロシア、次いでソヴィエトの大学システムがその犠牲となった、政治的な思惑に応じた権威的な操作は、インテリゲンツィアの自律性の喪失と、この機能主義化とを説明づけている。フランス語的な意味での「知識人」はしたがって、周縁化されたのである。

（7）Cf. Arno J. Mayer, *La persistance de l'Ancien Régime: l'Europe de 1848 à la Grande Guerre*, フランス語訳, Paris, Flammarion, 1983〔原著 *The Persistence of the Old Regime: Europe to the Great War*, New York: Pantheon Books, 1981〕また同様に、Hannes Siegrist (hg.), *Bürgerliche Berufe*, Göttingen, Vandenhoeck et Ruprecht, 1988、およびJ. Kocha (hg.), *Bürgertum im 19. Jahrhundert, Deutschland im europäichen Vergleich*, Munich, DTV, 1988, 3 vol.〔＝ユルゲン・コッカ編著、望田幸男監訳『国際比較・近代ドイツの市民――心性・文化・政治』ミネルヴァ書房、二〇〇〇年。原著（全三巻、一九八八年）第三巻の全訳に、第一巻に付された「はじめに」と「序章」を付加〕を参照。

（8）Cf. Marcel Thomas, "Le cas Valéry", art. cit., p. 108：「我々はこの素晴らしいものを持つだろうか、権威主義的で専門主義的な体制を？」（一八九八年三月の、ポール・ヴァレリーからアンドレ・ジッドへの手紙）。

（9）Cf. Fritz K. Ringer, *The Decline of the German Mandarins*, Cambridge (Mass.), Harvard U. P., 1969〔＝F・K・リンガー著、西村稔訳『読書人の没落――世紀末から第三帝国までのドイツ知識人』名古屋大学出版会、一九九一年（抄訳）〕；Ch. Mac Clelland, *State, Society and University in Germany*, Cambridge, Cambridge U. P., 1980；John Craig, *Scholarship and Nation Building, The Universities of Strasbourg and Alsatian Society* (*1870-1939*), Chicago, The University of Chicago Press, 1984.

（10）こうして、一九〇一年のスパーン事件（政治的な目的をもって、教授会の意見に反してカトリックの教授を職権によって任命しようとした計画）は、モムゼンの発意によって、ドレフュス派「知識人」の請願に、理由は異なるにしても、方法は類似する署名キャンペーンを引き起こした。しかし、教授たちの最終的な後退と、彼らが自らのものであると見做していた、政府との連帯の義務に背くという彼らの恐れとは、彼らにおける現実の政治的な自律性の欠如を際立たせている（John Craig, *op. cit.*, pp. 147-157）。

（11）Ch. von Ferber, *Die Entwicklung des Lehrkörpers der deutschen Universitäten und Hochschulen, 1864-1954*, Göttingen, Vandenhoeck et Ruprecht, 1956, 表二六, p. 177、およびC. Charle, "Le champ universitaire parisien à la fin du 19ème siècle", *Actes de la recherche en sciences sociales*, 47-48, juin 1983, p. 78.

（12）Cf. Priscilla P. Clark, "Literary Culture in France and the United States", *American Journal of Sociology*, vol. 84, n°5, march 1979, pp. 1057-77.

訳者あとがき

本書は、Christophe Charle, *Naissance des « intellectuels », 1880-1900*, Les Éditions de Minuit, 1990 の全訳である。

著者のクリストフ・シャルル氏は一九五一年の生まれ、一九七三年に中・高等教育教授資格《アグレガシオン》、一九七五年に第三課程博士号（指導教官ピエール・ヴィラール）、一九八六年に国家博士号（指導教官モーリス・アギュロン）を取得し、現在はパリ第一大学（パンテオン＝ソルボンヌ）の現代史の教授で、近現代史研究所（Institut d'histoire moderne et contemporaine, IHMC, 高等師範学校［ＥＮＳ］内にある、国立科学研究センター［ＣＮＲＳ］、コレージュ・ド・フランスとの合同研究組織）の研究所長であり、また大学所属の優れた研究者が選出されるフランス大学学院（Institut universitaire de France）のメンバーでもある。二〇〇一年には、国立科学研究センター［ＣＮＲＳ］より、優秀な人文社会科学者に与えられる銀のメダルも得ている。業績は数多く、これまでに刊行された著作として、

La Crise littéraire à l'époque du naturalisme, roman, théâtre, politique, Presses de l'École normale supérieure, 1979『自然主義の時代における文学の危機、小説、演劇、政治』

Les Hauts fonctionnaires en France au XIXe siècle, Gallimard, 1980『十九世紀フランスの高級官僚』

Les Professeurs de la Faculté des lettres de Paris, dictionnaire biographique, volume 1 : 1809-1908, Éditions du CNRS-INRP, 1985『パリ文科ファキュルテの教授たち、伝記的事典、第一巻　一八〇九年―一九〇八年』

Les Professeurs de la Faculté des lettres de Paris, dictionnaire biographique, volume 2 : 1909-1939, Éditions du CNRS-INRP, 1986『パリ文科ファキュルテの教授たち、伝記的事典、第二巻　一九〇九年―一九三九年』

Les Élites de la République (*1880-1900*), Fayard, 1987『共和政のエリートたち（一八八〇年―一九〇〇年）』

Les Professeurs du Collège de France, dictionnaire biographique : 1901-1939 (en collaboration avec Eva Telkes), Éditions du CNRS-INRP, 1988『コレージュ・ド・フランスの教授たち、伝記的事典　一九〇一年―一九三九年』

Les Professeurs de la Faculté des sciences de Paris, dictionnaire biographique : 1901-1939, Éditions du CNRS-INRP, 1989『パリ理科ファキュルテの教授たち、伝記的事典　一九〇一年―一九三九年』

Naissance des «intellectuels» (*1880-1900*), Éditions de Minuit, 1990『「知識人」の誕生（一八八〇年―一九〇〇年）』（本書）

Histoire sociale de la France au XIXe siècle, Seuil, 1991, n. éd. Augmentée, 2001『十九世紀フランス社会史』

La République des universitaires (*1870-1940*), Seuil, «L'Univers historique», 1994『大学人たちの共和国（一八七〇年―一九四〇年）』

Histoire des universités (en collaboration avec Jacques Verger), PUF, «Que sais-je?», 1994『大学の歴史』

Les Intellectuels en Europe au XIXe siècle. Essai d'histoire comparée, Seuil, «L'Univers historique», 1996, 2e éd. Augmentée, «Points Histoire», 2001『十九世紀のヨーロッパにおける知識人。比較歴史学試論』

Paris fin de siècle. Culture et politique, Seuil, «L'Univers historique», 1998『パリ世紀末、文化と政治』

La crise des sociétés impériales, 1900-1940, Allemagne, France, Grande-Bretagne. Essai d'histoire sociale comparée, Seuil, «L'Univers historique», 2001『帝国社会の危機、一九〇〇年―一九四〇年、ドイツ、フランス、イギリス。比較社会史試論』

Le siècle de la presse (*1830-1939*), Seuil, «L'Univers historique», 2004『出版の世紀（一八三〇年―一九三九年）』

などがあり、また編著として、

Le Personnel de l'enseignement supérieur en France aux XIXe et XXe siècles, (en collaboration avec Régine Ferré), Éditions du CNRS, 1985『十九世紀および二十世紀のフランスにおける高等教育の教職員』

Sozialer Raum und akademische Kulturen. Studien zur europäischen Hochschullandschaft im 19. und 20. Jahrhundert. À la recherche de l'espace universitaire européen. Études sur l'enseignement supérieur aux XIXe et XXe siècles，(avec Edwin Keiner et Jürgen Schriewer)，Francfort，Peter Lang，1993『ヨーロッパの大学空間を求めて。十九世紀および二十世紀の高等教育についての研究』

Histoire sociale，Histoire globale? Actes du colloque de l'IHMC，Éditions de la Maison des sciences de l'homme，1993『社会史、全体史？』

Les Universités germanique，XIXe-XXe siècles，numéro spécial de la revue *Histoire de l'Éducation*，mai 1994，n°62，Institut national de recherche pedagogique『ドイツの大学、十九世紀―二十世紀』、『教育史』特別号

La France démocratique. Mélanges en l'honneur de Maurice Agulhon，(avec J. Lalouette，M. Pigenet et A. -M. Sohn)，Publications de la Sorbonne，1998『民主的フランス。モーリス・アギュロン記念論文集』

Capitales culturelles，Capitales symboliques，Paris et les expériences européennes XVIIIe-XXe siècles，(avec Daniel Roche)，Publications de la Sorbonne，2002『文化資本、象徴資本、パリと、ヨーロッパの経験、十八世紀―二十世紀』

Capitales européennes et Rayonnement culturel (*XVIIIe-XXe siècles*)，Éditions Rue d'Ulm，2004『ヨーロッパの資本と文化の波及（十八―二十世紀）』

などがある。さらにこれらの著作のうち、一九九一年の『十九世紀フランス社会史』はイギリスで翻訳が、一九九六年の『十九世紀のヨーロッパにおける知識人。比較歴史学試論』はスペイン、イタリア、ルーマニアで翻訳が、ジャック・ヴェルジェ氏と共著の一九九四年の『大学の歴史』は韓国で翻訳がそれぞれ刊行されている。一方、シャルル氏は現在アレゼール（高等教育と研究の現在を考える会、Association de réflexion sur les enseignements supérieurs et la recherche，ARESER）の代表をつとめており、上記のような歴史的な諸研究ばかりでなく、そこから得られた視点も踏まえながら、現実の状況に対する提言も行っている。「知識人」を研究対象とするばかりでなく、いわばシャルル氏

本人が「知識人」として行動しているわけである。なおこのARESERは一九九七年に、*Quelques diagnostics et remèdes urgents pour une université en péril* を Raison d'agir から出版しており、この翻訳は、アレゼール日本編『大学界改造要綱』（藤原書店、二〇〇三年）二四五―三三五頁に、岡山茂・中村征樹訳「危機にある大学への診断と緊急措置」として訳出されている。また同書一六七―二二三頁には、シャルル氏へのインタヴュー、「真にグローバルな大学改革へ向けて」も収録されている。すでに何度か来日もしているが、一九九五年一〇月に東京の日仏会館で開催された「社会科学の方法に関する日仏会議」に招待された折の、本書の主題との関わりも深い講演、「ドレフュス事件以降のフランス知識人――政治的記憶の主体／構成要素としての」は、この会議の他の諸報告と合わせて、『思想』一九九七年二月号（荻野文隆訳、三四―五九頁）に訳出されている。

本書は、本文（序論、注6）にも記されているように、一九八七年に刊行された『共和政のエリートたち（一八八〇年―一九〇〇年）』とともに、一九八六年に最終審査を受けた国家博士論文『フランスにおける知識人とエリート（一八八〇年―一九〇〇年）』をもとにしている。本書以降、『大学人たちの共和国（一八七〇年―一九四〇年）』などでさらに詳細に展開されることとなる大学論、『十九世紀のヨーロッパにおける知識人。比較歴史学試論』に見られるような、ヨーロッパを視野に入れてより広いパースペクティヴで論じられる知識人論、『パリ世紀末、文化と政治』で様々な側面から論じられる文化と政治・社会の関係など、その後のシャルル氏の研究の出発点の一つをなしていると言うことができるであろう。

フランスにおける「知識人」の誕生に際しては、常にドレフュス事件に立ち返って、それを出発点として議論が展開される。ドレフュス事件とは、第三共和政下の一八九四年にユダヤ系の将校アルフレッド・ドレフュス陸軍大尉（一八五九年―一九三〇年）がドイツへのスパイをはたらいた嫌疑で逮捕されたことから始まり、当時のフランス社会を二分する大きな社会的対立を生み出した事件である。第三共和政は、普仏戦争の敗北の後、ナポレオン三世の第二帝政が倒れたことを受けて成立した政治体制であり、戦勝国ドイツへのライバル意識と復讐心が、ドレフュス事件をひき起こした底流にある背景としてまず指摘できる。成立期の第三共和政は安定を見ることがなかなかできず、例えば一八八七年から一八八九年にかけては、普仏戦争での敗北の復讐をはかる元陸相ブーランジェ将軍の率いる右翼勢力によって、国民の反独感情を利用して共和政を倒し、軍部独裁勢力を樹立することが企てられたブーランジェ事件も起きている。ブーランジェ事件やドレフュス事件に見られるのは、共和派と、カトリックや王党派などの伝統的、保守的な勢力を中心とする反共和派との対立である。ドレフュス事件は、こうした共和派と反共和派との間の対立という背景のなかで、当時存在していた反ユダヤ感情をもとに、ドイツへの復讐感情を踏まえてドイツへのスパイを口実として、ドレフュス大尉をいわばスケープゴートとして逮捕することから起こった事件であった。今日では、ドレフュス逮捕の容疑事実とされた、軍の機密の記された明細書はドレフュスが書いたものではなく、エステラジーによって偽造されたものであったことが明らかにされており、ドレフュスは無実の罪で逮捕された冤罪であったことが知られている。

しかしそこに至るまでの道のりは遠かった。ドレフュスは一八九四年一二月の軍法会議で軍籍位階を剥奪され、南米ギアナ海岸の悪魔島での無期禁固に処せられ、以後四年半の間、当地での、精神的にも肉体的にも過酷な状況の下におかれた。レンヌでの軍法会議でドレフュスの再審がなされ、再度ドレフュス有罪の判決が下されたものの、大統領令によるドレフュスの特赦がなされたのが一八九九年、破毀院においてレンヌ軍法会議の判決が破毀され、ドレフュスの無罪が言い渡され、最終的に名誉回復がなされるのは一九〇六年のことであった。こうした長い道程のなかで、一八九八年一月に『オーロール』紙に掲載された、ドレフュスの再審を求めるドレフュス派の側からのエミール・ゾラによる「共和国大統領フェリックス・フォール氏への手紙」(「われ弾劾す」)は事件の転機をなし、それまで世論のなかで劣勢であったドレフュス派が勢いを取り返して、再審への道が開けていくこととなるのである。この手紙が掲載された翌日、ゾラのこの手紙に賛同し、ドレフュスの再審を求める一般人の署名による抗議の声明が発表され、のちにこれを、反ドレフュス派の主要人物の一人であるモーリス・バレスが自らの論文のなかで「知識人の抗議文」と呼んだことから、「知識人」という概念が生まれることとなった。したがって、多くの芸術上の運動がそうであったように、知識人という呼び名はそれに敵対する側から名付けられたものだったのである。

またドレフュス事件を通じてドレフュス派と反ドレフュス派との間で争われたのは、フランス社会、フランス国家のあり方をめぐる根本的な理念であった。ドレフュス派の知識人にとっては、フランスが革命の成果と人権宣言に忠実でないとしたら、それはもはやフランスではない。他方、反ドレフュス派の知識人は、フランスが弱体化し分裂してしまい、国家が存在しないか、外敵に対して弱められるようであれば、それはもはやフランスではないと考える。これは個人と国家のいずれを優先するかという論争であり、また、ある理想にもとづいた政治体制としてのフランスと、永遠の実体としてのフランスという二つのフランスの対立でもあった。さらにこれは、フランス革命以降百年のフランス社会における論争を反映するものでもあり、一方に人権を支持し、個人の権利が国家理性に優先すると考える人々（ドレフュス派）と、反対に、人民をつなぐものとしての国家を全てに優先させる君主制の理念に忠実な人々（反ドレフュス派）とがいるのである（先に触れた、『思想』一九九七年二月号掲載のシャルル氏の論文を参照）。

現代のフランスでもドレフュス事件は時代を画する重要な事件として認識されており、ドレフュス事件勃発から百年を経た一九九四年には出版界等でもこれが大きく取り上げられた。また本年二〇〇六年六月には、百年前のドレフュス無罪判決を記念して、破毀院においてシンポジウムが開催される。

さて、このようなドレフュス事件の状況のなかからフランスにおいて「知識人」が誕生してくるわけであるが、本書一六頁以下でシャルル氏自身が概観として示しているように、まず本書第Ⅰ部では、「知識人」の出現の全体的な条件の分析、いわば「知識人」以前の知識人の分析がなされ、続く第Ⅱ部では、「知識人」という表象を核として潜在的集団が結集していく過程と、「知識人」をめぐる政治的・社会的な論争や闘争が分析される。

まず最初にシャルル氏が行うのは、「知識人」以前に「知識人」と同様の社会的な役割を担った人々、すなわち「文人」、「詩人」、「芸術家」、「科学者」、「哲学者」などについてその系譜的な流れをまず検討する。この分析を通じて、フランスにおいては「知識人」を生み出す素地がそれ以前から存在していたことが明らかにされる。

しかし、ドレフュス事件期の「知識人」とそれ以前の人々との間には、決定的な相違も存在していた。それは、「知識人」の誕生を支える、文学界、芸術界、学問界等を含んだ、広い意味での知識界の拡大と変容である。したがってシャルル氏が本書で試みるのは、著名な知識人を取り上げて論じる、知識人についてのいわば「英雄史」とでも言うべきものではなく、知識人の存在基盤のあり方やその変化に注目する構造的な分析である。こうした文脈のなかで、十九世紀末の第三共和政において進められた高等教育改革によってその数を増大させることとなる若手の大学教員や学生のもたらす社会的なインパクトや、知的ヒエラルキーのなかで各人が占めている位置が有する意味などが論じられ、それらがいかに各々のとる行動に結びついていくかということが明らかにされる。また、芸術家などにおける従来の庇護関係が崩れていき、広い意味での知識界においても職業の「産業化」が進んでいくなかで、社会的認知を求めて各人がとる戦略という側面にも、「知識人」の誕生をもたらすこととなる各人の行動の理由が見出される。さらに「エリート」という人物像と、新たに生まれてきた「知識人」という人物像との対比ということも、重要な軸の一つをなしている。こうした分析の基本にある視点は、ブルデュー的な意味での界《シャン》の概念であると言うことができよう。それぞれの界のなかでの各人の位置、また知識界と政治界など並立する複数の界の相互間の関係といった観点から、「知識人」の誕生をもたらすこととなる諸行為、諸現象が説明されていくのである。また、指導層の変容や大衆の存在意義の増大などに着目して論が展開されているところも注目される。そして、ドレフュス事件の進展のなかでなされる諸署名運動を対象として、統計的な分析が行われ、そこに見出される戦略や社会的な意味が明らかにされていく。取り上げられているのは、ドレフュス派の側での「知識人の宣言」、「ピカールのための請願」、反ドレフュス派の側での「フランス祖国同盟」、「アンリ記念碑のための義援金」、中立的な立場から和解を目指す「統一への呼びかけ」である。これらの分析を通じて、ある個人の有名度といった「質」の重視から、人数の多さといった「量」の重視へという転換がなされるといった興味深い指摘や、相対的にすでに地位の確立していた人々が多かった反ドレフュス派に対抗して、ドレフュス派がいかに勢力を伸張していくかという様子が描き出されるのである。こうして、「知識人」を鍵概念としながら、現代に通じる社会の大きな変化が説得的に論じられる。

なおシャルル氏自身は同時に、自らの拠って立つディシプリンとしての学問的な基盤は歴史学であるということに非常に自覚的であるということも強調しておきたい。

本書の翻訳は、そもそも訳者が大学院在学中に加藤晴久先生のゼミで取り上げられたところから始まった。ゼミでは参加者が訳文を作成し、それに加藤先生が内容を説明しながら朱を入れていった。このようにして全体の約三分の二の部分まで読み進められていたのだが、参加者の多くがフランスに留学したことなどもあり、しばらく翻訳は中断状態にあった。その後、加藤先生より、私が「訳者代表」として残りの部分の翻訳を進め、この翻訳を完成させるようにとのお話をいただいた。それ以来、何年もの時間が経ってしまい、著者のクリストフ・シャルル先生、ご紹介いただいた加藤晴久先生、藤原書店の藤原良雄社長、編集を担当していただいた清藤洋さん、阿部啓さん、山﨑優子さんには本当に多大のご心配とご迷惑をおかけした。ゼミで読んだ部分も、今回、あらためて私が訳文を作り直し、残りの部分は私があらたに訳出した。当時のゼミ仲間の了解をいただきたい。以上の事情から翻訳の文責はすべて私にある。誤りの少ないことを願っている。また、誤りがあれば、是非ご指摘いただければ幸いである。

二〇〇六年四月

白鳥義彦

図表一覧

レルミナ, ジュール　Lermina (Jules)　59, 61

ロエヴ, ルイ　Loew (Louis)　173
ローグ, ウィリアム　Logue (William)　305n
ローマン　Laumann (E. M.)　287
ローレンツ, オットー　Lorenz (Otto)　232, 236-237, 239, 289, 241, 301n
ロシェル, クレマン　Rochel (Clément)　287
ロック, マリオ　Roques (Mario)　104, 307n
ロッシュ, ダニエル　Roche (Daniel)　293n, 301n
ロニー兄弟　Rosny (frères)　53
ロニー (兄)　Rosny aîné (J. H.)　53, 63, 115, 127-128
ロビケ　Robiquet (P.)　304n
ロビシエ　Robichez (J.)　301n
ロベール, ギュイ　Guy Robert　310n
ロラン, ジャン　Lorrain (Jean)　127, 151-152, 185, 241, 287, 317n
ロラン, ロマン　Rolland (Romain)　306n
ロワナール, ピエール=ナポレオン　Roinard (P.-N.)　118, 287
ロンニョン, オーギュスト　Longnon (Auguste)　254, 325n, 328n

ワ　行

ワイツ, ジョージ　Weisz (George)　297n, 300n, 306n
ワルター, エリック　Walter (Eric)　293n

リシュリュー（枢機卿） Richelieu（cardinal de） 169
リタリアン, ルネ Litalien (René) 104
リッシュブール, エミール Richebourg (Emile) 124
リトレ, エミール Littré（Emile） 32, 42, 74-75, 78, 86, 300n, 303n-304n
リボ, アレクサンドル Ribot（Alexandre） 303n
リュース, マクシミリアン Luce（Maximilien） 287, 313n
リヨテ Lyautey (Hubert) 263
リヨン, ジョルジュ Lyon（Georges） 178, 218
リンガー, フリッツ Ringer（Fritz K.） 264, 331n

ルア Louat (A.) 323n
ルイ・ボナパルト Louis Buonaparte 92
ルー, ジョン Lough (John) 300n
ルヴァン=ルメール, リュセット Levan-Lemesle (Lucette) 271
ルークス, スティーヴン Lukes（Steven） 324n
ルーベ, エミール Loubet (Emile) 325n
ルグヴェ, エルネスト Legouvé（Ernest） 168
ルグラン, マルク Legrand (Marc) 287, 312n
ルクリュ, エリゼ Reclus（Elisée） 148-150, 287, 313n
ルクリュ兄弟 Reclus (frères) 148
ルクレルク, ジュリアン Leclercq（Julien） 287, 321n
ル・コック Le Coq (M.) 287
ル＝ゴフ, ジャック Le Goff（Jacques） 291n-294n
ル=シャトリエ Le Chatelier (F.) 322n
ル=シャトリエ, アンリ Le Chatelier (Henry) 208, 322n, 325n
ルジャンティ, エドゥアール Legentil (Edouard) 118
ルジャンティ, エドモン Legentil (Edmond) 326n
ルソー, ジャン=ジャック Rousseau（Jean-Jacques） 131
ルテ, アドルフ Retté（Adolphe） 120, 148, 287
ルドネル, ポール Redonnel (Paul) 141
ルナール, ジュール Renard (Jules) 251, 287
ルナン, エルネスト Renan（Ernest） 30, 32-36, 37, 60, 73-74, 76-77, 177-178, 250, 298n-299n, 311n, 316n, 324n
ル・プレー, フレデリック Le Play (Frédéric) 143
ルベリウー, マドレーヌ Rebérioux（M.） 270, 324n
ル=ボン, ギュスタヴ Le Bon (Gustave) 81
ルマクル, アドリアン Remacle（Adrien） 141
ルメートル, ジュール Lemaître (Jules) 126, 243, 252, 326n
ルリエーヴル, レオ Lelièvre (Léo) 326n
ル・ルージュ, ギヨーム Le Rouge (Guillaume) 287
ルロワ, ジェラルディ Leroy（Geraldi） 314n, 316n
ルロワ=ボーリュー, アナトール Leroy-Beaulieu (Anatole) 312n

レイレ, アンリ Leyret（Henry） 150, 155, 287, 316n, 319n
レヴィ, アルベール Lévy (Albert) 104
レヴィ, シルヴァン Lévi (Sylvain) 221
レヴィル, アルベール Réville（Albert） 324n, 329n
レヴェイエ, ルイ・ジュール Léveillé (Louis, Jules) 324n
レーボー Reybaud (Louis) 297n
レオトー, ポール Léautaud（Paul） 287, 309n-310n, 314n
レオナール, ジャック Léonard（Jacques） 65, 288, 297n-300n
レオノール Leonor 302n
レオン, グザヴィエ Léon (Xavier) 321n
レナック, ジョゼフ Reinach (Joseph) 58, 173, 302n, 323n-324n
レナルディ Rainaldy (H.) 315n
レニエ, アンリ・ド Régnier (Henri de) 151, 287
レベル, ユーグ Rebell (Hugues) 60

モノ，ガブリエル　Monod (Gabriel)　178, 220, 224, 227, 324n
モムゼン　Mommsen　331n
モリス，シャルル　Morice (Charles)　287
モルティエ，アルフレッド　Mortier (Alfred)　287
モレアス，ジャン　Moréas (Jean)　113, 116, 308n
モレル，ウジェーヌ　Morel (Eugène)　127
モンシャブロン，アラン　Monchablon (A.)　322n
モントルグイユ，ジョルジュ　Montorgueil (Georges)　241

ヤ　行

ヤーラオシュ，コンラート　Jarausch (Konrad. H.)　330n

ユイスマンス，ジョリ＝カール　Huysmans (Joris-karl)　128
ユーグ，クロヴィス　Hugues (Clovis)　127-128, 151-152, 286
ユオ　Huot (A.)　286
ユオ，アンリ　Huot (Henry)　286
ユオ，マリー　Huot (Marie)　286
ユゲ，フランソワーズ　Huguet (Françoise)　288
ユゴー，ヴィクトル　Hugo (Victor)　26, 30-32, 132, 178, 308n
ユレ，ジュール　Huret (Jules)　108, 112, 117-118, 122-123, 129, 136, 139-140, 144-146, 308n-311n, 312n

ラ　行

ライト，ヴァンサン　Wright (Vincent)　304n
ライプニッツ　Leibniz (G. W.)　212
ラヴィス，エルネスト　Lavisse (Ernest)　93, 230, 243, 256, 306n, 326n-327n
ラヴダン，アンリ　Lavedan (Henri)　168, 185
ラヴロフ，ピエール　Lavroff (Pierre)　99, 307n-308n
ラ・カンティニ，L・ド　La Quintinie (L. de)　286
ラクロワ，ベルナール　Lacroix (Bernard)　305n
ラ・サール，ガブリエル・ド　La Salle (Gabriel de)　118
ラシルド　Rachilde　287
ラステイリー，ロベール・ド　Lasteyrie (Robert de)　167, 315n
ラタポワル　Ratapoils　186
ラビ　Rabi (W.)　323n
ラビュキエール，ジョン　Labusquière (John)　286, 313n
ラファルグ，ポール　Lafargue (Paul)　61, 83, 291n
ラフィット，ピエール　Laffitte (Pierre)　171, 221
ラブレー，フランソワ　Rabelais (François)　132
ラポーズ，アンリ　Lapauze (Henri)　127
ラマルティーヌ，アルフォンス・ド　Lamartine (Alphonse de)　24
ラモー，ジャン　Rameau (Jean)　127
ラルマンディー伯爵　Larmandie (comte de)　182
ラン，アルチュール　Ranc (Arthur)　322n
ラングロワ　Langlois (Ch.-V.)　178
ラングロワ，ポール　Langlois (Paul)　182
ランジュヴァン，ポール　Langevin (Paul)　255
ランダンベルク　Lindenberg (D.)　307n
ランドン，ガブリエル　→ジェアン-リクテュス
ランプト（少佐）　Lanpete (commandant)　317n
ランボー，イヴリン　Rambaud (Yveling)　287

リアール，ルイ　Liard (Louis)　76, 78, 304n, 324n
リヴィエール，アンリ　Rivière (Henri)　287
リウー，ジャン＝ピエール　Rioux (Jean-Pierre)　193, 199, 201, 314n-315n, 318n-320n, 323n, 326n
リヴェ　Rivet　146
リヴェ，アルベール　Livet (Albert)　287
リシェ，シャルル　Richet (Charles)　254, 329n
リシャール，ノエル　Richard (Noël)　308n
リシュパン，ジャン　Richepin (Jean)　127-128, 150-152, 287

マラトー, シャルル　Malato (Charles)　118
マラルメ, ステファン　Mallarmé (Stéphane)　114, 251, 296n, 318n, 328n
マラン, オーギュスト　Marin (Auguste)　287
マリオ, マルク　Mario (Marc)　241, 326n
マリリエ, レオン　Marillier (Léon)　321n
マルグリット, ヴィクトル　Margueritte (Victor)　53
マルグリット, ポール　Margueritte (Paul)　53, 127-128
マルジュリー, アメデ・ド　Margerie (Amédée de)　323n
マルソー(将軍)　Marceau (général)　174
マルソロー, ルイ　Marsolleau (Louis)　287
マルタン, アンリ=ジャン　Martin (Henri-Jean)　293n, 300n
マルタン, マルク　Martin (Marc)　299n
マルロー, アンドレ　Malraux (André)　328n
マレス, ロラン・ド　Marès (Roland de)　287
マン, アルベール・ド　Mun (Albert de)　174, 189
マンスュイ, ミッシェル　Mansuy (Michel)　299n
マンデス, カチュール　Mendès (Catulle)　151-152, 287
マンドルー, ロベール　Mandrou (Robert)　292n

ミシュレ, エミール　Michelet (Emile)　127, 151, 287
ミシュレ, ジュール　Michelet (Jules)　24, 26, 141, 178, 195, 259, 295n-296n, 329n
ミシュレ夫人　Michelet (Mme)　178
ミッシェル, ルイーズ　Michel (Louise)　118
ミッチェル　Mitchell (B.)　326n
ミュラン, ルイ　Mullem (Louis)　127
ミュルフェルド, リュシアン　Muhlfeld (Lucien)　124, 142
ミルボー, オクターヴ　Mirbeau (Octave)　116, 118, 128, 147-150, 157, 185, 244, 248, 156, 181, 287, 309n, 312n-313n, 315n-316n
ミレス, ロジェ・H　Milès (Roger H.)　127
ミンスキー　Minsky　142

ムーニエ, ジョルジュ　Meunier (Georges)　287
ムーレイ, ガブリエル　Mourey (Gabriel)　287
ムネ=シュリー　Mounet-Sully (Paul)　200

メイエ　Mayer (J.-P.)　294n
メイエ　Meyer (P.A.)　204, 307n
メイエ, アルチュール　Meyer (Arthur)　317n
メイエ, アルノ　Mayer (Arno J.)　330n
メイエ, ポール　Meyer (Poul)　184, 220-221, 289
メイエ, ルイ　Mayer (Louis)　287
メイユール, ジャン=マリー　Mayeur (Jean-Marie)　270, 320n
メイユール, フランソワーズ　Mayeur (Françoise)　300n
メーテルリンク, モーリス　Maetelinck (Maurice)　115
メートロン, ジャン　Maîtron (Jean)　310n
メジエール, アルフレッド　Mézières (Alfred)　168
メズロワ, ルネ　Maizeroi (René)　185
メテニエ, オスカー　Méténier (Oscar)　127
メリー, ジュール　Méry (Jules)　287
メリーヌ, ジュール　Méline (Jules)　89, 100-101
メリル, スチュアール　Merrill (Stuart)　141, 287
メルーヴェル, シャルル　Mérouvel (Charles)　241
メルキ, シャルル　Merki (Charles)　287
メルシエ　Mercier (H.)　287
メルシエ, アレクサンドル　Mercier (Alexandre)　287
メルシエ(将軍)　Mercier (général)　174

モーパッサン, ギイ・ド　Maupassant (Guy de)　128, 302n
モーラス, シャルル　Maurras (Charles)　243
モクレール, カミーユ　Mauclair (Camille)　287, 316n
モケル, アルベール　Mockel (Albert)　142, 287
モスカ, ガエターノ　Mosca (Gaetano)　82
モネ, クロード　Monet (Claude)　200

180
ベルトロ，マルスラン　Berthelot (Marcellin)　30, 33-37, 178, 256, 299n, 324n
ベルナール，クロード　Bernard (Claude)　30-33, 37, 297n-298n
ベルナール, サラ　Bernhardt (Sarah)　200
ベルナール=ラザール　Bernard-Lazare　60, 121, 130-132, 148-150, 159-160, 220, 248, 286, 299n, 310n, 313n, 327n
ベルニエ, ロベール　Bernier (Robert)　127
ベレ　Bellet (D.)　321n
ペロ，ジョルジュ　Perrot (Georges)　70-71, 328n
ベン・アモス, アヴネール　Ben Amos (Avner)　31, 297n

ボエール，アンリ　Bauër (Henri)　127, 150, 152, 286
ボードゥアン，エドゥアール　Beaudouin (Edouard)　183, 205
ボードレール, シャルル　Baudelaire (Charles)　26-27
ボー・ブランサン　Bo Bramsen (M.)　307n, 327n
ボーマルシェ　Beaumarchais　294n
ポール, アリー　Paul (Harry W.)　296n
ボールギャール，ヴィクトル　Beauregard (Victor)　320n, 324n
ボールギャール, ポール　Beauregard (Paul)　320n
ボキヨン　Bocquillon (E.)　305n
ボスケッティ，アンナ　Boschetti (Anna)　292n
ポットシェール, モーリス　Pottecher (Maurice)　287
ポティエ　Pottier (R.)　302n
ボナフー　Bonnafous (M.)　302n
ボヌタン，ポール　Bonnetain (Paul)　117, 125, 127-128, 309n
ボネ，ジャン=クロード Bonnet (Jean-Claude)　295n
ポミエ, ジャン　Pommier (Jean)　298n
ボルガル, クレマン　Borgal (Clément)　296n
ポルタル, エミール　Portal (Emile)　287
ボルタンスキー, リュック　Boltanski (Luc)　58, 302n, 318n
ポルト・リッシュ, ジョルジュ・ド　Porto Riche (Georges)　127-128
ボルリ　Bollery (J.)　302n
ボワ, ジュール　Bois (Jules)　286
ボワ, ジョルジュ　Bois (Georges)　127
ボワール, アルベール　Boime (Albert)　300n
ホワイト　White (C. et H.)　300n
ボワサンドレ　Boisandré (A.de)　317n
ボワシエ, ガストン　Boissier (Gaston)　168
ボワソナード　Boissonnade (P.)　324n
ボワッセ　Boysset　174
ボワデッフル，ド（将軍）　De Boisdeffre (général)　181
ポワンカレ，アンリ　Poincaré (Henri)　256, 326n
ポワンカレ, レイモン　Poincaré (Raymond)　305n
ポンション，ラウル　Ponchon (Raoul)　151-152, 287
ポンティ，ジャニーヌ　Ponty (Jeannine)　320n
ポントン，レミ　Ponton (Rémy)　288, 298n, 301n, 326n-327n

マ　行

マエル, ピエール　Maël (P.)　326n
マク・クレラン　Mac Clelland (James)　330n
マク・クレラン　Mac Clelland (Ch.)　331n
マスカール, エルテール・エリー　Mascart (Eleuthère, Elie)　208
マゼル, アンリ　Mazel (Henri)　311n
マソン，フレデリック　Masson (Frédéric)　241
マッソン, ピエール　Masson (Pierre)　287
マッソン, ポール　Masson (Paul)　287
マティエ，アルベール　Mathiez (Albert)　103-104, 320n
マトレ，ジョルジュ　Matoré (Georges)　25, 295n
マドレーヌ, ジャック　Madeleine (Jacques)　127
マヌーヴリエ，エドゥアール　Maneuvrier (Edouard)　84-87, 305n
マノー, フェリックス　Manau (Félix)　184

248, 250, 315n-317n
フランス, エクトール　France (Hector)　286, 326n
フリーデル, シャルル　Friedel (Charles)　179
フリギュグリェッティ　Friguglietti (J.)　320n
ブリッソン, アドルフ　Brisson (Adolphe) 201
ブリッソン, ジュール　Brisson (Jules)　201
プリュネ, フランシス　Pruner (Francis) 301n
ブリュノー, ジャン　Bruneau (Jean)　20
ブリュラ, ポール　Brulat (Paul)　63, 166, 248, 320n
ブリュンティエール, フェルディナン　Brunetière (Ferdinand)　167, 169, 185-187, 189, 201, 211, 227, 243, 250-252, 263, 289, 299n, 315n, 326n-327n, 329n
プルー　Pelloux (M.)　204
プルースト, アントナン　Proust (Antonin) 255
プルースト, マルセル　Proust (Marcel)　255, 295n
ブルカン, ジャン=クリストフ　Bourquin (J.-C.) 270
ブルガン, ユベール　Bourgin (Hubert)　104, 291n, 325n
ブルジョワ, レオン　Bourgeois (Léon)　87, 305n
ブルデュー, ピエール　Bourdieu (Pierre) 270, 295n-296n, 318n-319n, 322n
プルナン　Prenant (Marcel)　324n
ブルム, レオン　Blum (Léon)　257, 328n
ブレアル, ミッシェル　Bréal (Michel)　227, 324n
プレヴェ　Prévet (J.)　287
プレヴォー, マルセル　Prévost (Marcel)　185
プレサンセ, フランシス・ド　Pressensé (Francis de)　187-189, 318n
フレシネ, シャルル・ド　Freycinet (Charles de) 322
フレッス　Fraisse (S.)　308n
プロ, アントワーヌ　Prost (Antoine)　270, 300n
ブロイ, ド (大公)　De Broglie (Prince)　189
ブロイ, ド (公爵アルベール)　De Broglie (duc Albert)　73, 168, 174
フローベール, ギュスターヴ　Flaubert (Gustave)　20, 25-28, 57, 60, 295n-296n, 302n
プロシャッソン, クリストフ　Prochasson (Christophe)　271, 293n
ブロック, マルク　Bloch (Marc)　164
プロロ, ジョルジュ　Prolo (Georges)　326n
ブロワ, レオン　Bloy (Léon)　59
ブロン, ジョルジュ　Bouron (Georges)　172

ペイエル, ジョルジュ　Payelle (Georges) 322n
ベイヨ, マルセル　Baillot (Marcel)　286
ベヴェール, アドルフ・ヴァン　Van Bever (Adolphe)　287
ヘーゲル　Hegel (G. W. F)　97
ベール, ポール　Bert (Paul)　31, 298n, 305n
ペギー, シャルル　Péguy (Charles)　18, 103-104, 203, 325n
ベスヌス　Besnus　141
ベック　Baecque (F.de)　322n
ベック, アンリ　Becque (Henry)　127-128, 144
ベディエ, ジョセフ　Bédier (Joseph)　92, 306n
ベニシュー, ポール　Bénichou (Paul)　23, 294n-295n
ベニュ, エミール　Besnus (Emile)　286
ペラダン, サー・ジョセファン　Peladan (Sar Joséphin)　115
ペラン, ジャン　Perrin (Jean)　255
ベランジェ, アンリ　Bérenger (Henry)　60, 63-67, 302n-303n, 318n
ベルクソン, アンリ　Bergson (Henri)　226, 327n
ベルジェ, フィリップ　Berger (Philippe) 324n
ベルジュラ, エミール　Bergerat (Emile) 123, 127, 151, 286, 316n-317n
ベルソール, アンドレ　Bellessort (André) 291n
ペルティエ, アベル　Pelletier (Abel)　287
ベルト, エドゥアール　Berth (Edouard) 291n
ベルトラン, ジョセフ　Bertrand (Joseph)

211-212, 263, 291n
パント, ルイ　Pinto (Louis)　65, 299n, 303n

ピエ, ロベール　Bied (Robert)　293n
ピカール, エミール　Picard (Emile)　325n
ピカール（中佐）　Picquart (lieutenant-colonel)　163, 165, 170, 172, 176, 181-182, 193-195, 198, 200, 202, 206, 214, 233, 237-238, 240, 246, 256, 315n, 317n, 319n, 327n
ビゴ, シャルル　Bigot (Charles)　324n
ピサロ, リュシアン　Pissaro (Lucien)　200
ビュイッソン, フェルディナン　Buisson (Ferdinand)　204, 227, 316n-317n
ピュジォ, モーリス　Pujo (Maurice)　287
ビュジノ, ジョヴァンニ　Busino (Giovanni)　305n
ビュナン, アントナン　Bunand (Antonin)　286
ビュルネ, エティエンヌ　Burnet (Etienne)　104
ビュルネイ, ジョン M.　Burney (John M.)　323n
ビュレル, ピエール　Burel (Pierre)　286
ビュロズ　Buloz (M.)　127
ピヨン　Pillon (F.)　321n
ビリー, アンドレ　Billy (André)　295n

ファーヴル, ピエール　Favre (Pierre)　301n
ファイヨル, ロジェ　Fayolle (Roger)　321n
ファビアニ, ジャン=ルイ　Fabiani (Jean-Louis)　302n
ファルギュ, レオン=ポール　Fargue (Léon-Paul)　286, 313n
フィールド　Field (T.)　302n
フイエ, アルフレッド　Fouillée (Alfred)　84, 87-88, 305n
フィエスキ　Fieschi　131
フィノ　Finot (J.)　302n
フィユー　Filloux (J.-C.)　305n
ブイヨン　Bouillon (J.-P.)　300n
ブーヴィエ, アレクシス　Bouvier (Alexis)　127
フーキャール, ポール　Foucart (Paul)　325n
ブーグレ, セレスタン　Bouglé (Célestin)　161, 327n, 329n
ブーテイエ　Bouteiller　38, 299n
ブートルー, エミール　Boutroux (Emile)　212, 256, 305n
ブーランジェ（将軍）　Boulanger (général)　59, 72, 80, 93, 97,115-117, 311n
ブールジェ, ポール　Bourget (Paul)　37, 63, 127-128, 185, 189, 298n-299n
フーレ（ジョルジュ）　Fourest (Georges)　312n
フェーヴル, アンリ　Fèvre (Henry)　125, 144, 127-128, 144-145
フェネオン, フェリックス　Fénéon (Félix)　158, 309n
フェラーリ, アンリ　Ferrari (Henry)　321n
フェリー, ジュール　Ferry (Jules)　31, 74-76, 79, 90, 304n, 308n
フェルベール, クリスチャン・フォン　Ferber (Chr. von)　264, 331n
フェレ　Ferré (R.)　298n, 300n
フォール, ポール　Fort (Paul)　286, 313n
フォール, リュシアン　Faure (Lucien)　286
フォジェール, アルレット　Faugères (A.)　270
フォックス, ロベール　Fox (Robert)　297n-298n, 300n
フォンテーヌ, アルチュール　Fontaine (Arthur)　209, 322n
プシカリ, ジャン　Psichari (Jean)　177, 179-180, 184, 250
ブショール, モーリス　Bouchor (Maurice)　242
プティ　Petit (J.)　302n
プティジャン　Petitjean (H.)　287
ブトミー, エミール　Boutmy (Emile)　73, 74, 76-77, 86, 89, 303n
フュステール, エドゥアール　Fuster (Edouard)　306n
プラス, ジョゼフ　Place (Joseph)　289
プラソロフ, アニー　Prassoloff (Annie)　294n
ブラン　Bering (Dietz)　329n
ブランシャール, ラウル　Blanchard (Raoul)　325n
フランス, アナトール　France (Anatole)　172, 177, 179-180, 182-183, 185, 238, 242, 244,

トラリュー，リュドヴィック　Trarieux (Ludovic)　172
ドラン，ジャン　Dolent (Jean)　150, 286
ドリュモン，エドゥアール　Drumont (Edouard)　81, 169, 304n, 316n, 319n
ドレフュス，アルフレッド（大尉）　Dreyfus (capitaine Alfred)　72, 97, 104, 159, 173, 176, 181, 187, 200, 204, 218, 314n, 327n
——主義　97, 130, 159-160, 187, 194-195, 198, 204, 207-209, 217-219, 222, 224, 226-228, 237-238, 244, 246, 248-249, 254, 257, 258, 263, 308n, 318n
——事件　9, 15, 17, 34, 38, 67-68, 70, 72, 90, 96-97, 101, 104-105, 108, 123, 130, 132-133, 135, 146, 159, 161-164, 167, 170, 181, 183, 200, 207, 209, 211, 225, 229, 232, 234, 239-240, 242-245, 252, 256-258, 263, 266, 288-289, 314n
——再審要求運動　183
——家　220
——擁護　170, 173, 179
——支持者　222
——派　11, 17, 21, 96, 99, 121, 158, 163, 165, 167-172, 174-181, 183-188, 190, 192, 194-196, 198-199, 201-206, 208, 211, 214-218, 220-226, 228-230, 232, 235, 237-249, 252-253, 256-257, 263, 267, 314n, 317n, 319n-320n
——闘争　178
ドロー，ジャン　Drault (Jean)　286, 313n
ドンブレ，ニコルとジャン　Dhombres (Nicole et Jean)　297n

ナ　行

ナケ，アルフレッド　Naquet (Alfred)　146
ナポレオン三世　Napoléon III　34, 86, 131

ニー，マリー＝ジョ　Nye (Mary-Jo)　298n, 323n-324n
ニオン，フランソワ・ド　Nion (François de)　127
ニコレ，クロード　Nicolet (Claude)　304n
ニザン，ポール　Nizan (Paul)　291n

ネルヴァル，ジェラール・ド　Nerval (Gérard de)　26

ノラ，ピエール　Nora (Pierre)　297n

ハ　行

バール，アルフォンス　Bard (Alphonse)　173, 184
ハイネ，ハインリッヒ　Heine (Henri)　132
バイロン(卿)　Byron (Lord)　132
バオン，カルル　Bahon (Carle)　104
バジール，エドモン　Bazire (Edmond)　127
バジュ，アナトール　Baju (Anatole)　111
バジル　Basiles　186
パストゥール，ルイ　Pasteur (Louis)　29-30, 32-36, 177, 297n
パストゥール・ヴァレリー＝ラド（ルネ）　Pasteur-Vallery-Radot (René)　298n
パッシー　Passy (H.)　303n
パッシー，ポール　Passy (P.)　184
バッシュ，ヴィクトル　Basch (Victor)　218, 320n, 324n
パリ，トゥー　Paris (Tout)　313n
パリア　Parias (L.H.)　300n
パリス，ガストン　Paris (Gaston)　221
バルクー　Balcou (J.)　298n
バルザック，オノレ・ド　Balzac (Honoré de)　294n
バルダンペルジェ，フェルナン　Baldensperger (F.)　323n
バルドゥー，アジェノール　Bardoux (Agénor)　31, 33
バルビエ　Barbier (F.)　295n
バルビエ・ド・メイナール，アドリアン　Barbier de Meynard (A.)　325n
パルメ，ミカエル　Palmer (Michael B.)　311n
パレート，ヴィルフレッド　Pareto (Vilfredo)　82-83, 90, 305n
バレス，モーリス　Barrès (Maurice)　37, 60, 63, 65, 108, 116-117, 120, 122, 126-128, 144-145, 148, 151-152, 166-168, 177, 180, 185-187, 203, 211, 238-239, 241, 248-250, 252, 286, 304n, 310n, 315n-318n, 326n, 328n-329n
バロン　Baron (Ph.)　323n
バンヴィル，テオドール・ド　Banville (Th. de)　127-128
バンキャール　Bancquart (M.-C.)　316n
バンダ，ジュリアン　Benda (Julien)　9,

ダレ　Darré (Yann)　318n
ダンカン　Duncan (J. A.)　309n, 311n
タンベルラク　Timberlake (Charles)　330n

チュイリエ，ギィ　Thuillier (Guy)　304n-305n

ディジョン，クロード　Digeon (Claude)　296n, 327n
ディズレーリ　Disraëli　250
ディドロ，ドゥニ　Diderot (Denis)　131
ディモフ，ポール　Dimoff (Paul)　325n
テーヌ，イポリット　Taine (Hippolyte)　30, 32-38, 73-74, 212, 298n
デカーヴ，リュシアン　Descaves (Lucien)　126, 133, 151-152, 286, 128, 149-150, 152-153, 155, 157, 310n-311n, 327n
デカルト，ルネ　Descartes (René)　22
デクレプト，エティエンヌ　Decrept (Etienne)　286
デジャルダン，ポール　Desjardins (Paul)　179
デシャン夫人，フランソワ　Deschamps (Mme F.)　326n
デスパルベ，ジョルジュ　D'Esparbès (Georges)　141, 185
デプレ，ルイ　Desprez (Louis)　125
デュヴァル，ジョルジュ　Duval (Georges)　127
デュヴォー，ルイ　Duvau (Louis)　325n
デュ・カン，マクシム　Du Camp (Maxime)　296n
テュクー，アンリ　Tucou (Henri)　313n
デュクロ，エミール　Duclaux (Emile)　172, 177, 179, 204, 227, 254-255, 317n
デュクロ夫人　Duclaux (Mme E.)　329n
テュデスク，アンドレ=ジャン　Tudesq (André-Jean)　58, 292n, 302n-303n
デュ・パティ・ド・クラン（少佐）　Du Paty de Clam (commandant)　181
デュブルイユ，ルネ　Dubreuil (René)　317n
デュボ，アントナン　Dubost (Antonin)　76, 304n
デュボワ，ジャン　Dubois (Jean)　303n
デュマ，ジャン=バティスト　Dumas (Jean-Baptiste)　34
デュマ・フィス，アレクサンドル　Dumas fils (Alexandre)　311n
デュメニル，フェリックス　Dumesnil (Félix)　208
デュラン　Durand (X.)　301n
デュルケーム，エミール　Durkheim (Emile)　88, 92, 97, 104, 218, 226-228, 267, 306n, 312n, 321n, 324n-325n
テルノワ，ルネ　Ternois (René)　299n, 304n
デルピ，アルベール　Delpit (Albert)　124
デルフォ，ミレイユ　Delfau (Mireille)　312n
デロジエール，アラン　Desrosières (Alain)　40, 299n

ドゥーミック　Doumic (René)　201, 243
ドゥタイユ，エドゥアール　Detaille (Edouard)　171
ドゥモラン，エドモン　Demolins (Edmond)　143, 306n, 312n
ドゥラリュエル，ポール　Delaruelle (Paul)　325n
ドーヴィル，ガストン　Dauville (Gaston)　286
ドーセ，ルイ　Dausset (Louis)　170
ドーデ，アルフォンス　Daudet (Alphonse)　53, 127
ドーデ，エルネスト　Daudet (Ernest)　127-128
ドーデ，レオン　Daudet (Léon)　241
ドーディフレ=パスキエ（公爵）　D' Audiffret-Pasquier (duc)　188
トクヴィル，アレクシス・ド　Tocqueville (Alexis de)　262, 294n
ド・グルー，アンリ　De Groux (Henry)　286
ド・ゴール　De Gaulle (Charles)　328n
ド・シャレット　De Charette　174
ドッコワ，ジョルジュ　Docquois (Georges)　286
ドティ　Doty (C. S.)　309n, 328n
トヌラ，エルネスト　Tonnelat (Ernest)　306n
ドブレイ，レジス　Debray (Régis)　291n, 330n
トマ，マルセル　Thomas (Marcel)　318n, 323n, 331n

Delacroix (Marie-Claude)　271, 293n
ジュラティック, サビーヌ　Juratic (Sabine)　295n
ジュリアン, ジャン　Jullien (Jean)　117, 127, 309n
ジョフロワ, ジュリアン・ルイ　Geoffroy (Julien, Louis)　294n
ジョリ, クロード　Jolly (Claude)　295n
ジョルダン, カミーユ　Jordan (Camille)　325n
ジョレス, ジャン　Jaurès (Jean)　63, 83, 92, 99, 101, 189-190, 217, 224, 257, 302n, 305n, 318n
ジョンストン　Johnston (W.M.)　302n
シラク, オーギュスト　Chirac (Auguste)　81, 304n
ジリ, アルチュール　Giry (Arthur)　183
シリネリ, ジャン=フランソワ　Sirinelli (Jean-François)　271, 292n, 299n, 307n, 321n
シルヴ, エディット　Silve (Edith)　310n
シルヴェストル, アルマン　Silvestre (Armand)　150, 152, 185, 287, 317n
シルツ　Schiltz (Marie-Ange)　318n
シン, テリー　Shinn (Terry)　297n

スーリ, ジュール　Soury (Jules)　81, 304n
スクリーブ, ウジェーヌ　Scribe (Eugène)　296n
スタフェール, ポール　Stapfer (Paul)　320n
スタンダール　Stendhal　27
ステルネル, ゼーヴ　Sternhell (Zeev)　82, 175, 304n-305n, 324n
ストリアンスキー　Stryienski　142
ストリート, ジョルジュ　Street (Georges)　287
スパーン　Spahn　331n
スピッツェ, アラン　Spitzer (Alain B.)　295n
スポン, アンリ　Spont (Henri)　287
スミス　Smith (R. J.)　325n
スュッテ・ローマン　Sutter-Laumann　127-128
スュフェル　Suffel (J.)　316n
ズュルランダン (将軍)　Zurlinden (général)　181

セアール, アンリ　Céard (Henry)　127-128, 310n
セアイユ, ガブリエル　Séailles (Gabriel)　179, 184, 212, 227, 316n
ゼヴァコ, ミッシェル　Zevaco (Michel)　326n
ゼヴォール, シャルル　Zevort (Charles)　324n
セヴリーヌ　Séverine　127-128
セナンクール　Senancour　23-24, 37, 294n
セニョーボス, シャルル　Seignobos (Charles)　184, 227, 317n, 321n

ソーゼ, マルク　Sauzet (Marc)　324n
ソーニエ, シャルル　Saunier (Charles)　287
ゾラ, エミール　Zola (Emile)　10, 37, 53, 82, 108, 113, 115, 126-128, 145-148, 155-158, 163, 177, 179-180, 183, 234, 238, 242, 244, 248, 250-251, 299n, 304n, 314n-317n, 323n, 327n, 329n
ソルラン, ピエール　Sorlin (Pierre)　306n

タ 行

ダーウィン, チャールズ　Darwin (Charles)　80-82, 212
ダーントン, ロバート　Darnton (Robert)　23, 293n, 295n, 299n, 301n
タイヤード, ローラン　Tailhade (Laurent)　151-152, 287
ダヴィ, ジョルジュ　Davy (Georges)　306n
ダジャン, ボワイエ　d'Agen (Boyer)　127
タバラン, アドルフ　Tabarant (Adolphe)　127
ダボ　Dabot (Henri)　307n, 328n
ダマーム　Dammame (D.)　303n
ダリニイ, ラウル　d'Arigny (Raoul)　286
タルヴァール, エクトール　Talvart (Hector)　289
ダルザン, ロドルフ　Darzens (Rodolphe)　127, 286
タルド, ガブリエル　Tarde (Gabriel)　312n
ダルブー, ガストン　Darboux (Gaston)　325n
タルメイル, モーリス　Talmeyr (Maurice)　185, 317n

ゴワイヨー，ジョルジュ　Goyau (Georges)　201
ゴンクール，エドモン・ド　Goncourt (Edmond)　127-128, 145
ゴンクール（兄弟）　Goncourt (frère)　26-27, 295n-296n
コンスタン，ジャン=エルネスト　Constans (Jean-Ernest)　100-101
コンフィノ，ミカエル　Confino (Michael)　330n

サ　行

サバティエ　Sabatier　142
サランドリ，ガストン　Salandri (Gaston)　127
サルセイ，フランシスク　Sarcey (Francisque)　185, 201, 317n
サルドゥ，ヴィクトリアン　Sardou (Victorien)　126
サルトル，ジャン=ポール　Sartre (Jean-Paul)　291n
サン=シモン，アンリ・ド　Saint-Simon (Henri de)　24, 26, 78, 295n, 302n
サン=ジョン・ペルス　Saint-John-Perse　260
サント=クロワ，カミーユ・ド　Sainte-Croix (Camille de)　287
サント=ブーヴ　Sainte-Beuve　321n
サン=ポル=ルー　Saint-Pol-Roux　115, 118, 287

シー　Cie　124
ジーグリスト，ハンス　Siegrist (Hannes)　330n
シーゲル，ジェロルド　Seigel (Jerrold)　296n
シヴトン，ガブリエル　Syveton (Gabriel)　170
ジェアン・リクテュス（通称）、ガブリエル・ランドン　Jehan-Rictus (Gabriel Randon dit)　287
ジェイヨ　Jayot (F.)　317n
シェイラック，オーギュスト　Cheylack (Auguste)　286
ジェゾン，ジェラルド　Geison (Gerald L.)　297n
ジェフロワ，ギュスターヴ　Geffroy (Gustave)　116, 127-128, 151, 248, 286, 309n, 317n
ジェラール，オーギュスト　Gérard (Auguste)　322n
ジェラルディ　Gérardy　141
シェリー　Shelley (P.B.)　132
ジェルマン　Germain (A.)　142
ジェローム，ポール　Gérôme (Paul)　171
シス　Six (J.F.)　308n
ジッド，アンドレ　Gide (André)　295n, 323n, 331n
ジップ　Gyp　241
シニャック，ポール　Signac (Paul)　287, 313n
ジファール，ピエール　Giffard (Pierre)　311n
シミアン，フランソワ　Simiand (François)　104
シモン　Symons　142
シャヴァンヌ，エドゥアール　Chavannes (Edouard)　324n
ジャクソン　Jackson (A.B.)　311n, 320n
ジャック，ジャン　Jacques (Jean)　298n
シャテル，シャルル　Châtel (Charles)　286, 313n
ジャネ，ピエール　Janet (Pierre)　305n
ジャリ，アルフレッド　Jarry (Alfred)　286, 314n
シャリーヌ　Chaline (J.-P.)　295n
シャルティエ，ロジェ　Chartier (Roger)　63, 293n, 300n, 302n
シャルパンティエ　Charpentier (G.)　286
シャルメル=ラクール，ポール　Challemel-Lacour (Paul)　32-33
シャレー，フェリシアン　Challaye (Félicien)　104
シャンソール，フェリシアン　Champsaur (Félicien)　150, 286
ジャンテ　Jeanlet　201
ジュアン，ユベール　Juin (Hubert)　310n
ジュールダン，フランシス　Jourdain (Francis)　286
ジュールダン，フランツ　Jourdain (Frantz)　127
シュケ，アルチュール　Chuquet (Arthur)　325n
ジュネ　Genet (Jean-Philippe)　293n
ジュネ=ドラクロワ，マリー=クロード　Genet-

キタール, アンリ　Quittard (Henri)　287
ギッシュ, ギュスタヴ　Guiches (Gustave)　127
ギノドー, ベルナール　Guinaudeau (Bernard)　286, 318n
キヤール, ピエール　Quillard (Pierre)　316n, 318n, 320n-321n, 327n
ギャルソネ　Garsonnet (J. B. E.)　324n
キャレール, ジャン　Carrère (Jean)　286
ギヨー, イヴ　Guyot (Yves)　186, 318n
ギヨーム, ミッシェル　Guillaume (Michel)　322n
ギル, ルネ　Ghil (René)　115, 118, 127-128, 311n

グードー, エミール　Goudeau (Emile)　151-152, 286
グラーヴ, ジャン　Grave (Jean)　59, 133, 146-150, 152-158, 249, 251, 312n-313n, 326n
クラーク, プリシラ　Clark (Priscilla P.)　331n
クラウゼヴィッツ　Clausewitz　163
クラデル, レオン　Cladel (Léon)　118, 127
グラナ, セザール　Grana (Cesar)　296n
グラムシ, アントニオ　Gramsci (Antonio)　292n
グラモン, ルイ・ド　Grammont (Louis de)　127
クランソール　Klingsor (Tristan)　141
グリモー, エドゥアール　Grimaux (Edouard)　179, 227
クリュズレ　Cluseret　174
クルスレ, レオン　Crouslé (Léon)　170
クルトリーヌ, ジョルジュ　Courteline (Georges)　127
グルモン, レミ・ド　Gourmont (Rémy de)　115, 129, 141, 310n
クレイグ, ジョン　Craig (John)　331n
グレグ, フェルナン Gregh (F.)　166, 315n, 323n, 326n
グレフ, フェルナン　Gregh (Fernand)　238
クレマンソー, ジョルジュ　Clemenceau (Georges)　96, 319n-320n
クローデル, ポール　Claudel (Paul)　266
グロクロード　Grosclaude　185
クロワゼ, アルフレッド　Croiset (Alfred)　320n
クロワゼ, モーリス　Croiset (Maurice)　320n

ゲーテ　Goethe (J. W.)　250
ゲード, ジュール　Guesde (Jules)　61, 83, 95, 113, 118, 190, 307n
ゲー=リュサック　Gay-Lussac (L. J.)　34
ケクラン, ジョルジュ　Koechlin (Georges)　179
ケクラン, マルセル　Koechlin (Marcel)　174
ケクラン, レイモン　Koechlin (Raymond)　166
ル・ケルピュデュック（提督）　Le Kelpuduke (l'amiral)　317n

ゴウロウスキー男爵　Gowlowski (baron G.)　286
コーエン, アレクサンドル　Cohen (Alexandre)　148, 155
コーエン, ヨランド　Cohen (Yolande)　307n
ゴーギャン, ポール　Gauguin (Paul)　286, 313n
ゴージュ, アンリ　Gauge (Henri)　286
コーゼル　Cauzel (A. N.)　286
ゴーソン, レオン　Gausson (Léon)　286
ゴーティエ, テオフィル　Gautier (Théophile)　25-26
ゴールドベルク, ハーベイ　Goldberg (Harvey)　306n
コクラン, ブノワ=コンスタン　Coquelin (Benoit-Constant)　200
コスタ・ド・ボールガール　Costa de Beauregard (Albert, marquis)　188
コッカ, ユルゲン　Kocka (Jürgen)　331n
ゴッス, ジョルジュ　Gosse (Georges)　142
コッペ, フランソワ　Coppée (François)　185, 252, 317n-318n, 326n
コペッツィ, ベラ　Köpeczi (Bela)　292n, 294n
コルビー, フランシスク　Corbie (Francisque)　326n
コルベール　Colbert (J.)　286
コレ, ルイーズ　Colet (Louise)　20, 296n
コロンブ, ジョルジュ　Colomb (Georges)　318n

ヴィルタナン, レノ　Virtanen (Reino)　298n
ウーセ，アルセーヌ　Houssaye (Arsène) 296n
ウーセ, アンリ　Houssaye (Henry)　185
ヴェイドー, アンドレ　Veidaux (André)　287
ヴェッセリング　Wesseling (H.L.)　314n
ヴェベール, ピエール　Véber (Pierre)　287
ヴェリエール　Verrière　287
ヴェルジェ　Verger (Jacques)　293n-294n
ヴェルヌ, ジュール　Verne (Jules)　53
ヴェルレーヌ，ポール　Verlaine (Paul) 113-114
ヴォリンスキー　Volyinski　142
ヴォルテール　Voltaire　21-23, 132
ヴレルス，ジョルジュ　Weulersse (Georges) 104

エイエ　Hayet (L.)　286
エール，リュシアン　Herr (Lucien)　92, 96-99, 100-103, 130, 159-160, 220, 224, 248, 307n-308n, 315n, 316n, 322n
エカール, ジャン　Aicard (Jean)　175
エステラジー（少佐）Esterhazy (commandant) 181
エステーヴ，ジャン　Estèbe (Jean)　292n, 308n
エタンジュ　Hettange　286
エニック, レオン　Hennique (Léon)　128
エノールト　Enault　296n
エリア, フィリップ　Hériat (Philippe)　322n
エリオ，エドゥアール　Herriot (Edouard) 35-36, 257, 298n
エルヴェ, ジョルジュ　Hervé (Georges)　184
エルヴュー，ポール　Hervieu (Paul)　185, 317n, 323n
エルベール　Herbert (E. W.)　310n
エルマン, アベル　Hermant (Abel)　126-127, 185, 327n
エレディア, ジョゼ・マリア・ド　Hérédia (José Maria de)　113
エロ, ウジェーヌ　Héros (Eugène)　286
エロルド, A・フェルディナン　Hérold (André-Ferdinand)　286

オーブリー, ラウル　Aubry (Raoul)　286
オーフレイ　Auffray (B.)　323n
オーボイル, レオノール　O'Boyle (Leonor) 64
オーラール，アルフォンス　Aulard (Alphonse) 227, 307n
オーリオル，ジョルジュ　Auriol (Georges) 286
オスボルヌ　Osborne (Th. R.)　303n
オゼール, アンリ　Hauser (Henri)　325n
オッシュ（将軍）Hoche (général)　174
オネ, ジョルジュ　Ohnet (Georges)　124, 127
オリ, パスカル　Ory (Pascal)　292n
オリヴァ　Oliva　142
オリエ, アルベール　Aurier (Albert)　115
オルシーニ　Orsini　131
オロー，モーリス　Holleaux (Mauraice) 306n, 328n

カ　行

カー, レグ　Carr (Reg)　310n, 312n-313n
カーター　Carter (L. A.)　310n
カーン, ギュスターヴ　Kahn (Gustave)　286
カウツキー　Kautsky (Karl)　330n
ガクシー　Gaxie (D.)　319n
カサーニュ, アルベール　Cassagne (Albert) 295n
カザルス　Cazals (F. A.)　286
ガション, A・デ　Gachons (A. des)　142
ガッサンディ　Gassendi (P.)　22
カパッツァ　Capazza (L.)　286
カラギュエル, ジョセフ　Caraguel (Joseph) 116-117
カラディ, ヴィクトル　Karady (Victor)　225, 271, 288, 300n, 304n
カルノー, アドルフ　Carnot (Adolphe)　182
カルノー, サディ　Carnot (Sadi)　116, 151
カルボネル　Carbonell (Ch.O.)　301n, 324n
カロン　Caron (J.-C.)　321n
カント　Kant (E.)　38, 211-212, 228
ガンベッタ，レオン　Gambetta (Léon)　31, 72, 78-79, 85, 87, 90, 306n, 322n
カンボン, ポール　Cambon (Paul)　322n

ギゾー，フランソワ　Guizot (François)　74, 78

人名索引

ア 行

アヴァンチーニ　Avancini　142
アヴェ,エルネスト　Havet (Ernest)　254
アヴェ, ルイ　Havet (Louis)　184, 221, 224, 227, 254, 289, 317n, 321n, 325n
アヴネル,アンリ　Avenel (Henri)　299n
アガトン　Agathon (Henri Massis et Alfed de Tarde)　325n
アギュロン, モーリス　Agulhon (M.)　270, 292n
アジャルベール, ジャン　Ajalbert (Jean)　116-117, 127-128, 151-152, 166, 286
アダン, ポール　Adam (Paul)　53, 60, 115, 117, 130, 144-145, 148-150, 156, 286, 309n-310n, 313n
アダン夫人　Adam (Mme)　201
アペル,ポール　Appell (Paul)　325n
アミロ,リュドヴィック　Hamilo (Ludovic)　286
アモン, オーギュスタン　Hamon (Augustin)　286, 310n
アルノー, アントワーヌ　Arnauld (Antoine)　22
アルフェ,エミール　Halfegt (Emile)　286
アルプラン　Halperin (J. U.)　309n
アルマヌ,ジャン　Allemane (Jean)　118
アレ,アルフォンス　Allais (Alphonse)　286
アレヴィ,エリー　Halévy (Elie)　97, 327n
アレクシス, ポール　Alexis (Paul)　127-128, 151-152, 248, 286
アロクール,エドモン　Haraucourt (Edmond)　116-117
アロン,レイモン　Aron (Raymond)　291n
アンセイ,ジョルジュ　Ancey (Georges)　127
アンドラード　Andrade (J. F. Ch.)　320n
アンドレール, シャルル　Andler (Charles)　92, 97, 100-103, 224, 248, 306n-308n, 324n
アンベール, アルフォンス　Humbert (Alphonse)　174
アンリ　Henry (lieutenant-colonel)　163, 165, 168-169, 173, 175, 181, 185-186, 192, 195, 198, 201-204, 208, 214, 235, 324n
アンリ,エミール　Henry (Emile)　147

イザンベール=ジャマティ　Isambert-Jamati (V.)　304n
イズーレ, ジャン　Izoulet (Jean)　84, 88-89, 91, 305n-306n, 312n
イット, ジュヌヴィエーヴ　Idt (Geneviève)　302n
イプセン,ヘンリック　Ibsen (Henrik)　148
イベルス,アンドレ　Ibels (André)　286
イベルス,H・G　Ibels (H.G.)　286
イルシュ, シャルル=アンリ　Hirsch (Charles-Henry)　286

ヴァイヤン　Vaillant (A.)　147-148, 151
ヴァシェ・ド・ラプージュ　Vacher de Lapouge (G.)　81-83, 304n-305n
ヴァラン　Valin　141
ヴァルベール　Valbert (G.)　304n
ヴァレス,ジュール　Vallès (Jules)　128
ヴァレット, アルフレッド　Vallette (Alfred)　142, 287
ヴァレリー,ポール　Valéry (Paul)　185, 263, 318n, 331n
ヴァンサン　Vincent (G.)　320n
ヴァンデラン, フェルナン　Vandérem (Fernand)　185
ヴィアラ,アラン　Viala (Alain)　293n
ヴィエレ=グリファン, フランシス　Viellé-Griffin (Francis)　121-122
ヴィクトリア(女王)　Victoria (reine)　250
ヴィニー,アルフレッド・ド　Vigny (Alfred de)　24
ヴィニエ,シャルル　Vignier (Charles)　115
ヴィノック　Winock (Michel)　291n, 314n, 323n
ウィルソン　Wilson (Nelly S.)　310n, 312n, 314n, 324n, 327n
ウィルソン　Wilson (Stephen)　314n-316n, 318n, 322n-324n

著者紹介

クリストフ・シャルル（Christophe CHARLE）

1951年生まれ。パリ第一大学（パンテオン＝ソルボンヌ）教授にして、近現代史研究所（IHMC）研究所長（IHMC：高等師範学校（ENS）内にあるCNRSとの合同研究組織）でもある。専門は近現代における知識人及び文化的制度の歴史。特に19世紀末のフランス、ドイツなどにおける高等教育システムのあり方について多くの業績をあげ、2001年には国立科学研究所（CNRS）より、優秀な人文社会科学者に与えられる銀のメダルを得た。
主要著書は本書の他に、*Histoire sociale de la France au XIXe siècle*（Seuil 1991）、（英訳：*Social History of France in the 19th Century*（Berg 1994））、*Les élites de la République*: 1880-1900 （Fayard 1987）、*Les intellectuels en Europe au XIXe siècle*（Seuil 1996）、*Paris fin de siècle*（Seuil 1998）、*La crise des sociétés impériales*（Seuil 2001）、*La République des universitaires 1870-1940*（Seuil 1994）他。ブルデューの方法論を自らの比較社会史研究に取り入れ、諸社会集団の政治的力学や経済的、文化的な要因の影響関係について精緻な分析を行なっている。

訳者紹介

白鳥義彦（しらとり・よしひこ）

1966年神奈川県生まれ。1994年東京大学大学院総合文化研究科博士課程単位取得満期退学。現在、神戸大学文学部助教授。専攻は、社会学。共著書に、アレゼール日本編『大学界改造要綱』（2003、藤原書店）、『はじめて学ぶフランス』（2004、関西学院大学出版会）他、共訳書に、ゴードン編『歴史としての戦後日本』（2001、みすず書房）、アンサール『社会学の新生』（2004、藤原書店）他。

「知識人《ちしきじん》」の誕生《たんじょう》　1880-1900

2006年 6月30日　初版第1刷発行©

訳　者　白 鳥 義 彦
発行者　藤 原 良 雄
発行所　株式会社 藤 原 書 店

〒162-0041　東京都新宿区早稲田鶴巻町 523
TEL　03（5272）0301
FAX　03（5272）0450
info@fujiwara-shoten.co.jp
振替　00160-4-17013

印刷・製本　図書印刷

Printed in Japan
ISBN4-89434-517-X

ネオリベラリズム批判

市場独裁主義批判

P・ブルデュー
加藤晴久訳＝解説

ピエール・ブルデュー監修〈**シリーズ・社会批判**〉第一弾。「市場」なるものが独裁者然と君臨するグローバリズムへの対抗戦術を呈示。最晩年のブルデューが世界各地で行なった、緊張感溢れる講演・政治的発言を集成。「市場派」エコノミストの詭弁をあばき、「幸福の経済学」を提唱する。

四六変並製　一九二頁　**一八〇〇円**
（二〇〇〇年七月刊）
◇4-89434-189-1

CONTRE-FEUX　Pierre BOURDIEU

商業主義テレビ批判

メディア批判

P・ブルデュー
櫻本陽一訳＝解説

ピエール・ブルデュー監修〈**シリーズ・社会批判**〉第二弾。メディアの視聴率・部数至上主義によって瀕死の状態にある「学術・文化・芸術」を再生させるために必要な科学的分析と実践的行動を具体的に呈示。視聴者・読者は、いま消費者として「メディア批判」をいかになしうるか？

四六変並製　二一六頁　**一八〇〇円**
（二〇〇〇年七月刊）
◇4-89434-188-3

SUR LA TÉLÉVISION　Pierre BOURDIEU

初の本格的文学・芸術論

芸術の規則 I・II

P・ブルデュー
石井洋二郎訳

作家・批評家・出版者・読者が織りなす象徴空間としての〈文学場〉の生成と構造を活写する、文芸批評をのりこえる「作品科学」の誕生宣言。好敵手デリダらとの共闘作業、「国際作家会議」への、著者の学的決意の迸る名品。

A5上製　I三一二頁　II三二〇頁
各四一〇〇円
（I一九九五年二月刊　II一九九六年一月刊）
I◇4-89434-009-7　II◇4-89434-030-5

LES RÈGLES DE L'ART　Pierre BOURDIEU

文学の〝世界システム〟を活写

世界文学空間

〈文学資本と文学革命〉

P・カザノヴァ
岩切正一郎訳

世界大の文学場の生成と構造を初めて解析し、文学的反逆・革命の条件と可能性を明るみに出す。文学資本と国民的言語資本に規定されつつも自由の獲得を目指す作家たち（ジョイス、ベケット、カフカ、フォークナー……）。

A5上製　五三六頁　**八八〇〇円**
（二〇〇二年一一月刊）
◇4-89434-313-4

LA RÉPUBLIQUE MONDIALE DES LETTRES　Pascale CASANOVA

作家、編集者、出版関係者必読の書

作家の誕生

A・ヴィアラ

塩川徹也監訳　辻部大介ほか訳

アカデミーの創設、作品流通、出版権・著作権の確立、職業作家の登場、作家番付の慣例化など、十七世紀フランスにおける「文学」という制度の成立を初めて全体として捉え、今日における「作家」や「文学」のあり方までをも再考させるメディア論、出版論、文学論の「古典」的名著。

Ａ５上製　四三二頁　**五五〇〇円**
（二〇〇五年七月刊）
◇4-89434-461-0

NAISSANCE DE L'ÉCRIVAIN　Alain VIALA

ドレフュス事件のゾラの全貌

〈ゾラ・セレクション〉⑩（全11巻・別巻一）

時代を読む　*1870–1900*

E・ゾラ

小倉孝誠・菅野賢治 編訳＝解説

権力に抗しても真実を追求する真の〝知識人〟作家ゾラの、現代の諸問題を見透す作品を精選。「私は告発する」等のドレフュス事件関連、新聞、女性、教育、宗教、共和国、離婚、動物愛護など多様なテーマをとりあげる。

四六変上製　三九二頁　**三二〇〇円**
（二〇〇二年十一月刊）
◇4-89434-311-8

知られざるゾラの全貌

〈ゾラ・セレクション〉プレ企画

いま、なぜゾラか〔ゾラ入門〕

宮下志朗・小倉孝誠編

金銭、セックス、レジャー、労働、大衆消費社会と都市……二〇世紀を先取りする今日的な主題をめぐって濃密な物語を描き、しかも、その多くの作品が映画化されているエミール・ゾラ。自然主義文学者という型に押しこめられ誤解されていた作家の知られざる全体像が、いま初めて明かされる。

四六並製　三二八頁　**二八〇〇円**
（二〇〇二年一〇月刊）
◇4-89434-306-1

ゾラは新しい！

ゾラの可能性〔表象・科学・身体〕

小倉孝誠・宮下志朗編

科学技術、資本主義、女性、身体、都市と大衆……二十世紀に軋轢を生じさせる様々な問題を、十九世紀に既に濃密な物語に仕立て上げていたゾラ。その真の魅力を、日仏第一線の執筆陣が描く。

〈執筆者〉**アギュロン、コルバン、ノワレ、ペロー、ミットラン、朝比奈弘治、稲賀繁美、荻野アンナ、柏木隆雄、金森修、工藤庸子、高山宏、野崎歓**

Ａ５上製　三四四頁　**三八〇〇円**
（二〇〇五年六月刊）
◇4-89434-456-4